近世史研究叢書59

近世旗本知行と本貫地支配

澤村怜薫 著

岩田書院

近世旗本知行と本貫地支配　目　次

第三章　旗本相給村落の運営と知行・集落
―相模国高座郡下鶴間村を事例として―

第三編　旗本家の菩提寺と家意識

序章　旗本知行研究と本書の研究視角

第一節　旗本知行研究の成果と課題

1　戦後の近世史研究と旗本知行研究—幕藩制構造論・幕藩制国家論—

一九五〇年代は太閤検地論争が盛んに行われるとともに、社会経済史では藩政史研究が着目されはじめたばかりであった。そうしたなかで、鈴木壽氏は、旗本知行所について「幕府直轄領(天領)とともに幕藩制の基幹をなした点で、その実態と特質の究明は幕藩封建制解明の枢要な地位をしめるものと思われるが、旗本知行所に関するモノグラフィはきわめて乏しいように考えられる」と捉え、個々の旗本知行所の全構造的な実証的研究の必要性を唱えている(1)。氏によって旗本知行研究が近世史研究の俎上にあげられたといえ、その論点については近年の野本禎司氏の研究においても丁寧に整理されている。とりわけ、旗本知行の一般化を規定する鍵は六〇〇~五〇〇〇石以下の階層の旗本家であること、旗本知行は物成渡(三ツ五分免)であること、旗本領主は江戸常住で非在地性を前提とすること、平時の家臣団は軍役規定数の半数程度であること、等は本書においても重要な論点である。

幕藩制構造論が議論されるなかで、一九六〇年代には旗本知行の位置を問う研究が意識されはじめ、研究のアプローチも豊かとなる。幕藩制構造論のなかで元禄期をひとつの画期としてみる研究潮流が隆盛を迎えると、元禄検地と地方直しとの関連から幕府による旗本の封建官僚予備軍への再編を論じた所理喜夫氏(2)、蔵米地方直しの施行過程を詳細に分析した大舘右喜氏(3)、近世初期に存在した強い在地性が元禄期以降に失われることを論じた塚本学氏(4)、同様に近世前期にはみられた土豪的・恣意的な旗本支配が幕府の中央集権的な官僚体制の確立とも相俟って圧迫・変質し、以後は潜在的な代官支配下に置かれたと結論づけた森安彦氏(5)らの研究が相次いで発表された。これらの研究動向を集約する形で、旗本知行が藩士知行と本質的には差異のないものと結論づけた北島正元氏の見解が『江戸幕府の権力構造』として発表されている。ここに、旗本が近世初期は強い在地性を有したが、元禄の蔵米地方直しによってその領主権は年貢収取権に限定され形骸化し、元禄期を境として封建官僚予備軍化していったとみる旗本知行形骸化論が旗本知行を捉える体系的理論として位置づけられるに至った(6)。ただし、元禄期を経て旗本が封建官僚予備軍化していくにしても、地方知行の旗本知行を幕藩制構造のなかにどのように位置づけるのか、課題は残されたままであった。

一九七〇年代になると、従来その構造的な特質を問うてきた議論から、国家レベルのなかで捉え統一的な日本近世史像を求める幕藩制国家論が提唱されていく。山口啓二氏は幕藩制における集権的封建制説を再検討するなかで、東松山市域の旗本領を事例に検討したうえで、「分散・入組み・相給といった手枷・足枷をかけられているのに、個別領主権はなぜ幕末までこのように強力に存在しているのか、そして幕府の倒壊とともに、なぜ一挙に解体してしまうのか」と設問をたて、その鍵を「集権的に編成されることで個別領主の封建的な支配と搾取が貫徹するという幕藩制の構造的特質の理解」に求めた(7)。この集権的封建制論のなかに旗本知行研究が位置づけられ、以後に豊富な研究が発表される契機となった。ただし、この集権的封建制論は、大名や旗本といったいかなる個別領主であっても、集権的に編成されることで、いずれも封建的な支配と搾取が貫徹しうるという理論であり、そこから旗本知行が有する固有性や特質は捨象されてしまっているという問題点を孕む捉え方でもあった。

2 自治体史編纂の隆盛と旗本知行研究

上記のような研究潮流とともに、各地の自治体史編纂事業における地域史料の発掘および保存運動があったことも、旗本知行研究において重要な意味をもっている。(8)特に地方知行の旗本知行地の約半数が所在した関東にあっては、あらゆる地域において旗本知行所に関する史料が発掘されることになり、総じて自治体史における旗本知行の叙述にも誌面が割かれる傾向が多くなっていった。

昭和三十年代から『千葉県史』の編纂に携わった川村優氏は、地方知行の旗本のなかでももっとも多い比率を占める五〇〇石前後の階層を分析することに主眼を置き、知行所村に伝来する史料から知行所支配の実態を解明することを試みている。なかでも氏は、戦前戦後の旗本研究において、貨幣経済の浸透のなかにあって旗本家が財政窮乏に手立てを講じることができず崩壊したと捉える視角を「旗本窮乏不可避論」「旗本崩壊不可避論」と批判し、旗本知行所支配について個々の村の事情に立ち入って実態を描く必要性を唱えた。(9)

『神奈川県史』の編纂に携わっていた神崎彰利氏は、県域に配置された旗本知行所を俯瞰して分析する成果を次々に発表した。(10)これまでの旗本知行研究は、いわば鈴木壽氏がマクロな視点、川村優氏がミクロな視点から分析する方法論を確立してきたが、神崎氏の手法に代表されるような、広範囲の地域に伝来した地方文書を一覧したうえで要点をおさえた微細な分析も行う分析手法は、旗本知行研究を新たな局面へと推し進めたといえる。同様に東海地域の旗本知行を分析した若林淳之氏(11)や斎藤純氏(12)らも成果をあげている。

また、茨城県域の旗本知行研究に取り組んだ高橋実氏は、集権的封建制論を意識したアプローチで旗本知行所支配を捉え、特に「「弱くて強固」な旗本支配の構造的特質」の解明追究にその意識が象徴される。氏の研究は、幕末期における旗本知行の解体までを見据えた一連の研究であり、そのなかで旗本知行所支配は、「「取り逃げ」の「植民地的」支配」で、「「仁政」的支配をあるべき姿とする幕藩領主制支配とは異質なもの」と捉えられている。[13]

一九七〇～一九八〇年代において、地方文書から立論した多くの旗本知行研究がめざしていたのは、かつて唱えられた旗本知行形骸化論の克服であり、ゆえに旗本知行所支配の実現を積極的に肯定する論じ方がこの時期の多くの成果にみられる共通点である。知行所支配実現の指標としては、検地の施行、地頭法の発布、知行所内における裁断権の行使等といった動向に着目し、年貢収納に限定されない知行権の広がりを論じる傾向があった。これらの研究動向を特に象徴する成果が、関東近世史研究会による大会「旗本知行と村落」「旗本知行と村落Ⅱ」の開催、そして二か年度に及ぶ大会の成果をまとめた『旗本知行と村落』[14]の刊行である。

なかでも、旗本相給村落の村内運営について検討した横浜文孝氏[15]、同じく旗本相給村落の知行付百姓について検討した土井浩氏[16]、そして相給知行における土地所持の実態を分析した白川部達夫氏[17]らの論考は、旗本領主支配の実現を前提としつつ、相給村落の構造を分析した点で先駆的な成果といえよう。このうち白川部氏は、旗本家の領主権・知行権の運動過程的な自律性の基礎を、石高制ないし封建的土地所有の側面から明らかにしようとしていた点において、当時の研究潮流のなかでは珍しく、すでに理論的な立脚点を形骸化論の克服以外に求めていた。そのなかで、分郷を「坪分」形態と「居家入交り」形態に類型化し、相給村落の問題点を整理した。

ところで、相給村落論については、その後、行政村・村組（生活圏）・給分でそれぞれ異なる次元の枠組みが存在しており、これらの基礎的な運営状況を明らかにすることが再認識されつつある。そうしたなかで、熊谷光子氏は分析視角としての相給村落論を提起する。[18]すなわち、氏は「相給村落は、所領村といわゆる村の枠組みが異なるため、所領支配と広域支配の弁別が容易という特性を持つ。それを利用して、二つの支配が交錯する局面を意識的に取り上げることで、双方の本質を考察することができるとする、いわば方法論としての相給村落研究である」と言う。このように、かつて旗本知行研究のなかで生起した相給村落論は、石高制や地域社会論との関連から展開してきた。なお、相給村落論については、近年、上総国山辺郡台方村を事例とした渡辺尚志氏を中心とする共同研究が成果を蓄積しはじめており、新たな研究段階へと深化する傾向がある(19)。

かくして自治体史編纂の進展と歩みを同じくして、多様な旗本領主支配のありようを明らかにした研究成果が数多く発表された。旗本知行形骸化論のうち、年貢収取権に限定された領主権という側面は否定されたともいえよう。しかしながら、旗本家による多様な領主権の行使をいくら立証しようとも、形骸化論に変わる体系的な理論を獲得するには至らず、旗本知行研究はその方向性を見出せぬまま、結果的に山口啓二氏による集権的封建制論を受け入れた叙述が継続されていったと言わざるを得ない。そうしたなか、前述の白川部達夫氏のほかに、横浜文孝氏は、旗本知行形骸化論の克服に縛られたままの旗本知行研究の現状に対して、一九八〇年代後半から一九九〇年代後半にかけて、当該研究に対する新たなアプローチの方法を提示しながら警鐘を鳴らし続けた一人であったが(20)、氏の警鐘を旗本知行研究において正面から受け止めて議論することはなかった。

3　旗本知行所の支配構造論の展開と発展

一九九〇年代以降は、各地における自治体史編纂を経た文書保存利用機関の整備の促進等があり、それによって利用が可能となった豊富な地方文書を用いた地域社会論が隆盛を迎える。こうしたなか、地域社会において領主から村々の支配行政を委任され実務を担った中間支配機構論、あるいは身分的中間層論が展開し、主に幕府直轄領や藩領において多く成果が発表された(21)。その結果、旗本知行研究も分析手法の道筋を知行所の支配構造論に見出していく。

川村優氏が長年にわたる研究をまとめた『旗本知行所の研究』『旗本知行所の支配構造』を刊行したのもちょうどこの頃であり、知行所支配を実現する在地代官や割元名主といった担い手および支配のメカニズムの解明という実態分析へと問題関心が移行していき、総じて研究も細分化し深化していった(22)。

熊谷光子氏の研究は、畿内近国をフィールドとして在地代官という視角から旗本知行所の支配構造を分析し、それまで関東を中心に議論されてきた旗本知行研究の裾野を広げ、かつ地域社会論の立場から支配構造を論じたものと評価される(23)。氏の検討において重要な点のひとつが、旗本知行所の特質を、地域社会の立場から近接する畿内近国の大名家領分との比較検討をも経て解明しようとした点であろう。大名家領分と旗本知行所が錯綜した知行形態をもつ関東と畿内近国において、大名家と旗本家の双方を同じ視座から検討する手法は、今後も共有されるべきである。

野本禎司氏の研究は、大名分知旗本牧野家の中間支配機構(在役)をとおして知行所支配の特質を論じ、旗本家が孕む幕府官僚と近世領主の二面性をあわせて分析する必要性を改めて提起し、旗本家の家政改革や在役の支配行政の遂行といった観点から検討したものである(24)。氏は、幕府役職就任者を多く輩出する一〇〇〇石台の旗本家に分析対象を据え、江戸幕府の官僚制と知行所の支配システムが有機的に連関するものであることを明らかにし、近世旗本領主論を展開する。従来、旗本家がもつ二面性は認識されていながらも、両者を通底して論じる研究視角や成果はほぼみられず、ゆえに氏の一連の研究が果たす意義は大きい。

知行所支配にあたって江戸の地頭所から文書を発給する旗本家家臣、とりわけ用人層の具体相が解明されてきたことも見逃せない動向である。宮地正人氏(25)、田中正弘氏(26)らの研究は、本来は江戸の社会史研究における視座として、近世後期に専門的な能力を有した旗本用人が主人を渡り歩く「渡り用人」の存在を明示したもので、旗本家家臣団研究の鏑矢である。また、松本良太氏の研究は、江戸では旗本家臣と御家人が相互に関連し合いながらひとつの階層をつくり、江戸近郊の上層農民の子弟などを吸収して再生産する下級武士社会が形成されていることを指摘したもので、江戸の旗本社会と江戸周辺地域を見通す旗本研究の必要性が自明であることを示した点で重要であろう。(27)

さらに野本禎司氏は、当該分野の旗本知行研究との架橋をめざし、一〇〇〇石台旗本家家臣団を検討するためのモノグラフを提示すべく、一旗本家における旗本家家臣の編成原理と再生産構造を示すとともに、一〇〇〇石台旗本家の家臣団推移をデータ化し、旗本家家臣団の存在形態を明らかにした。(28)氏の研究は、先の宮地氏・田中氏、そして松本氏の研究を位置づけ直し発展させたものといえ、その結果、一〇〇〇石台旗本家の家臣団は、①幕府官僚制を担当する用人（公用向）、②家政・知行所支配を担当する用人（家政向）、③当主の身辺を世話する中小姓層（給人層）と、大きく職務分化していたことを明らかにした。また、三野行徳氏は、明治維新期における旗本家家臣団の解体過程と行動論理を解明している。(29)

このように、旗本知行研究は、旧知行地にあたる地域に伝来した地方文書から研究が深化してきたことは疑いのないことであり、それらの蓄積のうえに現在の旗本知行研究は成り立っている。しかし、野本禎司氏が提起するように、旗本家には近世領主としての側面だけではなく江戸幕府に属する幕府官僚としての側面も持ち合わせており、今後体系的な理論化への道筋をとらえる際、旗本知行研究の深化には、この視点を意識的にもつ必要がある。そのためには、できるだけ両者へアプローチできるよう、旧知行地伝来の地方文書に加えて、旗本家側の動向を分析しうる史料もあわせて検討の遡上にあげていくことが求められよう。

第二節　本書の分析視角

1 関東の旗本知行と地域編成論

天正十八年（一五九〇）以降、徳川氏によって行われた中小の家臣団（後の旗本家）の知行割は、江戸を中心としてその同心円状に、武蔵・相模・下総・上総・上野・下野・伊豆の各国において実施された。この知行割について、北島正元氏は、江戸より一夜泊りの範囲内に配置するのが基本方針であったとし、かつ鈴木壽氏が提示した三〇〇〇石以上の家臣団領地の国別分布から(30)、上野・上総などの遠隔地には大身の家臣が多く蔵入地が少ないこと、武蔵・相模・上総・下総などの江戸近接地域は中小者が多く、特に武蔵においてこの傾向が濃厚であったと述べている(31)。

この知行割の分布を検討した佐々悦久氏は、武蔵・相模両国と、上総・下総両国を比較して、前者は複数の知行地が一国内に所在している場合が多いのに対して、後者は一国でおさまらず複数の国に分散していることを指摘したうえで、「このことは天正～慶長期における上総・下総の地方掌握が不十分であり、また、兵農分離も未熟で、零細な知行地内再生産を一国内知行形態によって完結しうる条件におかれていない状況にあったことを意味する」と評価する(32)。また神崎彰利氏らは、旗本の強固な知行権の保持を主張する立場から、分散知行について「危険の分散化」＝生産性の確保を図ったものとみている(33)。

一方、横浜文孝氏は、分散知行と年貢米の地払いの実態を検討するなかで、分散的ななかに知行所間のまとまりと連合的組織づくりが達成されており、常に知行所が一体化できる配置・結合性を有しており、それらが、旗本家が支配を展開するうえで「支障のない支配＝支配の結合性」を実現していた、と述べている(34)。氏の指摘は、従来無批判に支配の実現にあたり支障があるものと捉えられてきた「分散知行」に対する認識を転換させたものとして重要である。ところが、一九九〇年代以降に積極的に展開された旗本知行所の支配構造の研究にあたっては、とりわけて言及されておらず、見落とされてきた研究視角だといえよう。複数の知行地は単純に知行地の規模だけでその性格を規定することは考えがたく、ゆえに知行割の時期、地理的な要素、支配機構上の性格などに配慮した検討が求められるのである。

このように、関東の旗本知行については分散知行にした理由をめぐって議論が展開された。ともすれば、関東の所領構造は相給錯綜したものであるがゆえに、それが旗本領主の知行権の脆弱性に繋がっているとさえ捉えられてきたといえる。自治体史編纂による史料発掘によって、一見そうした見方は払拭されつつあるように見えるものの、相給錯綜した知行形態を現出したという結果は、依然として江戸幕府の政策意図を捉えにくくしている。

さて、相給知行の現出の問題については、相給村落論の深化によって克服が試みられてきた。とりわけ、白川部達夫氏は、元禄地方直しの基礎史料として使用されてきた「知行割示合覚」の冒頭には、「関東方所々城附幷居所其外最寄村替」にともなう代知に関する条目があることをふまえて、元禄期には旗本知行の地方直しだけではなく、むしろ関東の城付地（大名家領分）の再編が同時に行われていたことを早くから指摘している(35)。ただし、大名家領分と旗本知行地の再編過程を同一地帯で総合把握した成果はみられず、説得力を未だに欠く点がこの議論の現状である。

しかしながら、これらの解明が進んではじめて、関東と類似する知行形態が検出されている畿内近国（非領国論）など他地域との比較検討を行う素地が得られるのではなかろうか。またその際、大名家領分と旗本知行所を分けて分析するのではなく両者を複合的に検証することで、政策としての共通点や差異を明らかにしうると考える。

なお、この問題点に切り込んだ研究成果が関東の地域編成論である(36)。地域編成論では、相給錯綜した関東地域を、領主支配とは異なる次元、すなわち将軍権力によって編成される御鷹場の論理でもって、従前の個別領主支配を越えて把握・支配することによって、相給錯綜した知行形態を補っていたと結論づけた。しかし、地域編成論においては、相給錯綜しているという個別領主支配の性格を具体的に捉えられていない傾向があり、前提となる支配の特質の解明という意味では未だ検討の余地がある。(37)

2 旗本家をめぐる社会構造と秩序

かつて山口啓二氏が「分散・入組み・相給といった手枷・足枷をかけられているのに、個別領主権はなぜ幕末までこのように強力に存在しているのか」と問いを立てたように、たとえば、近世中後期の旗本知行において広範に確認される、知行所村に対する高額な先納金・御用金の賦課、「悪用人」とも称されるような家臣層の存在、知行所村による旗本用人の罷免運動の展開、幕末期における旗本家族・家臣家族の知行所村での疎開受け入れ等、特徴的な事例が自治体史においても数多紹介されてきた。

房総の旗本知行を検討した川村優氏は、「悪用人」の存在と知行所による罷免運動の展開について早くから着目している。(38)氏は臨時召抱の用人である大森善右衛門を、高利貸の性格を有した出自不詳の者で、「知行村に対して悪逆非道ぶりを発動し得た」とみなし、その所以を彼が主君である旗本家の知行権を行使できたという点に求めている。たとえ一時的な登用であっても、一度家中に入ると用人という立場が家政における権限を掌握するものであったという旗本知行所支配の性格を、実態から捉えた的確な指摘であろう。しかし、その帰結はあくまで旗本知行権の議論であり、旗本知行所支配の特質を描くには至っていない。

知行所に賦課される多額の御用金については、野本禎司氏によって、地方知行の旗本家が幕府官僚職遂行にあたり、知行所に対して高一〇〇石につき金三両を賦課することができたこと、つまり、「役」遂行に際して、年貢とは別に知行所に対して一定基準を賦課し、「役」遂行の財源とできたことが明らかにされた(39)。氏の指摘は、支配の論理として知行所に対して賦課できうる範囲が存在していたことを明示した点で重要である。

高橋敏氏は、旗本家や知行所村が多様な社会関係を取り結び維持存続を遂げていたことを明示した(40)。氏は、駿河国から江戸へ赴き訴訟に臨む旗本知行所の百姓たちが、自身の保持するさまざまなコネクションを利用しながら願意を遂げることを試みた過程を明らかにしている。江戸の地頭所と旗本知行所は決して二極的な関係で支配が成り立っていたわけではなく、狭小な規模であるがゆえに、さまざまな周縁の人びととの人的結合を活用する側面があったことを、社会史として明示している。

なお、小池進氏は、寛永十二年十二月十二日に発布された「旗本諸士法度」から近世前期の旗本家の頭支配の存在について指摘している(41)。すなわち、境争論や他の組との紛争、「相地頭」の場合の自身の知行地における百姓の公事の処理は、所属の番頭・組頭の相談により解決すること、「寛永録(江戸幕府日記)」からは、知行所経営、相続問題も番頭を中心に解決が計られていることを指摘し、番・組に編成されることの意義を捉えている。

福留真紀氏は、近世前期における小姓番頭の職務遂行時における行動基準を「御役ニ付万事私之覚書」から分析し、小姓組に対する老中の権限と小姓組頭の合議で決定できる範囲を整理している(42)。

つまり、近世前期にあっては、旗本の近世領主と幕府官僚の二面性は、いずれも頭支配のもとに編成されていたと捉えられる。この前提のもと、近世中後期の動向を注視する必要があろう。

このように、近世後期における江戸の武家社会のなかで、旗本家はその狭小な規模ゆえ、家政や知行所支配にあたって専従の家臣団だけではなく、その都度、他家に仕える者や親類諸家が地頭所に出入りすることもしばしばみられた。当該期における旗本家家臣団の登用や勤め向きをめぐる秩序や構造については、近年の野本禎司氏による研究があり参考になる。(43) ただし、本来的に規模が狭小である旗本家の家政運営や支配構造について検証する場合、家臣団の任免動向に限らず、旗本家政や知行所支配の維持存続の場面における親類諸家の動向なども含み込んで把握する必要があろう。

また、江戸の地頭所で運営される家政には、札差を中心として江戸の商人が介入する場合があり、旗本家政の維持存続にあたっては欠かせない存在であった。さらに、旗本家と知行所社会の関係は、領主領民の関係に加えて、極めて密接、かつ重層的な社会関係が築かれていたことが想定される。

以上のように、一旗本家をめぐる家政や知行所支配の動向を把握・理解するためには、旗本家と知行所村々との領主領民の関係に加えて、直接の支配関係には位置づいていない江戸の武家や商人、相給知行をはじめとする知行所社会の人びとの動向をあわせて把握する必要がある。つまり、一旗本家をめぐる社会構造の存在を想定し、そこにおける行動論理や合意形成の根拠となる秩序や意識を看取する仕事が必要となろう。

ところで、二〇〇〇年代以降、近世大名家をめぐる共同研究において新たな視角が用いられるようになった。その概念は「藩社会」(44)、「藩世界」(45)、「藩地域」(46)、そして「藩領社会」(47) など様々設定されているが、それぞれの設定意図は研究対象に対するアプローチの裾野を広げ、多角的な分析を試みる点にある。ただし、いずれの視角も近世をとおして国替がほぼなく、かつ家と藩がほぼ同質のものとして捉えられる事例でしか有効性は発揮し得ず、国替や村替が頻繁に生じる徳川新規取立大名や幕臣団の研究視角としては馴染むものではない。

一方、根岸茂夫氏は、大名家家臣団を検討するなかで、武士が「同族としての意識と連携を失ったわけではなく、「主従関係の枠組みを超えて連携しあい「家」を存続させて」いくことがあったことを指摘している。(48) また、野口朋隆氏は、大名の本家分家関係を論じる立場から次のように提言する。すなわち、「大名本分家の関係性をめぐっては、「本支藩」では収斂されない同族関係を視野に入れる必要がある」と述べ、支藩・本藩・本支藩という用語は用いない代わりに、本家・分家・本分家関係と表現している(49)。本書が焦点をあてる旗本領主家と親類縁戚諸家の分析にあたっても、根岸氏や野口氏が掲げる武士の「家」をひとつの基軸とする視角が親和性をもつと捉えられる。

さらに旗本家と知行所村々と領主領民関係はもちろんのこと、直接の支配関係にとらわれないながらも旗本家の周縁で家政に関与する武家（親類など）、江戸の商人、相給知行の百姓（支配違いの百姓）をも射程におさめる研究視覚を持ちたい。このように都市江戸や知行所周辺の空間も含み込む形で旗本家に関与する人びとを把握する分析概念として「旗本社会」論を用いることとする。

3　心意統治論

高野信治氏は、大名家家臣（給人領主）の検討を通じて地方知行制の意義を積極的に捉える研究を発表した(50)。そのなかで氏は、給人領主家をめぐる儀礼、農耕祈願、年中行事などから、「家」の経済的・精神的再生産基盤としての知行地の存在意義を明らかにした。また落合延孝氏は、交代寄合新田岩松家の検討を通じて、領主の祭祀機能や勧農機能、猫絵や除札の配布といった機能を明らかにした(51)。両者の研究は、いずれも日本近世史において心意統治論という研究視角を提示した。本書では、この心意統治論を分析視角のひとつとして用いたい。

ところで、徳川家康の関東移封後に拝領した関東の知行地に対して、旗本家が特別な見方をしていたことを指摘した研究は旗本知行論段階においてすでに発表されている(52)。小暮正利氏は武蔵国、神崎彰利氏は相模国をそれぞれ分析し、天正期宛行の所領（本貫地）に対する旗本家の特別な意識の存在を指摘した。なかでも小暮氏は、「知行地が分散している場合でも、その知行高の大小には関係なく、ある特定の村が、多くは初期の宛行地であるが、その村落に対して、領主としての本貫地意識をもつ」と述べ、本貫地意識の存在について言及する。

なお神崎氏は、天正期宛行の所領には旗本家の菩提寺が所在することも指摘している。前述の本貫地意識は、旗本家が自覚した結果、記録上にそうした意識が発露しなければ検証することは難しい。一方、菩提寺は知行地内に具現的に存在するものであり、本貫地論を展開するなかで、菩提寺は重要な分析対象となるのである。

また川村優氏も、フィールドとする房総地域において、旗本家が複数ある知行地のなかで本貫は「かけがえのない一村一給の村」と捉えているものの、相給ではない一給村落であるという点に意味を見出しているのであって、旗本家が本貫地のどこに意義を見出していたのかについては言及がない(53)。

大口勇次郎氏は、田沼意次の旧領であった相模国高座郡小動村と大岡忠相の知行地であった相模国高座郡大曲村を事例に検討した結果、「何とか手を廻して領地を一ヵ所にまとめたり、由緒ある知行村を自分の手元に残す程度のことは可能であったということである」として、大名・旗本は知行地の異動にあって、自らの意向を反映させることはさほど難事ではなかったと評価する(54)。大岡は大曲村を権現様御朱印下されし領知と認識し残し置くことを希望しているのに対し、田沼は「最初の拝領地への執着よりも、新領地を一括することのほうに価値を認めていた」とも捉え、単純な最初の拝領地を重視する武家領主側の認識については暗に否定しているに過ぎない。もっとも、田沼の知行地小動村は享保十八年(一七三三)に拝領したもので、知行地の再編を検討した天明元年(一七八一)時点でもわずか四十八年しか経過しておらず、近接する地域に所在する知行地であっても、旗本領主にとって知行地のもつ歴史的な重みは全く異なっていたであろう。

以上のように、旗本家が祖先の旧地に対して特別な意識を向ける動向は、近世の武家社会における祖先崇拝や家意識を考えるうえで重要な論点となるはずである。しかし、このような旗本家の意識や価値観が、いかなる歴史的な背景のなかでいつ頃に形成され、発露するに至ったのか、またいかなる展開をみせたのか、体系的に整理した研究は管見の限り未だみられず、本書ではこの点にも目配りしていきたい。

ところで、幕藩領主層における由緒の成立については、甲斐国武田氏旧臣の大名・旗本を検討した山本英二氏の研究がある。氏によると、幕藩領主層における由緒は十七世紀半ばに成立し、やがて十八世紀から十九世紀にかけて民衆レベルに浸透したとされている(55)。この領主の由緒が民衆レベルに到達する時期は、旗本知行研究においても留意すべき点であると考える。もっとも、山本氏が検証した事例はあくまで戦国大名武田氏に仕えた記憶が由緒化する動向であり、本貫地にまつわる関東移封と以後の徳川家に対する奉公という事象が由緒化する時期とは、自ずと差異が生じることが想定される。

第三節　分析対象の概観―近世初期知行割の概観―

近世初期における中小の徳川氏家臣団の知行割については、すでに佐々悦久氏による研究(56)があり、ここでは氏の論説に学びながら当該期に形成された知行所村々の構造について確認、再検討したい。また、その際、前節で示した関東移封後の本貫地に後年認識される、天正十八年(一五九〇)・十九年の知行割の動向に特に注目する。表1は、近世初期の徳川氏知行割の実施状況を各国ごと時期別に件数をあらわしたものである。

まず、近世初期の国ごとに行われた知行割の総数を比較すると、武蔵二〇三件、相模八七件、上総八〇件、下総七〇件、上野二〇件、下野八件、伊豆五件というように、武蔵国に集中して知行割が行われ、その半数以下の規模では

蔵			下総					上総				
	D	計	A	B	C	D	計	A	B	C	D	計
	1	13(2)	4			1	5	3(2)				3(2)
	3(1)	9(3)	7(2)		1	1	9(3)	5(3)			2(1)	7(4)
	1(1)	17(10)	6(2)	7(3)	2	5(1)	20(6)	11(7)	7(3)		7(3)	25(13)
	5(2)	39(15)	17(4)	7(3)	3	7(1)	34(9)	19(12)	7(3)	0	9(4)	35(19)
	1	6(1)	1(1)				1(1)				1	1
1)	5(1)	23(3)	3	1	3(2)	5(2)	12(4)	8(1)	1	3(2)		12(3)
	8(2)	41(11)	4(2)	2(1)		3(2)	9(5)	5(3)	1	2	5(2)	13(5)
	20(2)	77(5)	2(1)	4(1)	2(1)	2	10(3)	5(3)		2(1)	4(1)	11(5)
	4	7						1		4		5
	2	10(1)	2(1)	1		1	4(1)	1			2	3
1)	40(5)	164(21)	12(5)	8(2)	5(3)	11(4)	36(14)	20(7)	2	11(3)	12(2)	45(13)
1)	45(7)	203(36)	29(9)	15(5)	8(3)	18(5)	70(23)	39(19)	9(3)	11(3)	21(7)	80(32)

上野					下野					合計
A	B	C	D	計	A	B	C	D	計	
3				3	1(1)				1(1)	30(7)
1(1)				1(1)	1(1)				1(1)	29(14)
2		1	1	4				1	1	77(34)
6(1)	0	1	1	8(1)	2(2)	0	0	1	3(2)	136(55)
2			1	3					0	12(2)
	1			1			3	1	4	61(13)
	1		2	3					0	79(25)
	1		1	2					0	142(15)
				0					0	16(0)
1	1		1	3				1(1)	1(1)	17(3)
3	4	0	5	12	0	0	3	2(1)	5(1)	337(58)
9(1)	4	1	6	20(1)	2(2)	0	3	3(1)	8(3)	26(113)

A…天正18・19年、B…文禄元～4年、C…慶長元～4年、D…年未詳。
(　)は複数・知行者数。
〔典拠〕「寛政重修諸家譜」、「譜牒餘録」、『神奈川県史 資料編8』、中村孝也『徳川家康文書の研究(中巻)』、藤野保『幕藩体制史の研究』、佐々悦久「幕藩制成立期の幕臣団編成と知行割」他より作成。

あるが、相模・上総・下総等にも知行割が行われたことがわかる。また、時期別の内訳のうち、A（天正十九・二十年）期に限定してみても、武蔵一二四件、相模四一件、上総三九件、下総二九件、上野九件、下野二件、伊豆三件というように、総計とほぼ同割合の数値が得られる。

　次にA期に知行割が行われた家臣の知行高に着目すると、一〇〇〇石以上は、武蔵二五件、上総一九件、下総一七件、相模八件、一〇〇〇石未満は、武蔵九九件、相模三三件、上総二〇件、下総一二件という結果となった。つまり、下総・上総両国には、複数村の国郡をこえた知行割が想定される一

表１　近世初期の関東徳川氏知行割

国名	伊豆					相模						
知行高(石)	A	B	C	D	計	A	B	C	D	計	A	
5,000～	2				2	3(2)	1			3(2)	11(2)	1
3,000～					0		1(1)		1(1)	2(2)	4(1)	2
1,000～					0	5(2)	2(1)		3(2)	10(5)	10(4)	6
1,000以上	2	0	0	0	2	8(4)	4(2)	0	4(3)	15(9)	25(7)	9
700～					0	1				1	4(1)	1
500～					0	6		1(1)	2(2)	9(3)	13(1)	3
300～	1				1	2(2)	2(1)	3	5(1)	12(4)	27(3)	4
100～		1		1	2	20	8(1)	2	10(1)	40(2)	46(3)	8
0～					0	1	1		3	5	2	1
不明					0	3	1		1	5	7(1)	
1,000未満	1	1	0	1	3	33(2)	12(2)	6(1)	21(4)	72(9)	99(9)	17
計	3	1		1	5	41(6)	16(4)	6(1)	25(7)	87(18)	124(16)	26

○○○石以上の家臣の知行地が多く設定された一方、武蔵・相模両国には、一○○○石未満の家臣の知行地が中心に設定されたことを示している。この数値の傾向は、江戸により近い武蔵や相模に一○○○石未満の家臣の知行地が優先的に配置されたことを意味する。そして下総・上総には一○○○石未満と一○○○石以上の家臣の知行地がほぼ同じ割合で配置されたことを意味する。したがって徳川氏は、武蔵・相模両国の知行地を陣屋や館を置く拠点として、それよりも離れた上総・下総両国の知行地を知行高の不足分を補うための地として知行割を行っていたことが想定できよう。

それでは、実際にA期の知行割を経た知行地はどのように成立し、支配が行われたのであろうか。一七○○石旗本江原家を例にみていこう[57]。

江原家は、孫三郎某が松平清康のもとで三河国坂崎に知行三○石余を拝領し、その地に居住した。二代孫太夫利全は清康と家康に近侍し、坂崎に加えて遠江国石田村を加増された。三代玄蕃頭金全は家康と秀忠に仕え、歴代と同様に三河国坂崎と遠江国石田村に知行を拝領し石田村に居住、のち駿河国中田村の加増を受けた。天正十八年の徳川家康の関東移封に際して、これらの三か所は相模国高座郡下鶴間村二二○石へ引き替えとなり、同十九年五月三日付の知行宛行状にて正式に宛行われた。下鶴間郷には江原家の居館が設けられ、同地に所在する圓成寺を歴代の菩提寺としている。

慶長八年(一六〇三)以降には上総国山辺郡求名村、下総国香取郡返田・助沢村・岩部村・沢村において知行一八〇〇石の加増を受け、計二〇二〇石を知行し、その後、分家を経て同家の知行高は一七〇〇石となった。以後、江原家の知行地は慶応二年(一八六六)に下鶴間村の大部分が上知となるまで変動がない。

知行所の成立事情をふまえると、江原家にとって下鶴間村は、関東に移ってからもっとも早く拝領した知行地であり、かつ自らの三河・遠江の知行地の代わりとして与えられた村であった。それに対して、下総・上総の知行地は慶長期に加増された知行地であった。

さらに、天正十八・十九年の知行割の傾向をふまえると、徳川氏は関東移封後、大身を除く家臣団を江戸から最寄の地域にあたる武蔵・相模両国へ優先的に配置していき、家臣たちは関東に移って最初に拝領したこの地に居館を構えたと考えるのが自然であろう。そしてこの地を代々支配し、江戸住居となった後、やがて近世の本貫地として旗本家は認識するようになると見通している。

以上、前節で示した陣屋や菩提寺が設けられる本貫地となりうる近世初期拝領の関東における徳川氏家臣団の知行地は、武蔵国と相模国を中心に配置され、次いで上総・下総・上野・伊豆・下野に置かれたことが確認できた。つまり、本貫地論は武蔵国と相模国を中心に展開することが可能であり、かつ上総・下総・上野・伊豆・下野というように江戸から一〇里四方の地域においても想定できることから、常陸国を除く関東に広く有効性をもつ研究視角であるといえる。

第四節　本書の課題と構成

1 本書の課題

本書では、ここまで述べてきた旗本知行研究の課題および分析視角に基づき、近世初期に知行割された旗本知行をおもな分析対象に据え、以下の課題を検討したい。

第一は、関東領国における旗本知行の編成原理と特質について、大名家領分の村替とも連動する過程を視野に入れて明らかにすることである。所領編成原理のなかに旗本知行を位置づけるとともに、後に本貫地として認識されていくであろう知行地が江戸幕府の政策下にあっていかなる編成を受けたのか明示する。

第二は、一旗本家をめぐってその存在が想定される社会構造とその特質を解明することである。旗本家政の運営や家臣層の任免、知行所村による忌避運動の展開等は、個別具体的な動向として取り扱われることが多いが、旗本の親類家、家臣層、村役人層、相給村役人層、金主等といった人びとの行動論理や合意形成の根拠となる秩序や意識の側面に着目して再検討を試みる。

第三は、旗本家菩提寺をめぐる動向から、菩提寺、ひいては本貫地に対する旗本家の意識を解明することである。菩提寺と本貫地をめぐる旗本家の意識が形成されていたとするならば、知行所に対する心意統治の実践にいかなる影響を与えていたのか、解明する。

2 本書の構成

第一編「関東の所領編成原理と旗本知行」では、関東の旗本知行地が徳川氏、そして江戸幕府のいかなる編成原理によって形づくられ、そうした経緯が旗本家に対していかなる影響を及ぼしたか、大名家領分の再編の動向と絡めながら、旗本知行地のなかでも本貫地という視点を基軸に論じる。

第一章「大名家領分と旗本知行所の再編過程」は、関東の地域編成について大名家領分と旗本知行所の再編を総体的に把握し、その編成原理と再編の内実を明らかにする。従来の関東の地域編成論は、大名家領分と旗本知行所の形成過程について二者択一的に論じられてきた側面が少なくない。両者がいかなる相関関係のもと再編が行われたのか、武蔵国忍城周辺地域を事例として論じる。

第二章「旗本家本貫地の形成と特質」は、徳川家康の関東移封にともない供奉した家臣団が関東において初めて拝領した知行地が、近世を通じていかなる地として旗本家に認識されていたのかを検証したものである。当初は三河・駿河・遠江等の知行の代知として関東で拝領する知行地が本貫地となるとすれば、いつ頃にいかなる事由を経てそのような意識が醸成されるものであったのか、相模国における天保上知令、幕末期の上知の動向を通じて論じる。

第二編「「旗本社会」の構造と秩序」では、分析概念「旗本社会」を用い、特定の旗本相給村落の支配・構造・社会関係がいかなる性格を有していたか明らかにする。そして、知行所村役人の立場を軸に、彼らがいかなる意識を抱きながらそれぞれの行動を選択していったのか、旗本知行所支配の特質に配慮しながら論じる。なお、本編を通しておもな分析対象となる相模国高座郡下鶴間村は、旗本江原家および旗本都筑家の関東移封後に初めて与えられた地で、後年に本貫地と認識されうる知行地にあたる。分析には、同村の村役人を務めた古木家と長谷川家に伝来した文書を主に使用する(58)。

第一章「大番筋旗本家における勝手賄いの特質」は、二〇〇石都筑家を事例として、勝手賄いに関する豊富な研究のなかで、従来捨象されてきた大番筋旗本家における親類諸家を通じた金子調達手段の獲得の動向について明らかにするものである。とりわけ、地域社会の経済的成長の動向から江戸から在方へ金主の獲得傾向が推移していくという先行研究の指摘に対し、さらに地域社会側に勝手賄いを拒否された末に旗本家の維持存続のためにいかなる手段を講じていったのか、知行地を一か村しかもたない小禄旗本という特性にも留意して検討する。

第二章「両番筋旗本家における勝手賄いと地域社会」は、一七〇〇石江原家を事例として、知行所相給村役人家に勝手賄いを依頼する動向から、旗本家と金主双方の行動論理をふまえながら、その展開過程を明らかにするものである。直接の領主領民関係にないなかで、双方は何を求めて勝手賄い関係に至り、後に関係を変容させたのか追究する。

第三章「旗本相給村落の運営と知行・集落」は、相模国高座郡下鶴間村を事例として、旗本相給村落の構造と運営について知行と集落、そして行政村の側面から明らかにするものである。本来、旗本相給村落の知行・集落・行政村は次元を異にするものである。それぞれの本質が表出する事例を検討し、一事例として相給村落の構造を提示する。

第四章「「雇」用人の登用・罷免と旗本親類家の役割」は、二〇〇石都筑家を事例として、江戸の旗本社会における親類家の役割について、旗本家臣の登用と罷免をめぐる一連の動向から明らかにするものである。「悪」用人を知行付百姓が排除するという運動論の構図ではなく、旗本家政における親類家、用人、知行付百姓の位置づけをふまえて、その問題処理の過程から特に旗本親類家の役割について明らかにする。

第五章「旗本用人社会と知行所村役人の「譜代意識」」は、一七〇〇石江原家を事例として、知行地支配のうえで協同する側面がある旗本用人と知行所村役人の関係や、旗本家政における位置などから、知行所村役人が抱く「譜代意識」の存在を明らかにする。その際、旗本用人社会とのかかわりや、村役人層が備えていた素養や由緒といった側面にも留意して検討を行う。

第三編「旗本家の菩提寺と家意識」では、本貫地と密接な関係をもつ菩提寺を軸として、心意統治論において重要な論点となりうる旗本家の由緒や家意識とのかかわりを探る。本貫地や菩提寺と旗本家の関係は変容を遂げていくものであり、本編では旗本家の由緒・家意識の形成過程を菩提寺という視角から素描するものである。

第一章「旗本家の菩提寺の成立と展開」は、四〇〇〇石高木家を事例として、旗本家における菩提寺の成立過程と関係変容を明らかにするものである。菩提寺を置いた村落が、村替えによって知行地ではなくなった後に、旗本家と菩提寺がいかなる関係性をみせていたのか、近世後期まで見通す。

第二章「旗本家の由緒と家職ゆかりの知行地」は、五五〇石天野家を事例として、近世前期に旗本家が果たした家職とその由緒が伝承される知行地や地域社会とのかかわりを論じるものである。江戸幕府放鷹制度の縮小を経て、「忍・鴻巣御鷹場」を管轄した天野家の在地性が払拭される前後における変化に着目して検討する。

第三章「旗本家の菩提寺と葬送儀礼」は、九〇〇石酒依家を事例として、菩提寺において執行された旗本家の葬送儀礼や法事の展開を明らかにする。また、葬送儀礼の構成員として含まれている知行所村役人層がいかなる意識を抱いていたのか、旗本家の心意統治の動向として検討する。

註

（1）鈴木壽「旗本領の構造」（『歴史学研究』第二〇八号、一九五七年、後に同『近世知行制の研究』日本学術振興会、一九七一年に所収）。

（2）所理喜夫「元禄期幕政における「元禄検地」と「元禄地方直し」の意義」（初出『史潮』第八七号、一九六四年、後に同『徳川将軍権力の構造』吉川弘文館、一九八四年に所収）。
（3）大舘右喜「元禄期幕臣団の研究―御蔵米地方直しを中心として―」（『國學院雑誌』第六六巻第五号、一九六五年、後に再構成して同『幕藩制社会形成過程の研究』校倉書房、一九八七年に所収）。
（4）塚本学「形成期からみた旗本領の性格―三河を舞台に―」（『史学雑誌』第七四編第二号、一九六五年）。
（5）森安彦「近世前期旗本知行の動向（上）・（下）」（『史潮』第九八号・九九号、一九六七年、後に同『幕藩制国家の基礎構造』吉川弘文館、一九八一年に所収）。
（6）北島正元『江戸幕府の権力構造』（岩波書店、一九六四年）。
（7）山口啓二「日本封建制論（上）」（『歴史評論』第二八四号、一九七三年）。
（8）高橋実『自治体史編纂と史料保存』（岩田書院、一九九七年）など。また、関東における自治体史編纂と近世史の研究潮流については、関東近世史研究会が企画した全七回（神奈川県・群馬県・埼玉県・栃木県・茨城県・千葉県・東京都）の企画例会「関東近世史研究と自治体史編纂」特集でまとめられている（『関東近世史研究』第六八号、二〇一〇年、第六九号、二〇一〇年、第七一号、二〇一二年、第七五号、二〇一四年、第七七号、二〇一五年、第七九号、二〇一六年、第八一号、二〇一八年）。
（9）川村優・海保四郎「旗本領の性格」（『九十九里史学』第一号、一九六一年）ほか。川村氏による一連の成果は後に同『旗本知行所の研究』（思文閣出版、一九八六年）、同『旗本知行所の支配構造―旗本石河氏の知行所支配と家政改革―』（吉川弘文館、一九九一年）、同『旗本郷村の研究』（岩田書院、二〇〇四年）にまとめられている。
（10）神崎彰利「相模国の旗本領」（『神奈川県史研究』第三三号、一九七七年）、同「相模国の旗本領設定―天正～寛永期に

おける知行割―」(北島正元編『幕藩制国家成立過程の研究』吉川弘文館、一九八七年)、同「第1章 徳川氏の関東移封と相武の地」・「第4章 旗本知行」(『神奈川県史 通史編2 近世1』神奈川県、一九八七年)、同「旗本領の構造―年貢と農民闘争―」(『関東近世史研究』第一一号、一九八〇年)など。

(11) 若林淳之「分給・分郷の成立」(『徳川林政史研究所紀要』昭和四十七年度、一九七三年、後に同『旗本領の研究』(吉川弘文館、一九八七年に所収)。

(12) 斎藤純「三河における旗本領支配の成立と構造」(北島正元編『幕藩制国家成立過程の研究』吉川弘文館、一九八七年)。

(13) 高橋実『幕末維新期の政治社会構造』(岩田書院、一九九五年)。

(14) 関東近世史研究会編『旗本知行と村落』(文献出版、一九八六年)。

(15) 横浜文孝「旗本横山氏の土地政策と農民支配」(右同書)。

(16) 土井浩「相給村落における知行付百姓―大住郡の知行割を通して―」(右同書)。

(17) 白川部達夫「旗本相給知行論―石高知行制と村共同体の一視点―」(右同書、後に同『旗本知行と石高制』岩田書院、二〇一三年に所収)。

(18) 熊谷光子『畿内・近国の旗本知行と在地代官』(清文堂出版、二〇一三年)。

(19) 渡辺尚志編『相給村落からみた近世社会』(岩田書院、二〇一六年)、同編『相給村落からみた近世社会 続』(岩田書院、二〇二一年)。

(20) 横浜文孝「旗本知行所における経済統制について―分散知行と地払い―」(村上直編『幕藩制社会の展開と関東』吉川弘文館、一九八六年)、同「『世事見聞録』に描かれた旗本の姿と知行所支配―時代を危惧した批判の目をとおして―」

（J・F・モリス・白川部達夫・高野信治編『近世社会と知行制』思文閣出版、一九九九年）。

(21)　久留島浩『近世幕領の行政と組合村』（東京大学出版会、二〇〇二年）、志村洋「近世後期の地域社会と大庄屋制支配」（『歴史学研究』第七二九号、一九九九年）、同「近世前期の大庄屋制と地域社会」（『人民の歴史学』第一五七号、二〇〇三年）、同「大庄屋研究からみた近世畿内近国研究―岩城卓二氏著『近世畿内・近国支配の構造』によせて―」（『歴史科学』第一九二号、二〇〇八年）、籠橋俊光『近世藩領の地域社会と行政』（清文堂出版、二〇一二年）など。

(22)　遠藤真由美「旗本阿部氏知行所における在地の役人の動向について」（『千葉県史研究』第一一号別冊、二〇〇三年）、野本禎司「旗本家の知行所支配の実現と「在役」―一五〇〇石牧野家を事例に―」（大石学編『近世公文書論』岩田書院、二〇〇八年）など。

(23)　熊谷光子「畿内・近国の旗本知行所と在地代官」（『日本史研究』第四二八号、一九九八年）、同「畿内近国旗本知行所の在地代官と「村」・地域―摂津国川辺郡下坂部村沢田家を素材に―」（『歴史学研究』第七五五号、二〇〇一年）、両論文はいずれも同『畿内・近国の旗本知行と在地代官』（清文堂出版、二〇一三年）に所収。

(24)　野本禎司「旗本家の知行所支配の実現と「在役」―一五〇〇石牧野家を事例に―」（大石学編『近世公文書論』岩田書院、二〇〇八年）

(25)　宮地正人「幕末旗本用人論」（同『幕末維新期の社会的政治史研究』岩波書店、一九九九年）。

(26)　田中正弘「「旗本家臣中村（鹿島）喜平治日記」の翻刻と解題」（『栃木史学』第六号、一九九二年）、同「史料紹介　徳川幕府大番組衆　小笠原久左右衛門の幕末日記」（『栃木史学』第二三号、二〇〇九年）など。

(27)　松本良太「近世後期の武士身分と都市社会―「下級武士」の問題を中心に―」（『歴史学研究』第七一六号、一九九八年、後に同『近世武家奉公人と都市社会』校倉書房、二〇一七年に所収）。

(28) 野本禎司「近世後期旗本家家臣団の再生産構造」(『関東近世史研究』第七〇号、二〇一一年)。
(29) 三野行徳「維新期、旗本家・家臣団解体過程の検討」(『関東近世史研究』第七一号、二〇一二年)。
(30) 鈴木壽『近世知行制の研究』(日本学術振興会、一九七一年)。
(31) 北島正元『江戸幕府の権力構造』(岩波書店、一九六四年)。
(32) 佐々悦久「幕藩制成立期の幕臣団編成と知行割」(関東近世史研究会編『旗本知行と村落』文献出版、一九八六年)。
(33) 神崎彰利「相模国の旗本領」(『神奈川県史研究』第三三号、一九七七年)、同「相模国の旗本領設定—天正~寛永期における知行割—」(北島正元編『幕藩制国家成立過程の研究』吉川弘文館、一九七八年)など。
(34) 横浜文孝「旗本知行所における経済統制について—分散知行と地払い—」(村上直編『幕藩制社会の展開と関東』吉川弘文館、一九八六年)。
(35) 白川部前掲註(17)「旗本相給知行論」。
(36) 関東近世史研究会編『近世の地域編成と国家—関東と畿内の比較から—』(岩田書院、一九九七年)。
(37) 地域編成論において個別領主支配の側面が捨象されてきたことをおもな課題として、関東近世史研究会では、二〇一〇年度に「下級武士社会と関東」(『関東近世史研究』第七〇号、二〇一一年)、二〇一五年度に「幕府広域支配と関東」(『関東近世史研究』第八〇号、二〇一七年)を企画開催している。
(38) 川村優「幕末期における旗本阿倍氏知行村の一動静」(同『旗本知行所の研究』思文閣出版、一九八八年、初出一九八〇年)。
(39) 野本禎司「幕末期の旗本の「役」と知行所支配」(大石学編『近世国家の権力構造—政治・支配・行政—』岩田書院、二〇〇三年、後に『近世旗本領主支配と家臣団』吉川弘文館、二〇二一年に所収)。

(40) 高橋敏『江戸の訴訟』(岩波書店、一九九六年)。
(41) 小池進「旗本「編成」の特質と変容」(『歴史学研究』第七一六号、一九九八年、後に同『江戸幕府直轄軍団の形成』吉川弘文館、二〇〇一年に所収)。
(42) 福留真紀「近世前期小姓組番支配の一考察―支配方と番の自主運営―」(『お茶の水史学』第四五号、後に同『徳川将軍側近の研究』校倉書房、二〇〇六年に所収)。
(43) 野本前掲註(28)「近世後期旗本家家臣団の再生産構造」。
(44) 岸野俊彦編『「膝栗毛」文芸と尾張藩社会』(清文堂出版、一九九九年)、同編『尾張藩社会の総合研究』第一～四篇(清文堂出版、二〇〇一・二〇〇四・二〇〇七・二〇〇九年)、同編『尾張藩社会の文化・情報・学問』(清文堂出版、二〇〇二年)ほか。
(45) 岡山藩研究会(研究代表者：深谷克己)編『藩世界の意識と関係』(岩田書院、二〇〇〇年)、同会編『藩世界と近世社会』(岩田書院、二〇一〇年)。
(46) 渡辺尚志編『藩地域の構造と変容』(岩田書院、二〇〇五年)、渡辺尚志・小関悠一郎編『藩地域の政策主体と藩政』(岩田書院、二〇〇八年)、荒武賢一朗・渡辺尚志編『近世後期大名家の領政機構』(岩田書院、二〇一一年)ほか。
(47) 高野信治『藩国と藩輔の構図』(名著出版、二〇〇二年)、同『近世領主支配と地域社会』(校倉書房、二〇〇九年)。
(48) 根岸茂夫「終章　近世武家社会の「家」と軍制」(『近世武家社会の形成と構造』吉川弘文館、二〇〇〇年)。
(49) 野口朋隆「序章　研究史の整理と本書の課題」(『近世分家大名論―佐賀藩の政治構造と幕藩関係―』吉川弘文館、二〇一一年)。
(50) 高野信治『近世大名家臣団と領主制』(吉川弘文館、一九九七年)。

（51）　落合延孝「年中行事からみた領主と農民─新田岩松氏の事例を通して─」（『群馬大学教養学部紀要』第二七巻、一九九三年）、同「出入り関係の形成と新田岩松氏の権威の浮上」（『関東近世史研究』第三六号、一九九四年）、同『猫絵の殿様』（吉川弘文館、一九九六年）。

（52）　神崎彰利「相模国の旗本領」（『神奈川県史研究』第三三号、一九七七年）、小暮正利「近世初期旗本領形成に関する一考察─武蔵国を事例として─」（村上直編『論集関東近世史の研究』名著出版、一九八四年）。

（53）　川村前掲註（38）「幕末期における旗本阿倍氏知行村の一動静」。

（54）　大口勇次郎「最初の拝領地─田沼と大岡の場合─」（『日本歴史』第六〇〇号、一九九八年、後に『徳川時代の社会史』吉川弘文館、二〇〇一年に所収）。当然ながらこの評価は、田沼も大岡も幕府において政治的地位に就いた経歴の持ち主であったことをふまえたものとして理解しなければならない。

（55）　山本英二「風林火山の記憶と由緒─近世前期甲斐国雲峰寺・恵林寺の勧化を事例に─」（青柳周一・高埜利彦・西田かほる編『近世の宗教と社会1　地域のひろがりと宗教』吉川弘文館、二〇〇八年）。

（56）　佐々前掲註（32）「幕藩制成立期の幕臣団編成と知行割」。

（57）　『寛政重修諸家譜』巻第九七六（続群書類従完成会版、第十五巻、二九二〜二九四頁）。

（58）　長谷川家文書（個人蔵）は、下鶴間村都筑家知行所の村役人を務めた長谷川家に伝来した文書群である。近世において同家当主は代々「彦八」を襲名した。同家は同郡新田宿村から享保期に新たに移住してきた新参の家でありつつも、居住する南部集落の宿（目黒）において近世後期には村内外に影響力をもつ資質を備えた有力農民へと成長を果たした。矢倉沢往還沿いに構える同家の居宅の様子は渡辺崋山の著わした『遊相日記』においても挿絵とともに書かれており、崋山も当所は長谷川彦八家に立ち寄るつもりだったのだが、あまりの来客の多さにそれを断念したと叙述している。その文書群は近世文書が一二三五点、上限年代が慶長三年（一五九八）である。当家の資料群は近世文書だけではなく、守札（約二八〇〇点）、書画（約八〇点）、近現代文書（約二二〇〇点）、私文書（約一万三四〇〇点）のほか、書籍・雑誌といった歴史資料に加え、民俗資料・美術工芸資料で構成された総点数約二万点に及ぶ資料群である。検索手段は、『大和市文化財報告書　第七五・七九・八八・九五　下鶴間の長谷川家資料総合調査報告書　目録2・3・5・6』（大和市文化スポーツ部文化振興課、二〇〇〇・二〇〇〇・二〇〇四・二〇二〇年）に依る。

古木家文書（個人蔵・大和市つる舞の里歴史資料館寄託）は、下鶴間村江原家知行所の村役人、おもに名主家を務めた古木家に伝来した文書群である。かつて同家は同村公所に居住し、近世中後期、同家当主は「藤吉」を襲名しているが、歴代と区別するためか「永屋」「頼屋」などの屋号を別称している。その文書群は近世文書（一八二六点）、近現代文書（一四一五点）のほか、美術工芸資料などで構成された総点数三〇〇〇点を越える資料群である。公所の村役人をほぼ世襲して勤めてきたためか、「役用日記帳」をはじめとする近世後期の村政史料がまとまって伝来している。また、知行所支配にかかわって旗本用人と交わした御用状や、上総・下総の知行地と交わした書状も比較的多く伝来しており、用人と知行所村役人の関係性や支配の意思伝達の仕組みを知ることができる。検索手段は、『相州高座郡下鶴間村公所古木家文書　目録一・二』（株式会社永屋、二〇〇四・二〇一三年）に依った。なお、本文書群は、目録一と二で、別々に文書番号が採番されているため、引用時は、便宜的に古木家文書〈目録一〉もしくは〈目録二〉としたうえで文書番号を掲げることとする。

いずれの文書群も『神奈川県史』『大和市史』の編纂時において、その大部分が公開、掲載されてこなかった史料であるものの、三給の旗本相給村落の内実を複数の給分から把握することを可能とする文書群である。

第一編　関東の所領編成原理と旗本知行

第一章　大名家領分と旗本知行所の再編過程
―武蔵国忍城周辺の所領編成を中心に―

はじめに

十七～十八世紀における関東の所領構造は、畿内と同様に徳川一門や譜代大名のめまぐるしい転封が行われたため、大名家領分・旗本知行所・幕府直轄領・寺社領が入組み錯綜するとともに分散知行が進んだと捉えられている(1)。このうち旗本知行所については、とりわけ元禄期に領主の多くを占めた旗本家の知行権が幕府によって年貢徴収にかかる権利に限定されたとする、いわゆる旗本知行形骸化論が提唱され、あえて旗本知行を分散錯綜した形態に割替えたというように理解された(2)。また、そうした知行形態を採用した江戸幕府の目論みとしては、天災や地域差による利害の均分化(危険の分散)によって旗本知行の危機管理を行った、という見方も示されてきた(3)。

その後、一九八〇年代以降の自治体史編纂の隆盛による地方史料の発掘に裏付けられた研究を中心として、元禄期以降における旗本知行所支配の実現とその多様性が明らかにされ、旗本知行形骸化論に対する疑義が提示されるに至っている(4)。ところが、関東の分散錯綜した知行形態は、近世中後期に克服されるべき「支配構造の矛盾」として取り扱われることが増え、総じて所領編成原理を問う研究自体が衰退しており、未だ元禄期関東における所領編成についてては検討の余地が残されているといえよう。

そこで、本章で特に着目するのは、先行研究でも多く論及されてきた元禄期の地方直しおよび知行割替政策である。(5)一般的に元禄の地方直しは、徳川綱吉に従って館林藩から編入した幕臣団が新たに零細な地方知行を獲得することもあり、相給村落が多く分布した関東農村では、さらなる相給の激化を招いたともいわれる。一方、知行割替は関東の城附地周辺における村替を志向したものと捉えられているが、その全容は明らかでない。(6)

元禄・宝永期における大名家の領分と旗本知行所の割替について、早い段階から両者に目配りをした実証研究として、深井雅海氏と酒井右二氏の成果があげられる。

深井氏は、元禄十一年(一六九八)の知行割替えの数量的分析、そして宝永二年(一七〇五)の柳沢吉保の甲府移封にともなって行われた甲斐国の旗本領上知と代知割について検討している。(7)氏の研究は、大名家領分と旗本知行所の異動状況を数量的に把握したことで、関東を中心とした大規模な所領再編の傾向を示すメルクマールとなっている。ただし、あくまで当該期における幕閣の政治権力と大名家領分の集中化の関連に氏の関心が置かれており、上知後の代知割によって再編成される旗本知行の問題は検討対象とはされるものの、その位置づけについては触れられていない。

一方、酒井氏は下総国を事例として、元禄十一年の大名家領分において城附領の集中が図られるとともに、旗本知行所の代知割も残知周辺に「最寄替」がなされていたとする。(8)旗本知行の代知割における知行所単位での集約性については所理喜夫氏と深井雅海氏が若干ふれているものの、(9)酒井氏による研究は大名家所領と旗本知行所の知行割替政策が同様の志向性を有していたという見方を提示したという点において先駆的な研究といえよう。近年、新出史料の発見もあり、白川部達夫氏によって議論が整理されるなかで、この酒井氏の見通しの一部は老中レベルの政策意図としても意識されていたことが判明している。(10)

しかしながら、関東に数多ある旗本知行所の上知・代知の実態はもちろんのこと、大名家城附領の再編過程ですら断片的な検討にとどまっている傾向があり、元禄期の知行割替えの全容解明には未だ至っていない。とりわけ、元禄期知行割替を検討した深井氏の研究等でもみられるように、割替で異動した知行地に関心が向けられる傾向が強く、割替の結果、旗本の家ごとのレベルにおいていかなる知行形態が生み出されたのか、位置づけられていないという課題を残したままである。

以上の課題に応えるためには、特定のフィールドにおいて近世前期以来の編成原理を把握しつつ、大名家所領と旗本知行所の再編過程を検討することによって、地域編成の重層性と所領構造の変容過程を明らかにする必要があろう。その際、本章では武蔵国忍城周辺における所領編成を中心に検討を試みる。筆者は旧稿において近世前期における忍藩城附領の形成について考察したが、大名家領分の形成といわば表裏一体の関係にある旗本知行地の上知と代知割については紙幅の関係もあり留保していた(11)。そのため、本章では大名家領分(藩領)と旗本知行所の再編過程をあわせて論じることによって、近世関東における所領編成の一端を明らかにし、もって当該期における所領編成原理の特質に迫りたい。

第一節　近世前期における武蔵国忍城周辺の所領編成

1　忍城・忍領の復興と知行地

天正十八年(一五九〇)の豊臣秀吉軍を率いた石田三成の水攻めによって傷ついた忍城と周辺村々は、同年八月二十六日に城代として入城した松平家忠の手によって復興が進められた。天正十九年六月六日付の知行書立によって家忠に与えられた知行地は、新郷・下新郷・荒木村・別所村・須加村・犬塚村・西新井村・下中条村・酒巻之郷の都合一万石であった(12)。これらの知行地は「城から五〜七キロメートル程離れており、城附きとはいえなかった(13)」と評価されている。

ところが、松平家忠の入城以前、北条国衆成田氏の在城時代から新郷・別所・下中条・酒巻之郷は、上州との往来のある渡船場であるとともに利根川沿岸の地域を結ぶ河岸場であり、新郷・荒木村は往還に面した町場であったことが明らかにされている(14)。これらの点をふまえると、従来のように忍城からの距離でもってこれらの村々を捉えるだけではなく、むしろ軍事的かつ経済的な要衝をおさえるための知行地である点を含み込んで「城附」の村々を評価することが求められようか。

天正二十年松平忠吉が忍城主となり、忍城周辺の村々の多くは忠吉の所領とされた。所領の全容は明らかではないが、『新編武蔵風土記(15)』に「忠吉以来の城附」として記載された村落には、城郭最寄りに位置する佐間村・谷郷・持田村・下忍村に加え、利根川右岸付近に位置する酒巻村・須加村などがあり、かつて家忠が領した知行地もおよそ忠吉の所領に組み込まれたとみてよい（図）。

2　忍城代・城番・代官・鷹匠と徳川家康の鷹狩

慶長五年（一六〇〇）、松平忠吉が関ヶ原合戦で戦功をあげ、尾張国清洲城へ転封すると、忍城には城代と城番が赴任し、周辺の村々は徳川氏の直轄領となり代官の支配下に置かれた。以後、三十三年間続く代官の手による当地域における支配は、後の江戸幕府農政のモデルケースとなったと評価されている(16)。

加えて、当該期の忍城代・城番・代官・鷹匠をめぐる動向として特筆すべきは、徳川家による鷹狩との関連である。この点については、すでに小暮正利氏によって「支城と知行地の隣接は、城番制という職制の問題だけではなく（中略）忍城と城番・忍鷹匠の有機的な支配の結合関係が考えられる」[17]という指摘があるが、以下、行論上必要の範囲において再論しておきたい。

まず、忍城代・忍城番・忍鷹匠の就任者を表1で確認しよう。

当初、忍城代を命じられたのは上野国吉井城主の菅沼定利である。[18]ところが、慶長七年に定利は死去したため、徳川家康は高木広正に忍城代を命じた。広正は老年を理由に再三城代就任の辞退を願い出たが、家康の強い要請により忍城に入った。この際、城の周辺に三〇〇〇石の知行地と前城代菅沼氏の家臣二〇騎・同心三〇人を預けられるとともに、埼玉郡内に一六〇〇石の養老の地を拝領した。その後、忍城代は広正・正綱・正則と三代にわたり高木家が勤めることになる。[19]城番は、初代城代の菅沼定利に仕えた者たちが、定利の死後も主力を成す形で高木広正を補佐する体制が整えられた。そして、広正が城代に就任した慶長七年には、天野忠重と小栗正勝が城番に就任している様子もうかがえる。

忍近郷の代官には慶長十五年頃より大河内久綱と深津貞久の名がみえる。慶長十八年に深津が罷免されたのち、翌十九年には、城番経験者である小栗氏・天野氏、城代の高木正綱、そして遠藤豊九郎が忍近郷の代官に命じられた。忍鷹匠としては、大草氏・間宮氏・神谷氏・吉田氏等の名が確認できる。

城代・城番・鷹匠それぞれに共通しているのが、最寄りではないものの忍城に近接する地域においてそれぞれ知行地を拝領している点である。[20]そして、知行地の拝領時期は、松平忠吉が清洲へ転封した直後の慶長期に集中しており、各役職の就任とほぼ同時に忍城に近接した地に知行地を与えられたとみてよい。

ここで目に留まるのが、城代・城番と同時期に鷹匠たちにも忍周辺に知行地が与えられている点である。小暮氏は

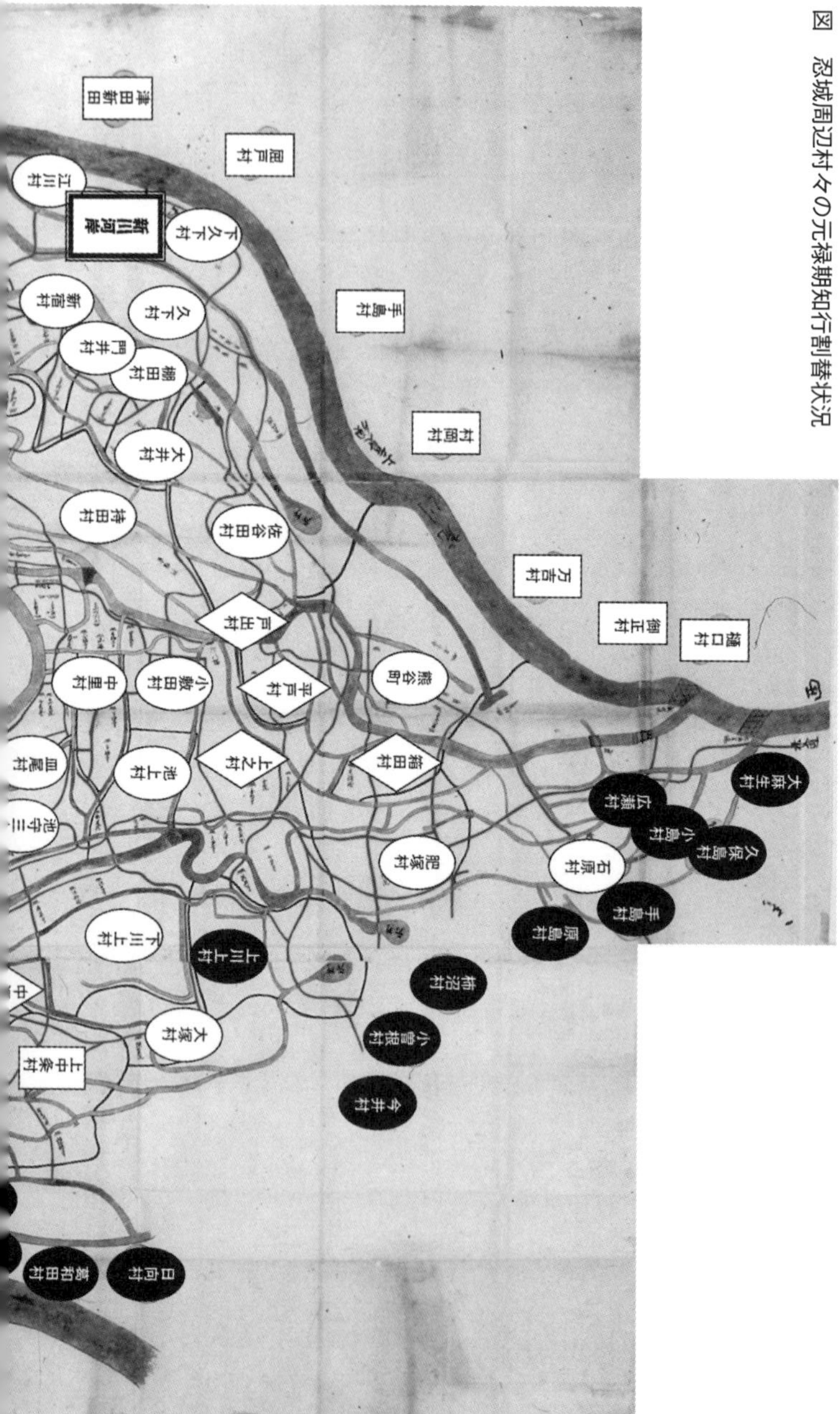

図　忍城周辺村々の元禄期知行割替状況

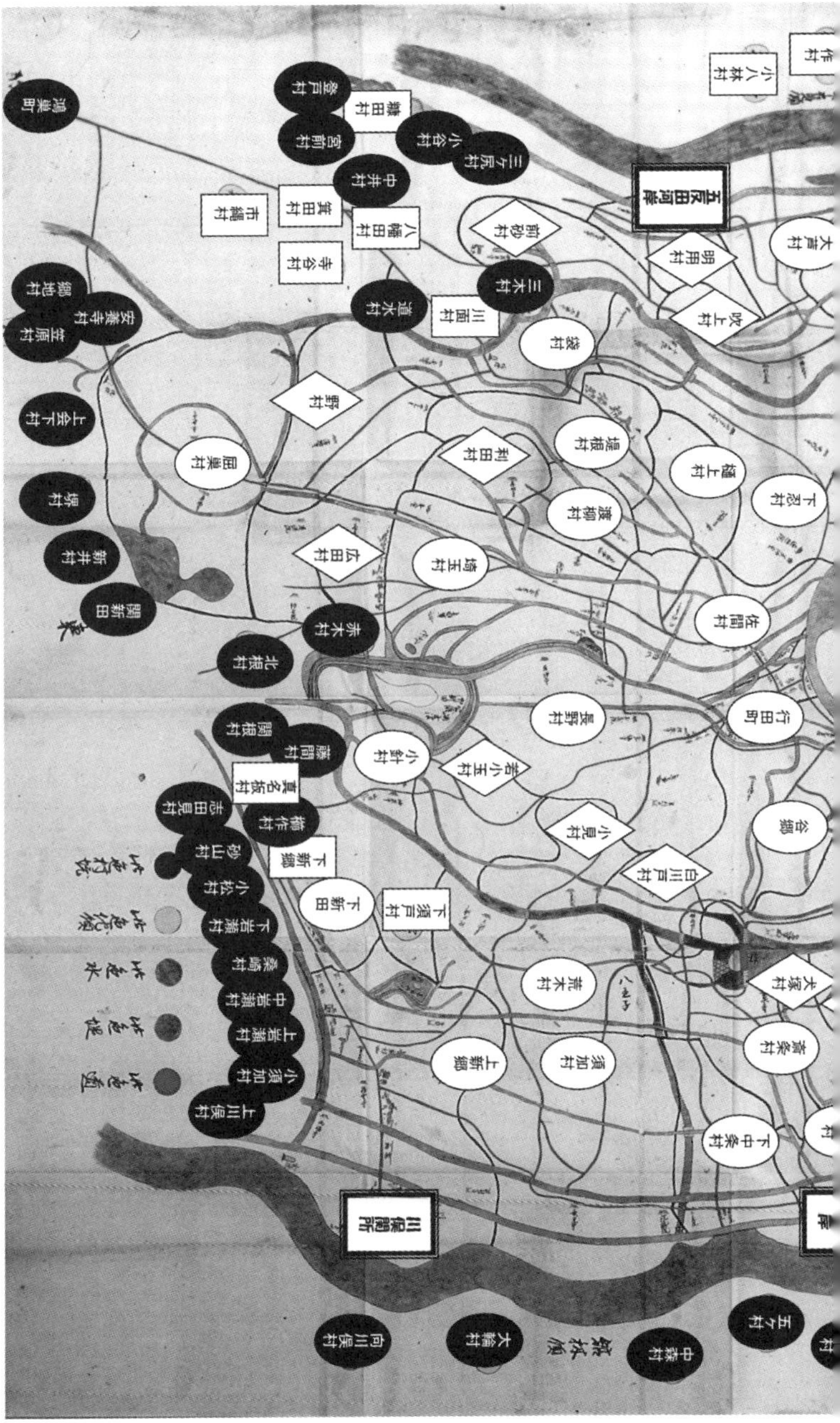

凡例：○村＝変動のない忍藩領　□村＝元禄期に忍藩領→他領　◇村＝元禄期に他領→忍藩領　●村＝変動のない他領
〔典拠〕「忍御領分絵図」（行田市郷土博物館所蔵）に加筆し作成。

表１　忍城代・城番衆・御鷹匠就任者一覧

	姓名	歿年月日（享年）	主君	職	葬地	軍団内の縁戚関係	寛政譜
城代	菅沼定利	慶長 7.10.22（　）	徳川家康	未詳			巻302
城代	高木広正	慶長11. 7.26	徳川家康	忍城代（慶長5～11年）	広野村　広正寺		巻319
	高木正綱	寛永 9.11.10	徳川家康	忍城代（慶長11年～寛永9年）	広野村　広正寺	正室は酒井忠利の娘（杌姫）	
	高木正則	元禄 5. 9.22	徳川家康	忍城番（寛永10～16年）	広野村　広正寺	正室は土井利勝の娘	
与力	花井定清	寛永15. 9.15（77）	菅沼定利・徳川家康	武蔵国忍の城番（慶長7年～寛永15年）	本郷村　定光院	菅沼定利は定清の伯父、娘は石野六左衛門広吉の正室で石野広時の母	巻957
	花井定光	承応 2. 2.14（73）	徳川家康	忍の城番（元和4年～寛永17年） 大番（寛永17年～）			
与力	花井定次	延宝 2. 7.11（75）	徳川秀忠	忍城の番（元和4年～寛永17年） 御宝蔵番（寛永17年～延宝2年）	牛込　萬昌院	正室は吉田与助正定の娘	巻957
与力	石野広光	慶長 8. 4.13（62）	菅沼定利・徳川家康	菅沼定利死後、その家臣を率い忍城守衛	今泉村　広泰寺		巻673
	石野広次	元和 7. 9. 6（34）	徳川家康	忍の城番	成田村龍淵寺		
	石野広重	慶安 3. 3.20（37）	徳川秀忠	小姓組番士（寛永9年～慶安3年）	市谷萬昌寺 →牛込萬昌寺		
与力	沢四郎左衛門						—
与力	石野広吉	万治元 9. 5（77）	榊原康政・菅沼定利	武蔵国忍の城番（慶長7年3月22日～） 秀忠の命で江戸へ召出（元和6年～） 石奉行（寛永12年10月～）	牛込　松源寺	正室は花井伊賀守定清の娘	巻673
	石野広時	貞享元 3.14	菅沼定利・徳川家康	武蔵国忍の城番（寛永6～16年） 御宝蔵番（寛永16年～正保4年）	牛込　松源寺	菅沼定利の後室の望みで養子となり、後室が拝領した知行を授かる。	
与力	由良庄左衛門						—
与力	牧田右馬之助						—
与力	稲生重正	（44）	榊原康政・菅沼定利・徳川家康	武蔵国忍の城番（元和4年～？）	未詳		巻1078
	稲生正照	正保 3. 3.29	菅沼定利・徳川家康	忍城の番（慶長7年～寛永17年） 御宝蔵番（寛永17年～正保3年）	目白　永泉寺		
	原木正勝	天正18.	今川義元・菅沼定利	—			

与力	堀越定次	正保 2. 7.22	徳川家康・菅沼定利	武蔵国忍の城番(慶長7年～寛永2年)	目白　永泉寺	長女は村越市郎兵衛延連の正室 次女は加藤市大夫某の正室 三女は吉田弥右衛門政重の正室	巻97
	堀越貞勝	延宝 8. 8.23		忍城の番(寛永3～17年) 御宝蔵番(寛永17年～)	目白　永泉寺		
与力	堀越定正	元禄 5. 6.26(73)		忍城の番(寛永11～17年) 御宝蔵番(寛永17年～元禄6年)	目白　永泉寺		巻97
与力	加藤正忠	慶長 5. 6.26(79)	酒井忠次				巻785
	加藤正長	寛永 5. 4.16(51)	菅沼定利・徳川家康	武蔵忍城の番(慶長7年～寛永5年)			
	加藤正勝		徳川秀忠	忍の城番(寛永5～17年) 御宝蔵番(寛永17年～？)			
与力	矢島定久	慶長17.　(65)	菅沼定利・徳川家康	武蔵国忍の城番(慶長7～17年)	未詳		巻1124
	矢島正次	万治 2. 4.25	徳川家康	忍の城番(慶長17年～寛永17年) 御宝蔵番(寛永17年～万治2年) 後に御家人に列す	目白　永泉寺		
与力	村越延時	某年　(42)	菅沼定利・徳川家康	忍の城番(慶長7～18年)			巻1021
	村越延連			忍の城番(慶長18年～寛永16年) 御宝蔵番(寛永17年～？)			
与力	花井定重	某年　(80)	榊原康政		未詳		巻958
	花井定次	某年　(50)	菅沼定利・徳川家康	忍城の番(慶長7年～某年)	未詳		
	花井定連		徳川秀忠	御宝蔵番(寛永17年～？)	未詳	正室は高木甚太郎清方の娘	
与力	内藤正次	寛永18.12.19(81)	菅沼定利・徳川家康	忍の城番(慶長7年～寛永16年) 御宝蔵番(寛永17年～) 後に御家人に列す	四谷　戒行寺		巻819
与力	西沢安時	某年	成田左衛門尉泰親		未詳	正室は成田左衛門尉家臣小高十五兵衛某の娘	巻676
	西沢正時	寛永 6. 7.29(53)	菅沼定利・徳川家康	忍の城番(慶長7年～寛永6年)	忍	正室は松平忠吉家臣古屋勘解由某の娘	
	西沢時里	元禄 5. 8.29(73)		忍の城番(寛永7～17年) 御宝蔵番(寛永17年～元禄5年)	目白　永泉寺		
与力	高木加兵衛						—

	姓名	歿年月日(享年)	主君	職	葬地	軍団内の縁戚関係	寛政譜
与力	沢半七郎						—
与力	持田忠吉	寛永10　(64)	深谷の上杉則盛・菅沼定利・徳川家康	武蔵国忍城の番(慶長7年～寛永10年)	未詳		巻1124
	持田忠重			忍城の番(寛永10～17年) 御宝蔵番(寛永17年～?) 後に御家人に列す	未詳		
与力代官	天野忠重	正保元 8.22(86)	徳川家康	武蔵国忍城の番(慶長7～18年) 忍近郷代官(慶長18年～正保元年)	上中条村　常光院		巻883
	天野忠詣	万治 3. 2.27(71)	徳川家康	忍鴻巣の御鷹場支配(～正保元年) 忍近郷代官(正保元年～万治3年)	上中条村　常光院		
	天野忠顕	寛文 3. 4.15(50)	徳川秀忠	御鷹場支配(寛永5年～寛文3年)	三ヶ尻村　龍泉寺		
	天野忠雄	宝永 5. 9. 9		鴻巣の鳥見役(延宝2年～天和2年) 大番(天和2年～元禄元年)	小石川　正知院		
与力代官	小栗正勝	寛永 3. 3.20(70)	徳川家康	鉄砲同心20人を預り忍城の番(～慶長18年) 忍近郷代官(慶長18年～寛永3年)	忍　正覚寺		巻515
	小栗正信	寛永元 3.26	徳川秀忠	御鷹師	未詳		
	小栗正久	元禄元 8.29	徳川家綱	御鷹師(寛文10年～天和2年)	忍　正覚寺		
与力	酒井忠吉	寛文 3. 5. 6(75)	徳川秀忠・家光	忍城番(寛永3、4～10年) 留守居(寛永11年～) 勘定(寛永19年～)	川越　源昌寺 →浅草　曹源寺		巻64
与力	杉浦正友	寛文 2. 9. 9(86)	徳川家康・秀忠	忍城番(寛永3、4～10年) 留守居(寛永12～16) 勘定頭(寛永16年～)	浅草　本願寺 長敬寺		巻527
鷹匠	間宮元重	正保 2.11.23(85)	北条氏直・徳川家康	大番(天正18年～?) 大坂にて御鷹を預けらる(慶長5年) 忍領御手鷹匠(慶長6年頃～正保2年)	忍領　清善寺		巻433
	間宮元次	寛永 2.12.19(36)	徳川家康	忍領御手鷹匠(某年～寛永2年)	忍領　正覚寺		
	間宮元平	宝永元 6. 3		忍領御手鷹匠(寛永2年～天和2年) 小普請(天和2年～元禄6年)	小日向　知願寺		

	間宮信勝	享保13. 7.28	徳川家綱	御鷹匠(寛文[illegible]～天和2年) 小十人(天和2年～元禄5年)	高田　正覚寺		
鷹匠	神谷直清	元和 3. 7.16(48)	徳川家康	伊賀路渡御に供奉 御手鷹匠(慶長6年頃～元和3年)	小石川　善仁寺		巻1047
	神谷直次	延宝 7. 2.28(80)	徳川家康	御手鷹匠(元和3年～寛文元年) 御鳥屋飼(寛文元年～延宝7年)	持田村　専勝寺		
	神谷直次	延宝 9. 8.14	徳川家綱	御鷹匠見習(寛文9年～延宝7年) 御鳥屋飼(延宝7～9年)	持田村　専勝寺	正室は肥田与左衛門定勝(忍領代官)の娘	
	神谷直勝	寛保 3. 4.12		御手鷹匠(天和元～2年) 小十人(天和2年～元禄14年)	小石川　善仁寺		
鷹匠	大草忠成	慶長11.　(60)	徳川家康	御手鷹師(？～慶長11年)			巻1067
	大草忠守	万治元 3.晦日(62)	徳川家康	御手鷹師(慶長16年～万治元年)	持田村　専勝寺		
	大草忠次	天和元 3.28		御手鷹師(万治元年～天和元年)	持田村　専勝寺		
	大草忠如	元禄14.10. 8		御手鷹師(天和元年～貞享3年) 小普請(貞享3年～元禄14年)	未詳		
鷹匠	吉田正次	慶長 7. 4.15	徳川家康	伊賀路渡御に供奉	佐間村　清善寺		巻431
	吉田正直	寛永14.11.19	徳川家康・秀忠・家光	御鷹師			
	吉田政重	寛文元 8.28	徳川秀忠・家光	御鷹匠(～寛永15年) 忍の御鳥屋飼(寛永15年～寛文元年)		正室は堀越貞吉の娘	
	吉田政次			御鷹匠(寛文元年～天和元年) 鴻巣の御鳥屋飼頭(天和元～2年3月) 禁裏附の与力 後に御家人に列す			
鷹匠	吉田正定	寛永12. 5.16(42)	徳川家康	御手鷹匠(慶長14年～寛永12年)	小石川　喜連寺		巻431
	吉田正之	万治 3. 5.24(43)		御手鷹師(寛永12年～万治3年)	小石川　喜連寺		
	吉田正之	享保14. 9. 3(72)		御手鷹師(万治3年～天和2年) 小十人(天和2年～正徳4年)	小石川　喜連寺		
鷹匠	榎本市内			御手鷹師			―
	榎本勘助	寛永18.		御手鷹師		妻は吉田与助正定女	
	榎本千助						
鷹匠	丹羽孫作			御手鷹匠ヵ			―

〔典拠〕『寛政重修諸家譜』、『断家譜』、「忍城与力之名」(個人蔵・豊橋市美術博物館寄託大河内家文書)、「酒井家御代記壱(忠利君忠勝君御事歴)」(小浜市立図書館蔵酒井家文庫)より作成。

この点について「忍城と城番・忍鷹匠の有機的な支配の結合関係[21]」と評価しているが、当該期における忍城周辺の所領編成原理にかかわる点であるため、小暮氏の述べる「有機的な支配の結合関係」の内実を詳述しておきたい。

その際、留意したいのが徳川家康の関東における鷹狩である。家康は天正十九年（一五九一）十月と天正二十年正月に、忍城への鷹狩を当時の忍城代松平家忠に告げていたものの、いずれも叶わず[22]、記録に残された最初の忍での鷹狩は慶長六年十一月に実現した[23]。以後、慶長十二年に駿府に隠居してからも家康は再三忍を訪れ、元和元年（一六一五）まで計一一回忍への鷹狩が行われたことが判明している[24]。忍城内には鷹部屋が設けられており、城内には家康が宿泊する御殿が建てられていた可能性が高い。

なお、家康の忍城内御殿については鈴木紀三雄氏による叙述がある[25]。氏は忍藩主阿部家の家譜「公餘録」の宝永四年（一七〇七）三月の記事に「御本丸ハ　権現様御殿之跡之儀候[26]」とあることから、忍城本丸に家康の御殿が建てられていたことを指摘している。さらに氏は、近世中期以降に描かれた忍城のいずれの絵図類にも、本丸には建造物が描き込まれていない点をあわせて考えると興味深い記述である、と結んでいる。すなわち、忍城本丸が「権現様御殿之跡」であることを憚るがゆえに、敢えて何も建てなかったのではないかという展望と解される。慶長期に立て続けに行われた家康の鷹狩が忍城・忍領と強く結びついていたことを傍証する事象とも捉えられようか。「公餘録」には、ほかにも「〇（四月カ）十七日御本丸御宮御参詣[27]」等の記述がみられ、忍城本丸にあった家康の御殿跡地には「御宮」が設けられ、本丸が信仰の地となっていたことをもうかがわせる。

さて、慶長期における城番と鷹匠の知行地拝領に論点を戻そう。前述のとおり松平忠吉が清洲に転封し、徳川氏直轄領となった忍領へ家康は頻繁に鷹狩に訪れた。先行研究で理解されるとおり家康の鷹狩は民情視察を兼ねたものであり、忍領でも農民たちの直訴に耳を傾け、代官深津貞久を罷免するに至っている。一方、家康のこうした鷹狩に対応する役儀を帯びたのが、鷹匠や御手鷹師、ひいては鷹場を支配する忍近郷の代官、鷹部屋や御殿が所在した忍城を預かる城代・城番であった。各役職名称は異なるものの、とりわけ家康の鷹狩の実現という側面からみれば、協同する職務を担う者たちであったと考えられる。すなわち、慶長〜元和期における忍城周辺の所領編成の際、忍城の管理や忍領の統治という側面のほかに、家康の鷹狩を司る者たちを対象として知行地が与えられていたとみなすことができよう。(28)

3　寛永の地方直しと知行割

寛永の地方直しによって、加増を受けた地方知行取りの旗本に対して新たに与える知行地として選ばれたのが、慶長期以降、利根川・荒川の乱流遅滞の治水に取り組み、生産力の安定が図られた武蔵国北部、とりわけ埼玉郡の村々であった。『寛政重修諸家譜』と『新編武蔵風土記』から、忍城周辺(現、行田市域)の村落における寛永の地方直しの影響をみると、渡柳村・野村・長野村・小見村・上中条村・若小玉村・荒木村・白川戸村・斎条村・真名板村・馬見塚村・犬塚村・南河原村・関根村・藤間村の計一五か村が、寛永十年(一六三三)二月七日以降、複数の旗本たちに知行地として与えられている動向がうかがい知れる(表2)。

このように、北武蔵地域における田畑耕地の生産力の安定と寛永の地方直しの実施という両者を背景として、当該期の忍城周辺の旗本知行地は成立していったのである。なお、この時知行地を与えられた旗本たちは、寛文六年(一六六六)六月に浅草において刃傷沙汰を引き起こし御家断絶となった旗本芝山氏を除き、元禄期までその領地を支配したことが知られる。(29)

一方、寛永十年十二月に松平信綱が忍城主となり、すでに配置されていた旗本知行地の隙間に信綱の所領が与えら

表2　近世前期、忍城周辺の旗本知行地

村名	拝領年月日	領主	村名	拝領年月日	領主
渡柳村	(慶長)	幕府代官	斎条村	寛永10. 2. 7	大久保忠興
	(寛永～寛文)	忍藩		寛永10. 2. 7	須田正時
	寛永10. 2. 7	芝山正知		(寛永)	忍藩
	正保 4.12. 5	佐久間頼直		天和 2. 4.21	鵜殿長興
野　村	(慶長)	幕府代官	真名板村	寛永10. 2. 7	内藤重種
	(慶長)	高木広正		寛永10. 2. 7	荒川定安
	寛永10. 2. 7	弓気田昌勝		(寛永)	忍藩
長野村	寛永10. 2. 7	山岡景次	馬見塚村	寛永11. 5.14	御手洗昌重
	寛永10. 2. 7	石川春吉		寛永10. 2. 7	酒井豊治
	寛永10. 2. 7	肥田忠頼		寛永10. 5.19	山田直弘
	寛永10. 2. 7	有馬重良		寛永10. 2. 7	森川氏時
	寛永10. 2. 7	内藤重種	犬塚村	寛永10. 5.19	山田直弘
	寛永10. 2. 7	会田資信		寛永18.12.13	丸山友次
	(寛永)	久世氏		寛永19	矢頭重次
小見村	寛永10. 2. 7	内藤重種		寛永10	高林吉次
	寛永10. 2. 7	岡部与賢		(寛永)	大武吉次
	寛永16	太田宗勝		(寛永)	漆戸氏
	(寛永)	羽生玄昌		(寛永)	成瀬久次
若小玉村	寛永10. 2. 7	浅井忠保	中江袋村	(寛永)	幕府代官
	寛永10. 2. 7	加藤正直	南河原村	寛永10. 2. 7	森川氏時
荒木村	寛永10. 2. 7	正木康長		(寛永)	日根野氏
	寛永10. 2. 7	大沢基洪		(寛永)	梶川氏
	寛永10. 2.23	新見正信		(寛永)	松平重次
	(寛永)	駒井太郎左衛門	関根村	寛永10. 2. 7	加藤正直
	(寛永)	忍藩	藤間村	寛永10. 2. 7	加藤正直
白川戸村	寛永10. 2. 7	永井正勝			
	寛永10. 2. 7	疋田正則			

〔典拠〕『武蔵田園簿』、『寛政重修諸家譜』より作成。
領主名は知行地拝領時の当主名を記した。網掛け部分は旗本知行地以外を示す。

れた。すなわち、信綱の所領配置は慶長～寛永期の知行割で配置された旗本知行地の異動をともなうものではなく、忍城周辺にモザイク状に所領が与えられることになったのである。寛永十六年下野国壬生より阿部忠秋が五万石をもって忍城主となるが、それまで信綱が支配していた所領を引き継ぐ形で所領が形成されたとみられ、城郭周辺は一円的な所領とはいえなかったのである。(30)

第二節　元禄期関東における所領再編方針の再検討

ここでは、先学に学びながら本章における元禄の地方直しおよび知行割替の理解を整理、再検討しておきたい。なお、地方直しに限っては、その実施のプロセスと規模を詳細に分析した大舘右喜氏の研究があるため、本章では特に政策意図を実現する方針に留意して検討を進めることとする。(31)

元禄十年(一六九七)七月二十六日、五〇〇俵以上の蔵米知行取りの旗本知行をすべて地方知行に改める蔵米地方直しが仰せ渡された。(32)同日には幕府老中から勘定奉行に対して、知行替に関する条目を含む全一二か条の申渡も出されているので掲出しておきたい。箇条の前半は、物成不足・御蔵米・運上等に触れる条目が列記されており、史料の性格は①～⑧の条目に共通する勘定所業務全般に関する申渡とみてよい。このうち、第九条(⑨)以降に、割替政策の方針にふれる記述がみられる。

〔史料1〕(33)

覚

一、①御のけ金之分堅不出様ニ可仕旨、被　仰出候事、

一、②年々御物成不足之分吟味仕御入用減候様ニ可致相談事、
一、③御蔵米余慶有之様ニ可有相談事、
一、④新規ニ運上之儀吟味之上、障於無之者段々可被申付候、尤其わけ前方可被窺之事、
一、⑤年々御足金不仕納り之分ニ而済候様可被仕候事、
一、⑥新銭弥遂吟味御蔵江詰置、指引之儀者荻原近江守江申聞候事、
一、⑦所々酒屋運上吟味之上可申付候事、
　附、御料ハ代官、私領ハ領主江可相納候事、
一、⑧異国江酒遣候儀吟味之上前々ゟ多渡可然事、
一、⑨御旗本五百俵以上御蔵米取之面々地方ニ引替可被下候間、遂吟味、書付可被出候事、
　附、御蔵米ゟ取ヶ不減様ニ可被致事、
一、⑩城主城本ニ而、或御料或私領ゟ入組之所者、まとひ候様割直し可被申事、
一、⑪表向ニ而御役も不仕、弐万石ゟ以下之面々知行所江戸ゟ三日路程之分ハ遠方江引替可被下候、其跡小給之地方ニ割渡し候様遂吟味可被伺候、勿論旧領之取ケと余り違無之様可被仕候、但居所有之分ハ書わけ可被窺候事、
一、⑫江戸ゟ五里程之所ハ私領之分外ニ引かへ、いつれも御代官所ニ可被仕候、但寺社其外障儀有之所者相除可被伺候事、
　　以上
　丑七月廿六日
右者御勘定奉行江渡之

当史料によると、五〇〇俵以上の蔵米知行取りの旗本家を地方知行取りへと改めるので、吟味を遂げ書付を出させること⑨、また、城主の「城本」あるいは幕領や私領が入り組んでいるところをまとめるよう知行割し直すこと⑩、「表向」の役職に就いていない二万石以下で、知行地が江戸より三日程（目安一五～二五里）の者は、遠方へ知行替えを行うこと⑪、江戸より五里程の知行地は他の地所に引き替え、いずれも代官支配所にすること⑫、以上の四か条に知行割替の方針が明記されている。

すなわち、⑨は御蔵米地方直しの実施を差しており、⑩は（関東の）城主城本や幕領・私領の入り組む地をまとめる方針にあたる。⑪は幕府役職に就いていない、江戸から距離のある知行地をもつ大身旗本から小身大名の者という限定的な家を対象とした知行割方針である。そして、⑫で江戸から五里程の地所はすべて代官支配所に再編するという方針が掲げられた。

続いて、同年八月十二日、地方直し対象の蔵米知行の旗本家について、当年までは切米を受け取り、翌年から地方知行に改める旨が申し渡される(34)。さらに、翌年三月七日、勘定所は知行割の実務について全二九か条の条目を作成している。これは一般的に「知行割示合覚」として知られている史料にあたる。冒頭の三か条のみ掲げ、各条目の内容は表3にまとめた。

表3　「知行割示合覚」条目内容

条目	内容
第一条	関東方所々の城附および居所等の最寄村替を実施するにあたっての代知について、残知のある者はその最寄見合せ、道程が従来よりも隔たらぬよう割合うこと。

第二条	代知割は、上知分の高・人別・取箇を書き出した帳面の順序に沿って一人ずつ書抜き割ること。
第三条	小分の高割にあたっても、一人で代知割してはならない。もし一人で割合する場合でも仲間(役人)との相談の上極めること。
第四条	残知がない者は、上知と代知の道程の遠近について大方相応の地に代知割すること。もし、不都合の場合は高の多少を考慮に入れて決定すること。ただし、上知より代知が(江戸に)近くなる地には代知割を遠慮すること。
第五条	上知に山林等がある場合、代知にもその心得をもって割合うこと。代知に右の品がない場合は少々厘付を増やし割合うこと。ただし、厘付を増やすのは上知高に応じて右の品々を考慮した場合であり、その際は一同で相談すること。
第六条	物成詰について取箇を基準に代知割を極める場合、渡高見出は高何勺まで極め、才・毛は記さなくてよい。ただし、五才までは切り捨てとし六才以上は勺へ切上げること。従来村高に才・毛まで記載の分は格別のこと。
第七条	山林・新田畑・見取場等の反別および取米永について、反歩は歩を単位として半は切り捨て六以上は一歩とすること。外物の米永について、米は合、永は文を単位として、これも五までは切り捨て六より切上げとすること。
第八条	物成詰取箇内訳の米永について、上知の分に不足する分を半分以上永方にて割合うことがないようにすること。
第九条	込高は、五ツ余取迄は三、四割余増やして割合うこと。六ツより十以上の取箇は込高の分量に極めがたく、なるべく見合わせ、込高が大分過ぎることがないよう考慮すること。ただし、上知の拝領高のほか、新田改出および内検出高が大分であった者には、高に応じ自余の並より込高を多く割り入れること。このほか、小物成高が多い者には、込高少々並より多くあってもよい。
第一〇条	物成詰込高について、これまでは合計の所にばかり記してきたが、今後は村ごと高割にて何程物成詰込高と記し置くこと。
第一一条	割郷の残高と渡高はともに二〇石を下回って割合ってはならない。上知が一〇石未満であるか、または二〇石未満の残知がある場合、割郷の残高があれば渡すこと。割郷の残高がない場合は随分最寄に近い地を見合せ割合うこと。この類の小高の者は、たとえば上知より代知の取箇が高い場合も物成詰に及ばず、高をもって渡替え、延高割は行わない。勿論上知の取箇が代知よりも高い場合は込高にて渡すこと。
第一二条	高一〇〇石程の代知は、一～二か村にて渡すこと。三か村にて割合うことがないようにすること。

第一三条	小物成を高に詰め入れることは、一〇〇石に一〜二石迄に限ること。この積りより小物成高の多い村を割合ってはならない。ただし、一村切の地にてこの積りより小物成高が少し多くとも、一人への渡高の都合における小物成高の割合がその範囲内であれば一村の小物成高が高くとも問題ない。
第一四条	代知取箇の内訳米永合わせて一〜五合迄、または渡高によって一升以内の過不足であれば問題ない。
第一五条	高に詰め入れの小物成の米永は、米は何勺迄、永は何分迄と記し、高に詰め入れ、このほかは切り捨てること。
第一六条	米永の小内書は、村切の際新田畑の検見等を割元に記さなくてよい。高入れの米永は村切や都合の所においても別行に記すこと。高に入れない品の外物の米永は合わせて一所に記すこと。
第一七条	高二〇〇〇石以上の村を小割にしてはならず、一村を五〜六人以上に割合うことがないようにすること。
第一八条	前々より高に詰め入れの小物成高は、たとえば永一貫文に五石、代米一升を二升に直し勘定が合わなくとも、跡々の通りにて差し置き、前々より小物成高詰め入れの旨を記し置くこと。
第一九条	この度知行割の対象となる所々上知村のうち、場広の山林または大分の運上等がある地については一同で相談の上割合から除くこと。
第二〇条	右上知のうち、御伝馬宿は勿論、間宿または津湊町場等の地は小割から除くこと。
第二一条	無高にて反別ばかりの新田畑等が多くある村は割合から除くこと。しかし、上知に反別ばかりの新田畑等のある場合は代知にも相応に配慮すること。
第二二条	村高の内書に記す新田は割元書替の場合にも内書に記すこと。
第二三条	御蔵米地方直しは、何程の俵数でも一〇〇俵を三五石に極め、代知高一〇〇石の割合三ツ五分の積りとすること。この方針で込高随分多くならないよう二割迄に割合うこと。もしこの積りにて不都合な地は相談の上三割迄は込高として渡すこと。
第二四条	御蔵米のうち、地方をも取る者には、本知の最寄書き出させ、なるべく最寄にて割合うこと。御蔵米ばかりの者の知行割は一人別の高により（江戸から）小身は近く、大身は遠くなるよう割合うこと。
第二五条	御蔵米直しの知行割は、山林を割り入れないようにすること。しかし、一〇〇〇石以上の知行割には少分の林等は割合うこと。

第二六条	代知割・御蔵米直しとも、御蔵入の村をも差し加え割合うこと。
第二七条	堤川除圦樋橋等の普請入用が多い村々は割合から除くこと。附、水損・旱損多い地が判明している分は割合を除くこと。
第二八条	所々上知村々のうち、御蔵入と割郷の分は合わせて割合うこと。
第二九条	上知の取箇下免にて最寄の代知の取箇高い場合は、少々道程を隔てても相応の取箇の地に割合うこと。

〔典拠〕「知行割示合覚」（『日本財政経済史料』巻二上、小宮山書店、一九七一年）より作成。

〔史料2〕[35]

知行割示合覚

一、此度関東方所々城附幷居所其外最寄村替に付代知割之儀、残知有之面々は残知之村附書出候間、残知之最寄見合道法過半不隔様之割合可申事、

一、代知割仕候義、上知之分人別切之高幷取ケ都合書出候帳面之順を以、銘々壱割ツ、書抜割可申候、心次第不順之割申間敷候事、

一、惣而小分之高之割にても、壱人にて割申間敷候、若壱人にて割合申候とも、仲ケ間之以相談割極可申候事、

（後略）

当史料の全二九か条にわたる条目は所理喜夫氏によって詳細に分析されているが、[36]ここでは、老中申渡（史料1）の趣旨がいかなる形で実務方針に反映されているのかという点に留意して条目を再検討してみたい。

第一条は、関東方所々城附等における最寄村替の実施にともない、上知対象となる旗本知行の代知割の地所に言及したもので、史料1―⑩を実施する際に生じる旗本知行の上知に対する代知割の規定にあたる。このほか上知と代知

については、江戸からの距離や取箇込高等に関する規定を示す（第一・四・五・九条）。また、上知の取箇が下免で最寄りの代知の取箇が高免であるならば、道程を隔てても取箇が相応の地を割合うことも述べられている（第二十九条）。これらは、いずれも上知分に相応の代知割を行うことに配慮したもので、公平性のある旗本知行割替の実施を促す条目といえようか。

実際に代知割を行う勘定所役人の留意事項としては、代知割を帳面の順序で適正に行うこと、役人一人での知行割の決定を禁じ一同で相談することを規定する（第二・三条）。続く第六条以降では、代知割の物成詰や小物成の高入れ等にあたっての基準数値の取扱いや表記方法を計一〇か条にわたり規定する（第六〜一〇・一三〜一六・一八条）。

知行割の対象となる村落の給分に関しては、高一〇〇石程の代知は三か村未満に収まるよう代知割すること、高二〇〇〇石以上の村を五〜六人の知行として代知割してはならないこと、御伝馬宿・間宿・津湊町場等は小割してはならないことを規定する（第一二・一七・二〇条）。一方、上知対象の村のなかで、場広の山林や大分の運上がある村、無高で反別ばかりの新田畑等が多い村、そして堤川除圦樋橋等の普請入用が多い村は、代知割の対象から除くこととされる（第一九・二一条）。

御蔵米地方直しについては、史料1–⑨でふれられる地方直しを行う際に込高数値の基準を守ること、蔵米と地方いずれも取る者についてはなるべく本知の最寄りに代知割すること、地方直しには山林を除くこと、代知割・地方直しともに蔵入地を加えて割合うことを規定する（第二三〜二六条）。

さて、所氏は「知行割示合覚」の条目分析から、知行割替の特色を次の三点にまとめている。すなわち、A知行地が分散的ながらも一地域に集中せしめようとする政策が取られた点、B「御蔵米計之面々」について小身は江戸より近く、大身は遠くというように、関東入部以来の旗本知行割の基本的性格が一貫してみられる点、C多額の運上金や山林等がある地を幕府直轄地に編入するという意図を内包した幕府財政補強の政策であった点を挙げている。氏の指摘は当該期の知行割替の理解において、史料1との親和性も高いことから、現在も妥当性を有しているといえよう。

一方、老中申渡（史料1）と「知行割示合覚」の関係性を考えた場合、史料1―⑪で述べられる、「表向」の役職に就いていない二万石以下で、知行地が江戸より三日程の者は、遠方へ知行替を行うことについて直接的な規定が示されていないことが気に掛かる。勘定所役人が地方直しと代知割の実務を遂行する際には、上記の一点は重要視されなかったということであろうか。

この点について参考となるのは、酒井右二氏が提示した次の史料である(37)。

〔史料3〕(38)（傍線、引用者）

一、御蔵米ニ而御切米御取被成候五百俵以上之御旗本衆、今年ゟ地方御知行ニ被仰付候由、并御城有之所ハ五里近所御城付ニ罷成候由、依之関東御知行御割替被　仰出候、此節御奉公不被成候小普請衆三千石ゟ五六千石迄之分不残上方近江ゟ三河・遠州・駿河辺江御知行替御座候、御奉公御勤被成候御旗本衆者最寄替ニ而元之通関東ニ而御代地出候由、天方主馬様　御知行之内当国佐倉近所物井村四百石之所御所替被　仰出、御代官平岡三郎右衛門様江渡筈ニ付、御請取手代手川関右衛門殿佐倉近辺御請取被成候、主馬様分御渡衆御家老児嶋竹右衛門殿御代官古橋兵太夫殿日限兼而御申合ニ付、竹右衛門殿兵太夫殿寅正月十九日江戸御立被成、物井村江御越被成候、正月末ニ御引渡相済候由、右御用御他出ニ付御絵図御用意急ニ被仰遣候由、

（後略）

当史料は、佐原村伊能家のもとで作成された「部冊帳」に収められた元禄期の知行割替に関する記述である。冒頭から記されるのは、蔵米地方直し、城附周辺の村替、役職に就任していない三〇〇〇～五〇〇〇石の旗本知行地の上

方・近江〜三河・遠州・駿河辺りへの村替、というように、前述の老中申渡（史料1）に記された知行替方針と一致し、しかも一部詳細な記述がみられる。さらに傍線部には、役職に就く旗本家の知行については「最寄替ニ而元之通関東ニ而御代地出候」とある。

すなわち、役職に就任していた旗本の知行地については、たとえ上知になったとしても知行地を最寄にする形で元の通り関東に代知を与えるというのである。ここで留意すべき点は老中申渡に共通して幕府役職に就任していたか否かという点に重点が置かれていることである。

元禄地方直しおよび知行割替は、たしかに所氏の指摘するように、上知に含まれる山林や運上の見込める地が幕府直轄領に編入され、かつ江戸廻りを代官支配所とする幕府財政補強の一貫としての政策であったと捉えられよう。一方、元禄期知行割替に際して、地頭林は一〇〇〇石以上の者あるいは上知に含まれていた場合、代知においても考慮されると「知行割示合覚」に記されており、すべての御林が幕府直轄領に編入されたわけではなく、以後の旗本知行においても林野支配は継続された[39]。

そして、代知割手続きのなかで上知対象村落に地頭林が含まれるか否かを勘定所に書き出させるため、地頭林の帰属の明確化という観点からみれば、元禄期の知行割替を契機に地頭林の把握も進んだとみるべきであろう。こうした勘定所の姿勢は、元禄検地によって適正な生産力の把握を求めた当該期の幕府勘定所の政策意図[40]とも、親和性をもつものと理解される。

また、以上の知行割替政策の前提としての関東城附周辺村々の村替の実施があり、上知対象の旗本家のうち、知行高の大小や知行地の江戸からの距離に加えて、幕府役職に就任しているか否かという点が、代知割の判断基準のひとつとして採用されていた。こうした政策施行の方針に基づいていかなる村替が実現されたのか、引き続き次節で検討する。

第三節　城附最寄村替と旗本知行代知割の実態

1　城附最寄村替の内実

元禄十（一六九七）〜十一年頃における関東城附領の変動を表4で確認したい。これをみると、小田原藩を除く八つの藩において、居城周辺の所領が割替えられている様子が判明する。加えて、多くの藩主が当時の幕閣に位置する人物であったことも、見過ごしてはならないであろう。

次に、所領に大規模な変動がみられた者のうち、忍藩主阿部正武の所領を例に所領再編の実態をみてみよう。(41) なお、所領配置の異動状況については図1をあわせて参照されたい。

阿部正武は元禄七年に一〇万石の領知高に達するも、阿部忠秋以来の所領と旗本知行地が入り交じった城廻りの知行形態を依然として踏襲していた。また、阿部氏の所領は、忍城下の南方を東西に流れる荒川を隔てた吉見領にも広範に分布する状態であった。ところが、元禄十年に幕府より命じられた知行割替によって、利根川と荒川に挟まれている地域のうち、忍城を中心として二里以内に所在した旗本知行地はすべて上知となり、それらはすべて阿部家領分となった。一方、荒川を隔てて南方に分布していた吉見領の阿部家領分が上知されたことによって、城附領は利根川と荒川に挟まれた沖積地帯に集約されることとなった。

また、当該期における他の関東諸藩の思惑をうかがえる動向も確認できる。前橋藩主酒井家の家譜によると、元禄十一年十二月十八日「御采地村替ノ事御願ノ如ク来春引替ヘキ旨、萩原近江守ヨリ演達有之、武州葛西領二千石ノ地

表4　元禄10～11年　関東城附領の変動

居城名	城主姓名	城附領の加除	加除年月日	所領高(石)	江戸幕府役職
忍　城	阿部正武	+8,176石余(割替)	元禄12. 2.25	100,000	老中
川越城	柳沢保明	+20,000石余(？)	元禄10. 7.26	92,030	側用人
岩槻城	小笠原長重	+？(割替)	元禄12.	50,000	老中
小田原城	大久保忠朝	—	—	103,000	老中
佐倉城	戸田忠昌	+？(割替)5里以内	元禄11. 6.	61,000	老中
土浦城	土屋政直	+？(割替)	元禄期	65,000	老中
高崎城	松平輝貞	+？(割替)	元禄11.	52,000	側用人
前橋城	酒井忠挙	+6,037石7634勺(割替)	元禄12. 2.25	150,000	
宇都宮城	阿部正邦	〔新たに入封〕	元禄10.	100,000	

〔典拠〕「常憲院様領知目録」(学習院大学史料館保管阿部家文書)、「領知目録」(姫路市立城郭研究室所蔵酒井家文書)、「領知目録書抜　四」(内閣文庫)、『新編埼玉県史通史編近世1』(埼玉県、1988年)、『岩槻市史 通史編』(岩槻市役所市史編さん室、1985年)、前掲深井論文、前掲酒井論文、澤登寛聡「常陸国土浦藩の市場統制と流通構造」(『法政史論』9、1975年)より作成。

ヲ相州三浦領江替ル、其外前橋領ノ内所々他領ト村替アリ」[42]と記される。すなわち、領知替については、願いの如く来春に引替の予定であると江戸幕府勘定奉行の荻原重秀から達しがあり、村替の地は武州葛西領と相州三浦領、そして前橋領（城附領）の所々であるという。翌元禄十二年二月二十五日付で前述の村替が反映された領知判物が発給されており、荻原の予告通り村替が実施されているのである。

この動向からは、酒井家が元禄期の知行割替の実施にあわせて自らの所領の村替えを願い出ることが許されており、さらに勘定所も願いを聞き届けて村替を実現するという姿勢がうかがい知れる。酒井家のように、知行割替の動向に乗じて自らの所領の村替を申し出る大名家がほかにいたとしても、さほど不思議はないであろう。

以上のように、元禄期の知行割替の方針にある城主城本の所領をまとめるという点に沿って、関東の各城下において知行割替が実施されていたことを確認することができた。さらに、前橋藩主酒井家の記録からは、大名家側にも村替を申し出る余地があったことを示唆させる動向も垣間見られ、知行割替の方針のもとに関東の諸大名は、割替を望む村々を幕府勘定所に願い出ることによって割替案が具体化してゆくという意志決定の流れが浮かび上がってこよう。

ところで、これらの関東の諸藩が同時期に藩領の知行替を受けながらも、これまであまり注目されてこなかったことには理由がある[43]。近世中期関東大名家の転封一覧をまとめた表5を確認したい。これをみると、元禄十〜十二年に藩領の村替を実施していながらも、その後十八世紀半ばまでに転封を命じられる大名家が複数いたことが判明する。つまり、綱吉政権下の元禄期に集約が計られた諸藩の城附領は、幕閣就退任にともなう大名家の転封によって再び相給・点在する所領形態へと変容を遂げ、綱吉政権において企図された所領配置の実現は、結果として短期間で終焉を迎えた。

表5　城附再編後の関東諸藩転封状況

転封年代	藩	旧藩主(領知高(石))		新藩主(領知高(石))
元禄14年	佐倉藩	戸田　忠真(67,850)	→	稲葉　正住(102,000)
宝永2年	川越藩	柳沢　保明(112,030)	→	秋元　喬知(50,000)
宝永2年	関宿藩	牧野　成春(73,000)	→	久世　重之(50,000)
宝永7年	高崎藩	松平　輝貞(72,000)	→	間部　詮房(50,000)
宝永7年	宇都宮藩	阿部　正邦(100,000)	→	戸田　忠真(67,850)
正徳元年	岩槻藩	小笠原長熙(60,000)	→	永井　直敬(33,000)
正徳2年	古河藩	松平　信祝(70,000)	→	本多　忠良(50,000)

〔典拠〕藤野保『幕藩体制史の研究』(吉川弘文館、1961年)より作成。

2　旗本知行所の代知割

旗本知行所の代知割については、すでに酒井右二氏が、史料3とあわせて下総を事例に数例を看取しているが、本項では、宛がわれる代知の旧領主や役職就任の有無に配慮しつつ、前項に引き続き武蔵国忍城周辺を事例として代知割の実態を網羅的に検討したい。

まず、元禄十一年(一六九八)に上知となった忍城周辺の旗本知行地を確認しよう。前掲の表2のうち、旗本加藤氏の知行地に相当する若小玉村・関根村・藤間村の三か村を除く、一二か村（若小玉村は相給浅野氏のみ上知）が上知となり、これらの村々はすべて忍藩主阿部正武の所領に村替を命じられた。本項ではこれらの上知を命じられた旗本領主二五家を、役職就任者と小普請に分けてそれぞれ考察を加えてみたい。なお、本項で検討対象となる旗本家の上知村落および代知村落については表6にまとめて掲出しておく。

⑴役職就任者

忍城周辺の知行地を上知された、当時役職に就任していた旗本は、佐久間・弓削田・山岡・内藤・岡部・松平・肥田・浅井・会田・大沢・永井・須田・山田・森川・矢頭・高林・成瀬・有馬の計一八家が確認できる。ここでは、知行地の異動を把握できた岡部家以下五家を事例に、代知割の様子を確認していこう。

①岡部家は、元禄十一年以前に、武蔵国埼玉郡小見村をはじめ上総・下総両国であわせて四五〇〇石の知行地を拝領しており、上知当時は大番頭を経て御留守居役を勤めていた(44)。忍城附の小見村（二〇〇石）の代知として与えられたのは、上総・下総両国の村々とみられ、従来支配していた知行地と近接した地に代知が与えられたことになる。

②会田家は、忍城附にあたる長野村（五〇〇石）の一か村を領し、上知当時は大坂御弓矢奉行を勤めていた。長野村の代知として埼玉郡東部に五二八石余の知行所四か村を拝領している(45)。このうち、内田ヶ谷村は高崎藩主松平輝貞の旧領に、閏戸村・貝塚村・根金村は岩槻藩主松平忠周の旧領にそれぞれあたり、元禄十一年における高崎・岩槻両藩の藩領再編の動向を傍証している。そして、これらの村々が忍城附の知行を上知された旗本諸家に対して宛がわれていた実態を知ることができる。

③大沢家は、忍城附にあたる荒木村（五〇〇石）の一か村を領し、上知当時は書院番を勤めていた(46)。荒木村の代知として上総国山辺郡に五三三石余の知行所を二か村拝領している。

表6　元禄期知行割替えにおける上知・代知対照表

①岡部家の知行地

元禄10年以前		宝永期以降		
国郡村	知行高	国郡村	知行高(石)	旧領主
武蔵国埼玉郡小見村	200石	上総国夷隅郡榎沢村	747.590027	不明
		上総国夷隅郡市野々村	330.437012	不明
上総国長柄郡		上総国長柄郡綱田村	340.701996	不明
上総国長柄郡針谷村	291石	上総国長柄郡針ヶ谷村	294.034302	旗本岡部家
上総国長柄郡金田村	276石	上総国長柄郡金田村	312.007294	旗本岡部家
		上総国埴生郡中原村	176.664902	旗本神尾家・成瀬家
		上総国埴生郡又富村	375.235992	旗本岡部家
		上総国埴生郡千手堂村	131.626999	旗本岡部家
上総国埴生郡		上総国埴生郡須田村	49.640701	旗本岡部家
上総国市原郡		上総国市原郡佐瀬村	50	旗本岡部家
		上総国市原郡中村	57.192001	旗本岡部家
上総国武射郡	1,000石	上総国武射郡三島村	186.445007	旗本岡部家
下総国匝瑳郡		上総国武射郡古川村	126.042297	不明
		上総国武射郡長倉村	677.230957	旗本岡部家
		下総国匝瑳郡西小篠村	28.355	旗本岡部家
計	2,000石	計	3,883.204487	

②会田家の知行地

元禄10年以前		宝永期以降		
国郡村	知行高	国郡村	知行高(石)	旧領主
武蔵国埼玉郡長野村	500石	武蔵国埼玉郡内田ヶ谷村	230.858597	高崎藩主松平輝貞
		武蔵国埼玉郡閏戸村	149.555298	岩槻藩主松平忠周
		武蔵国埼玉郡貝塚村	46.7061	岩槻藩主松平忠周
		武蔵国埼玉郡根金村	101.0681	岩槻藩主松平忠周
計	500石	計	528.188095	

③大沢家の知行地

元禄10年以前		宝永期以降		
国郡村	知行高	国郡村	知行高(石)	旧領主
武蔵国埼玉郡荒木村	500石	上総国山辺郡田中村	340.452393	不明
		上総国山辺郡金谷真行村	193.066101	旗本長田家
計	500石	計	533.518494	

④矢頭家の知行地

元禄10年以前		宝永期以降		
国郡村	知行高	国郡村	知行高(石)	旧領主
武蔵国埼玉郡犬塚村	50石	武蔵国埼玉郡荻島村	57.567299	伊奈半十郎代官所
計	50石	計	57.567299	

⑤有馬家の知行地

元禄10年以前		宝永期以降		
国郡村	知行高	国郡村	知行高（石）	旧領主
武蔵国埼玉郡長野村	700石	下総国香取郡和田村	30.2924	佐倉藩主戸田忠昌
		下総国香取郡鴇崎村	369.200012	不明
		下総国香取郡西坂村	117.889297	佐倉藩主戸田忠昌
		下総国香取郡吉原村	150.714996	佐倉藩
		下総国香取郡林村	122.699997	不明
計	700石	計	790.796702	

⑥大久保家の知行地

元禄10年以前		宝永期以降		
国郡村	知行高	国郡村	知行高（石）	旧領主
武蔵国埼玉郡斎条村	500石	常陸国鹿島郡飯島村	101.199997	寛永期より大久保氏
常陸国鹿島郡	500石	常陸国鹿島郡上沢村	180.436005	不明
		常陸国鹿島郡塙村	326.509003	旗本
		常陸国鹿島郡津賀村	81.444603	旗本
		常陸国鹿島郡鉢形村	106.468002	旗本
		常陸国鹿島郡長栖村	108.942596	旗本
計	1,000石	計	905.000206	

⑦正木家の知行地

元禄10年以前		宝永期以降		
国郡村	知行高	国郡村	知行高（石）	旧領主
武蔵国埼玉郡荒木村	700石	武蔵国埼玉郡備後村	346.563599	伊奈半十郎代官所
		武蔵国埼玉郡内田ヶ谷村	254.961594	高崎藩主松平輝貞
		武蔵国埼玉郡多門寺村	242.020004	南条金左衛門代官所
		常陸国鹿島郡角折村	108.817703	旗本岩瀬氏・岩手氏
		常陸国鹿島郡小山村	60.2995	旗本
		常陸国鹿島郡清水村	98.467003	旗本猪飼氏・岩手氏
		常陸国鹿島郡明石村	80.280502	旗本
計	700石	計	1191.409905	

⑧疋田家の知行地

元禄10年以前		宝永期以降		
国郡村	知行高	国郡村	知行高（石）	旧領主
武蔵国埼玉郡白川戸村	200石	武蔵国足立郡土手宿村	85.177002	旗本疋田家
武蔵国足立郡土手宿村	100石	武蔵国足立郡別所村	14.823	熊沢彦兵衛代官所
		武蔵国埼玉郡久本寺村	110.620102	高崎藩主松平輝貞
		武蔵国埼玉郡上崎村	136.200302	高崎藩主松平輝貞
		武蔵国埼玉郡割目村	97.601799	高崎藩主松平輝貞
		武蔵国埼玉郡大室村	91.5429	高崎藩主松平輝貞
上総国武射郡木戸台村	100石	上総国武射郡木戸台村	100	旗本疋田家
計	400石 200俵	計	635.965105	

⑨鵜殿家の知行地

元禄10年以前		宝永期以降		
国郡村	知行高	国郡村	知行高(石)	旧領主
下総国海上郡	200石	下総国海上郡成田村	224	佐倉藩主戸田忠昌
武蔵国埼玉郡斎条村 下野国安蘇郡	200石	下野国安蘇郡浅沼村 下野国安蘇郡山越村 下野国安蘇郡山形村	186.182999 366.519012 200	古河藩主松平信輝 古河藩主松平信輝 旗本堀氏・鵜殿氏・松平氏・保科氏
	900石	下野国梁田郡野田村 下野国梁田郡茂木村	86.4049 43.431999	幕府 幕府・旗本佐野氏
		下総国葛飾郡紙敷村	32.063	幕府・旗本落合氏・鵜殿氏
		下総国葛飾郡国分村	167.936996	旗本大久保氏・鵜殿氏・関氏
計	1,300石	計	1,106.53891	

⑩御手洗家の知行地

元禄10年以前		宝永期以降		
国郡村	知行高	国郡村	知行高(石)	旧領主
武蔵国埼玉郡馬見塚村	200石	武蔵国足立郡笠原村	71.887299	亀庵法印・織田金左衛門・天野佐兵衛
		武蔵国埼玉郡上清久村	133.447296	高崎藩主松平輝貞
計	200石	計	205.334595	

〔典拠〕各村の所領変遷は『寛政重修諸家譜』、北島正元校訂『武蔵田園簿』(近藤出版社、1977年)、関東近世史研究会校訂『関東甲豆郷帳』(近藤出版社、1988年)、『新編武蔵風土記』、文化11年「岡部氏知行所村々覚」(大森家文書)等を参考とした。宝永期以降の村高は武蔵国は「元禄郷帳」、それ以外は木村礎校訂『旧高旧領取調帳〈関東編〉』(近藤出版社、1969年)の数値を表記した。

④矢頭家は、忍城附にあたる犬塚村（うち五〇石）の一か村を領し、上知当時は御腰物奉行を勤めていた[47]。犬塚村の代知として武蔵国埼玉郡荻島村（五七石余）を拝領している。荻島村は幕府代官伊奈半十郎の旧支配所にあたる。上知された一か村に対し代知も一か村という例は周辺で例を見ないが、その理由は五〇石という小知行取りに起因しているとみられる。

⑤有馬家は、忍城附の長野村（うち七〇〇石）の一か村を領し、上知当時は小姓組を勤めていた[48]。長野村の代知として下総国香取郡内に七九〇石余の五か村を拝領している。そのうち、和田村・西坂村・吉原村は佐倉藩主戸田忠昌の旧領にあたり、佐倉藩の藩領再編の動向と連動した代知割がなされている。

(2)小普請衆

一方、知行割替の実施当時、役職に就任せ

ず小普請に列していた者は大久保・正木・疋田・鵜殿・荒川・御手洗・丸山の計七家が確認された。ここでは、知行地の異動を把握できた大久保家以下五家を事例に、代知割の様子を確認しよう。

⑥大久保家は、忍城附の斎条村（うち五〇〇石）と常陸国鹿島郡の村々（五〇〇石）であわせて一〇〇〇石を領しており、元禄八年までは書院番に属していたものの同年に辞し、上知当時は小普請に列していた[49]。斎条村上知後の知行所の構成をみると、常陸国鹿島郡内の六か村であわせて九〇五石余となっていることから、代知が同郡の従来拝領していた知行地付近に与えられたことが読み取れる。

⑦正木家は、忍城附の荒木村（うち七〇〇石）の一か村を領した[50]。荒木村の代知としては、武蔵国埼玉郡に三か村と常陸国鹿島郡に四か村であわせて一一九一石余を与えられている。このうち、埼玉郡内田ヶ谷村は高崎藩主松平輝貞の旧領である。

⑧疋田家は、忍城附の白川戸村（うち二〇〇石）と足立郡土手宿村や上総国武射郡木戸台村等をあわせた四〇〇石と蔵米二〇〇俵を領していた[51]。本来であれば上知となった白川戸村分の二〇〇石相当の代知のみを与えられるところであるが、元禄十一年に与えられた新たな知行地は、武蔵国足立郡別所村と埼玉郡久本寺村・上崎村・割目村・大室村の、あわせて四五〇石余に上っており、加えて蔵米知行の地方直しも同時に行われたため、総知行高は六三五石余となっている。つまり、疋田家知行所において忍城附の白川戸村以外にも上知された村落が存在したことを意味しており、その代知もあわせて与えられていたのである。さらに、久本寺村・上崎村・割目村・大室村は高崎藩主松平輝貞の旧所領であり、高崎藩領の再編によって代知割に浮上した村々である。

⑨鵜殿家は、忍城附の斎条村を含む一三〇〇石を領していた[52]。本来であれば斎条村の二〇〇石分の代知が与えられるところ、元禄十一年に与えられた新たな知行地は、下総国海上郡成田村と、下野国安蘇郡浅沼村・山越村、梁田郡

野田村・茂木村の、あわせて九〇六石余に上っている。疋田家と同様に鵜殿家もまた、忍城附の斎条村のほかに上知対象となった知行地が存在していたことを意味し、代知もまた佐倉藩主戸田忠昌の旧領および古河藩主松平信輝の旧領が宛がわれている。

⑩御手洗家は、忍城附の馬見塚村（うち二〇〇石）の一か村を領し、元禄四年には小普請から大番に列するも同九年に辞し、上知当時は再び小普請に列していた(53)。馬見塚村の代知には、武蔵国足立郡笠原村と埼玉郡上清久村が与えられた。このうち上清久村は高崎藩主松平輝貞の旧領である。

(3) 小括

ここで本項をまとめておく。

まず、忍城周辺に知行地をもつ役職就任者の旗本たちは上知のすえ、老中申渡や「部冊帳」の示す方針通り代知を関東において与えられているが、その多くが寛永の地方直しによって知行地を拝領した者であるがゆえに、忍領の村落が旧領にあたり、新たな土地に代知を拝領する者が多くを占める結果となった。その代知には岩槻藩・佐倉藩・高崎藩・古河藩等の旧領の村々が選ばれており、代知割の際には、同時期に転封あるいは知行割替を命じられた大名家の旧領を含めた幕府直轄領を宛がう形が採用されたことが明らかである。また、上知一か村に対する代知が二か村を越えるというように、村数を基準にすると知行所村が従前よりも増加する傾向がみてとれる。研究史では知行の分散と捉えられてきた状態である。

一方、役職に就任していない小普請衆の代知割の様子をみると、江戸からの里程でいえば、常陸国・下野国といった比較的離れた地に知行割されている者もみられるものの、大半は一〇里前後の範囲であり、諸藩の旧領を代知として宛がわれている点も、役職就任者と共通している。また、知行所の村数が代知割によって増加する傾向も同様である。つまり、忍城周辺における役職就任者と小普請衆の旗本家は、代知割にほぼ差異がみられないということになる。老中申渡では二万石以下、「部冊帳」では三〇〇〇〜五〇〇〇石の小普請・寄合衆の知行が遠方への村替の対象とされており、忍城周辺の旗本家は岡部家を除き二〇〇〇石未満であることから、役職就任者でなくとも遠方への知行替対象からは外れていたのである。言い換えると、「部冊帳」に記された三〇〇〇〜五〇〇〇石という知行高で小普請・寄合衆に列する旗本諸家が、関東から知行替となる対象として想定されていたことになろう。

結　び

本章では、忍城周辺の所領編成を中心に、大名家領分と旗本知行所の再編過程について検討した。以下明らかになった点をまとめたい。

まず、忍城周辺の所領編成は、松平家忠・松平忠吉の支配ののち、徳川家康の鷹狩に携わる職務を帯びた忍城代・忍城番・忍近郷代官・忍鷹匠らに相次いで知行地が与えられたことが特徴的である。彼らの知行は据え置く形で、続いて寛永の地方直しおよび知行割が実施された。この際に忍城周辺村落は次々に旗本知行地となり、忍城周辺地域が徳川氏の所領（慶長・元和期）としての土地から旗本番方衆の知行地へと性格を変えていった。そうしたなかで、忍城主松平信綱、そして阿部忠秋の入封があり、彼らには城郭周辺に領知が与えられることになるが、従前の旗本知行地の村替はなされず、あくまで旗本知行と大名家領分とが入り交じった所領形態とならざるをえなかった。

ここまでの段階において、慶長〜寛永期の異なる所領編成原理のもと知行地が配置されていったために、重層的な所領配置をみることができる。そして、元禄期知行割替によって忍城周辺の旗本知行地は悉く上知され、利根川と荒川に挟まれた範囲において忍藩城附地の一円化が遂げられることによって、それまでの重層的な所領配置は解消されるに至る。ここに元禄期知行割替の特徴を見出すことができよう。

次に、元禄期の地方直しと知行割替の方針である。関東城附における五里近所の最寄村替がまず最優先事項として捉えられ、ここで上知対象候補の村落が検討された。この動向を見計らい、関東居城の大名家は村替を望む者もおり、勘定所はその要望を聞き入れる余地を有した。この後、勘定所は上知に対する代知割を行うにあたり、江戸周辺五里程度は代官支配所へ編入し、上知村落の林野・運上などを含む生産力の把握を進めることも念頭に置いていた。代知割自体においては、役職に就任していない三〇〇〇〜五〇〇〇石で江戸から三日程の知行地をもつ小普請・寄合衆を、関東から上方・近江・三河・遠江・駿河辺りへ知行替するほかは、関東において残知の最寄りとなるよう村替を行う方針が掲げられていたことが明確である。

以上の方針によって再編された旗本知行は、従来の研究の多くにおいて「分散・錯綜」した知行形態と評価されてきた。しかしながら、はたして幕府勘定所はこれらの旗本知行を「分散」させようと意図したのであろうか。たしかに、同国同郡内に収まらず国や郡をまたいで配置されている知行も見受けられるものの、一〜二つの知行所村々内における範囲に分かれていることにも気付く。たとえば、代知割後に役職就任者の会田家知行所は四か村となり幕末まで存続するが、これらの村々は旗本領主と文書を交わすなかで、しばしば「知行所武州埼玉郡七ヶ村」(54)として登場し、支配の一単位としてまとまりをみせている(55)。

前述の知行割替方針においては、「分散」とは正反対の知行の「集約」という方針が記されていることから、こうした旗本知行の知行形態を、「集約」しているものとして見方を転換させる必要があるのではなかろうか。そうしてみると、小普請・寄合衆に列する正木家は武蔵国埼玉郡と常陸国鹿島郡、鵜飼家は下総国と下野国というように、国をまたいで知行が与えられているものの、国ごとには知行のまとまりを有しているという側面もうかがえる。他の旗本家も同様に地域別のまとまりを基準に代知割がなされている傾向を見出すことができよう(56)。

すなわち、旗本知行における「最寄替」の意味するところは、前述の大名家の城附最寄村替にみられたように、相給までも解消し村ごと割替えるような水準のものではなかったが、たとえ複数村にまたがったとしても、同領域内に宛がうという方針であったのである(57)。その方針に基づきながら、勘定所の役人たちが実務レベルにおいて代知割を遂行していったのである。

上記のように元禄期知行割替政策が、関東の大名家領分と旗本知行所をそれぞれのレベルにおいて「集約」させる政策であったと理解すると、幕府の政策意図をいかに捉えることができるだろうか。藤野保氏の研究によって明らかなように、幕府は元禄期に至るまで、関東居城の大名家を幕閣就退任にともない次々に転封させ、該当大名家の所領高の差異を背景に、結果として支配構造は分散・錯綜するに至っていた。こうした大名家領分・旗本知行所等による分散錯綜した関東の所領構造を前提として実施されたと捉えるならば、元禄期知行割替政策を、徳川綱吉政権下において既存の所領の分散錯綜を克服・是正しようとした政策として理解することができないだろうか。

ただし、かつて提唱されたような、幕閣の恣意が強くはたらいた政策として捉えるという意ではない。たしかに、老中就任者の間で協議・共有されていた知行割替方針であるため、少なからず権力の影響を受けた政策であることは疑いないが、そのなかで旗本知行所までもが「集約」を計る知行割替方針が採用されたことにこそ、注目すべきであると考える。したがって、かつて幕臣全般を官僚予備軍として編成し、個別領主としての権限を形骸化したとする評価が妥当ではなく、むしろ、幕臣団のなかでも幕政を運営する主体者たちの知行地を江戸周辺地域に「集約」する形で割替えることで、旗本家に個別領主および幕府官僚としての責務を全うさせるという綱吉政権のねらいがあったものとして理解したい。

なお、元禄期知行割替の施行された範囲について言及しておく。城附地再編の上知対象から外れている既存の旗本知行所は、地方直しの知行割や知行所内の知行高調整等を除くと、原則として知行割替の対象から外れていると見通すことができる。(58)言い換えると、元禄期に限らず城附の周辺においては、知行替が頻繁な村々が存在していたことにもなり、代知割の対象となる村々にも近世を通じて濃淡が生じていたことになる。(59)このような知行割替を経験することによる「地域差」の現出は、自ずと地域社会を規定する要因ともなり得たと見通すことができよう。

註

（1）藤野保『幕藩体制史の研究』（吉川弘文館、新訂版一九八三年、初出一九六一年）、同『江戸幕府崩壊論』（塙書房、二〇〇八年）。

（2）北島正元『江戸幕府の権力構造』（岩波書店、一九六四年）、所理喜夫「元禄期幕政における「元禄検地」と「元禄地方直し」の意義」（『史潮』第八七号、一九六四年、後に同『徳川将軍権力の構造』吉川弘文館、一九八四年に所収）、大舘右喜「元禄期幕臣団の研究」（『國學院雑誌』第六六巻第五号、一九六五年、後に再構成して同『幕藩制社会形成過程の研究』校倉書房、一九八七年に所収）、森安彦「近世前期旗本知行の動向（上）・（下）」（『史潮』第九八号・九九号、一九六七年、後に同『幕藩制国家の基礎構造』吉川弘文館、一九八一年に所収）。

（3）鈴木壽「旗本領の構造」（『歴史学研究』第二〇八号、一九五七年、後に同『近世知行制の研究』日本学術振興会、一九七一年に所収）、神崎彰利「相模国の旗本領設定—天正・寛永期における知行割—」（北島正元編『幕藩制国家成立過程の研究』吉川弘文館、一九七八年）など。

(4) たとえば、関東近世史研究会編『旗本知行と村落』(文献出版、一九八六年)、川村優『旗本知行所の研究』(思文閣出版、一九八六年)、同『旗本知行所の支配構造』(吉川弘文館、一九九一年)、同『旗本郷村の研究』(岩田書院、二〇〇四年)、および『神奈川県史 通史編2 近世1』(神奈川県、一九八一年)や『新編埼玉県史 通史編3 近世1』(埼玉県、一九八八年)をはじめとする自治体史。

(5) 元禄十年頃に行われた幕府の村替えは「元禄地方直し」と称されることが多いが、その村替えの内訳には、①蔵米知行から地方知行へ旗本知行を改めて新たに知行割する「御蔵米地方直し」、②既存の地方知行を上知し新たに代知割を行う知行割替、以上の二つの村替えが存在した。事実認識の混乱を避けるため、本書では、前者を「地方直し」、後者を「知行割替」とそれぞれ称する。

(6) 白川部達夫氏は、「知行割示合覚」の第一条冒頭にみられる関東城附と居所における最寄村替の記述に注目し、当該期の知行替えの動向に城附領の集中という動向が深く結びついている点、そして、城附領集中の動向について深井雅海氏の主張する幕閣藩主の恣意性という見方では理解することが困難である点を早い段階から指摘している。白川部達夫「旗本相給知行論―石高知行制と村共同体の一視点―」(関東近世史研究会編『旗本知行と村落』文献出版、一九八六年、後に同『旗本知行と石高制』岩田書院、二〇一三年に所収)。

(7) 深井雅海「元禄期旗本知行割替の一考察―元禄地方直しと関連して―」(徳川林政史研究所『研究紀要』昭和四十九年度、一九七五年)、同「甲斐国における旗本領の上知について―寛文元年と宝永二年の上知を中心に―」(徳川林政史研究所『研究紀要』昭和五十年度、一九七六年)。

(8) 酒井右二「元禄地方直し施行期における大名領旗本領の割替と御林渡し―下総の事例から―」(『鎌ヶ谷市史研究』第二号、一九八九年)。

(9) 所前掲註(2)「元禄期幕政における「元禄検地」と「元禄地方直し」の意義」、深井前掲註(7)「元禄期旗本知行割替の一考察―元禄地方直しと関連して―」。

(10) 当史料の存在は、藤井讓治氏(「元禄宝永期の幕令」京都大学近世史研究会編『論集近世史研究』一九七六年、後に『幕藩領主の権力構造』岩波書店、二〇〇二年に所収)や、白川部達夫氏(「序章　旗本知行と石高制」『旗本知行と石高制』岩田書院、二〇一三年)によってすでに指摘されている。特に白川部氏は、当史料によって元禄の地方直しと知行割替の幕府の最高レベルでの政策意図が明らかになると述べている。

(11) 拙稿「近世前期、忍藩領の形成と在地支配」(地方史研究協議会編『北武蔵の地域形成―水と地形が織りなす歴史像―』雄山閣、二〇一五年)。

(12) 天正十九年「松平家忠宛伊奈忠次知行書立」(長崎県島原市常磐歴史資料館所蔵深溝本光寺文書、『行田市史』資料編　近世1収録)。

(13) 根岸茂夫「武蔵における譜代藩の形成」(村上直編『論集関東近世史の研究』名著出版、一九八四年)、大舘前掲註(2)『幕藩制社会形成過程の研究』など。

(14) 齋藤慎一「鎌倉街道上道と北関東」(同『中世東国の道と城館』東京大学出版会、二〇一〇年)、松村憲治「戦国期北武蔵地域の交通」(前掲註(11)地方史研究協議会編『北武蔵の地域形成―水と地形が織りなす歴史像―』)など。

(15) 典拠は浄書本に依ることから、題箋の『新編武蔵風土記稿』ではなく内題の『新編武蔵風土記』とした。

(16) 根岸茂夫「武蔵における譜代藩の形成」(前掲註(13)村上編『論集関東近世史の研究』)。

(17) 小暮正利「近世初期旗本領形成に関する一考察―武蔵国を事例として―」(前掲註(13)村上編『論集関東近世史の研究』)。

(18)『寛政重修諸家譜』巻第三〇二(続群書類従完成会版、第五巻、二八九頁)。
(19)『寛政重修諸家譜』巻第三一九(続群書類従完成会版、第五巻、三九九〜四〇二頁)。
(20)城代・城番や鷹匠に対して忍城最寄りの村落が知行地として与えられなかった事由を明記した史料はないものの、前城主松平忠吉旧領の在地把握を行うため徳川氏直轄の代官支配下に置いたものと思われる。
(21)小暮前掲註(17)「近世初期旗本領形成に関する一考察―武蔵国を事例として―」。
(22)「家忠日記」(駒澤大学図書館所蔵)。本章では『増補続史料大成一九　家忠日記』(臨川書店)を参照した。
(23)「東照宮御実紀」(『新訂増補国史大系　徳川実紀』吉川弘文館)、『当代記　駿府記』(続群書類従完成会、一九九五年)など。
(24)前掲註(23)。
(25)鈴木紀三雄「展示解説　徳川三代と忍藩」(行田市郷土博物館編『市制施行六〇周年記念第二三回企画展　徳川三代と忍藩』行田市郷土博物館、二〇〇九年)、「第三章第一節二　忍藩の誕生(執筆分担：鈴木紀三雄、行田市史編さん委員会編『行田市史普及版　行田の歴史』行田市、二〇一六年)。
(26)「公餘録　二」宝永四年三月条(個人蔵、学習院大学史料館寄託)。本章では、児玉幸多校訂『阿部家史料集一　公餘録(上)』(吉川弘文館、一九七五年)を参照した。
(27)前掲註(26)「公餘録　一」延宝元年四月十七日の条。
(28)彼らが拝領した知行地の多くが忍城の最寄りではなく外縁部に位置した点は、当該期の頻繁な鷹狩の遂行とあわせて考えると、幕府の直轄領であった忍城周辺が家康の所領としての意味合いを有していたことも想定できようか。あるいは、それまで松平忠吉が支配した村々において、伊奈忠次配下の代官が治水・利水事業の整備と検地による在地把握を推進するねらいがあったと思われる。拙稿「近世忍城における番城制の成立と展開―城番与力・御鷹匠の知行地と葬地の検討から―」(『行田市郷土博物館研究報告』第一一集、二〇二三年)。
(29)「第三章第一節三　旗本領の成立と展開」(執筆分担：澤村怜薫、前掲註(25)行田市史編さん委員会編『行田市史普及版　行田の歴史』)。
(30)拙稿前掲註(11)「近世前期、忍藩領の形成と在地支配」。
(31)大舘前掲註(2)「元禄期幕臣団の研究」。
(32)「竹橋余筆　別集巻三」のうち「按　湯原氏日記」(国立公文書館内閣文庫)。本章では村上直校訂『竹橋余筆別集』(近藤出版社、一九八五年、七〇～九一頁)を参照した。
(33)元禄十年～宝永五年「仰出之留」(国立公文書館所蔵内閣文庫一七九―〇一八七)。便宜的に各条目頭に付した丸番号は筆者に依る。
(34)前掲註(32)「竹橋余筆　別集巻三」のうち「按　湯原氏日記」。
(35)大蔵省編『日本財政経済史料』二巻上(小宮山書店、一九七一年)。「知行割示合覚」は同書のなかで「二、旗下臣僚の知行」ではなく「一、大名領地」の項目に収載されている史料にあたる。
(36)所前掲註(2)「元禄期幕政における「元禄検地」と「元禄地方直し」の意義」。
(37)酒井前掲註(8)「元禄地方直し施行期における大名領旗本領の割替と御林渡し―下総の事例から―」。
(38)「部冊帳　前巻」前篇　第四巻(伊能忠敬記念館保管　伊能三郎右衛門家文書)。本章では『佐原市史　資料編　別編一　部冊帳　前巻』(佐原市史編さん委員会、一九九六年)を参照した。「部冊帳」は、下総国香取郡佐原村本宿名主の伊能景利が正徳期に編述したものにあたり、記載の典拠を明示しているおり、編者の実証的な態度がみてとれるとされる。

(39)　酒井前掲註(8)「元禄地方直し施行期における大名領旗本領の割替と御林渡し—下総の事例から—」。
(40)　中野達哉「元禄八年武州幕領検地と打ち出し高」(同『近世の検地と地域社会』吉川弘文館、二〇〇五年)。
(41)　拙稿前掲註(11)「近世前期、忍藩領の形成と在地支配」。
(42)　「姫陽秘鑑　巻之八」元禄十一年十二月十八日条(姫路市立図書館旧蔵、現、姫路市立城郭研究室所蔵)。当史料は幕末期に姫路藩主酒井家によって編まれた記録である。本章では『姫路市史資料叢書2　姫陽秘鑑一』(姫路市史編纂室、二〇〇三年)および同書所収の八木哲浩氏による解題を参照した。
(43)　藤野保「第二章　御三家と譜代藩の存在形態」(同『江戸幕府崩壊論』塙書房、二〇〇八年)。
(44)　『寛政重修諸家譜』巻第八七三(続群書類従完成会版、第十四巻、一四一～一四三頁)。
(45)　『寛政重修諸家譜』巻第五八八(続群書類従完成会版、第十巻、五五～五六頁)。
(46)　『寛政重修諸家譜』巻第七三四(続群書類従完成会版、第十二巻、一二三～一二四頁)。
(47)　『寛政重修諸家譜』巻第三八三(続群書類従完成会版、第六巻、三八二～三八三頁)。
(48)　『寛政重修諸家譜』巻第四七〇(続群書類従完成会版、第八巻、六二～六三頁)。
(49)　『寛政重修諸家譜』巻第七〇五(続群書類従完成会版、第十一巻、三六七～三六八頁)。
(50)　『寛政重修諸家譜』巻第五三〇(続群書類従完成会版、第九巻、一〇一～一〇二頁)。
(51)　『寛政重修諸家譜』巻第七九六(続群書類従完成会版、第十三巻、一三〇～一三二頁)。
(52)　『寛政重修諸家譜』巻第七四二(続群書類従完成会版、第十二巻、一七六～一七七頁)。
(53)　『寛政重修諸家譜』巻第一〇五四(続群書類従完成会版、第十六巻、二七二～二七三頁)。
(54)　近世後期に閏戸村は上閏戸村・中閏戸村・下閏戸村、根金村は根金村と根金新田として把握されるため、村数が四から七へと増加しているようにみえるが、実態は同一知行所村である。

(55)『蓮田市史』近世資料編Ⅰ(二〇〇〇年)。たとえば、二六・二九・三三号文書など。

(56) 本章で分析した代知割の結果にはほとんど影響を及ばさなかったが、幕府役職就任者であるか否かという旗本家の評価基準が幕府のなかで立ち現れている点にも留意が必要であろう。老中や若年寄就任者が関東の居城に入封するという当該期の転封実行の基準に通じる部分でもあり、旗本家が個別領主であるとともに幕政の運営主体として意識されていることを傍証している。

(57) 元禄期知行割替えは、その後の割元や大名主を介在する旗本知行所の支配構造にも変容をもたらすものと見通しているが、本章においては留保しておく。

(58) 大名家の城附領が近接していない相模国の北部などが該当し、そうした地域は天正期以来の知行地が幕末期まで同一領主に継承される様子が明らかである(拙稿「近世における旗本家本貫地の形成と特質─相模国を中心に─」『駒沢史学』第八一号、二〇一三年、本書第一編第二章)。

(59) 並木克夫「常陸国の所領構成と村高─水戸藩領村替えの紹介を兼ねて─」(『駒沢史学』第五五号、二〇〇〇年)。

第二章　旗本家本貫地の形成と特質
―相模国を中心に―

はじめに

武家にとっての所領は、先祖代々伝えられた本領と、勲功によって新たに拝領する恩領とがある。近世武家社会における所領も同様に、大名・藩士・旗本・御家人らは、それぞれ初めて拝領した所領を本領の地（本貫地）、それ以後に拝領した所領を恩領として認識したのであろうか。この点が本章における問題の所在である。

三河以来徳川家康に供奉してきた家臣団は、家康の関東移封に際し、三河国の知行の代知として関東の所領を拝領する。一般にこの三河国の知行の代知として与えられる知行が、近世旗本家の本貫地として理解されている。ところが、関東における知行地拝領ののち、寛永期に三河国の本貫地に復することを願い、許される例も確認することができる(1)。おそらく、寛永期時点における彼らにとっての本貫地は三河国の知行地であったのだろう。それでは、近世における旗本家の本貫地とはいかなるものであったのだろうか。

旗本家の本貫地について旗本研究の立場から言及しているのが、小暮正利氏(2)と神崎彰利氏(3)である。小暮氏は武蔵国、神崎氏は相模国をそれぞれ分析し、天正期宛行の所領（本貫地）にたいする旗本家の特別な意識の存在を指摘している。なかでも小暮氏は「知行地が分散している場合でも、その知行高の大小には関係なく、ある特定の村が、多くは初期の宛行地であるが、その村落に対して、領主としての本貫地意識をもつ」と述べ、本貫地意識の存在について言及している。また両氏は、旗本家と本貫地との関係性は、寛永二年(一六二五)江戸屋敷割の実施まで行われた知行地における陣屋支配や手作経営の影響を受けているともしている。この結果、知行地には旗本家の陣屋や屋敷地(4)、そして菩提寺などが残されることとなる。

旗本家によって知行地に建立、中興された菩提寺の成立と移動に着目したのが、兼子順氏(5)である。氏は北武蔵地域を分析するなかで、旗本家菩提寺の多くが知行地との関係で成立しており、旗本家の陣屋での知行地支配が行われた時代に知行地内の寺院を建立、中興し菩提寺としているとする。一方、中世以来のつながりのある寺院を菩提寺としている家もあると述べており、中世以来の菩提寺との関係性と家康の関東移封後からのそれが近世において併存していた点を指摘している。

これら三氏の成果は、いずれも『寛政重修諸家譜』『新編武蔵風土記』『新編相模国風土記稿』などを用いて特定の地域を網羅的に分析したものであり、総体的な傾向を示すモノグラフといえよう。

また、菩提寺との関連からいえば、高野信治氏は、大名家給人領主と知行地の検討において「死」をむかえた給人領主が何らかの形で知行地へ赴き葬られていることを指摘し、そこには領地・知行地を有する武士が抱く「その所領内で死者さらには先祖と共存する、あるいはそこまでいかなくても知行地の墓所＝祭場を通じて彼ら(死者・先祖)と交流する」死生観が存在していたと見通している(6)。

さらに、歴史意識や祖先への回帰、顕彰といった視点からは、羽賀祥二氏(7)の分析がある。このなかで氏は、化政期において幕臣らがもつ「懐旧」「懐古」の感情が、地域の歴史を共有することによって、その地域との結びつきを強めていくとしている。その契機となるのは、宝暦十一年(一七六一)と明和二年(一七六五)に江戸居住の幕臣に対して、先祖の墳墓に参詣することを命じた幕令(8)であるという。

このように旗本家は、関東移封後に初めて拝領した知行地において在村生活や陣屋支配を遂げ、江戸居住となったのちも本貫地意識を有したことが明らかにされている。ところが、従来の検討に用いられた史料は、あくまで編纂物である家譜や地誌類が中心であり、神崎氏が『大岡越前守忠相日記』によって領主の意識を指摘(9)しているものの、旗本家の本貫地について、その形成過程や特質の解明を行うまでには至っていないのが研究の現状である。また、幕臣の知行地にたいする意識の関係性についても、あわせて再検討を要すると考えられる。こうした視点は、多様な旗本知行所支配や旗本家と知行所の関係性のありようを位置づけていくうえでも有効であろう。

そこで本章では、先学に学びながら、近世における旗本家の本貫地について再検討を試みることとする。相模国を事例として検討を進めるが、その際に同国内における所領変動と関連させながら論を進める。相模国はすでに神崎氏によって近世初期に拝領した本貫地が多く存在することが明らかにされているが、所領変動の動向と変動の事由をふまえたうえで、旗本家の本貫地意識のみならず、旗本知行所のありようについても見通したい。

第一節　天正期知行割と所領変動

徳川家康の関東移封後、万石以下家臣団の知行割が実施される天正期拝領の知行地は、三河より従ってきた彼らにとって関東で拝領する初めての所領である。そのことから、天正期拝領の旗本知行地は後年における旗本家の本貫地と捉えてよいだろう。よってここでは、相模国における天正期知行割の概要と所領変動の推移を確認していく。

相模国において天正十八年（一五九〇）～二十年に万石以下家臣団の知行割が実施される村落は、足柄上郡八か村、淘綾郡一か村、大住郡二四か村、愛甲郡九か村、高座郡六九か村、鎌倉郡二三か村、三浦郡三か村の合計一三六か村である。のちに所領変動が確認されるのはそのうち五二か村で、残りの八四か村は、相給がすすむ場合はあったものの、基本的には所領変動がなく幕末期まで同一の旗本領主が支配している。

天正期拝領の知行地に関する所領変動の推移を郡ごとにあらわしたのが表1である。これによれば、文禄慶長期に最も所領変動が多くみられ、その大半が高座郡に集中している様子がみてとれる。そののち元禄期から明和期に再び所領変動が多くみられるが、こちらは各郡に分散している様子が確認できる。天正期拝領の旗本知行地が最も多い高座郡が所領変動のおよそ半数を占めるに至っている。よって郡ごとの傾向を見出すことは難しいといえよう。

次に所領変動の事由についてまとめたのが表2である。

まず近世を通じて改易、家禄没収、断絶による所領変動（幕領としての所領収公）が目立つ点がわかる。なかでも改易、家禄没収は、徳川忠長卿の連座、御家騒動、知行地原野争論の越度などを背景としたもので、断絶と同様にその件数は多数である。

続いての事由には近世初期の大名領設定や元禄期から宝永期にかけての知行割替など幕府政策にともなう所領変動がみられる。たとえば、天正期に相模国内に所領を有していた青山忠成や内藤清成が譜代大名として加増されるにあたり、周辺の所領の一部が藩領として旗本領より組み入れられる動向などが大名領設定にともなう変動に相当する。それにたいして知行割替は必ずしも多くはなく、わずかに確認される例は、いずれも廩米から地方知行に改められる地方直しにともなう変動である。もっとも、天正期時点においては幕領で、寛永期以降に領主が確定する村落や、それ以後も幕領であった村落は、寛永・元禄・宝永期の地方直しの対象となる場合が極めて多い。

このほか所領変動の事由が不明な村落が二二か村みられるが、近世初期に一一か村、中期に一八か村というように、近世前期の大名領設定や知行割替をともなう地方直しの実施時期にいずれも多くの変動がみられており、ゆえに幕政と連動した変動と捉えることもできよう。

さて、相模国における天正期拝領の旗本知行地一三六か村のうち、所領変動の確認できる村落は五三か村に限られ、かつ変動の事由は、改易、家禄没収、断絶、そして大名領設定、知行割替によるものであった。変動の半数を占める改易や断絶は、いずれも各旗本家における問題に起因して幕府から与えられた処罰である。ただしその問題の発端には、直接江戸幕府の意向ははたらいていない。そうであるならば、天正期宛行の旗本知行地のなかで江戸幕府の政策意図に基づいた所領変動は、改易、家禄没収、断絶の一八か村を除く三五か村となり、残りの一〇二か村は近世を通じて変動の必要がなかった村落といえよう。

したがって、天正期に相模国においては、検地による在地把握がなされる前に旗本家に対する知行割が実施されたが、それらの知行地の多くが以後の幕府政策による知行割替の対象から外れていたのである。このように、天正期から

表1　相模国各郡における所領変動の推移　　単位は村

郡　名	文禄慶長期	寛永期	延宝天和期	元禄宝永期	宝暦明和期	文化期	計
淘綾郡					1		1
大住郡	2	1	1	4	3		11
愛甲郡	2			2	1		5
高座郡	13	6	3		5	1	28
鎌倉郡		2	1	1		2	6
三浦郡				1		1	2
計	17	9	5	8	10	4	53

〔典拠〕「相模国7か郡別領主変遷表」（『神奈川県史』資料編8近世5上）から抽出した所領替の一覧をもとに作成。

表2　相模国における所領替の時期とその事由　　単位は村

事　由	文禄慶長期	寛永期	延宝天和期	元禄宝永期	宝暦明和期	文化期	計
改易	1	1			2		4
家禄没収	1	1	2	1	2		7
断絶		6	1				7
大名領設定	5			1	2		8
割替				3	3		6
不明	10	1	2	3	1	4	21
計	17	9	5	8	10	4	53

〔典拠〕「相模国7か郡別領主変遷表」（『神奈川県史』資料編8近世5上）から抽出した所領替の一覧をもとに『寛政重修諸家譜』から所領替の経緯を参照し作成。

幕末期まで領主と領民の関係性が継続する点が相模国の地域的特質であり、それゆえ、旗本家と知行付百姓との結びつきがより顕著にあらわれる地域であるといえよう(10)。

第二節　旗本家の菩提寺と本貫地

旗本家の本貫地について考える際、寛永期以前に知行地に開基、中興された寺院の存在を看過することはできない。本節ではとりわけ、知行地の菩提寺と、寛永期以降にみられてくる江戸の菩提寺、双方との関わり方に配慮しながら考察する。

1　旗本小河益利の遺言状と知行地への意識

ここでは旗本小河益利の認めた遺言状から、知行地や埋葬、墓所にたいする旗本家の認識をうかがってみたい。

小河家は天正十九年(一五九一)前後に、相模国大住・愛甲両郡と下総国葛飾郡に合わせて五〇〇石の知行を拝領し、うち愛甲郡金田村に菩提寺建徳寺を有す(11)。このことから当村が小河家にとっての本貫地と捉えられよう。

そのなかで初代某は慶長十一年(一六〇六)八月十七日に逝去すると、本貫地金田村の建徳寺ではなく江戸下谷の法福寺に葬られる。寛永二年(一六二五)に多くの旗本の江戸屋敷割がなされる以前のこの段階で、本来であれば彼は知行地の菩提寺に葬られるはずである。初代某は秀忠に書法を伝えていたとされ(12)、知行地に常時居村せずに、それ以前から江戸で屋敷を拝領していたことも想定されよう。その所以は秀忠との関係性に基づくものか定かではないが、彼は江戸の寺院に埋葬された。続く二代頼勝から四代常重までは江戸下谷の天龍寺に葬られる。しかし五代茂昭、六代

表3　旗本小河家当主役職一覧

代	当主	役職
初代	某	秀忠に書法を伝える
二代	頼勝	書院番　御金奉行　小普請
三代	頼清	小姓組
四代	常重	小姓組
五代	茂昭	書院番　近習番　小納戸　書院番 甲府勤番　組頭(甲府に住居)
六代	益胤	甲府勤番
七代	益親	甲府勤番
八代	益利	書院番　家慶附属勤番

〔典拠〕『寛政重修諸家譜』巻392より作成。

益胤、七代益親の三人は甲府岩窪村の円光院に葬られている。

ここで表3から小河家歴代当主の就任した役職を確認しよう。すると、五代〜七代当主はいずれも甲府勤番を勤めており、それにともない住居も江戸を離れ甲州に移していることがみてとれる。これにより、彼らは知行地や江戸の菩提寺ではなく甲州の円光院に埋葬されたのである。ところが八代益利は甲府勤番を免れたことで、後述するように甲府の寺院ではなく、江戸河田町の月桂寺に葬られることを願っている。

さて、八代益利の遺言状をみていこう。この遺言状には、その作成の契機上、益利が病による死期を悟り、後世に伝えるべきと判断した内容が記されていると考えられ、文書に表れ難い知行地や菩提寺にたいする「家」や人物の有している認識を捉えるのに有効性をもつといえる。以下全文を掲出する。

〔史料1〕[13]

遺言

一、公儀御法度之儀者不及申候事、

一、文武忠孝ヲ励、御　公儀向奉公大切ニ相勤、家ヲ末代子孫江譲、聖覧ヲ可用、吝嗇之儀致間敷可申伝之事、

一、喧嘩口論致間敷、御大事之節者其時ニ随、命ヲ捨可申之事、

一、家事取締り、平日心掛可申之事、

一、親・母子・夫婦・兄弟中睦敷、諸親類江無沙汰不成様心掛可申事、

一、平常恩地堪忍大切之事、

愚歌ニ　ばかはばか理発ははかに化

君と家とに堪忍を知れ

一、知行所成丈憐愍ヲ加、非業私欲無之様心掛、印判・押切印等者自心（身）ニ取扱、時之印物等者其節ニ取上之、失念無之様可致候事、

一、何事ニ不寄舌一枚カ大切之者ニ候事、

一、家来等召抱候共、能糺差置可申候、人口かゝわる間敷、気ヲ免間敷候、見懸正直ニ而心ニ悪有、見懸悪有共心正直之者あり、此所能糺、油断致候儀有間敷事、

一、我等世継テ此方、年来甲府ニ勤仕テ何卒一度者御膝本之御奉公ヲ願候も、時至テ寛政二戌年十二月被　召参府致、同月八日登城ス、於菊之間御縁頬両御番江御番替被　仰付、家ヲ元府江持返ス、時運開ト雖家俗（ママ）之者ニ平年苦労為致、其上三ヶ年ニ両度類焼ニ合、重々苦労掛候事免可給、我等愚昧ニしてノ儀、是ノ已後悔言モ受也、猶此上子孫繁栄しテ家ヲ大切可致候事、

一、我病死者約速（束）之寿命悔間鋪候、掟有ト雖沐浴等致間敷候、病躰之まゝ古キ着衣ヲきせ候テ成共、又上下者棺ニ入候成共致、骨者月桂寺江葬、墓石・碑等小サニ可致候、随分手軽ニ万事可致候事、

一、死躰之髻ヲ切、何ニ成共手軽入、知行所建徳寺江納候様可致、家俗（ママ）ニ代々右之通可致、尤弔之儀式手軽ニ弔候儀肝要たるへき事、

愚歌ニ　骨は土　魂は虚空に返なり

おしへ正しき法の道かな

一、持払等平日綺麗致、居増ヶ様心掛可申事

辞世之句

知らず行道も明るし桜時
魂の居所定めつ連の台
約束の誘われて行花野哉
踏分て返而詠めや雪の道

右野竹亭麦塢

小河惣左衛門

源　益　利

当遺言状には作成年月日が見当たらないが、菩提寺建徳寺に残された墓碑によると、益利は文化五年(一八〇八)十一月二十日に逝去しており、よって当遺言状は文化初年に認められたものと推定される(14)。遺言状の趣旨は、公儀法度の遵守、質素倹約、道徳心などについて教諭するものであり、寛政改革を経た公儀の政治理念が反映されていよう。

さて、遺言状に表れている小河益利の知行地にたいする認識についてみていこう。

まず第六条には「平常恩地堪忍大切之事」とあり、「恩地」にたいしては「堪忍」すなわちこらえて我慢することが大切であると諭している。本来「恩地」とは勲功によって新たに与えられた所領をさすが、ここでは何を意味しているのであろうか。

次に第七条をみると、「知行所成丈憐愍ヲ加、非業私欲無之様心掛」とあり、「知行所」にはなるべく情けをかけ、

非業私欲の行いを慎むようにとしている。ここでは「恩地」とは別に「知行所」という文言が用いられており、益利によって両者が明確に区別されている様子がうかがえる。同じ箇条には印判や押切印（割印）に関する記述がみられる。近世後期の旗本家政は知行所村役人層の才覚によって賄われることが知られるが、その際に彼らが使用する地頭所の印判や押切印の管理における注意が促されているのである。

さらに第一一条をみると、「知行所建徳寺」とみえる。建徳寺は先述した小河家の本貫地金田村に所在する菩提寺であり、よって小河益利のいう「知行所」とは本貫地金田村であり、「恩地」とは金田村を除く大住郡や下総国葛飾郡の知行地と捉えられる。そうであるならば、第七条の文脈は、本貫地（「知行所」）に対してはそのほかの知行地（「恩地」）よりも一際憐愍を加えるべきであると理解でき、益利の知行所村々に対する認識が明瞭に表現されているといえよう。

次に益利自身の葬送に関する記載を確認しよう。すると、第一〇条においては「骨者月桂寺江葬、墓石・碑等小サニ可致」しとする一方で、次の第一一条においては「死躰之髻ヲ切、何ニ成共手軽入、知行所建徳寺江納候様可致」しと述べている。つまり、遺骨は江戸河田町の月桂寺に葬りながらも、亡骸から切った髻は本貫地金田村の建徳寺に納めるようにとしている。知行地の菩提寺における埋葬について、兼子順氏は旗本家の経済的な負担となると評価しており(15)、これをふまえると、葬儀は寛永二年以降旗本屋敷に近接する江戸の寺院で執り行うのが合理的であったと考えられる。ところが、小河家はその際知行地の菩提寺にも髻を納めるようにと述べるのである。このようなあり方は、小河家が本貫地金田村とそこに所在する菩提所建徳寺を重視していたことにほかならず、ここに旗本小河家の本貫地意識を明確に読み取ることができよう。

以上のように、小河家は江戸住居となったのちも知行地の菩提寺との結びつきを重んじ、かつ知行地のなかでも本貫地金田村には、一際憐愍を加えるほどに重視すべきと認識していたのである。

2『浚明院殿御実紀』記事について

ここでは、十八世紀半ばから十九世紀初頭にかけて、幕臣が旧地への「懐旧」「懐古」の意識をもつ契機となったと羽賀祥二氏が指摘する、宝暦十一年（一七六一）と明和二年（一七六五）の『浚明院殿（徳川家治）御実紀』の記事について触れておきたい。

〔史料2〕[16]

廿九日（宝暦十一年五月）（中略）御家人祖先の墳墓。都下をはなれて遠境にある輩。掃墓としておもむくこと近令なしといへども。今より後。志あるともがら。掃拝のことねぎ聞えたらんには。生涯に一度は。暇賜はりて其志を遂しめらるべしとなり。

〔史料3〕[17]

七日（明和二年二月）（中略）祖先の墳墓府を離るゝ地にありとも。日のうちにゆきかへるべきほどののは。年忌の度ごとに詣づべし。もし遠き国にあるは。先は令し下されしごとく。生涯に一度は。拝掃をゆるさるべしとなり。

宝暦十一年と明和二年の記載はともに、「都下」すなわち江戸から離れた地にある祖先の墳墓に詣でることを諭す内容をもち、明和期には、一日で往来することができる範囲に墳墓がある者は、年忌のたびに赴くべき由が記されている。たしかにこの内容が公儀触れとして発せられていたならば、羽賀氏が述べるように、幕臣の旧地にたいする志向性は公儀による規定性を有したと評価することができよう。

そこで御触書集成によって当時実際に触れられた幕令を確認したところ、前掲の記事にみられるような幕令はみることができない。つまりこの記事は、江戸幕府における政治理念に沿った祖先を重んじ敬う心構えの教諭ではあるものの、実際に法的な規定性を有する幕令とは評価し難いのではなかろうか。

先にみた小河家の本貫地、あるいは本貫地に所在する菩提寺に対する意識は、記録のうえでは文化初年の遺言状に初めて表出するものであり、『浚明院殿御実紀』にみられるような教諭がなされていたとするならば、その影響を受けているとも捉えられる。しかしながら、後述する江原家のように、初代から継続して知行地の菩提寺への埋葬を行うなど、本貫地との関係性を宝暦期以前より有していた旗本家も一方では確認される。したがって、宝暦・明和期の『浚明院殿御実紀』の記事をもって、幕臣らが旧地に対する意識を醸成させたと評価するには、いま一度検討の余地が残されているといえよう。

第三節　天保上知令と本貫地認識

前述のとおり、相模国の旗本知行は天正期から幕末期に至るまで比較的変動が少なく、ゆえに領主―領民関係が継続する点が特徴である。そのなかで、多くの村落が村替の対象となったのが天保上知令であった。結果的に上知は実現しなかったものの、触書の到来後、郷村引継にあたる諸帳面の作成など、村々では上知の準備が着実に進められ、上知は現実的なものとして受け取られていた(18)。旗本家もまた、上知令を受けて知行地への認識を表出させる。

旗本井筒親興の正室井関隆子の日記には、「おのおの遠つ祖のいさをにより、いともかしこき神ノ命の身自ら御杖先もてさし給はれる処、あるは末の世長うかはることあるまじき標のふみに、御朱印おして給はれるなど、家と宝とひめおきしもこたびの御定によりみないたづらとなりぬ、(中略)其祖の墓などあるはことに歎きわびあへる(19)」とあり、上知を命じられた旗本たちは、先祖があげた戦功によって徳川将軍家から拝領した知行地を喪失するとともに、家宝としてきた朱印状を反故とし、累代の墓所が所在する者はことのほか歎いた、と記されている。

それでは、相模国高座郡下鶴間村領主である旗本江原隼人正が、上知を命じられた後に知行地へ下した文書から、旗本家の心境を具体的にみてみよう。

〔史料4〕(20)

此度其知行所上知被仰出ニ付而ハ当惑之至不慮之候、乍併御趣意ヲ以被仰出候事なれハ、何とも可願替様無之、時節到来とあきらめ候より外故やむなく候、天正十九年卯五月三日頂戴の事ゆへ弐百五拾年余之知行を差上候義、手足ヲ失ひ候心持ヲ其方一同さつし申候、乍去迚も難叶願ハ申出候而もむだなれば、此上御趣意を相守り正路ニ農業精出し候、猶志しを改メ子の親にあまへ候様の事なき様可心懸候、爰ニ而髪を結ひて　御触面を忘却なく質素ニくらし、此上心得違のなき様、妻子とも申聞セ置へく候、依て書取さとし置者也、

天保十四卯年六月　　江原隼人正㊞

御判

相州高座郡
鶴間村
百姓共江

当史料は、下鶴間村字宿名主長谷川家に伝来したもので、天保上知令に関わる到達文書類を編綴した記録に含まれていた文書である。これによれば、上知を命じられては時節到来と諦めるほかないというように、江原家が上知令の施行自体に抗う様子はうかがえない。一方、傍線部の「天正十九年卯五月三日頂戴の事ゆへ弐百五拾年余之知行を差

上候義、手足ヲ失ひ候心持」というように、天正十九年（一五九一）五月三日付の知行宛行状でもって徳川家康から拝領した知行地、すなわち下鶴間村を手放すことは自らの手足を失うことに等しいとまで述べており、他の知行地とくらべて、本貫地にあたる当村を重視する認識が垣間みられる。同時に、たとえ領主が変わったとしても、以後の百姓たちの暮らしについて、農業出精、質素倹約などといった勧農の教諭を施しており、あくまで個別領主としての姿勢を貫いている。

次に上知中止後、旗本都筑家用人荒井新兵衛が知行所下鶴間村へ差し出した文書をみよう。

〔史料5〕(21)

覚

一、金弐百疋
　　米壱俵　　但し、米之儀者収納之内を以受取可申候、

右者今般知行所上知之儀、先規之通被仰渡為御祝儀書面之通被下置候、其段惣百姓江可申聞候、以上

天保十四卯年閏九月　　都筑又次郎内
　　　　　　　　　　　荒井新兵衛㊞

知行所
　名主
　組頭
　惣百姓

当史料によると、知行所下鶴間村にたいして、金二〇〇疋と米一俵が「御祝儀」として都筑家から下されている。

また、請取人の記載から、村役人層に限らず「惣百姓」に至るまで知行地の領民全員に向けた祝儀と捉えられ、上知中止という仰せ渡しを旗本家と知行所が同様に祝うべき出来事として捉えていた様子が看取できる。

旗本家にとって知行地は収奪の対象でもあったわけであり、その収奪が行き詰まると知行所村の割替を願う旗本家もあった[22]。しかしながら、江原家のように知行地への執着を述べた心境を鑑みると、十九世紀半ばの旗本家にとって関東移封後はじめて拝領した知行地には、他の知行地とくらべて特別なものとして認識されていたことがわかる。また上知中止にともなって、旗本都筑家は唯一の知行地である下鶴間村に対して祝儀を贈っており、領主―領民関係の継続を積極的に捉えているように思われる。

第四節　慶応期の本貫地認識

本節では、慶応期における旗本知行所上知をめぐる動向から、旗本家が、他の知行地とくらべて本貫地にいかなる特異性を見出していたのか明らかにする。

1　慶応二年の相模原の新田開発

慶応二年(一八六六)二月、相模国相模原周辺一二か村にわたる芝地開発を名目として、対象地域の幕府代官江川太郎左衛門支配所への切替(私領の収公)が、該当する旗本領主らに命じられた。このとき上知を命じられたのは、相模国高座郡磯部村を領した深谷家、同国同郡上鶴間村を領した長谷川家・大岡家、同国同郡下鶴間村を領した江原家・都筑家・松平家の旗本六家であった。当該期に新田開発が実施された背景はいかなるものであろうか。年代は遡るが安政四年（一八五七）の遠藤胤統の書付を確認しよう。

〔史料6〕[23]

遠藤但馬守殿御渡御書付之写

国々ニ於有之新田開発之儀一領一国之内ニ籠り有之場所者従　公儀新開不被　仰付旨享保幷安永之度被　仰出候趣も有之、且又諸国川通り之附洲ニ新開ニ取立候儀幷藤真菰植出シ候儀堅仕間敷、追々生立候堀所苅柳附洲ニ不相成候様心懸ケ、且水源ゟ海口迄一領分ニ籠り川筋附寄洲之儀も右ニ準シ可相心得旨、寛政之度相触候趣も有之処、当節武備之儀所々　御世話も有之折柄ニ付、一領一国之内ニ籠り有之川付之分右類之附寄洲ニ而も洪水之節前後村方江も後来迄差障りニ不相成分者私領ニ而新開申付候儀不苦候、尤差障り之有無難相分儀も有之節者御勘定奉行江問合得差図可申、依而者領主地頭ニ而念入遂穿鑿不益之地無之様厚セ話致新開幷荒起返可相成場所者開発申付、永世収納高も相増、武備之一助ニも相成候様可心懸候、

但シ一村一給ニ無之分郷ニ而も一給ニ而も取回し候内ニ有之候地所同断、尤他領地先少しニ而も入交り有之分私欲ニ而開発不相成等之儀者安永度被　仰出候通り可相心得候、

右之趣今般被　仰出候間、其段小前末々まで篤と申聞空地之場所於有之者不隠置、早々可申立候、已上

巳ノ閏五月　地　頭　所　用　所

番匠村

名主組頭中

（後略）

当史料は、武蔵国比企郡番匠村の安政五年「空地御検地帳」の前書の一部で、作帳の契機となったと考えられるこ

の書付が写されている。傍線部によると、「当節武備之儀所々　御世話も有之折柄ニ付」、これまで幕府でも開発を避けてきた「一領一国之内ニ籠り有之」[24]地所の新田開発を認可するとある。書付を発給した遠藤胤統は、天保十二年から若年寄を十年間勤めたのち嘉永期からは海岸防御筋御用掛などに就き、安政元年からは内海台場築造用掛を勤めていた人物である[25]。こうした背景を鑑みると、ここでいう「武備」とは、具体的に海防政策のうち品川台場築造のことをさし、用材調達などができうる地所の幕領化を企図した開発推進を促す書付であった可能性がある。

さて、幕府による村惣持秣場の開発推進の流れのなかで、相模原周辺においても一二か村にわたる芝地開発が計画される。相模原開発は、上知の対象となっている磯部村名主喜右衛門が父の代より数年来心掛けていたものであり、「全く自分入用を以開発仕度」[26]と、彼は自らの資金を投じてまで開発を望んでいた。この様子は開発対象の村々にも風聞として伝わっていたようで、そのうちの一村である下鶴間村は新開に対する認識を次のように述べている。

〔史料7〕[27]

乍恐以　書付奉願上候

御知行所相州高座郡下鶴間村小前村役人惣代名主権平・同啓次郎奉申上候、御知行所野地之義開発願人有之趣ニ付、御奉行所様江御歎願書御差出候義、先般奉願上候処、猶又当所風聞承及候処、当月四日頃御代官江川太郎左衛門様野付村之御見分も被為在候由承及驚入、万一御取上地ニも相成候而者百姓共相続ニも相抱候義故、無余義再願書共　御歎願奉申上候、何卒格別之以　御慈悲片時も早く私共　御奉行所様江御差出し被下候ハヽ、歎願奉申上度、此段幾重ニも御慈悲之御沙汰偏ニ奉願上候、以上

安政七申年三月

右村（下鶴間村）名主

権　平

啓次郎

御地頭所様

御役人中

史料中にみえる「御知行所野地之義開発願人」とは、前述した磯部村名主喜右衛門のことであり、彼の動向は、下鶴間村をはじめとする相模原周辺村落に伝わっていたことが明らかとなる。

さて、安政七年に江川太郎左衛門による「野付村之御見分」が実施されるとある。これは先の安政四年の遠藤胤統の書付を受けた、江川代官による開発候補地の在地把握の一環と捉えられる。さらに、万一「御取上地」すなわち幕府領となった場合は百姓共の相続に関わるとして、秣場新開の実施にたいして下鶴間村百姓らが消極的な姿勢を示していることがうかがえる。加えて「再願書共　御歎願」とあることから、下鶴間村は以前にも同様の件で上知にともなう困難性を主張していたようである。

このような新開対象地域の消極的な姿勢を、江川代官は「上鶴間村外拾壱ヶ村共私領ニて、太郎左衛門支配所無之候間万端差図行届兼、十分ニ取扱方難出来」[28]、つまり、開発対象となる範囲はいずれも複数の旗本知行所が錯綜しており、かつ江川代官支配所ではないため開発にあたる指図が十分に行き届かない状況であると把握している。

そこで江川代官は、開発範囲に相当する旗本領すべてを上知し自らの支配所としたうえで、新開を実施したいとする伺書を、慶応二年(一八六六)正月幕府勘定所に提出する。結果、新開とそれにともなう旗本知行所の上知の伺いは聞き入れられ、同年二月に各旗本家にたいして対象となる知行所の上知が命じられる。上知の仰せは、そのうちの下鶴間村には二月中に行き渡り、村役人は返答の猶予を願うも、勘定所役人は上知に向け郷村引渡に関する書類の提出を命じている[29]。

2　旗本家本貫地に対する江戸幕府の認識

新開に先立ち命じられた知行地の上知は、旗本家にはいかに認識されたのであろうか。上知対象知行主六家のうち、慶応二年（一八六六）三月に大岡家が、役職上の上役にあたる新番頭稲生出羽守を通じて、勘定所に対して願書（史料8）を提出している。また、同年六月には江原家が、願書（史料9）を提出している。

〔史料8〕(30)

新御番
稲生出羽守組
大岡勝之助

右勝之助知行所相模国高座郡上鶴間村之内高三百三拾石、此度御用ニ付上知被　仰付候処、右知行所之儀者勝之助先祖大岡吉十郎儀従　権現様天正十九辛卯年八月三日　御朱印拝領仕今ニ所持仕、且上鶴間村之内西光寺ニ者先祖吉十郎墓所も有之旧地之儀ニも御座候間、何共奉恐入候得共右三百三拾石之内少分之高ニ而も御座候間被成下置候ハヽ、冥加至極難有仕合之旨、勝之助歎願仕候可相成儀ニ御座候ハヽ、　権現様　御朱印頂戴罷在候知行所ニ付、誠ニ少分之高ニ而も勝之助奉願候通御差置被成下置候ハヽ、於私も難有仕合奉存候、依之此段奉歎願候、以上

三月　　稲生出羽守

〔史料9〕(31)

私知行所相模国高座郡下鶴間村弐百弐拾石此度御用ニ付上知被仰付、追而替地可被下旨被仰渡候処、右知行所之

儀三州坂崎村外弐ヶ村之為替地天正十九卯年五月三日従　権現様先祖江原孫三郎儀　御朱印拝領仕、今ニ所持仕居候、其後寛永二巳年十二月十一日弐百弐拾石之内、同村野地高弐拾石御加増頂戴仕居候、右知行所ニ同人墓并陣屋敷義有之、旧来拝領之知行所之儀ニ御座候間、何卒格別之思召を以是迄之通御差置被成下候様仕度、此段偏ニ奉願候、以上

六月　　　御小納戸

江原鏸次郎

両家の願書の内容はともに、上知の対象となった知行地が、①天正十九年（一五九一）に徳川家康から拝領した「旧来拝領之知行所」であり、②知行地を拝領した当時の先祖を弔う墓所があるという二点を理由に、上知の差し置きを願ったものである。加えて江原家については、陣屋敷がある点を述べている。

なお、両者の願書の内容は近似しており、大岡家が三月、江原家が六月に願書を提出している点からすると、大岡家の願書の内容について江原家は何らかの手段でもって情報を得ており、それを参考に願書を作成した可能性が高い。とりわけ両家は、中世において鶴間郷を形成していた高座郡上鶴間村と下鶴間村という隣村の領主同士であり、相互に情報交換を行う関係性が築かれていたとしてもさほど不思議はない。

さて、両家が上知猶予の論理として述べる二点は、ともに当村がほかに代わりのない知行地であるという点にある。さらにこれらの知行地には、幕末期においても、江原家菩提寺の圓城寺[32]と大岡家菩提寺の西光寺[33]が実際に所在していたのである。

両家の願書に対する幕府勘定所の返答書をみよう。

〔史料10[34]〕

追々被成於下候稲生出羽守・江原鑢次郎申上候書面一覧評議仕候処、出羽守組大岡勝之助知行相模国高座郡上鶴間村・鑢次郎知行同国同郡下鶴間村之儀、此度御用上知被　仰付候処、右者何れも天正十九卯年中　御朱印拝領仕候村方ニ而銘々先祖墓所有之旧来之知行ニ付、鑢次郎儀ハ陣屋敷等も有之候間同村不残御居置之儀相願、勝之助ハ前書上鶴間村内少分之高ニ而も御差置被下度旨相願候ニ付、御代官江川太郎左衛門相糺候処、右両村とも銘々先祖墓所有之且下鶴間村ニ者陣屋敷と唱場所有之候旨申立候間勘弁仕候処、右者今般新開可相成場所給々入会候而ハ開発方差支、御用上知被　仰付候儀ニ而願立趣者御取用可相成筋ニ無之候得共、右両人儀者先祖旧来之知行所ニも候間、鑢次郎願之通ニ者難相成、同人幷勝之助とも出格之訳を以墓所最寄ニ而高三拾石位充も御居置被成遣方ニも可有之哉、右ニ而可然も候ハヽ、其段銘々江被仰渡私共江も被仰渡候様仕度、左候ハヽ、場所之儀ハ御代官ニ而得と取調之上為引分金之上知相成候分収納五ヶ年平均為書出代知割合取調相伺候様可仕奉存候、依之御下之書類返上仕此段奉伺候、以上

寅九月

小栗下総守
井上備後守
小笠原摂津守
松井助左衛門
御勘定方

江原鑢次郎江

江原鑢次郎

其方元知行相模国高座郡下鶴間村之儀、先祖墓所有之内願之次第も有之候間、猶御沙汰之品も可有之候、委細之

儀者御勘定奉行可被談候、

新番頭江
新御番
稲生豊前守組
大岡勝之助

右元知行相模国高座郡上鶴間村之儀、先祖墓所有之内願之次第も有之候ニ付取調之上、猶御沙汰之品も可有之候間、其段可被申渡候委細之儀ハ御勘定奉行可被談候、

下ヶ札

江川太郎左衛門支配所最寄相模国高座郡上鶴間村外拾壱ヶ村地先相模原と相唱芝地有之候処、去ル亥年開発之儀太郎左衛門申立伺之上同人江取扱申渡候処、右村之内私領折交新開究竟之場所も有之候得共、地先村々之内開発方差はまりうすきもの有之、太郎左衛門支配所ニ無之候而者万端差図も行届兼候ニ付御用知相成、直々同人支配所ニ被仰付候様申立、御勘定奉行評議之上開発方捗取候得者御高入ニも相成御益筋之儀ニ付、申立之通御用上知被　仰付、代知之儀収納五ヶ年平均為差出物成諸を以割合取調候様可仕旨相伺候ニ付、伺之通相達別紙之者共江上知之儀申渡候処、江原鏸次郎・大岡勝之助儀者先祖墓所も有之旧来之知行ニ付、鏸次郎ハ陣屋敷等も有之候間不残御居置、勝之助ハ少分ニ而も御差置相成候様仕度旨相願候ニ付、申聞候何も先祖墓所も有之候儀ニ付出格之訳を以本文之通相達候方々可有御座哉、左候ハヽ、御勘定奉行江も伺之通可取計旨可相達候事、

勘定所の返答は、「右両人儀者先祖旧来之知行所ニも候間、鏸次郎願之通ニ者難相成、同人幷勝之助とも出格之訳を

以墓所最寄ニ而高三拾石位充も御居置被成遣方ニも可有之哉」、すなわち、先祖旧来の知行所であることを鑑み、墓所最寄りの高三〇石位ずつ据え置くという提案がなされるものであった。また三〇石を除く上知された知行は、江原家には代知として、相模国高座郡、上総国武射郡、下総国香取郡のうち三か村（知行高二八五石余）を、大岡家には代知として、安房国安房郡のうち込高三六〇石をそれぞれ与えるとされ、結果、上知が実行されることとなる[35]。

今回の上知は、幕府勘定所による「当節武備之儀」を鑑みた村惣持秣場新開の実施にともなうものであり、猶予の余地は極めて少なかったといえよう。ところが、すべての所領を据え置くことは叶わなかったものの、「出格之訳を以」て墓所の最寄り三〇石余を猶予するという裁定が下されたことは、特筆すべきである。つまり幕府勘定所は、両家の知行地が「先祖墓所有之旧来之知行所」である点に、上知据え置きの論理としての正当性を認めたのである。前述の通り願書の提出にあたり、江原家は直接、大岡家は上役である稲生出羽守を通じて勘定所に願い出ており、両家は幕臣の正式なルートによって出願を行っている。これに対する勘定所の正式な裁定は、「出格之訳を以」ての猶予というものの、旗本家の本貫地にたいする幕府の明確な認識を表現している。

さらに、猶予された知行高三〇石余はいずれも「墓所最寄」であり、菩提寺と墓地の景観を保つための最低限の石高が猶予されたとみなすことができる。勘定所に対する上知猶予の願書を確認することのできない旗本家は、いずれも知行地に菩提寺を有していたかどうか判然としない。このことからも、単なる旧来の知行地ではなく「先祖墓所有之旧来之知行所」であることが、勘定所、ひいては江戸幕府においても考慮されたことになろう。

言い換えると、旗本家が本貫地に見出した特異性は、自家がかつて有した陣屋敷の跡地や先祖が眠る菩提寺が所在する点にあった。天正十九年の徳川家康が発給した朱印状に記載される知行地は、旗本家それぞれの系譜を物語る根拠として認識されていたのである。

結　び

以上、近世における旗本家本貫地について考察してきた。本章で明らかになった点をまとめたい。

まず旗本家本貫地の成り立ちについて整理しておこう。近世において旗本家本貫地として認識される所領は、天正十八年(一五九〇)から、多くの旗本家に江戸屋敷割が実施される寛永二年(一六二五)までの間に拝領した知行地であると考えられ、そこには陣屋や屋敷・菩提寺が設けられた。しかしながら、近世初期段階における旗本家にとっての本貫地は、あくまでそれまでの知行地であった三河国等の所領であった。関東移封後に拝領した知行地を本貫地(旧来之知行所)として認識しはじめるのは、それよりも以後のことであろう。そして十九世紀には、天正期に拝領した所領を旧来の知行地であると旗本家は明確に認識するに至り、その論理をもって江戸幕府にたいして知行地の上知猶予を主張することも可能であった。

また、旗本家が知行地に在村し陣屋支配を行っていた頃に在地に開基、中興した菩提寺との関係性は、旗本家が寛永二年以降に江戸へ居所を徐々に移していくことで画期をむかえる。すなわち、旗本屋敷に近接する江戸の菩提寺を新たな葬地とする家々も出てくるのである。ところが、江戸の菩提寺への埋葬を行いながらも、知行地の菩提寺にたいして髻など何らかの当主ゆかりの品を納めるありようが、一方でみられた。このように、江戸の菩提所に埋葬や供養を合理的に一本化するのではなく、なおも旧地とそこに所在する菩提所を重視する姿勢こそが、旗本家の本貫地意識のあらわれと捉えられる。そして、その意識の内実には、自家がかつて暮らした陣屋敷の跡地や、先祖が眠る菩提寺が所在する点が存在しており、ゆえに旗本家は、これらが所在する本貫地に憐愍を加え続けたのである。

なお、田沼意次や大岡忠相の本領・旧領の地との関係を事例とした従来の研究のなかには、領主家の幕政上の地位によっては本貫地の上知猶予や知行地割替を願い出ることが可能であったという見解もある(36)。しかしながら、ことに菩提寺や館跡といった家の由緒に直結する根拠が所在する地でなければ、猶予願書の提出の余地は開かれていなかったとみるのが自然であり、あくまで、領主家の地位は猶予実現の判断材料の一因に過ぎないと考える。

前述のとおり、相模国における天正期宛行の旗本知行地一三七か村のうち、江戸幕府にとって所領変動の必要のなかった一〇二か村は、近世を通じて、江戸幕府による知行割替の対象地からも除外されていた。加えて幕末期においては、江戸幕府が旗本家の本貫地の処遇にあたり、全所領上知のところ「出格之訳を以」て三〇石余を猶予するありようがみられた。つまり、江戸幕府は天正期拝領の旗本知行地の支配替を避けてきたとみなすことができよう。

たしかに、本章のなかで事例とした幕末期における上知猶予の動向については、旗本家と知行所間における経済的な結びつきが、上知を拒む知行所村役人層の姿勢に影響を及ぼしていたことも一方では考えられ、江戸幕府のもつ旗本家菩提寺の所在する本貫地にたいする認識のみにその論拠をもとめるには、慎重にならねばならない(37)。また、幕府への内願書は事前に幕府役人の添削を経て、幕府が受け入れやすい論理に修正されて提出されることが多く、公的記録として記される論理は実情と異なる場合もあった(38)。

とはいえ、仮に経済的な旗本家と知行所間の関係性という実態を鑑みた裁定を下すにしろ、その論拠として「先祖墓所有之旧来之知行所」が用いられた意義は、十分に見出すことができよう。旗本家に限らず、江戸幕府勘定所においても本領の地、とりわけ菩提寺の所在する知行地に対する認識が共有されており、こうした旧来の知行地をむやみに所領替や収公することができない所領として認識していたのである。

註

（1）塚本学「形成期からみた旗本領—三河を舞台に—」（『史学雑誌』第七四編第二号、一九六五年）。

（2）小暮正利「近世初期旗本領形成に関する一考察—武蔵国を事例として—」（村上直編『論集関東近世史の研究』名著出版、一九八四年）。

（3）神崎彰利「相模国の旗本領」（『神奈川県史研究』第三三号、一九七七年）、同「相模国の旗本領設定—天正～寛永期における知行割—」（北島正元編『幕藩制国家成立過程の研究』吉川弘文館、一九七八年）、同「第1章　徳川氏の関東移封と相武の地」「第4章　旗本知行」（『神奈川県史』通史編2　近世1、一九八一年）。

（4）陣屋や屋敷の跡地は、旗本家の江戸住居ののちは、一般的に手作地や除地として検地帳などに把握される。

（5）兼子順「北武蔵における大名・旗本の菩提所の成立と移動」（『埼玉県史研究』第二二号、一九八八年）。

（6）高野信治「給人領主家の「死」をめぐる儀礼」（『歴史学研究』第六六九号、一九九五年、後に同『近世大名家臣団と領主制』吉川弘文館、一九九六年に所収）。

（7）羽賀祥二「二つの史蹟碑—十九世紀前期の地域の歴史—」（『立命館文学』第五二一号、一九九一年、後に「相模における史蹟記念碑」として同『史蹟論—19世紀日本の地域社会と歴史意識—』名古屋大学出版会、一九九八年に所収）。

（8）『浚明院殿御実紀』宝暦十一年五月二十九日、明和二年二月七日の条。なお、本章においては、黒板勝美校訂『新訂増補国史大系　徳川実紀』第十篇（吉川弘文館、一九七六年）を参照した。

（9）神崎前掲註（3）「相模国の旗本領」では、「大曲村者権現様御朱印被下久敷領知ニ付是者残し置申度」を引用し、領主大岡氏の意識を指摘している。

（10）相模国における旗本家と知行付百姓の関係性の特質については、本書第二編第五章に譲りたい。

(11) 臨済宗五山派建長寺末の寺院で、近世以前に本間六郎左衛門重連が開基した(『新編相模国風土記稿』巻五六、金田村の項)。
(12) 『寛政重修諸家譜』巻三九二(続群書類従完成会版、第七巻、九〜一一頁)。
(13) (文化初年)「小河惣左衛門益利遺言状」(厚木市金田小河孝雄氏所蔵、『神奈川県史』資料編8 近世5上、一九七六年に収録)。
(14) 同史料が掲載される前掲註(13)『神奈川県史』においては、文化五年と作成年が明記されているが、根拠が示されていないため本章においては文化初年と表記した。
(15) 兼子前掲註(5)「北武蔵における大名・旗本の菩提所の成立と移動」。
(16) 『浚明院殿御実紀』宝暦十一年五月二十九日条。
(17) 『浚明院殿御実紀』明和二年二月七日条。
(18) 天保十四年「(上知郷村引渡一件書)」(個人蔵・長谷川家文書I-B-四八)。長谷川家資料は大和市下鶴間長谷川賢太郎氏所蔵の名主家文書である。調査にあたっては大和市文化振興課所管のマイクロフィルムCH版を利用した。
(19) 「井関隆子日記」(昭和女子大学図書館蔵)。本章では、深沢秋男校注『井関隆子日記(上・中・下)』(勉誠社、一九七八〜一九八一年)を参照した。
(20) 天保十四年「(上知郷村引渡一件書)」(長谷川家文書I-B-四八)。
(21) 天保十四年「覚(知行所上知中止に付祝儀下置)」(長谷川家文書I-A-一一七)。
(22) たとえば、嘉永六年十月二十九日には「知行村替願出間敷旨御触書」が触れられており、幕末期に至っては、触書を出さねばならないほどこの種の願書が頻出していたことを物語っている(『徳川禁令考』二三三六)。

(23) 安政五年「空地御検地帳」(埼玉県立文書館収蔵小室家文書一〇)。

(24) 隠れてあらわれないこと。転じて村高(石高)で把握されていない田畑をあらわす。参考：抓み高「極山中などにて往古は人跡も知れざる場所等、度々の検地にも洩れ、或は文禄・慶長以後開発の村も、遠境片鄙ゆへ国府へ知れざる村などありて、後世に至り年貢を納るやうになり、百姓小前銘々持分の高は積らずして、一村一抓ミに何百何拾石と極りたる村々稀にあり、是を抓ミ高といふなり」(大石久敬『地方凡例録』一七九四年)。

(25) 遠藤胤統の役職就任歴の典拠。

(26) 慶応二年「御勝手帳　五」(国立公文書館内閣文庫所蔵、『内閣文庫所蔵史籍叢刊』53、汲古書院、一九八五年)。なお本史料の記述については、牛米努氏に御教示をいただいた。

(27) 「諸用留」(長谷川家文書Ⅰ－B－一三四)。

(28) 前掲註(26)慶応二年「御勝手帳　五」。

(29) 「諸役用日記」(古木家文書　村政－九八)。

(30) 慶応二年「御勝手帳　六」(国立公文書館内閣文庫所蔵、『内閣文庫所蔵史籍叢刊』54、汲古書院、一九八五年)。

(31) 前掲註(30)慶応二年「御勝手帳　六」。

(32) 武蔵国多摩郡鶴間村のうち小名宿に所在する浄土真宗西本願寺末の寺院で、境内除地は一六五〇坪あった(『新編武蔵風土記』巻九〇、鶴間村の項)。鶴間村は下鶴間村と接しており、宿は下鶴間村の小名でもある。現在当寺院では、江原家の墓域と、江原家の譜代用人であった蜂須賀家の墓域を確認することができる(筆者墓石調査による)。この江原家の墓所について『新編武蔵風土記』『新編相模国風土記稿』ではともに把握されていない。ゆえに、旗本家の知行地における菩提寺の把握に際しては、地誌などの記載を参考にしながら本貫地に相当する村落とその周辺に所在する寺院の実地調査が必要となる。

なお、『寛政重修諸家譜』によると、江原家歴代の葬地は、牛込の善慶寺とされている。『牛込区史』には、善慶寺の縁起として「白鳥山善慶寺、東本願寺末　寛永参年赤坂一ツ木村に起立、明暦二年本村谷町に移る。開山善敬坊釋宗貞、延宝七年二月十五日寂。開基摂浄院釈氏宗覚、俗姓江原孫三郎、寛文七年八月廿四日寂。旧境内拝領地三百八十八坪」と記載がある。現在、同寺の墓域には江原家歴代の墓石は確認できず、現状においては葬地や回向寺といった性格の判断には至らなかった。

(33)　相模国高座郡上鶴間村に所在する浄土宗寺院である。地頭大岡氏祖先吉重郎義成夫婦の位牌を置く（『新編相模国風土記稿』巻六七、上鶴間村の項）。

(34)　前掲註(30)慶応二年「御勝手帳　六」。

(35)　前掲註(30)慶応二年「御勝手帳　六」。

(36)　大口勇次郎「最初の拝領地―田沼と大岡の場合―」（同『徳川時代の社会史』吉川弘文館、二〇〇一年）。

(37)　天保上知令が撤回された要因の一つとして、上知令により個別領主が従来より自らの所領が下免となること、同時に領民は個別領主層に融通した御用金・先納金を踏み倒されることをそれぞれ危惧した側面が存在した。北島正元『水野忠邦』（吉川弘文館、一九六九年）、藤田覚『天保の改革』（吉川弘文館、一九八九年）、藪田貫『天保上知令騒動記』（清文堂出版、一九九八年）。

(38)　堀新「岡山藩と武家官位」（『史観』第一三三号、一九九五年）、藤田覚「幕府行政論」（歴史学研究会・日本史研究会編『日本史講座』六、東京大学出版会、二〇〇五年）など。

第二編　「旗本社会」の構造と秩序

第一章　大番筋旗本家における勝手賄いの特質

――都筑家を事例として㈠――

はじめに

本章では、近世後期における旗本家政の運営実態の推移について、旗本家の親類縁者および知行所村社会の構造変容に目配りしながら検討を試みる。

旗本家の領主財政については、地方知行・蔵米知行ともに近世前期から窮乏していたともいわれ、旗本知行所から納入された年貢米の売却を請け負う出入りの札差をはじめとする江戸の商人が、旗本家に対して金子融通を行っていた(1)。こうした旗本家をはじめとする武家の財政状況を鑑みた幕府は、大名・旗本を対象とする拝借金制度などの政策を実施した(2)。

このうち旗本家を対象としたものは、役職就任者に貸付対象を限定する性格を帯びつつも、元禄期以前・享保改革期・宝暦期以降と性格を徐々に変質させながら、旗本家に対して一定額の金子を貸し付ける制度として運用されたことが明らかにされている(3)。また、蔵米知行制は寛永期以来、幕臣の加増や増加などに対応させながらその制度を享保期に確立させた。そのなかで、元禄の蔵米地方直しは、蔵米知行の幕臣団の家計安定と経費節減をねらった財政政策であったことが明らかにされてきた(4)。

一方、十八世紀半ば以降に広範に確認されるようになる旗本勝手賄いについては、六〇〇〇石の中根家の郷代（在役）多田氏の動向を明らかにした川村優氏、(5)一四〇〇石の高家長沢家における資金調達の動向を明らかにした山口徹氏、(6)五〇〇〇石の巨瀬家の勝手賄いを務めた知行地の豪商鈴木氏の動向を明らかにした吉永昭氏、(8)旗本救済政策の推移と勝手賄いの動向を追った末岡照啓氏(7)などをはじめとした豊かな研究がある。

なかでも末岡氏は、勝手賄いの成立時期を把握した事例から宝暦期以降と想定し、かつ宝暦・安永期頃から旗本家において家政改革が盛んに行われるようになったことをふまえ、(9)両者の動向は表裏一体の関係をなすものと見通している。また、勝手賄いの推移としては、在地の経済的成長を指標として、札差や江戸商人による「町方賄い」から、次第に知行所の豪農・豪商による「村方・在郷商人賄い」へ移行するものとして、その傾向を示している。

このようにみると、多額の資金を必要とする知行高が一〇〇〇石以上(10)もしくは、役職就任者の旗本家を事例とした研究が多い傾向にある。しかしながら、前述の旗本拝借金制度などに代表される幕府による旗本救済政策は、役職就任者を優遇するものであり、一〇〇〇石未満のいわば小禄と称されてきた旗本家は、知行所から上納される年貢以外に公的な制度保証はほぼなされなかったことになる。知行地が限られるため、蔵米知行の旗本家もしくは御家人のあり方に近似することは想定されるであろうが、実証的な検証なしに論じることはできない。そこで本章では二〇〇石の一村限りの知行所村をもつ旗本都筑家を事例として、勝手賄いの検討を行うこととする。

なお、本章で事例とする都筑家は大番筋の旗本家に該当する。大番組の成立については、根岸茂夫氏が徳川家康の知行宛行状の検討から次の点を明らかにしている。(11)大番衆は他の家康家臣団の配置と同様に、臨戦態勢下に直ちに動員ができるよう同地域にまとめて知行を与えられ、かつその系譜は「譜代でも有力な武将などのいない下級家臣か、有力な軍団から離れた傍系の家臣、今川・武田旧臣など新参であったと考えられる」とする。また、近世中期の大番筋旗本については、横山則孝氏が『御家人分限帳』を駆使した研究をまとめている(12)。

大番筋旗本家のもつ性格に焦点をあてた研究として、林泰志氏、柴田純氏の成果は示唆に富む。林氏は、二条城と大坂城の在番警備のため大番頭と配下の組頭・番士・与力・同心を率いて東海道を往復する大番組往来に着目し、大番衆の攻撃的で粗暴な行為の原因や理由を検討している(13)。

さらに、柴田氏は、武士の日常生活を捉える視点から二条城在番衆の出張中に死去する事例が多いことに着目し、死因はほぼ病死とみられ、かつ組頭は特に中間管理者としての役割が期待され、苦しい立場に置かれていたこと、そして、一般番衆も慢性的な財政難に陥っており、同僚たちの出張死が身近な出来事であって、非日常性を備えた日々を送っていたことを指摘している(14)。

このように、大番筋の旗本家は肉体的・精神的負担を課せられていた可能性が高く、その発露が、在番中の病気発症や道中往来での民衆への攻撃や粗暴行為に影響を及ぼしていたことが想定されうる。大番筋旗本家の家政を検討する際、この点にも留意したい。

本書第二編第四章においても旗本親類家の動向を注視しているが、本章においても同様に、親類縁者にあたる人びとの関与の意味を問うてみたい。とりわけ、本章でかかわるのが旗本子女の存在である。松尾美恵子氏は武家の婚姻・養子の持参金について大名榊原家を事例として検討し、その交渉過程において最も重要であったのが持参金・仕送り金であったことを明らかにしている(15)。また、西沢淳男氏は旗本子女の婚姻においても同様の傾向が見出せるとして、代官竹垣家を事例に検証している(16)。それでは、他家に嫁いだ旗本子女たちは、実家といかなる交際関係をもち得たのであろうか。この点にも留意しながら、以下考察を進めることとしたい。

第一節　都筑家家政の仕法替と長谷川彦八家

都筑家の勝手向きは、知行所の賄方入用帳の伝来状況によると、少なくとも文政十二年（一八二九）以前から知行所村役人によって管理されていた[17]。それ以前の都筑家賄方についてはは定かではないが、表1によれば、都筑家から個別に賦課される御用金は、宝暦二年（一七五二）のものが初出である。それ以後は村役人、とりわけ知行地下鶴間村の有力農民である長谷川彦八らに対する御用金賦課が大半を占めていく傾向にある。

長谷川彦八家は「家譜」によると、十七世紀半ばに相模国高座郡新田宿村から同国同郡下鶴間村に移り住んだとあり、その際、都筑家知行付百姓に属し、村内南部の矢倉沢往還に面した集落「宿」に居住したという[18]。そして享保十八年（一七三三）から代々「彦八」の名を襲名し、宝暦年間からは下鶴間村の村役人として村政に携わるようになる。なお、長谷川家は寛延元年（一七四八）時点において、相給領主である江原家の村内知行地を所持（越石）しており[19]、都筑家に加えて江原家に対する年貢納入の義務も負っていたことになる。

長谷川家文書に残る質地證文や金子借用證文をみると、正徳年間には村内、文政年間には村外の人物にまで金子を融通していたことがわかる。村内に所持していた田畑は、寛延四年に一三石五斗余[20]、寛政八年（一七九六）に一九石三斗余[21]、天保八年（一八三七）に四一石余[22]、明治六年（一八七三）に四八石六斗余というように推移している[23]。文政期以降に村外の人物にたいする金子融通がみられる点、天保期にかけて所持する土地が急増している点から、長谷川家は文政～天保期に経済的地盤を固めたといえよう。そのなかで、下鶴間村領主の江原家や都筑家に対する金子融通がみうけられるようになる。

それでは、天保期の都筑家賄方について、長谷川彦八が記した次の書抜からうかがってみよう。

〔史料1〕[24]

天保五午年より同七申年四月迄名主役相勤罷在候内、無利足御賄致居候所、書面之通残金ニ相成候、退役之節御臨事御用金等之儀者村役人共ニ而引請、無利足御賄之儀者手前ニ而引受之積取極退役致候所、此度又々御用金被仰付候間、前々之始末柄申立御聞済ニ相成候へ共、御代替御仕法替ニ付無拠次第被仰聞候間、左候得者出金可仕候間、已来御賄不足御臨事御入用金等我等方被仰付旨、村役人ニ而引請之書面請取之、年分御賄方之儀者村役人共と壱ヶ月替之御賄請候所、前書之印形村役人共相拒候間、左候而者出金不仕候趣申出候処、此度之金子者無拠義故何レ出金致候処、勿論前々より種々骨折候間右金差出候上者、為褒美別紙免許状被下置趣度々被仰聞候間、此上猶出金致候もの也、御賄方之儀者村役人共ニ而一手ニ而引受申候、村役人共より可請取書面御用役幸蔵殿ト及対談候所、右ヲ相拒候ニ付、右様成行申候、銘々為心得置申候、

殿様江為御祝儀と金百疋上納

天保九戌年五月取極メル　彦八敬典

当史料によると、天保五～七年に名主をつとめた八代目長谷川彦八は、在任中に都筑家にたいして無利息の金子融通を実施していた。天保七年に彦八が名主退役の際、残りの都筑家に関する御用金は、臨時のものを村役人が、無利息のものを彦八が負担するつもりで取り極めが行われた。しかし、天保九年における都筑家の代替にともなう仕法替のため、都筑家は彦八に臨時御用金を賦課し、彦八は改めて御賄の取り極めを申し出た。ところが、新たな取り極めに対して村役人は不服をとなえ印形を拒んだため、彦八は取り極めを行わなければ出金することはできないとしたうえで、今回の出金は致し方ないためいずれ出金することを承諾している。ただし、これまでの出金についても都筑家

出金者	名目	備考
名主　彦兵衛	殿様在番につき借用	
藤八	上納金	彦八に借用
彦八④or⑤	先納金	名主藤八が都筑家に上納
名主　彦三郎 組頭・惣百姓	地頭所類焼につき普請金として	都筑家裏書
名主　彦八⑤or⑥		
組頭　彦八⑦		
組頭　彦八⑦		
鍵屋平四郎		都筑家裏書
名主代　次兵衛 組頭中	暮方	都筑家裏書
(長谷川ｶ)	無拠差支につき	大野幸次郎内林万吉が加印 都筑家裏書
おみよ	無拠要用につき	大野幸次郎内林万吉が加印 都筑家裏書
おまさ	無拠要用につき	大野幸次郎が証人 都筑家裏書
組頭中	御借財多分ニ相成暮方差支につき	物成代金を差引返済 都筑家裏書
組頭　儀右衛門	御借財多分ニ相成暮方差支につき	
名主　彦八⑧ 組頭　弥七	若様祝金につき	7ヶ年賦で物成代金を差引返済
おまさ	母養育金	借主都筑又次郎 加印大野幸次郎
御知行処　彦八⑧	礼金として上納	
彦八⑧	殿様御祝儀金	
彦八⑧	御用金	
おまさ	母養育金	新井新兵衛、名主文次が借用 「又次郎」裏書
おまさ	母養育金	新井新兵衛、名主忠治が借用 「又次郎」裏書
阿部幸次郎	老母手当金	
おまさ	老母養育手当金	借主都筑又兵衛 加印大野幸次郎
おまさ		借主大野幸次郎

表１　都筑家と知行所下鶴間村の金銭貸借等の推移

和暦	西暦	金額	利息	表題
宝暦 2.11.	1752	金5両		預り申金子之事
明和 3. 5.	1766	金3両		御蔵荏前金証文之事
明和 4.12.	1767	金3両1分		覚(明和5年分先納金請取上納)
寛政 4.11.	1792			覚(寛政4年7月地頭屋敷類焼に付普請金割合出金受取)
(寛政)	1788	金6両		覚(二条城在番につき歩金6両請取)
文政 8.12.	1825			覚(借用金2両受取)
文政 8.12.	1825	金2両		覚(借用金2両請取)
文政13. 9.	1830	金25両		借用申金子之事
天保 2. 4.	1831	金75両		覚(暮方一か年米金共五年間75両と定む)
天保 4. 3.10	1833	金12両2分		借用申金子之事
天保 4. 9.20	1833	金3両	金15両につき1分/月	借用申金子之事
天保 4.10.26	1833	金2両	金15両につき1分/月	借用申金子之事
天保 5. 4.	1834	金15両		年賦証文之事
天保 5. 4.	1834	金8両		年賦証文之事
天保 5.12.24	1834	金5両		覚(若様祝金借用一札)
天保 9. 2.	1838	?		母養育金借用金子之事
天保 9. 5.	1838	玄米2俵		覚(免許被下候につき)
天保 9. 5.	1838	金100疋		(御用金其他出金之始末書抜)
天保 9. 5.	1838	金25両		(御用金其他出金之始末書抜)
天保 9.12.	1838	金7両		母養育金借用申金子之事
天保 9.12.	1838	金6両		母養育金借用申金子之事
天保10. 3.	1839	金58両		預り申金子之事
天保10. 3.	1839	金1両		預り申金子之事
天保10. 8.	1839	金1両		預り申金子之事

出金者	名目	備考
釘屋伊助	飯米差支につき	用人荒井新兵衛、名主喜右衛門、組頭政吉が借用 裏書「(都筑)又次郎（赤井）甚左衛門」
都筑又治郎内新井新兵衛	借金残金	元鮫河橋表町　政右衛門店幸三郎に支払 都筑家裏書
阿部幸次郎	無拠入用につき	都筑家裏書
榊原弥三郎	無拠入用につき	
おまさ		村方賄役が借用を申入 「都筑又治郎」裏書
おまさ	老母養育手当金	「都又次郎」裏書
名主　次兵衛 月番名主　啓次郎	御女郎様御勤向入用につき	都筑幾太郎内荒井新兵衛、山口小膳内日置伊八が借用 都筑、山口裏書
彦八　千代吉　惣百姓		
名主　平八 月番名主　啓次郎	殿様京都より下向金	
組頭　権平ほか	地頭次男縁談入用金	
名主平八 公所啓次郎	先納金	都筑家奥印
彦八		
名主　次兵衛 月番名主　啓次郎 惣役人百姓代		
名主　善右衛門		
金主共		
名主　彦八		
長谷川彦兵衛 大谷吉左衛門	縁談金	
名主　角屋蔵右衛門		
名主　彦八	若殿様稽古入用	
長谷川彦八		
		虫損甚
名主　彦八		
名主組頭百姓中	先納金	都筑家奥書
彦八⑩	先納金	都筑家奥書

和暦	西暦	金額	利息	表題
天保11. 6.	1840	金16両		借用申飯米代金之事
天保11. 12. 22	1840	金100両		一札之事(借金残金95両支払につき)
天保12. 2.	1841	金24両	金15両につき1分/月	借用申金子之事
天保12. 11.	1841	金5両		借用申金子之事
天保12. 12.	1841	金21両		借用申年賦金證文之事
天保12.	1841	金38両		預り申金子之事
嘉永 5. 9.	1852	金10両		覚(御女郎様御勤向入用につき金10両借用)
嘉永 6.	1853	金30両		下知書
安政 5. 1.	1858	金10両		覚(金10両殿様京都より下向金として受け取証)
安政 5. 6.	1858	金70両		差上申御請書之事
安政 5. 11.	1858	金10両		覚(御勤入用のため先納金請取)
(近世)午. 4. 16				覚(借用金請取)
(近世) 1. 11		金20両		覚(金20両受け取証)
(近世) 7.		金12両		覚(金12両借用)
(近世) 9. 4		金1両5分		覚(9月雑用金請取)
(近世)10. 22		金1両5分		覚(国役金請取)
(近世)10. 27		金10両		覚(縁談金の内金10両請取)
(近世)10.		金20両		借用申金子証文之事
(近世)12. 26				(若殿様御稽古入用請取)
(近世)12. 晦		金5両		覚(金5両請取)
(近世)				入置申一札之事
(近世)				覚(国役金請取)
明治 1. 10.	1868	金700両		先納金請取
明治 1. 10.	1868	金500両		先納金請取

〔典拠〕古木家文書および長谷川家資料より作成。

からたびたび褒美や免許を仰せ聞かされてきたところであり、それに加えて今回出金するものであると念を押している。さらに、御賄の取り極めの書面についても、旗本有馬右近の家中で、都筑家「雇」用人の萩野尾幸蔵との対談によって作成したものであり、それを村役人は拒んだのであると、都筑家との関係において自らの正当性を主張する。

この直後に都筑家から出された申渡しをみよう。

〔史料2〕(26)

申渡

一、其方儀前々ヨリ勝手向無利足賄方幷臨時用金等両々申付出金高多分ニ相成候上、猶此度用金弐拾五両申付差出難渋之時節出精之段、依而以来非常如何様ノ儀有之候共、用金決而収納ヲ以引去リ、取極ヲ以其方幷村役人江半年代リ出金申付候積リ先達申渡候処、右者村役人共一年ニ而賄引請候間、是以其方江申付候義ニ無之、若向後用金申付候就賄方及證候共右申渡之趣ヲ以可被相断候、仍而下知如件

天保九戌年　　　都　又治郎　印
五月
高座郡鶴間村
彦八江

当史料によると、彦八が都筑家にたいする無利息賄方と臨時御用金の賦課を前々より果たしてきたこと、とりわけ天明期以来いかなる非常時であっても、用金の返済にあたっては年貢金からの差引を行うという取り極めをもって、長谷川家をはじめ村役人へ半年交替に申し付けてきたことが判明する。これらの貢献に免じて、都筑家は長谷川家に対して以後御用金を申し付けないと述べている。

〔史料3〕(27)

（前欠）

前書之金子、此度御屋敷様御代替御仕方替ニ付元利共不残上納切、為御褒美と御下知書ヲ以持地田畑之内、別紙之通田畑永々御年貢御免許被仰付、前々御用金御裏印御證文之儀者、此度不残上納切之御裏書江御判被下置御下ヶニ相成、御賄足金之儀者別紙上納切之書付請取外ニ御證文無之、金子者夫々書付有之相分申候、治兵衛殿勤役中不足金之儀者御屋敷様御目録ニ而相分、天保九戌年已来御賄方村役人共ニ而引請自分江者別紙之通已来用金等申付間敷之　御下知書被下置候ニ付、此度前書之金廿五両上納仕候、為後右あら増始末書記置もの也、

天保九戌年五月　　御雇御用役
　　　　　　　　　土手四番町
　　　　　　　　　有馬右近様御内
　　　　　　　　　萩野尾幸蔵殿
都筑又治郎様御代
　御普代御用役
　　荒井新兵衛殿

この文書も史料1と同様に彦八が作成したもので、都筑又治郎の譜代用人荒井新兵衛と、同家「雇」用人で有馬右近家用人の萩野尾幸蔵、それぞれに対して書き上げられたものと考えられる。これによると、彦八は、今回の仕法替えにより賦課された御用金をすべて上納した末、褒美として田畑の永々年貢免許を都筑家から与えられたという。また、都筑家の裏印が施された御用金證文も御下げになり、彦八の手元に額面の証拠文書として残ることになった。以後の都筑家の御賄方は村役人で担い、史料2にあるように、自らには御用金を申し付けることがないことを明記している。

このように、天保五年から「無利足御賄（勝手賄）」を担った彦八は、都筑家賄方にとって重要な存在であった。ま

た、彦八が名主退役後も金子を無利息で融通すると仕法替以前に取り極められており、この時期、彦八は知行所村役人であるとともに、都筑家の主要な金主家であったことは明らかであろう。しかし、前述のとおり天保九年五月をもって、都筑家の長谷川彦八家に対する直接的な財政面における依存形態が解消されたことによって、都筑家家政の運営形態に変容が生じることになる。

第二節 知行所の賄方運営と親類家

長谷川家という金主を失ったのち、都筑家家政における賄金調達はいかなる志向性をもったのであろうか。長谷川家が金主を退く五年前の天保四年（一八三三）に、次のような金子借用證文が交わされている。

〔史料4〕(28)

借用申金子之事

一、金弐両也

右者我等無拠要用ニ付借用申処実正也、返済之義者金拾五両ニ付壱分之割合ヲ以来午二月至蔵次第急度返済可申候、万一相違我等所持之土蔵引取勘定可致候、其節一言之義申入間敷候、為念證文、仍而如件

天保四巳年十月廿六日

借主 都筑又兵衛 ㊞

證人 大野幸次郎 ㊞

おまさ殿

（裏書）
「表書之通相違無之候、以上

都筑又兵衛 ㊞

」

当史料は、旗本都筑又兵衛の名義で作成された證文である。證人として印形を施す大野幸次郎は、都筑又兵衛の父晴本の次男元長が養子に入った二〇〇石の旗本大野冨五郎元壽家の当主である。(29) そして、受取人の「おまさ」は、ほかの「おまさ」宛の金子預り證文（たとえば後掲史料6など）に「貴拝母養育手当」とあることから、都筑家で出生して他家へ嫁入りした女性とみるのが妥当であろう。つまり、都筑家の当主が親類大野家に證人になってもらい、他家に嫁入りした親族から金子を借用したというのである。

ほかにも同様に、「おまさ」から都筑家への金子融通の際には、その多くに大野幸次郎もしくは同家の用人とみられる林万吉が印形を施し、複数の金子借用證文が作成されている。「おまさ」からの借用金は天保四年十月から同十二年十二月までに、それぞれは数両にとどまるものの、短期間に嵩んでいる。

〔史料5〕(30)

借用申年賦金證文之事

一、金弐拾壱両也　　　但し通用金也、

右者我等地頭所ニ而貴拝江借用金有之候処、此度知行所ニ而引受申候処実正ニ御座候、右金返済之義ハ来ル寅年より申年迄七ヶ年賦無利足割済ニ而、年々十二月廿日限り金三両宛鮫ヶ橋清蔵方おゐちへ無相違相渡可申候、万一滞之義有之候ハヽ、村方飛脚御差立被成候共、飛脚賃共我等相払可申依之借用金年賦割済證文、如件

天保十二年丑十二月　　　都筑又次郎知行所

相州鶴間村

名主代　治兵衛 ㊞

組頭　伝八 ㊞
百姓代　八左衛門 ㊞

おまさとの

「（裏書）表書之通相違無之もの也、
都筑又治郎 ㊞」

当史料は、都筑家知行所下鶴間村の村役人が「おまさ」に宛てた證文であるが、冒頭に「我等地頭所ニ而貴拝江借用金有之候処、此度知行所ニ而引受申候」とあるように、これまで都筑家が借用した総額金二一両を知行地で引き受けることになり、これらを合算して書き換えた證文であることがわかる。また、返済は「年々十二月廿日限り金三両宛鮫ヶ橋清蔵方おゐちへ無相違相渡可申候」とあり、金子融通には「おまさ」以外にも複数の親類縁者にあたる人びとの関与が想起される。

さらに、同年には都筑又次郎の用人荒井新兵衛からも「おまさ」宛に證文が作成されている。

〔史料6〕[31]

預り申金子之事

一、金三十八両也　但通用文字金、

右是者我等無拠貴拝母養育手当金、書面之通慥ニ預り申処実正也、入用之節者何時成共無遅滞急度相渡シ可申候、且又世上何様之取沙汰有之候共、右全ク金之儀者養育金之儀ニ候間何様之違変有之候共、其儀ニ不拘貴拝入用之節者無相違相渡シ可申候、右約定於遺失ニ者此手形ヲ以何方江成共出訴被致候共一言之儀無之候、為後日金子預り證文、仍如件

天保丑年

都筑又次郎内
荒井新兵衛 ㊞

おまさとの

「（裏書）表書之通り相違無之候、以上
都　又次郎　㊞　」

当史料は、史料5で知行所村役人が引き受けた金子とは別に、これまで「貴拝母養育手当金」として借用した金三八両を合算して書き換えた證文とみられる。したがって、「おまさ」を通じて借用した金子総額は、元利とあわせて五九両に上っていたことになろうか。なお、「世上何様之取沙汰有之候共、右全ク金之儀者養育金之儀ニ候」というように、この金子借用が、あくまでも実母の養育金にあてる目的のものであることを明記し、旗本家の財政補塡に用いられるものではない点を強調している。この叙述は、出金元である「おまさ」と嫁ぎ先に対する配慮とみることができようか。

二通の證文（史料5・6）の書き換えの背景としては、天保十二年三月に都筑家用人荒井新兵衛と「おまさ」との間で、金子返済期限の延引に関する対談が行われたことによると思われる[32]。以後、「おまさ」宛の證文は伝来しておらず、十年未満で彼女からの金子融通は収束した。しかし、このほかにも都筑家は親類縁者からの金子融通を取り付けていたことが表1から判明し、親類縁者を介したアプローチが同家の金子調達手段となっていたことを示している。

このように都筑家や知行所村役人は、有力な金主長谷川家を賄方運営において欠いたのち、親類家による保証を得ながら金子を借用することで都筑家財政の補塡を志向していたのである。都筑家の賄方は、特定の知行付百姓に大部分を任せる形から、都筑家と親類縁者関係にある諸家から金子融通を取り付ける形へと変容したと考えられよう。

第三節　賄方諸勘定の取調と文書管理

下鶴間村では天保十一年（一八四〇）に、村方による賄方諸勘定について不審があるとして、旗本都筑家が知行所にたいして取調べを申し渡す。本節では一件の経緯と、その前後の文書管理の変容について検討したい。

当村都筑家知行所は、少なくとも文政十二年（一八二九）には領主都筑家の賄方を担い、以後都筑家財政は知行所村役人によって管理されるようになる(33)。その最中に、都筑家に新しく召し抱えられた用人青沼忠助から知行所に宛てて、次の文書が出される(34)。

〔史料7〕

申渡之事

一、此度知行所村役人共諸勘定合　殿様御不審之廉有之ニ付、拙者出役之上取調可申段、御下知書を以被仰渡万端取調可申処、外御用筋有之帰府致候間、其方共義正路之取調致候上以書付可申立候、右之段小前末々之もの共江申聞候処、素役儀も勤候者故其方共取調相違等も無之候ハヽ、一同疑惑相晴候趣申立候間、不相分廉不足之帳面等有之候ハヽ、当役人共江申聞相分候様取計可申候、若紛敷義有之候ハヽ、早々可申出候もの也、

天保十一子年十一月廿二日

御地頭所

用役　青沼忠助㊞

相州高座郡下鶴間村

休役　　治郎兵衛
元名主　彦　八
元組頭　次兵衛　江

当史料は、知行所村役人の諸勘定について「殿様」(領主都筑氏)が不審に思う点があり、用人青沼が取調のため直接下鶴間村へ出向くにあたり出された文書である。しかしながら青沼は、ほかに御用筋があるためすぐに江戸に戻らねばならないと述べており、代わりに元賄方の治郎兵衛・彦八・次兵衛に取調を命じ、その結果を江戸の地頭所へ申し立てるようにとしている。この三人は以前に賄方をつとめ、諸勘定に通じた者であったため、青沼はこの三人に命じたのである。

では次に、青沼の指示を受けた三人が地頭所にたいして出した文書をみてみよう。

〔史料8〕[35]

差上申御請書之事

一、今般役人共諸勘定ニ付紛敷義有之旨ニ而御出役之上被仰聞候ニ者、私共勤役中も同様紛敷勘定合致置候義も可有之哉之旨御尋ニ付、村方割付年来仕来之訳心得候迄哉申上候処、然ル上者私共退役後役人共御賄御借財片付方引受候後、都而割付等御不審之廉々、元役儀をも相勤候者ニ付正路之勘定合仕書立差上可申上被仰付、諸帳面御預ヶ被成、慥ニ奉預候、若洩候帳面有之候ハ、、受取可申旨役人共江被仰渡候段逐一奉畏候、然ル上者毛頭不筋之勘定合仕間敷候、為其御受書御差出候、仍而如件

天保十一子年
十一月廿二日　　御知行所
　　　　　　　　休役　次郎兵衛

百姓　彦　八
同　治兵衛

御地頭所
御出役中

当史料を要約すると、以前賄方をつとめた経験者であるため勘定合わせをするよう用人青沼から仰せ付けられ、諸帳面を確かに預かり勘定合わせを実施すると述べている。つまり賄方勘定の取調べおよび点検を元現職の者たちが引き受けた(36)のである。そして翌月、都筑家から知行所にたいし賄方諸勘定について次の申し渡しがあった。

〔史料9〕

申渡之事

一、今度役人共其外勘定方ニ付紛敷義いたし置候間、去ル酉年ゟ同亥年迄之諸勘定取調可申段出役之ものを以申渡置候、猶当子年年貢取集□(方)并諸勘定之義も其方共江申付一同□(立)合之上可致勘定、若紛敷義於有之者曲事□□(たる)へき(ママ)候、此旨小前末々迄急度可申達もの也、

惣百姓者小前一同安堵致様申達可置、

子十二月　地　頭㊞

相州下鶴間村
組頭　甚蔵
同　伝八
休役　次郎兵衛　江

元名主　彦八
元組頭　治兵衛
百姓代

当史料によると、天保十一年十二月、村役人共の賄方諸勘定方において不審と思われる点があり、家臣を直接村へ出役させ諸勘定と取調を都筑家より命じたこと、年貢諸役の勘定についてもその折に申し付け、一同立会の上勘定するよう仰せ渡したことがわかる。[37] その直後である同年十二月十八日、御用金の割付金額に誤りがあったことが判明する。村役人は手違いの旨を地頭所に届けるとともに、割戻しとなった金額をそのまま地頭所へ御用金として上納する。[38] つまり、領主都筑氏による直接の申渡しののち、御用金割付の手違いが明らかとなったのである。この一件自体は領主財政にかかわったものであるが、同時に旗本家勝手向きの諸勘定帳面の記載、すなわち賄方による情報管理が正確に実施されていたか否かが問われた一件ともいえよう。

一件ののち嘉永二年(一八四九)から、都筑家知行所村役人によって「御物成御賄方勘定帳」なる文書が作成されるようになる。[39] これは年貢収納高・御雑用・御飯米・御賄が差し引きされた勘定帳で、年ごとの賄方に不備がないか否か一目で確認することができる帳簿である。これらの文書は、賄方をめぐる一件を契機に作成されるようになったとみられ、当村都筑家賄方における文書管理認識が変容したことを意味する。

第四節　嘉永期以降の都筑家家政

嘉永期以降の金子借用證文においても山口家[40]など都筑家の親類による裏書が確認でき、長谷川家不在後に変容した賄方運営は、幕末期に至るまで大きな変化はみられなかったようである。

ところで、都筑家は天正十九年（一五九一）以来の下鶴間村の領主であったが、第一編第二章でみたように、慶応二年（一八六六）の相模原新田開発の計画によって、当村の都筑家知行地二〇〇石は上知され、代知として上総国天羽郡海良村（一二五石余）・萩生村（一七三石余）の二か村（計二九八石余）が与えられることになった。(41)しかしながら、他村の領主となったのちも、都筑家は元知行所下鶴間村に先納金・御用金の返済義務を負っていたことが判明する。その様子がうかがえるのが次の證文である。

〔史料10(42)〕

先納金請取

一、金七百両也

右者年来御勝手向不如意ニ付書面之通先納金差出慥ニ請取候処相違無之候、今般御返済可被遊候処、駿府御供被仰付御行届不被遊、以来御勝手向御立直之節御返金被遊候、其節此書付差出可申、依之時々書付御引上今般一紙御書替御渡被遊候、以上

明治元辰年十月

荒井新兵衛 ㊞

相州高座郡

下鶴間村

名　主

組　頭

前書之通相違無之候、以上

都筑幾太郎 ㊞

物百姓中

当史料は、明治元年（一八六八）に、都筑家の譜代用人荒井新兵衛から下鶴間村村役人へ出された先納金受取證文である。徳川慶喜が駿府へ向かうにあたり都筑家にも御供の仰せがあり、急遽この證文は作成されたようである。明治二年「本地頭所預荷物之控帳」(43)によると、同年七月六日に長谷川家が預かった荷物のうち、計一二口を同年八月六日に駿府へ送っていたことがわかる。品目の内訳をみると、鉄砲・鎖帷子・長持・挟箱は後回しにし、たらい・手たらい・瀬戸物類・行灯・鉄瓶・鉢・釜蓋・茶釜・燭台といった生活必需品を優先して送らせている。幕臣のなかには駿府へ移ることを計画しつつも、実際には移住しなかった者もいたわけであるが、この史料をみる限り、都筑家は駿府へ赴き現地での新たな生活をはじめたと考えて差し支えないであろう。

さて、史料10によると、先納金七〇〇両は、慶応二年以前に都筑家が下鶴間村に課した先納金のうちの未返済分であり、都筑家が駿府に赴くにあたり総額を一紙に認め直すことで、後日返済の折にはこの證文を差し出すよう命じている。しかしながら、この證文は長谷川家文書のなかに現在も伝来しており、先納金の返済は叶わなかったと考えられる。上総国天羽郡の代知における都筑家と知行所との関係については、現段階では不明であるが、おそらく実質の知行所支配は幕府代官によって担われ、年貢金のみが都筑家に支給されるといったあり方が想定される(44)。

そして同内容の證文は、長谷川彦八家に対しても次のように出されている。

〔史料11(45)〕

先納金請取

一、金五百両也

右者年来御勝手向御不如意ニ付、書面之通先納金差出慥ニ請取候処相違無之候、今般御返済可被遊之処、駿府御供被仰付御行届不被遊、以来御勝手御立直之節御返金被遊候、其節此書付差出し可申、依之時々書付御引上今般一紙御書替御渡被遊候、以上

明治元辰年十月

荒井新兵衛 ㊞

相州高座郡

下鶴間村

彦八殿

前書之通相違無之候、以上

都筑幾太郎 ㊞

当史料は前掲の史料10とほぼ同文言であり、同時に作成された文書とみなすことができよう。前掲の證文は、知行所下鶴間村へ村単位に賦課した先納金證文であったのに対し、史料11は、知行付百姓長谷川家へ家単位に賦課した先納金證文である。その未返済総額は金五〇〇両に上っている。近世後期の都筑家知行所で作成された「御物成御賄方勘定帳」（表2・3・4）によると、年間あたり年貢金は、少なくともおよそ金一二〇両前後、御用金はおよそ金一五〇両前後が、都筑家に対して上納されていた。

長谷川家の経営が大きく成長する文政期～天保期以降から、都筑家にたいして多額の先納金を上納するようになったとしても、長谷川家が近世後期の都筑家という一旗本家の維持にどれほどの影響を及ぼしたか、あるいはどれほど

の影響力をもっていたかを端的にしめしている證文であるといえよう。「長谷川家家譜」の明治元年の条には「地頭所江上納金ノ証之通り可写事」[46]と記されており、都筑家に上納した先納金證文が一紙に書き替えられたことが傍証される。

結び

本章では、近世後期における二〇〇石都筑家の勝手賄いの運用実態について検討した。

都筑家は村単位で賦課するものとは別に、長谷川家を筆頭に村役人へ個別に先納金・御用金の上納をもとめた。そして、長谷川家と経済的な関係を解消したのちは、都筑家賄方を預かる知行所村役人たちは、在地だけではなく、江戸における金子調達の手段に転換させる。すなわち、都筑家から他家に養子へ入った、あるいは嫁いだ人びとから、「母養育金」といった縁者ならではの名目によって、十年未満の短い期間であるものの金子調達を進めていった。また、こうした親類縁者は、都筑家や知行所村役人が他者から金子借用を行う際に、證人や加判人として證文にその名が見出され、都筑家の賄方運営にあたり親類縁者が金子調達の拠り所となっていた様子が明らかである。

金主の模索が知行地以外へ展開した背景には、都筑家賄方から強行的に退いた長谷川彦八のように、知行付百姓でありながらも、旗本家からの先納金・御用金を忌避する動向が考えられる。長谷川彦八の場合は、天保九年（一八三八）五月にようやく都筑家の印形が施された金子借用證文が御下げになったと述べており、それまでは証拠となる證文が金主に渡されないままであったとも読むことができようか。もちろん、賄方を知行所で預かっている以上、知行地の負担を軽減させる目論みも十分はたらいたはずであるが、地頭所における粗末な借用金管理に知行所の金主は同

表２　嘉永２年 都筑家知行所の物成賄方勘定

<table>
<tr><td rowspan="9">御物成上納額

2口
〆金107両
銀8匁6分7厘</td><td rowspan="8">田畑米納
納米63石7斗2升3合4勺4才</td><td rowspan="7">差引額
〆米9石3斗5合2勺3才</td><td>米1石2斗</td><td>名主給米</td></tr>
<tr><td>米4斗</td><td>公所分給米</td></tr>
<tr><td>米1斗3升3合3勺3才</td><td>鶴林寺江被下置候</td></tr>
<tr><td>米4升</td><td>御焼米</td></tr>
<tr><td>米6斗5升</td><td>日役米被下置候</td></tr>
<tr><td>米2斗6升</td><td>堰扶持米被下置候</td></tr>
<tr><td>米6石6斗2升1合9勺</td><td>違作ニ付御用捨米</td></tr>
<tr><td>米54石4斗3升6合2勺3才</td><td colspan="2">＝金77両2分、銀4匁2分5厘（御蔵相場金1両に付米7斗替）</td></tr>
<tr><td colspan="2">新古開畑および野地
永29貫407文</td><td>＝金29両1分、銀9匁4分2厘</td><td></td></tr>
</table>

<table>
<tr><td rowspan="3">御賄方
金123両2分2朱、 銀126匁2分、
銭2貫700文</td><td>御雑用</td><td>〆金25両</td><td></td></tr>
<tr><td>諸用</td><td colspan="2">〆金68両3分2朱、銀16匁3分3厘、銭2貫700文</td></tr>
<tr><td>御飯米</td><td>〆金29両3分、銀109匁6分7厘</td><td></td></tr>
</table>

<table>
<tr><td>御収納分差引
〆金19両、銀3分4厘　返納</td></tr>
</table>

表３　安政６年 都筑家知行所の物成賄方勘定

<table>
<tr><td rowspan="10">御物成上納額

〆金124両
銀28匁2分6厘</td><td rowspan="8">田畑米納
納米55石5斗5升6合2勺6才</td><td rowspan="7">差引額
〆米6石6斗8升3合3勺3才</td><td>米4石</td><td>田畑御用捨引御上地
御祝儀共</td></tr>
<tr><td>米1石2斗</td><td>名主給米</td></tr>
<tr><td>米4斗</td><td>公所分給米</td></tr>
<tr><td>米1斗3升3合3勺3才</td><td>鶴林寺</td></tr>
<tr><td>米4升</td><td>御焼米</td></tr>
<tr><td>米6斗5升</td><td>日役米</td></tr>
<tr><td>米2斗6升</td><td>堰扶持米</td></tr>
<tr><td>米57石3升8合1勺1才</td><td colspan="2">＝金95両、銀3匁8分1厘（御蔵相場金1両に付6斗替）</td></tr>
<tr><td>新古開畑　永19貫407文</td><td></td><td></td><td></td></tr>
<tr><td>野地永納　永10貫文</td><td></td><td></td><td></td></tr>
</table>

御賄方 88口〆金188両2朱、銀115匁、 銭5貫516文
差引〆 金66両1分、銀8匁6分7厘 返納

表４　慶応２年 都筑家知行所の物成賄方勘定

御物成上納額 〆金236両3分 銀10匁4分6厘	田畑米納 納米52石6斗2升7合7勺2才	差引額 〆米5石1斗5合7勺2才	米2石4斗2升2合3勺3才	御用捨米
			米1石2斗	名主給米
			米4斗	公所分給米
			米1斗3升3合3勺3才	鶴林寺
			米4升	御焼米
			米6斗5升	日役米
			米2斗6升	堰扶持米
		米47石5斗2升5合	＝金206両2分、銀7匁4厘（御蔵相場金1両に付2斗3升替）	
	古開永納　永4貫文			
	新開永納　永15貫157文			
	代官林永納　永375文			
	山永納　永775文			
	内山組山永納　永4貫986文			
	秣野永納　永5貫14文			

御賄方 13か月〆金265両、 銀102匁3分4厘、 銭16貫56文	＝金269両、銀6匁1分4厘
差引〆 金32両、銀10匁6分8厘　不足	

意できなかったのであろう。

一方、知行所が運営する賄方に都筑家が疑念を抱くことによって、諸勘定をめぐる一件も生じており、そのことによって、知行所においては従来よりも明瞭な賄方勘定の情報管理方法（「御物成御賄方勘定帳」の作成）が確立する。慶応二年（一八六六）に知行所下鶴間村が上知となったのち、明治二年（一八六九）に都筑家が駿府へ移る際に、これまでの先納金證文を書き替えているが、これも知行地側から證文の案文を提出した可能性が高い。

以上、都筑家の勝手賄いの実態をみると、知行地の有力百姓の長谷川家からの金子融通が手切れとなった後、財政管理は引き続き村方で行われるも、金子工面先は村方よりもむしろ江戸の親類縁者へと向いていった。少額ずつの短期的な金子融通でもあるが、このような志向性は従来指摘されてこなかった動向である。つまり、知行高五〇〇石未満で、かつ知行所村が一村限りの旗本家特有の勝手賄いの一形態と評価できようか。

末岡氏が示したように、「町方賄い」から「村方・在郷賄い」へ勝手賄いが移行したのち、一村限りの知行地でかつ有力百姓が金子融通を拒否した場合は、江戸の旗本親類縁者へアプローチが向き、親類縁者もある程度の援助を実施したのである。ここに家の維持存続をはかる構成員としての親類家の役割が表出していよう。

また、都筑家の仕法替の際に、都筑家に「雇」用人として派遣されていた萩野尾幸蔵の存在も看過できない。萩野尾は、譜代用人の荒井新兵衛とともに名前があらわれた旗本有馬右近の用人で、おそらく家政の仕法替を担当させるために一時的に有馬家から派遣されたとみられ、知行所政事向取締のために出役した「雇」用人の中村東一郎と家政改革を推進するという役割が共通する（第二編第四章）。江戸の武家社会において旗本家の用人は、「雇」として主家に奉公したまま他家に出役するという慣例が、恒常的に存在していたことを確認できよう。

註

（1）北原進『江戸の札差』（吉川弘文館、一九八五年、後に『江戸の高利貸―旗本・御家人と札差』と改題し、同社から二〇〇八年に復刊）。
（2）竹内誠「幕府経済の変貌と金融政策の展開」（『日本経済史大系』4　近世下、東京大学出版会、一九六五年）、大平祐一「江戸幕府拝借金の研究―幕藩関係の一考察―」（『法制史研究』第二三号、一九七四年）、同「幕末期の拝借金」（小室直人・小林三衛代表『現代の民事法』法律文化社、一九七七年）。
（3）野本禎司「江戸時代における国家官僚＝旗本家をめぐる特権構造」（荒武賢一朗編『近世史研究と現代社会』清文堂出版、二〇一一年）。
（4）末岡照啓「近世蔵米知行制の確立過程―御切米御張紙と札差仲間の成立を通して―」（J・F・モリス・白川部達夫・高野信治編『近世社会と知行制』思文閣出版、一九九九年）。
（5）川村優「旗本の窮乏と在方金主家の生態―天明・寛政期における旗本中根氏と下総国須賀山村多田家―」（森克己博士古稀記念論集『史学論集対外関係と政治文化』三、吉川弘文館、一九七四年、後に『旗本知行所の研究』思文閣出版、一九八八年に所収）、同「郷代役所多田家の活動」（同『旗本知行所の支配構造』吉川弘文館、一九九一年）。
（6）山口徹「幕末期における旗本財政―剰余労働搾取体系の検討を中心として―」（『社会経済史学』第二八巻第二号、一九六二年）。
（7）吉永昭「幕末期旗本財政の構造―勝手向賄方仕法を中心に―」（『日本歴史』第四五七号、一九八六年）。
（8）末岡照啓「近世における旗本救済策と勝手賄いの特質」（『国史学』第一三九号、一九八九年）。
（9）北原進「幕末期における旗本借財の内容と特質」（北島正元編『近世の支配体制と社会構造』吉川弘文館、一九八三年)。

(10)　一〇〇〇石代の旗本家には幕府役職就任者が集中しており、近年野本禎司氏はこの観点から、研究対象を一〇〇〇石代の旗本家に絞って研究を進めている。

(11)　根岸茂夫「初期徳川氏の知行宛行と大番衆」(同『近世武家社会の形成と構造』吉川弘文館、二〇〇〇年)、同「関東入国後の旗本知行と朱印状」(『埼玉の文化財』第六三号、二〇二三年)。

(12)　横山則孝『近世中期大番筋旗本覚書』(八千代出版、二〇一一年)。

(13)　林泰志「江戸幕府直轄軍団における大番の位置付け―大番組往来の分析を中心に―」(北原進編『近世における地域支配と文化』大河書房、二〇〇三年)。

(14)　柴田純「補論　二条城在番衆の出張死」(同『江戸武士の日常生活―素顔・行動・精神―』吉川弘文館、二〇二三年)。

(15)　松尾美恵子「近世武家の婚姻・養子と持参金―大名榊原氏の事例―」(『学習院史学』第一六号〈児玉幸多先生退任記念号〉、一九八〇年)。

(16)　西沢淳男「旗本子女の婚姻について」(高崎経済大学地域政策学会編『地域施策研究』第一九巻第四号、二〇一七年)。

(17)　文政十二年「地頭都筑氏賄方入用日記帳」(『大和市史』4　資料編　近世、一九七八年)。

(18)　(明治)「長谷川家家譜」(個人蔵・長谷川家文書Ⅲ―B―カ―四)。

(19)　寛延元年「新畑名寄帳」(個人蔵・大和市つる舞の里歴史資料館寄託　古木家文書―貢租〈目録　一〉七)。

(20)　寛延四年「相州高座郡鶴間村田畑石高帳」(長谷川家文書Ⅰ―D―一〇二)。

(21)　寛政八年「田畑石高帳」(長谷川家文書Ⅰ―D―一六)。

(22)　天保八年「田畑高反別名寄改帳」(長谷川家文書Ⅰ―D―四一)。

(23)　明治六年「私有地高反別明細帳」(長谷川家文書Ⅲ−B−ア−六)。
(24)　天保九年「(御用金其他出金の始末書抜)」(長谷川家文書Ⅰ−E−九四)。
(25)　『寛政重修諸家譜』巻第七四五(群書類従完成会版、第十二巻、一九五〜一九七頁)、『寛政譜以降旗本百科事典　第一巻』(東洋書林、一九九七年、一四五〜一四六頁)。
(26)　(明治)「長谷川家家譜」(長谷川家文書Ⅲ−B−カ−四)より抜粋。
(27)　天保九年「(御用金其他出金の始末書抜)」(長谷川家文書Ⅰ−E−九四)。
(28)　天保四年「借用金子之事」(長谷川家文書Ⅰ−E−七八)。
(29)　『寛政重修諸家譜』巻第八〇五(続群書類従完成会版、第十三巻、一七七〜一七八頁)。
(30)　天保十二年「借用申年賦金證文之事」(長谷川家文書Ⅰ−E−一一一)。
(31)　天保十二年「預り申金子之事」(長谷川家文書Ⅰ−E−一二五〇)。
(32)　「差出し申対談書之事(金子返済期限延期一札)」(長谷川家文書Ⅰ−E−一二四八)。
(33)　文政十二年「地頭都筑氏賄方入用日記帳」(『大和市史』4　資料編　近世、一九七八年)。
(34)　天保十一年「申渡之事(村役人共諸勘定不審に付取調方)」(長谷川家文書Ⅰ−B−四四)。
(35)　天保十一年「差上申御請書之事(村方諸勘定不審に付下書)」(長谷川家文書Ⅰ−B−四五)。
(36)　(近世)子年「申渡之事(賄勘定再取調申渡)」(長谷川家文書Ⅰ−A−一六)。目録上では年代未詳で記載されているが、内容から本章では天保十一年と推定した。
(37)　関連史料としては、天保十一年「差上申御請書之事(小前割戻金御用金として差上)」(長谷川家文書Ⅰ−E−一〇三)、天保十一年「差上申御請書之事(割戻金を殿様へ差上度段請書　控)」(長谷川家文書Ⅰ−E−一〇四)、天保十一年「差上申御請書之事（天保十年八月御用金手違いにて割戻し）」（長谷川家文書Ⅰ－Ｅ－一〇五）が相当するが、詳細な検討は留保する。

(38)　天保十一年「差上申御請書之事（小前割戻金御用金として差上）」（長谷川家文書Ⅲ－Ｂ－カ－四）。

(39)　嘉永二年「酉年御物成御賄方勘定帳」（長谷川家文書Ⅰ－Ｅ－一三一）、安政六年「去午年御物成御賄方差引勘定目録」（長谷川家文書Ⅰ－Ｅ－一五一）、慶応二年「去丑年御物成御賄方差引勘定目録」（長谷川家文書Ⅰ－Ｅ－一六四）。

(40)　山口小膳は都筑家親類の可能性が高いものの、正確な関係性は定かではない。

(41)　「御勝手帳」（『内閣文庫所蔵史籍叢刊54　御勝手帳6』汲古書院、一九八五年、二四八頁）および『旧高旧領取調帳』より。

(42)　明治元年「先納金請取」（長谷川家文書Ⅰ－Ｅ－二六七）。

(43)　明治二年「本地頭所預荷物之控帳」（長谷川家文書Ⅰ－Ａ－三一）。

(44)　所領高が下物成のため代知が与えられず、その物成分を幕府代官が支給するあり方は、慶応二年の所領替の折に当村領主であった松平次郎右衛門にたいしても実施されている。

(45)　明治元年「先納金請取」（長谷川家文書Ⅰ－Ｅ－二六六）。

(46)　（明治）「長谷川家家譜」（長谷川家文書Ⅲ－Ｂ－ア－六）。

第二章　両番筋旗本家における勝手賄いと地域社会
―江原家を事例として(一)―

はじめに

本章は、近世後期に旗本家の勝手賄いを勤めるに至った相給知行の村役人の動向について、金子融通の実態だけではなく、地域社会や個別の行動論理にも配慮して検討を行う。

旗本家の勝手賄いに関する研究史は、本書第二編第一章でも触れたように豊かな蓄積があるが、ここでは特に直接の領主領民の関係にない武家と百姓・町人に着目した成果を参照したい。

まず川村優氏は、六〇〇〇石の旗本中根家と、相給知行所村の有力農民であった多田庄兵衛家の事例を検討するなかで、両者が直接の領主領民関係にはないにもかかわらず、多田家が勝手賄いを勤める論理に留意する必要性を強調している(1)。そのなかで、多田家は勝手賄いを勤めることで、自らの手元に集積される米穀を用いた経済活動の余地を獲得することができ、このような状況下であれば、両者の関係を「一種の共生関係」にあると考えうるという見方を示す。

また、森安彦氏は、直接の知行所にはあたらない武蔵国多摩郡境村出身の秋本喜七を、旗本日下家へ、家来西村喜兵衛として登用したことを明らかにし、登用の背景に秋本家が経済的に困窮していた可能性を指摘する(2)。

そして中野達哉氏は、江戸周辺地域においで、直接の領主領民関係にはない小倉藩小笠原家と、武蔵国豊島郡志村の名主藤左衛門家の両者が、江戸屋敷の出入りを通じて関係を持ち、藤左衛門家が小笠原家から扶持を獲得するに至ったことを明らかにしたうえで、直接の領主家ではなく本来関係を持ちえない武家に接近することにより、自己を本来の身分制の枠組みから解放し、新たな身分を獲得しようとした動向として見通している(3)。

近世後期においては、大名家領分や旗本知行所を問わず、領主家の臨時御用金や先納金等賦課に応じて金子を拠出した領民たちにはさまざまな免許格式が付与されることも珍しくない。こうした領民たちは、一面では領主領民関係に規定された権威の獲得を志向したとも捉えられるが、その行動論理は一様ではなく、領主財政の側面に加えて地域社会における金主家の立場にも目配りが必要になると考えられる。

そこで、本章においては、旗本領主家と知行所の相給村役人家との経済的関係に端を発する人的結合について、上記の問題に留意しながら検討を行うこととしたい。

第一節　旗本江原家と知行所下鶴間村

1　旗本江原家の概要

旗本江原家は、松平清康・広忠に仕えた江原孫三郎某が元祖にあたる。孫三郎某は三河国坂崎に知行三〇石余を拝領し、その地に居住した。二代孫太夫利全は清康と家康ともに近侍し、坂崎に加えて遠江国石田村を加増された。利全は、家康が今川義元のもとへ移る際、供奉を許された八人に列しており、また家康の初陣三河国寺部城攻めにも供奉し、敵方神部甚平を討ち取るなど歴代のなかで武功をもつ人物として伝わる。

三代玄蕃頭金全は家康と秀忠に仕え、歴代と同様に三河国坂崎と遠江国石田村に知行を拝領し石田村に居住、のち駿河国中田村の加増を受けた。家康の関東入国に際して、これらの三か所は、天正十九年(一五九一)五月三日付の知行宛行状によって相模国高座郡下鶴間村二二〇石へ引き替えとなり、慶長八年(一六〇三)以降には、上総国山辺郡、下総国香取郡において知行一八〇〇石の加増を受けた。以後、歴代当主は小姓組もしくは書院番に列する両番筋の家柄を維持し、特に将軍家に近侍する役職に就任している傾向が見出せる(表1)。

江原家の用人は、十八世紀末以降、知行所下鶴間村に伝来する文書によると、譜代用人とみられる蜂須賀家・上田家・中尾家を出自とする二~三人が同時に確認される(表2)。彼らは普段、地頭所から知行所へ宛てて触書や御用状を発給していた知行所支配を担った用人とみてよいだろう。天保年間になると上田家と中尾家の人物は文書上にみられなくなり、時期により新たに召し抱えられてゆく青木・大島・辻屋・青船などが、蜂須賀家とともに知行所支配(家政向)を担当した。なお、旗本家の役職就任にともなって専門的な職能を有する家臣が召し抱えられる場合がある。前述の用人たちは、知行所に到達した文書で確認されるに過ぎないものの、現段階では役職就任に関連した家臣の新規召し抱えの動向は確認できない。

ただし、弘化三年(一八四六)から安政五年(一八五八)まで用人を勤めた大嶋学助と、彼の縁故によって賄用人となった辻屋又四郎は、当該期に江原家家政の仕法替に取り組んでいた様子が判明している。彼らの具体的な活動については第二編第五章に譲り、本章では、この仕法替に至る前段の江原家の家政状況について、知行所下鶴間村の相給村役人家にあたる長谷川彦八家とのかかわりから検討することにしたい。

⑦ 寅 親 (とらちか)	宝永 7.11. 7	はじめて家宣に拝謁する。
	享保19. 4. 2	遺跡を継ぐ。
	20. 4. 9	御小姓組番士に列す。
	元文 2.閏11.22	西城の勤となる。
	寛延 3. 2.26	死去(52歳)。
⑧ 胤 親 (たねちか)	寛延 3. 5. 6	遺跡を継ぐ。
	12.26	はじめて家重に拝謁する。
	宝暦 2.10.13	御書院番に列す。
	6.10.19	進物の役を明和2年12月7日まで勤める。
	安永 2. 5.25	死去(45歳)。
⑨ 親 章 (ちかあき)	安永 2. 8. 6	遺跡を継ぐ。
	寛政 1. 6. 7	御小姓組番士となる。
(久米吉)	8. 5.12	御小納戸に転ず。
	享和 1.10. 7	西丸小納戸となる。[補]
	文化 1. 4. 4	目付となる。[補]
	2. 1.26	死去。[補]
⑩ 親 長 (ちかなが)	文化10.12.12	小普請より小納戸となる。[補]
	13.10.15	西丸小納戸となる。[補]
(平吉)	文政 8.12.12	西丸小姓となる。[補]
(隼人正)	天保 3.12.	西丸小納戸となる。[補]
	8. 4. 2	本丸小納戸御膳番となる。[補]
	7.16	家定公小納戸頭取となる。[補]
	弘化 3.10.15	本丸小納戸頭取となる。[補]
	嘉永 6. 9.22	本丸(家定公)小納戸頭取となる。[補]
	10. 8	小普請奉行となる。[補]
	安政 3.12.	死去。
⑪ 孫三郎 (まごさぶろう)	弘化 2. 9.12	小姓組より小納戸となる。[補]
	嘉永 6. 9.22	家定公小納戸となる。[補]
(武之助)	万延 1. 5.	死去。
⑫ 鏸次郎 (けいじろう)	文久 1. 7. 4	遺跡を継ぎ、小普請となる。[幕]
	元治 1. 3.	小姓組となる。[幕]
	慶応 1. 9.	小姓組より小納戸となる。[補][幕]
	11.15	布衣を許される。[幕]
	2.11. 6	御役廃止勤仕並寄合となる。[幕]

〔典拠〕9代親章までは「書物下書」(古木家文書)および『寛政重修諸家譜』、以後は、『大日本近世史料・柳営補任』[補]、『江戸幕臣人名事典』[幕]より作成。

表１　江原家歴代当主

歴代	年月日	役職・経歴など
① 某		清康君に仕え、三河国坂崎において采地を給い、その地に居住。
	大永 6.11. 3	死去。
② 利　全(としたけ)		遠江国石田村に采地を加えられる。
	慶長 7. 7. 1	死去(84歳)。
③ 金　全(かねたけ)	天正12. 4.	長久手の戦に供奉。
	18.	小田原の役にも供奉、関東に赴いた際に相模国高座郡に220石を拝領。
	19. 5. 3	御朱印を賜り、大番組頭を勤める。
	慶長 8. 7.28	千姫大坂城に入輿の際に付属、家老を勤める。その後しばしば加増があり、上総国山辺・下総国香取郡に1800石を拝領。
	元和 3. 6.22	死去(66歳)。
④ 宣　全(のぶたけ)	寛永 2.12.11	遺跡を継ぎ、采地の御朱印を賜る。その後御小姓組番士となる。
	正保 1.11.28	川口茂左衛門宗重とともに御目付に代わり、因幡国鳥取に赴く。
	慶安 1. 5.21	進物の事を役す。
	2. 3. 3	甲斐庄喜右衛門正述とともに三河国に至り、鳳来寺造営を奉行す。
	明暦 1.12.11	佐藤勘右衛門成次・拓植右衛門佑正直とともに道普請承り、駿河国薩唾山に赴く。
	万治 1.閏2.19	先に勘右衛門と共に、和田倉門・高倉屋敷等の普請を奉行したことで、時服3領・黄金3枚を賜る。
	2. 8.21	御使役に転ず。
	12.28	布衣の着用を許される。
	3. 3.25	筑後国久留米に赴き、目付代を勤める。
	寛文 2.10.23	三河国西尾に赴き、目付代を勤める。
	4. 7.11	上杉喜平次景倫が居城出羽国米沢に至り、その国政を監す。
	7. 8.25	死去(53歳)。
⑤ 全　村(たけむら)	慶安 1. 7.19	はじめて家光に拝謁する。
	万治 2. 7.11	御書院番となる。
	寛文 7.12.10	遺跡を継ぎ、1700石を知行、300石を弟源大夫全賢に分ける。
	11. 6. 5	進物の役を勤める。
	天和 1. 4.23	番を辞し、小普請となる。
	元禄 5. 1.10	死去(54歳)。
⑥ 全　玄(たけはる)	元禄 4. 7.21	遺跡を継ぐ。
	11. 1	はじめて綱吉に拝謁する。
	6. 5.19	御書院番に列す。
	8. 4.10	桐間番に転ず。
	6.13	御近習番に転ず。
	7.11	御次番となる。
	9.27	御書院番番士となる。これよりさき常憲院殿親筆の寿老人の御画を給う。
	宝永 6.10.15	御徒の頭となる。
	享保11. 6. 2	務を辞す。
	19. 1. 4	死去(64歳)。

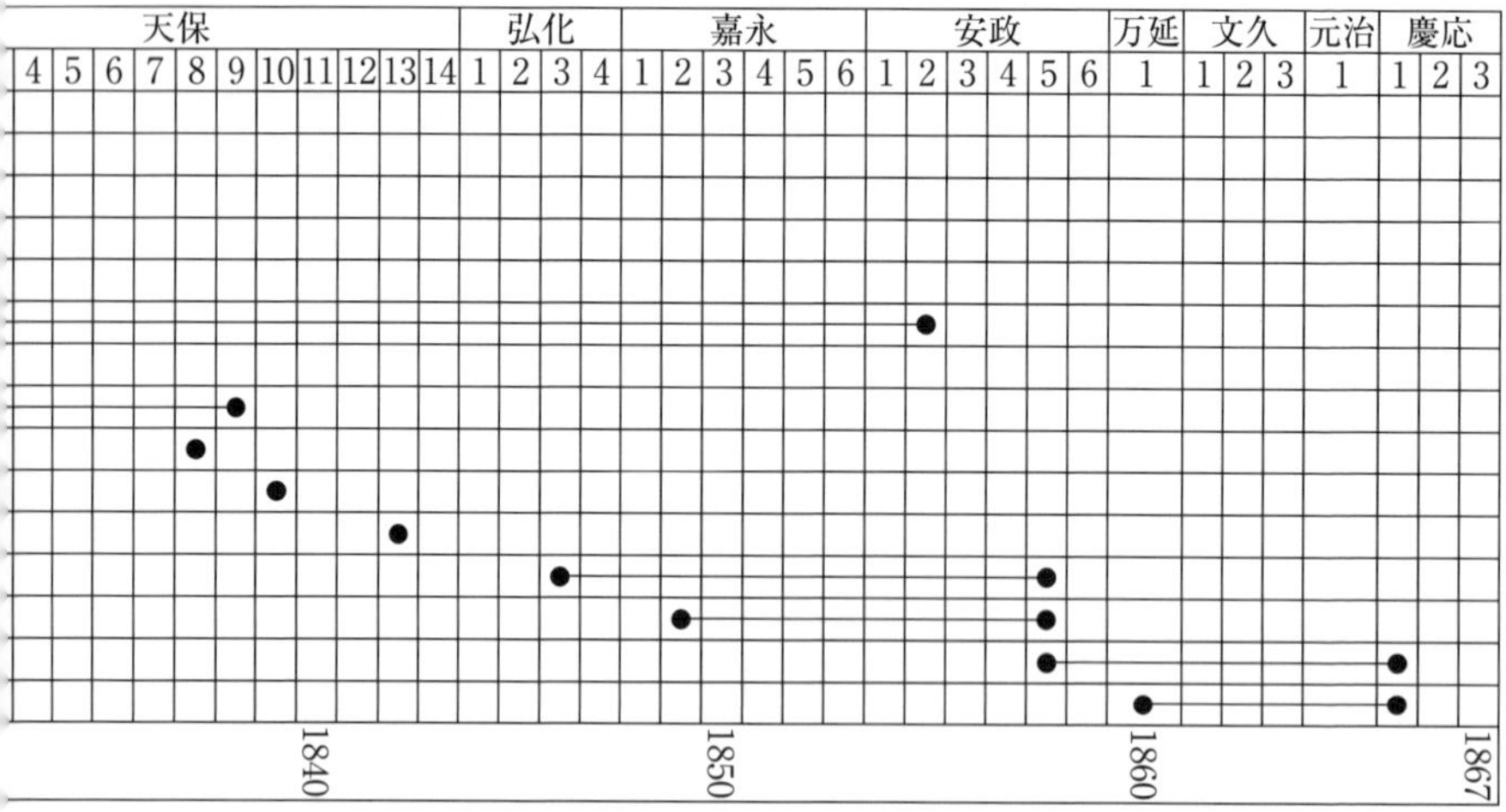

2　知行所下鶴間村の支配

江原家（一七〇〇石）の知行所五か村（表3）のうち、相模国高座郡下鶴間村は、村高四三一石余、家数一六五軒、人数九八七人[4]といった規模をもち、江原家のほか松平家・都筑家によって三給支配がされていた。なかでも江原家は、天正十八年（一五九〇）に下鶴間村二一〇石余を拝領して以来、知行地の大部分を上知される慶応二年（一八六六）以降も当村の領主であり続けた[5]。村内の集落は大きく公所《ぐぞ》（北部）と、宿《しゅく》（南部）に分けられ、江原家と都筑家は、両集落に自らの知行付の村役人を置くことで知行地支配を行った。ただし松平家は、村内知行高が一〇石未満で知行付百姓もいなかったため村役人を置かず、年貢収納も村内他知行付の百姓が兼務していた。

宿には矢倉沢往還（大山街道）が通っており、集落自体が下鶴間宿を形成していた。また同時に、周辺の戸塚宿・藤沢宿などの助郷役をつとめており、負担の割合について公所では不満をもつ者もいた。これを受けて天保六年（一八三五）には、これまで宿の名主一人によって実施されていた江原家知行所における年貢納入が、南北の名主が別々に江原家にたいして納める方法に変わる。

表2　江原家用人の在任期間

用人	寛政			享和			文化														文政								
	10	11	12	1	2	3	1	2	3	4	5	6	7	8	9	10	11	12	13	14	1	2	3	4	5	6	7	8	9
蜂須賀此右衛門		●	●																										
上田庄右衛門		●	●																										
蜂須賀重右衛門		●	●																										
蜂須賀左平太		●																											
上田八郎兵衛													●	─	─	─	─	─	─	─	─	─	─	─	─	─	─	─	─
蜂須賀恵輔																	●	─	─	─	─	─	─	─	─	─	─	─	─
中尾五兵衛																			●										
蜂須賀左門																													●
中尾丹治																													
蜂須賀覚善																													
青木重太夫																													
大嶋学助																													
辻屋又四郎																													
蜂須賀治輔																													
真船愼平																													
西暦		1800											1810										1820						

〔典拠〕古木家文書（個人蔵・大和市つる舞の里歴史資料館寄託）・長谷川家文書（長谷川賢太郎氏蔵）より

表3　近世後期の江原家知行所

知行所		村高	相給状況
国郡	村名	（石）	丸囲み数字は給数、（　）内は知行高、単位は石
上総国武射郡	求名村	546	②江原鐐次郎（200）、三宅光次郎（200）、酒井作次郎（100）、村上修理（46）
下総国香取郡	沢村	900.5	③江原鐐次郎（595.83）、江原全郁（164）、代官・高木清左衛門（140.67）
	岩部村	750.73	③江原鐐次郎（662.62）、代官・高木清左衛門（76.61）、安興寺領（11.5）
	助沢村	154.76	②代官・高木清左衛門（18.76）、江原全郁（136）＊
	返田村	277.24	④江原鐐次郎（41.79）、小笠原鐘次郎（187.58）、日根野磯之助（27.92）、代官・高木清左衛門（19.95）
相模国高座郡	下鶴間村	431	③江原鐐次郎（220）、都筑幾太郎（220）、松平次郎右衛門（9.05）
拝領高：1700.24			

〔典拠〕『旧高旧領取調帳』、『大和市文化財調査報告書』第75集（大和市教育委員会、2000年）を参考に作成。

＊寛文7年（1667）、3代宣全三男全賢に下総国香取郡の内300石を譲り、分家（上記江原全郁家）とする。

このように南北の集落間には諸役をめぐって対立があり、分村運動もたびたび起こっていた。

江原家の知行所に対する用向きは、旗本屋敷から名主に対する文書を通じて、あるいは名主を江戸に出府させることで伝達されていた。また文政十三年（一八三〇）には、本来年貢を受け取る領主側が作成する年貢皆済目録を、当村江原家知行所の村役人が作成している。この年貢皆済目録をみると、江原家が知行所村役人に対して支払う給金や借用金の返済額等をあらかじめ差し引いた額を、「上返」という形で江原家に納入していることが確認できる。このことから文政期においては、年貢金の用途の確定と、その際に決められた額の分配が、知行付百姓によって実施されていたことがわかる。

第二節　江原家家政と下鶴間村長谷川彦八家

ここでは、近世後期における旗本江原家と長谷川家のかかわりを軸に、長谷川家の役割、立場の変容について、時期を分けて考察していく(6)。また、長谷川家文書・古木家文書からうかがえる近世後期江原家の金銭貸借の推移を表4に示すことで、本章における検討の助けとしたい。

1　相給越石百姓

江原家が長谷川家に金子を借用するようになる契機は、現段階では不明である。そのなかで、両者の関係が生じる兆しをうかがうことができる江原家知行所名主と長谷川家とのやりとりをみてみたい。

表 4　江原家と知行所下鶴間村の金銭貸借等の推移

和暦	金額	利息	表題	出金元	名目	備考
安永 3.12.	金6両3分		覚(先納金6両3分請取)	彦八⑤	先納金	名主藤左衛門より上納
安永 7. 9.	金2両		覚(大野先納金2両請取上納)	彦八⑤	先納金	名主藤左衛門より上納
天明 1.12.	金4両3分		先納金証文之事	彦八⑤	先納金	名主藤左衛門より上納
天明 3. 4.	金3両		先納金証文之事	嘉十郎・彦八⑤	先納金	名主藤左衛門より上納
(安永～天明)戌10.	金2両		覚(先納金2両請取上納)	彦八⑤	上納金	名主藤左衛門より上納
寛政10. 1.	金250両		借用申金子証文之事	六右衛門(百姓代)他7名	先納金	彦八⑥より拝借
寛政11. 1. 8	未詳		預り申金子証文之事	長谷川彦八⑥(相給)	江原家勝手入用につき	生形源蔵より拝借
文化 2. 1. 1	未詳		預り申金子証文之事	長谷川彦八⑥(相給)	江原家勝手入用につき	生形源蔵より拝借
文化 2.	未詳		預り一札之事	彦八⑥(相給)	勝手方入用出金につき	黄金2枚返済まで預かり
文化 6. 1.	黄金2枚		覚(勝手方入用に付黄金2枚譲渡)	長谷川彦八⑦(相給)	勝手方入用出金につき	
文化 7. 1.	未詳		預り申一札之事	彦八⑦(相給)	江原平吉勝手入用につき	大坂屋より拝借　上田が証人
文化 8. 1.	金70両		預り申一札之事	彦八⑦(相給)	江原平吉勝手入用につき	大坂屋より拝借　上田が証人
文化12. 5.	金278両	1割	借用申金子証文之事	長谷川彦八⑦(相給)	勝手向要用につき拝借	知行所年貢米から向米900俵
文化13. 1.	未詳		預り申金子証文之事	長谷川彦八⑦(相給)	勝手向要用につき拝借	大坂屋より拝借 上田が証人
文化14. 1.	金222両	1分/20両	借用申金子証文之事	長谷川彦八⑦(相給)	勝手向要用につき拝借	知行所年貢米から向米700俵
文政 2. 3.	金45両	1分/20両	借用申金子証文之事	長谷川彦八⑦(相給)	勝手向要用につき拝借	知行所年貢米から向米4斗入50俵

和暦	金額	利息	表題	出金元	名目	備考
文政 2. 3.	未詳		借用申金子証文之事	長谷川彦八⑦(相給)	勝手向要用につき拝借	
文政 2. 5.	金15両	1分/20両	借用申金子証文之事	長谷川彦八⑦(相給)	勝手向要用につき拝借	知行所年貢米から向米4斗入50俵
文政 2. 7.	金45両	1分/20両	借用申金子証文之事	長谷川彦八⑦(相給)	勝手向要用につき拝借	知行所年貢米から向米4斗入1□0俵(虫損)
文政 2. 9.	金25両	1分/20両	借用申金子証文之事	長谷川彦八⑦(相給)	勝手向要用につき拝借	知行所年貢米から向米4斗入80俵
文政12. 1.21	金100両		〔用人申達〕	藤吉(名主)	長屋普請入用金140両の内	
文政13.10. 9	銀640目2分 金10両2分2朱		(御用金割合之帳に記載)	下鶴間村公所	御用金として10月と2月に分けて上納	
文政13.10. 9	金10両2分2朱		御用金割合之帳	藤吉(名主)	御用金	
天保 6. 4.	金450両		覚(金450両差出の上年貢免除等申渡)(写)	彦八⑧(相給)	差出の上年貢免除	
天保 8. 9.	金3両／100石		〔用人申達〕	藤吉(名主)	殿様役替のため	
天保 8. 9.	金4両		〔用人申達〕	藤吉(名主)	殿様役替のため先納金	
天保10. 6. 1	金10両		覚(金10両受取につき)	藤吉(名主)		
天保10.	19両2分149文		諸出銭集帳	公所東分役所	仲間増金・品野渡し金・御用金	
天保11.11. 9	金10両		〔用人申達〕	藤吉(名主)	上納金	
天保15. 4.24	金1両・炭2両分		覚(金3両分受取につき)	藤吉(名主)		
弘化 1.12.27	金2両2分		辰年御年貢内所覚帳	傳右衛門	親長死去等につき御用金	
弘化 3. 2.23	金25両		覚(献納金25両請取につき)	藤吉(名主)	江戸大火屋敷替の用途金として献納	
弘化 3. 2.24	金2両2分		〔用人申達〕	惣七	江戸大火屋敷替として上納	
弘化 3. 2.24	金2両2分		〔用人申達〕	長左衛門	江戸大火屋敷替として上納	
弘化 3.12.	金100両		御年貢米代新畑銭当午年諸村掛り勘定帳	藤吉(名主)	長屋普請金	

弘化 3.12.	金100両			藤吉(名主)	上知の節	
弘化 3.12.	金50両	1割/年	御貸付金借用証文之事	貸付役所	無拠要用	
弘化 4. 2.11	金12両2分46文		覚(年貢残金等請取につき)	藤吉(名主)	年貢金	賄人辻屋又四郎に納入
弘化 4. 8.	金50両		〔金調達申付につき申達〕	目黒分　卯左衛門 公所分　古木藤吉	金50両借用を村方拒絶のため、調達申付につき	
弘化 4.12.	金50両		〔用人申達〕	倉右衛門、利右衛門 古木藤吉	お波様縁談入用金調達申付につき	
弘化 5. 2. 5	金10両・金5両		覚(縁談入用金請取につき)	古木藤吉	お波様縁談関連入用金	
嘉永 1.12. 1	金8両3分208文		覚(年貢残金等請取につき)	藤吉(名主)	年貢金	賄人辻屋又四郎に納入
嘉永 2.12.29	金15両		覚(年貢残金等請取につき)	藤吉(名主)	年貢金	賄人辻屋又四郎に納入
嘉永 3. 1. 8	金2両2分 17文		覚(年貢残金等請取につき)	藤吉(名主)	年貢金	賄人辻屋又四郎に納入
嘉永 3.12.23	金10両		覚(年貢残金等請取につき)	藤吉(名主)	年貢金	賄人辻屋又四郎に納入
嘉永 4.12.	金1分銭251文		覚(国役金請取につき)	藤吉(名主)	亥年国役金	
嘉永 5.10.29	金1分306文		覚(国役金請取につき)	藤吉(名主)	国役金	
嘉永 5.11.21	金40両		覚(先納金請取につき)	藤吉(名主)	先納金	内15両は高割にて上納
嘉永 5.12.20	金10両		覚(国役金請取につき)	藤吉(名主)	国役金	賄人辻屋又四郎に納入
嘉永 6.12.31	金5両		覚(年貢残金等請取につき)	藤吉(名主)	年貢金	賄人辻屋又四郎に納入
嘉永 7.11.20	金1分 銀2匁4分4厘		覚(国役金請取につき)	藤吉(名主)	国役金	
安政 1. 1. 8	金9両3分4朱 93文		覚(年貢残金等請取につき)	藤吉(名主)	年貢金	賄人辻屋又四郎に納入
安政 1.12.28	金5両		覚(年貢金の内請取につき)	藤吉(名主)	年貢金の内	賄人辻屋又四郎に納入

和暦	金額	利息	表題	出金元	名目	備考
安政 2. 1. 9	金15両1分4朱 銀249文		覚(年貢残金等請取につき)	藤吉(名主)	年貢金	賄人辻屋又四郎に納入
安政 2. 5.15	金3両3分		覚(御用金の内請取につき)	藤吉(名主)	御用金	
安政 3. 1.28	金50両		覚(屋敷替入用金請取につき)	倉右衛門(名主) 古木藤吉(名主)	屋敷替入用金	
安政 3. 9.	金65両		書下ヶ(用金冥加申付)	古木藤吉、長左衛門、 惣七、升右衛門	普請用金として冥加金	
安政 3.11. 2	金3両3分		覚(用金請取につき)	藤吉(名主)	用金の半分として	
安政 3.12.	金12両544文		御年貢米代新畑銭当辰年諸村掛り勘定帳	藤吉(名主)	差引金	
安政 4. 4.21	金1分271文		覚(国役金請取につき)	藤吉(名主)	辰年国役金	
安政 4. 4.	金192両		〔入用金につき申達〕	下鶴間村公所	親長逝去入用、殿様番入、調練鉄砲合薬入用等	
安政 4. 6.	金50両		差上申一札之事(御屋敷様玄関修復入用金五十両調達方仰付に付承知)	下鶴間村 権平(彦八⑨)	江戸屋敷玄関修復入用金として	
安政 4.11.	金19両1朱余		米方新畑当巳ノ年御年貢取立帳	藤吉(名主)	差引金	
安政 5.11.	金10両		米方新畑当午ノ年御年貢取立帳	藤吉(名主)	差引金	地頭所へ納入
安政 5.11.	金13両余			藤吉(名主)	差引金	辻屋へ納入
万延 1.12.28	金30両		覚(入用金請取につき)	藤吉(名主)	暮れと正月分の入用金	
(近世) 7. 5	金200両		〔用人申達〕	貸付役所	貸付金	
(近世) 8. 2	金10両		覚(金10両請取につき)	藤吉(名主)		
(近世) 8.20	金20両		〔用人申達〕	藤吉(名主)	借用金	
(近世) 11.10	金1両2朱		覚(国役金請取につき)	藤吉(名主)	国役金	
(近世) 12.28	金10両		〔用人申達〕	藤吉(名主)	収納金の内	

〔史料1〕(7)

覚

一、金六両三分先納金ニ慥ニ請取申候、則御地頭所様江上納申処実正也、返進之儀者来ル戌四月日米方御年貢ニ而
二割之以勘定ヲ元利共差引勘定可申候、為念如此ニ御座候、

安永三

酉ノ極月日

名主

藤左衛門　㊞

彦八殿

当史料は、安永三年(一七七四)に、下鶴間村江原家知行所の名主藤左衛門が、五代長谷川彦八(代々「彦八」を襲名)に宛てた先納金の受取上納の覚である。「御地頭所様」とは江原家のことをさし、返済については五代彦八に課される年貢金から差引するとしている。つまり、江原家から先納金を賦課された知行所名主の藤左衛門が、相給組頭の五代彦八から金六両三分を受け取り、江原家に先納金として納入しているのである。前述のとおり、五代彦八は江原家の知行地を所持しており、その分の先納金の上納である。

当時江原家が先納金や御用金をどれほど賦課していたかは、史料の制約もあり定かではない。そのなかで表4をみると、当史料と同様に江原家からの先納金や御用金の賦課に際し、藤左衛門が五代彦八から金子を受け取り納入するという文書が、この他にも安永七年、天明元年(一七八一)、天明三年に交わされていることが確認でき、当時の江原家の財政状況が垣間見られよう。

この時点において江原家から長谷川家にたいする接触は史料上ではみられず、あくまで長谷川家が越石で所持している江原家知行地分の年貢金を納めているに過ぎない。

2　江原家勝手賄い

本項では、長谷川彦八と江原家との直接的な関わりについてみていく。表4をみると、寛政十一年～文化十三年（一七九九～一八一六）の期間、六代・七代の二代にわたり、彦八は江原家勝手入用を理由として江原家に対して金子を融通していることが確認できる。まず、その五件のうち三件が、他者から金子を借用して江原家に融通しているという点に着目したい。

〔史料2〕(8)

預り申金子證文之事

一、金五拾両者　　但文字金也、

右之通り慥ニ預り置申候、尤江原孫三郎様江御勝手御入用ニ差出シ置申候間、来ル十一月中御知行所御物成相渡り次第急度返済可仕候、為後日金子預り證文、仍而如件

寛政十一未年

正月八日　　　　相州鶴間村

彦　八㊞

生形源蔵殿

前書預り金利足之義者、壱ヶ月ニ弐拾両壱分之利足ヲ加、元利共急度返済可仕候、以上

当史料は、七代彦八が旗本江原家の勝手賄い入用を名目とした、伝来するなかでは初見の證文である。宛所（出金元）の生形源蔵は、弘化期に「江戸神田明神内」に居を構え、豊後国府内藩の江戸藩邸に対して見積書を提出した人物として確認されるため、少なくとも江戸の商人とみてよいだろう。(9)この頃から長谷川家は江原家の勝手賄いを担っ

ていくとみられる。

〔史料3〕[10]

預り申金子證文之事

一、金七拾両者　但文字金也、

右之通預り申処実正ニ御座候、尤　江原平吉様御勝手御入用ニ差出置候間、御返金之砌者急度返済可仕候、為後日金子預り證文、仍而如件

文化八未年　　　　　　　　　　相州鶴間村
　　正月　　　　　　　　　　　　預主　彦　八㊞
　　　　　　　　　　　　　　江原平吉内
　　　　　　　　　　　　　　　證人　上田八郎兵衛㊞

大坂屋半次郎殿

前書之預り金利足之儀者、壱ヶ月ニ金弐拾両ニ壱分之利足を以、年々十一月中無相違勘定可仕候、以上

当史料は、七代彦八が預主となり、大坂屋半次郎なる人物から、江原平吉の勝手入用差出を名目に金七〇両を預かった證文である。證人として印形しているのは江原家譜代用人の上田八郎兵衛である。金子預りに至る詳しい経緯をうかがうことは困難だが、用人の上田が證人となっていることから、大坂屋半次郎は江戸の商人とみられる[11]。江原平吉は十代江原親長の幼名で、文化八年は先代から代替りした直後の時期に相当するため、代替りにともなう入用を同家の勝手賄いを勧める彦八が借り入れたものと考えられよう。

次に、寛政十一年から文化十三年の期間の江原家にたいする融通が、ほぼすべて正月に実施されている点について

考えてみたい。当村江原家知行所の年貢納入が十二月に行われ、翌正月に皆済目録が作成されており、旗本家の手元に実際に入る年貢金額が判明する時期と一致する。知行付百姓によって差し引きされた後に納入された年貢金を確認してみると、文政十二年(一八二九)の下鶴間村江原家知行所における差引金額は、金二分二朱余のみであった[12]。文政十二年以前の状況および他の江原家知行所の差引金額は不明であるが、一七〇〇石の旗本家を維持するには厳しい収入額であったと想定できよう。表4にみえるように、江原家における正月の御用金賦課はその間、定例化している。

3　江原家御用金勘定目録にみる収支状況

江原家の勝手賄いを勤めた七代長谷川彦八は、御用金上納と返済状況を年ごとに把握した御用金勘定目録を作成している[13]。これらの勘定目録には、江原家に上納した元利金と費用弁償費等、そして彦八に対する返済に充てられた年貢額面が書き上げられており、彦八が江原家の勝手賄いとして上納していた金銭規模の傾向を知ることができる(表5～8)。なお、各帳面の表紙には「下目録」という名称が付されており、この「下」は、公にはしない内々の(『日本国語大辞典』「下」頁より)文書という意で、ここでは、江原家とのやりとりに限定して機能した文書とみることができようか。

次に収支の傾向を表5～8から確認していこう。まず、前述した例年正月に発給されている借用證文から確認された金子上納の動向は、いずれの年度も證文とほぼ一致する額面が表記されていることがわかる。この年始の上納がもっとも多額であり、それから数か月おきに数十両の上納が行われた。さらに炭や銭といった地頭所で必要となる生活物資の費用弁償は別途上納されており、文化十年(一八一三)に限っては、御蔵米引当金として知行地からの年貢米を担保とした貸付金も江原家へ納められている。一方、返済には下鶴間村江原家知行所分の年貢米・大麦・荏胡麻・

表５　文化10年 江原家御用金勘定（長谷川彦八家分）

借入

<table>
<tr><th></th><th>御用金</th><th>利金</th><th>利銀</th><td rowspan="12">元利〆
462両3分
25匁9分8厘</td><td rowspan="18">御賄共2口〆
706両2分
29匁73厘</td></tr>
<tr><td>正月</td><td>270両</td><td>40両2分</td><td></td></tr>
<tr><td>2月29日～3月</td><td>45両</td><td>5両2分</td><td>7匁5分</td></tr>
<tr><td>5月</td><td>10両</td><td>1両</td><td></td></tr>
<tr><td>6月26日</td><td>45両</td><td>3両1分</td><td>7匁5分</td></tr>
<tr><td>8月 7日</td><td>20両</td><td>6両1分</td><td></td></tr>
<tr><td>9月 6日</td><td>10両</td><td></td><td>30匁</td></tr>
<tr><td>12月22日</td><td>30両</td><td>1分</td><td>7匁5分</td></tr>
<tr><th>費用弁償</th><th>代金・代銀</th><th colspan="2">品目</th></tr>
<tr><td>—</td><td>8両2分、2匁</td><td colspan="2">炭384石</td></tr>
<tr><td>—</td><td>2分、4匁2分8厘</td><td colspan="2">炭20俵</td></tr>
<tr><td>—</td><td>1両1分、4匁7分</td><td colspan="2">銭11貫500文</td></tr>
<tr><th></th><th>御蔵米引当金</th><th>利金</th><th>返済期限</th><td rowspan="6">元利〆
243両3分
3匁7分5厘</td></tr>
<tr><td>11月28日</td><td>10両</td><td>2分</td><td>3月</td></tr>
<tr><td>12月3日</td><td>70両</td><td>3両2分</td><td>3月</td></tr>
<tr><td>12月3日</td><td>30両</td><td>1両2朱</td><td>3月</td></tr>
<tr><td>12月15日</td><td>25両</td><td>1両1分</td><td>3月</td></tr>
<tr><td>12月15日</td><td>100両</td><td>3両3分</td><td>2月</td></tr>
</table>

返済

<table>
<tr><th>品目</th><th>代金</th><th>代銀・代銭</th><td rowspan="8"></td><td rowspan="16">御払〆
420両2分
106匁4分4厘</td></tr>
<tr><td>御蔵大麦54俵</td><td>5両2分</td><td>2匁3分</td></tr>
<tr><td>御蔵荏14俵 3□ 6斗 5合</td><td>5両1分</td><td>2匁5分4厘</td></tr>
<tr><td>御蔵大豆 2俵 2斗 9升</td><td>2分</td><td>7匁8分5厘</td></tr>
<tr><td>御蔵小豆 5斗 3升 5合</td><td>1両</td><td>4匁4分5厘</td></tr>
<tr><td>御蔵黒こま 1□ 1升</td><td></td><td>6匁2分8厘</td></tr>
<tr><td>御蔵暮麦 2斗 4升</td><td></td><td>5匁1升4厘</td></tr>
<tr><td>銭 4貫800文</td><td></td><td>41匁1分4厘</td></tr>
<tr><th>受取日</th><th>返済金</th><th>返済銀</th><td rowspan="5">〆
343両2分2朱
100匁2分2厘</td></tr>
<tr><td></td><td>38両1分2朱</td><td>88匁5分6厘</td></tr>
<tr><td>正月15日</td><td>58両1分2朱</td><td></td></tr>
<tr><td>2月</td><td>145両3分1朱</td><td>5匁1分7厘</td></tr>
<tr><td>3月25日</td><td>100両（早取）</td><td></td></tr>
<tr><th>御払</th><th>代金</th><th>代銀</th><td rowspan="3"></td></tr>
<tr><td>かな川御廻米　御蔵米50俵 3斗 9升</td><td>18両2分</td><td>4匁2分8厘</td></tr>
<tr><td>御用米代</td><td>58両1分2朱</td><td>2匁7分6厘</td></tr>
</table>

差引	△284両2分 13匁2分9厘

〔典拠〕文化11年正月「御用金下目録」
（長谷川家文書 I-E-53）より作成。

表6　文化12年 江原家御用金勘定(長谷川彦八家分)

借入

	御用金	利金	利銀	
正月	278両	27両3分	3匁	元利〆 559両3分 52匁4分8厘
3月	50両	6両1分		
5月	20両	2両		
7月	50両	3両3分		
7月	40両	3両		
8月	30両	1両3分	7匁5厘	
9月	30両	1両2分		
費用弁償	代金・代銀	品目		
3月	3分、5匁5分3厘	白米2俵		
3月	銭132文	右かゝり		
8月16日	13匁6分4厘	米2斗		
—	12両2分、10匁	炭570俵		
—	1分、9匁	炭上14俵		
—	2両1分、2匁6分4厘	炭上48駄		

返済

品目	代金	代銀・代銭	
御蔵大麦20俵2斗2升	2両2分	3匁5分3厘	〆 57両 82匁9分9厘
御蔵小豆3俵2斗4合	3分	10匁4分2厘	
御蔵秋大豆5俵1斗2合	1分	12匁9分8厘	
御蔵暮麦8斗2合		14匁6分9厘	
御蔵黒胡麻7斗4升	2分	12匁2分9厘	
御蔵荏20俵1斗5升5合	7両	7匁7分5厘	
御蔵米20俵	7両		
受取日	返済金	返済銀	
	4両2分2朱		
12月	15両		
文化13年正月	11両		
文化13年正月	5両		
文化13年正月	2両2分2朱		
		差引	△502両1分 2分5厘

〔典拠〕文化13年正月「御用金勘定御目録下帳」
(長谷川家文書 I-E-55)より作成。

表７　文化14年 江原家御用金勘定（長谷川彦八家分）

借入

	御用金	利金	利銀	
—	(278両分利息)	27両3分	3匁	
—	(222両分利息)	33両1分	3匁	
3月	45両	5両2分	5匁5分	
5月	15両	1両2分		元利〆 453両3分 9匁8分2厘
7月	60両	4両2分		
9月	25両	1両6分（ママ）		
費用弁償	代金・代銀	品目		
—	10両1分、13匁	炭476俵		
—	2分、3匁5分8厘	炭20俵		
—	1両1分、11匁7分4厘	右賃銭13貫424文		

返済

品目	代金	代銀・代銭	
御蔵大麦44俵3斗6升5合	4両3分	6匁3分2厘	
御蔵荏22俵1斗2升2合	7両2分	6匁6分8厘	
御蔵黒胡麻8升	1分	6匁　6厘	
御蔵小豆9升		5匁2分4厘	
御蔵暮麦2斗5升		6匁2分5厘	
御蔵米6俵1斗2升	2両1分	9匁	〆 152両2分2朱 41匁5分7厘
受取日	返済金	返済銀	
文化13年 7月	4両		
文化13年12月	15両		
文化13年12月	100両		
文化14年正月	13両		
文化14年 3月	4両		
文化14年 3月	1両3分2朱	7匁4分2厘	

差引	△200両2分 5匁7分5厘

〔典拠〕文化15年正月「御用金勘定御目録」
（長谷川家文書 I-E-57）より作成。

表 8　文化15年(文政元年)　江原家御用金勘定(長谷川彦八家分)

借入

<table>
<tr><th></th><th>御用金</th><th>利金</th><th>利銀</th><td rowspan="11">元利〆
210両
47匁8分</td></tr>
<tr><td>文化15年始</td><td>年賦金28両</td><td></td><td></td></tr>
<tr><td>文政元年</td><td>御残金20両、4匁5分</td><td></td><td></td></tr>
<tr><td>文政元年 3月</td><td>45両</td><td>5両2分</td><td>7匁5分</td></tr>
<tr><td>文政元年 5月</td><td>15両</td><td>1両2分</td><td></td></tr>
<tr><td>文政元年 7月</td><td>45両</td><td>3両1分</td><td>7匁5分</td></tr>
<tr><td>文政元年 9月</td><td>25両</td><td>1両1分</td><td></td></tr>
<tr><th>費用弁償</th><th>代金・代銀</th><th colspan="2">品目</th></tr>
<tr><td>6月</td><td>1分、5匁8分7厘</td><td colspan="2">大豆1俵</td></tr>
<tr><td>9月</td><td>2分、6匁4分9厘</td><td colspan="2">大豆2俵</td></tr>
<tr><td></td><td>17両、2匁2分6厘</td><td colspan="2">炭767俵</td></tr>
</table>

返済

<table>
<tr><th>品目</th><th>代金</th><th>代銀・代銭</th><td rowspan="10">〆
51両1分
72匁4厘</td></tr>
<tr><td>御蔵大豆53俵7升</td><td>3両3分</td><td>12匁5分1厘</td></tr>
<tr><td>御蔵荏19俵3升9合</td><td>6両3分</td><td>11匁3分9厘</td></tr>
<tr><td>御蔵小豆3俵3斗5升5合</td><td>6両</td><td>6匁4分3厘</td></tr>
<tr><td>御蔵暮麦6斗9升8合</td><td>1分</td><td>1匁7分5厘</td></tr>
<tr><td>御蔵黒胡麻5斗9升</td><td>2分</td><td>3匁7分6厘</td></tr>
<tr><th>受取日</th><th>返済金</th><th>返済銀</th></tr>
<tr><td>—</td><td>5両2朱</td><td></td></tr>
<tr><td>—</td><td>7両</td><td></td></tr>
<tr><td>—</td><td>16両2朱</td><td>6匁8分</td></tr>
</table>

差引	△157両3分 5匁7分6厘

〔典拠〕文政元年正月「御用金勘定下目録」
　　　(長谷川家文書 I-E-58)より作成。

大豆・小豆・黒胡麻・暮麦などの代金が充当されるとともに、江原家が他者から調達した返済金、そして文化十年に限っては、神奈川表に廻米された上総・下総両国の江原家知行所分の年貢米が充当されている。

　このように、御用金勘定目録によると、長谷川彦八の江原家に対する勝手賄いの実態は、文化十年が差引金二八五両余、文化十二年が差引金五〇二両余、文化十四年が差引金二〇〇両余、文化十五年が差引金一五七両余、というように推移していたことがわかる。長谷川家に伝来する同様の勘定目録は管見の限りほかに見当らないが、文政初年段階で江原家は、長谷川家から差引数百両に上る金子の援助を受けていたことになろう。なお、表4をみると、以後単独で一〇〇両を越える長谷川家から江原家への金子上納は確認できなくなる。

当該期、江原家がまとまった額面の金子を必要とした背景には、江原親長の役職就任過程とかかわりが見出せようか。親長は文化十年十二月に小普請から小納戸へ、そして同十三年十月に西丸小納戸へ転役を果たしている。その後も親長は小普請奉行まで昇進を果たした人物であるが、七代彦八による援助がその基礎固めに用いられたことは十分に考えられる。

4　苗字免許・扶持取り

引き続き、化政期の七代長谷川彦八による江原家に対する勝手賄いの様子をみていく。まず、文化十四年（一八一七）の彦八宛金子借用證文を掲げよう。

〔史料4〕(14)

借用申金子證文之事

一、金弐百弐拾弐両者　　但文字金也

右者此度旦那勝手向就要用借用申処実正也、返済之儀者、来十一月中右金江二十両壱分之利足ヲ加、下総国岩部村・沢村両知行所年貢米之内七百俵振向置、右向米時相場ヲ以相払、元利急度可致勘定候、勿論貴殿方勘定相済不申内者、一切外江相渡申間敷候、為後日借用証文、依如件

但、右向米ニ御引取被成度候ハヽ、貴殿望之河岸へ積送り可申候、其節少も故障無之候、

文化十四年正月　　　　江原孫三郎内

蜂須賀恵輔㊞

上田八郎兵衛㊞

長谷川彦八殿

「（裏書）表書之通、相違無之候、以上

江原孫三郎 ㊞ 」

当史料は、江原家譜代用人の蜂須賀恵輔と上田八郎兵衛が、七代長谷川彦八に宛てた二二二両の金子借用證文の一つである。史料3から、少なくとも文化八年段階ですでに彦八は江原家の勝手賄いを担当していたことになるが、證文における差出人は単に「彦八」と記されていた。しかし、史料4を含む文化十二年五月以降の證文の宛所には、「長谷川彦八殿」と記されており、この期間に彦八は江原家から苗字免許を受けていたことが明らかとなる。前述のような多額の金子上納を通じて、江原家勝手賄いの長谷川彦八の立場が重要視されたことにほかならない。

また、返済にあたっては、同じく江原家知行所の下総国香取郡の岩部村（知行六六二石余）・沢村（五九五石余）からの年貢米七〇〇俵を売却し返済すると記されている。江原家知行所五か村のうち、この二か村は知行所のなかでも知行高が大きく、よって上記の記載は同家知行所村々の年貢米の大部分を長谷川彦八への返済に充てることを意味するのである。

次に、やや時代が下るが、文政十三年（一八三〇）正月に作成された下鶴間村江原家知行分の年貢皆済目録の記載をみよう。

〔史料5〕(15)

「（表紙）

丑　御物成皆済目録

文政十三年　　　　御知行所
　寅正月日　　　　　鶴間村」

（前略）

　　是分被下米

一、玄米弐斗　　　蜂須賀善覚
一、同　四俵半　　右　同　人
一、同　四俵半　　彦　　八
一、同　弐俵　　　鶴間村名主
一、同　六斗　　　字公所名主
一、同　壱石六升七合　惣百姓方江せき扶持米ニ被下候
六口
〆六石弐斗六升七合
　此本米五石四斗四升九合五勺六才

（後略）

このなかで「被下米」の項目に着目したい。江原家から支給される「被下米」は、江原家用人の蜂須賀家の縁者とみられる蜂須賀善覚、八代彦八、鶴間村名主、字公所名主[16]、惣百姓にそれぞれ与えられている。いずれも家来分や知行地の名主が支給対象となっており、そのなかで彦八は、相給知行に属しながらも江原家の勝手賄いを勤める家として別段重要視されていたことになろう[17]。

なお、化政期に長谷川姓を名乗ることを許された七代彦八は、文政十年六月十一日に死去している。文政十三年に作成された当史料に八代彦八は苗字を冠されていないため、七代彦八は一代限りの苗字免許を江原親長から授かったことがわかる。一方、代替りを果たしたのちも、八代彦八が江原家より扶持を拝領している点の意義はどう理解したらよいであろうか。次節でさらに検討したい。

第三節　天保期以降の長谷川彦八家と領主財政

1　領主財政からの後退

表4に顕著にみられるように、天保期以降の長谷川家は江原家に対する上納がほとんどみられず、この時期に両者の関係が変容している。その背景が次の史料から明らかとなる。

〔史料6〕[18]

差上申御請書之事

一、去ル天保六未年御先代様ゟ被下置候御免許御印書、今般御書替被下置候上者、御先代様御印書御返納可仕之処持参不仕、此後出府之節迄御猶予被下難有奉存、依之為念御請書差上申処、如件

安政四丁巳年閏五月　　相州鶴間村

彦　　八　印

江原武之助様

御内

御役人中様

右之通面之内江したため差上候右御印書、安政五戊午年三月持参致上納、右御印書御下ヶ之節差上置御請書幷前文之御請書とも御下ヶ被下候様相願候処、御見失ひ御見当無之由ニ付、別段右御印書之御請取書取置候、御当番大嶋学輔殿御印形斗ニ而請取置候、

御扶持方之儀者巳年半ヶ年分被下置候、

安政五午年四月改メ

冒頭の記載によると、天保六年(一八三五)に八代彦八は、江原家知行地年貢について「御先代様」すなわち九代江原親長から免許印書が下されたという。しかし、安政四年(一八五七)に親長が死去し武之助に代替りしたため、書き換えのため印書を返納するよう命じられた。ところが、八代彦八はすぐに持参せず、江原家は今後出府の際まで猶予するので持参するよう促した。当史料の前半は、この江原家の譲歩に対する八代彦八の作成した請書の写である。

以上のことから、天保六年より長谷川家の所持する江原家知行地の年貢金上納は免除されていたことがわかる。これは御用金四五〇両の上納を条件に、これまでの御用金返済まで年貢を免除するという江原家の長谷川家に対する措置であった[19]。この御用金四五〇両の上納を境に、天保期以降、長谷川家から江原家に対する金子出金はみられず、この御用金をもって江原家の勝手賄いから退いたことがうかがえる。ただし、安政五年時点においても、江原家から扶持を拝領し続けていた。勝手賄いという立場ではなくとも、また双方が代替りしてもなお、少額ではあるが扶持方による返済を継続したということになろう。

江原家においては、天保十三年七月付で「御仕法替ニ付三知行一統御用金割合元帳」が作成されており、相模・上

総・下総の三国の知行所村々で新たに御用金の管理が行われるようになった動向が立ち現れている。[20]

なお、当史料後半の記載によると、八代彦八は、安政五年三月に江原家へ返納した江原親長発給の長谷川家に対する年貢免除印書の請書と当史料前半の請書について、新たな印書が下付された際に返却を願ったところ、紛失したと聞いたので別段に書き取ったものであるという。しかも、受取の印形は譜代用人ではなく、新規召抱え用人である大嶋学助ただ一人の印形であったことまで叙述している。ここには、八代彦八の江原家、とりわけ用人の大嶋に対する不信感も表出しており、自らの手元に領主家との関係を証明する論拠をあえて残しておこうとする姿勢がみてとれる。[21]このような金子融通における證文管理については、第二編第一章でみた時と同様に、長谷川家の厳格な意識が反映されているのである。

こうしたなか、幕末期に長谷川家が江原家に対する金子上納を担うわずかな事例が、次の史料により判明する。

〔史料7〕[22]

差上申一札之事

一、此般御屋敷様御玄関御修復御入用ニ付、金子五拾両相州下鶴間村御知行所御引請ニ而調達可仕段、被仰聞承知奉畏候、依之差上申一札、如件

安政四巳年

六月二日

相州高座郡

下鶴間村

彦八煩ニ付代

権　平

江原様

御用人衆中様

当史料は、江戸神田の隆慶橋に所在した江原家地頭所の玄関修復入用にあたり、江原家が下鶴間村に金五〇両を引き受けさせ、その調達を権平（のち九代彦八）に仰せ付けた書付に対する請書である。江原家が発給した書付自体は現存しておらず、差し出した用人が不明であるが、先にみた大嶋学助に対する彦八が抱いていた不信感を鑑みると、おそらくは譜代用人筋の者による働きかけに応じたものとみられる。(23)ただし、長谷川家は勝手賄いの立場から退いて久しく、化政期のような長期的かつ多額に上る立て替えの構造ではなく、あくまで一時的な調達の役割を担ったものに過ぎないであろう。

2　長谷川家の行動論理と地域社会

ここまでみたように、相給領主江原家は長谷川彦八家、とりわけ七代彦八に勝手賄いを命じ、御用金の返済猶予と引き替えに年貢納入免許・苗字免許・扶持取の格式等を次々に与え、苗字免許以外は代替り後も受け継がれた。また、本書第二編第一章で検討したように、天保期に領主都筑家は八代彦八に勝手賄いを命じていた。そのなかで、長谷川家は八代彦八以降、苗字帯刀免許・取締役・居士大姉号免許などの免許・格式を獲得する。ただし、都筑家においても勝手賄いは天保期末に退いている。長谷川家歴代の村役人就任歴と領主家から付与された格式をまとめたものが表9である。

ところで、七代彦八が化政期、八代彦八が天保期において、それぞれ下鶴間村の旗本領主の勝手賄いを勤めながらも短期間で退役しているのは、果たして偶然であろうか。そこで、ここでは長谷川家と下鶴間村内外の社会状況に目配りをして、長谷川家の置かれた状況を整理してみたい。

表9　長谷川家歴代当主と格式免許

代数	村役人在任期間	領主から付与された格式	備考
④	名主…宝暦元年～4年 (4年間)		
⑤	名主…天明6年～寛政10年頃 (13年間前後)		
⑥	名主…寛政8年前後～12年 (5年間前後)		
⑦	組頭…文化4年～文政11年 (22年間)	文政10年に江原親長から「鰹形硯蓋」を拝領	江原親長へ多額の金子を貸付
⑧	名主…文政12年～天保13年 (14年間)	文政12年に名主に任命 天保6年に江原親長が年貢免除 都筑家より永々年貢免除	天保5年以来、都筑家賄方(勝手賄)を彦八⑧含む村役人が担当
⑨	組頭…嘉永6年～安政5年 (6年間) 名主…安政5年～文久元年 (5年間)	嘉永6年12月名主同席免許 万延元年に都筑幾太郎より侍格・苗字帯刀免許	
⑩			明治期の自由民権運動家

在任期間の(○年間)は、実年数ではなく、足かけ年数。
〔典拠〕長谷川家文書より作成。

まず、長谷川家の経営推移を確認しよう。下鶴間村内における所持田畑は、寛政八年(一七九六)から天保八年(一八三七)にかけて一九石余から四一石余まで増加している(表10)。同時期における村内百姓の階層をみても、長谷川家が突出した家であったことが明らかである(表11)。また、長谷川家文書に現存する金子借用証文から貸付金経営の傾向をみると、十八世紀半ば頃までは村内の百姓への貸付に限られているのに対し、それ以降は徐々に村外の百姓への貸付が増加し、村内のそれを上回るに至る(表12)。

とりわけ、村内外とも飢饉の被害に見舞われた天保期の証文の伝来数が突出しており、長谷川家が当該期の貸付金返済を村内外の百姓に対して猶予していた状況が想定されようか。あわせて村外の質地証文も同様な傾向が見出されることから、村外の田畑所持も進んでいたとみられる。つまり、長谷川家は自らの経済力を下鶴間村周辺の地域社会持続のために用いるようになっていたのである。

表10　長谷川家の下鶴間村内所持田畑変遷

年代	所持田畑
寛延4年(1751)	田畑13石5斗所有(寛延4年「田畑石高帳」)
寛政8年(1796)	田畑19石3斗7升5勺所有(寛政8年「田畑石高帳」)
天保8年(1837)	田畑41石1合3勺4才(天保8年「田畑高反別名寄改帳」)
明治6年(1873)	田畑48石6斗9升所有(明治6年)

〔典拠〕長谷川家文書I-D-16、41、102、同-III-B-ア-6より作成。

表11　下鶴間村宿分の都筑家知行付百姓階層表

持高(石)	寛政8年(1796)	天保6年(1835)
35～		
30～		1
25～		
20～	1	
15～	1	
10～	2	
5～	3	4
1～	29	27
0～	37	50
計(人)	73	82

〔典拠〕寛政8年「田畑石高帳」(長谷川家文書-I-D-16)、天保6年「田畑高反別改帳」(同-I-D-39)より作成。

表12　長谷川家下鶴間村内外の貸付金推移

西暦	村内	村外	村外貸付先	計
1732～1741	3	0		3
1742～1751	12	0		12
1752～1761	1	0		1
1762～1771	7	0		7
1772～1781	3	4	成合村、武州大場村、深見村、上瀬谷村	7
1782～1791	1	4	恩田村、軽井沢、深見村	5
1792～1801	1	6	深見村、下飯田村、久保村	7
1802～1811	3	5	江原家、都築郡久保村、金森村	8
1812～1821	0	3	江原家、上鶴間村中和田、神奈川宿	3
1822～1831	6	5	原町田村、上鶴間村、武州小川村、深見村	11
1832～1841	16	23	武州鶴間村町谷、神田下白壁町、中和田村、武州川井村、都築郡白根村、下白根村、深見村、鶴間村、上鶴間村、瀬谷村、上草柳村、高ヶ坂村	39
1842～1851	2	4	下白根村、鵜野森村、草柳村、深見村	6
1852～1861	3	0		3
計	58	54		112

〔典拠〕長谷川家文書のうち証文類より作成。

このように、長谷川家は、化政期に七代彦八が相給領主江原家の勝手賄い、天保期初頭に八代彦八が領主江原家の勝手賄いを担いながらも、いずれも短期間で退くとともに、天保期に多額の御用金を上納することを引き替えに、返済までの間の年貢免許を獲得することに成功した。一方、領主財政からの後退と反比例するように、下鶴間村内外の地域社会における長谷川家の占める役割は重要となっていく。長谷川家は、当初勝手賄いという立場で領主財政に介入し、免許や格式が付与されることで、結果的に地域社会においてもその存在感が具現化されることとなった。その存在感を維持したまま、下鶴間村周辺の地域社会の維持存続に尽力する姿勢が、天保期以降の長谷川家の行動論理であると考えられる。

結び

下鶴間村の長谷川彦八家が、相給領主にあたる旗本江原家の勝手賄いを勤め、そして後退してからも同家から扶持取りによる関係を継続した動向を検討した。この事例から見出せる論点は次のとおりとなる。

①七代長谷川彦八の江原家への接近

一七〇〇石江原家の領主財政を援助する勝手賄いを、知行所相給（旗本都筑家知行）組頭であった七代長谷川彦八が短期間ではありながら勤めた。その過程では金子融通に応じたさまざまな免許格式や扶持を与えられ、家臣化の道を選ぶことも可能であったとみられるが、彦八はそのような武家接近活動は継続せず、むしろ早期に勝手賄いからの後退を選択する。この背景には、長谷川家が享保期に至って新田宿村から下鶴間村へ移り住んだことが影響していようか。領主家による心意統治の支配関係も近世初期から続くわけでもなく、また地域における求心力を担保する権威や由緒を特段有していたわけでもなかった。だからこそ、地域社会のなかで領主家の要請に一定程度応えながらも、自らの力量の範囲内で、かつ免許格式を獲得した後に勝手賄いからの後退という決断を下したとみられる。

②領主財政からの後退と領主への影響

江原家の勝手賄いから後退するのは、領主都筑家のそれから退くのとほぼ同時期の天保期であった。江原・都筑両家の勝手賄いから退くと、両家は異なる形ではあるものの、その後の財政運営に変容をみせることになる。それほどまでに長谷川家の存在が両家にとって重要な位置を占めていたことを意味している。

③長谷川彦八家と地域社会

領主財政からの後退を決断した八代長谷川彦八は、下鶴間村を通る矢倉沢往還沿いの村々の人びとを中心に交友関係を拡大していることが、頼母子講の開催メンバーなどから明らかとなる。(24) 経済力を蓄え地域社会における信頼を勝ち得ていった長谷川家は、この頃に名実ともに名望家の位置にあったとみられる。八代彦八の隠居後は、九代彦八(権平)も組頭・名主として文久二年(一八六二)に急逝するまで村政に携わった。

さらに、十代彦八は明治十四年(一八八一)に下鶴間村戸長、同十七年に下鶴間・深見・上下草柳四か村の連合戸長に就任する。明治十五年に自由党に入党して以降、高座郡において自由民権運動家として活動していく。近世後期以来の名望家であったからこそ、長谷川彦八家が下鶴間村周辺における積極的な民権運動を牽引することができたのではないだろうか。

註

(1)　川村優「旗本の窮乏と在方金主家の生態―天明・寛政期における旗本中根氏と下総国須賀山村多田家―」(森克己博士

古稀記念論集『史学論集対外関係と政治文化』三、吉川弘文館、一九七四年、後に同『旗本知行所の研究』思文閣出版、一九八六年に所収）。

（2）森安彦「幕末期旗本家来の一形態―武州多摩郡境村年寄喜七こと西村喜兵衛の場合―」（関東近世史研究会編『関東近世史研究論集3　幕政・藩政』岩田書院、二〇一二年）。

（3）中野達哉「江戸周辺在村百姓の武家接近活動」（『板橋区立郷土資料館紀要』第一三号、二〇〇一年、後に同『江戸の武家社会と百姓・町人』岩田書院、二〇一四年に所収）。

（4）明治三年「村差出明細書上帳控」（長谷川家文書I―B―二二三）。

（5）松平家（九三二石）、都筑家（二一〇石）は、それぞれ慶応二年に下鶴間村知行所を上知される。江原家は三〇石のみ据え置かれ、以後代官江川太郎左衛門との二給支配となる。

（6）長谷川家と江原家の金銭貸借については、神崎彰利「長谷川家文書にみる近世の諸相」（『大和市史研究』第三〇号、二〇〇四年）において史料紹介がされているに過ぎない。

（7）安永三年「覚（先納金六両三分請取）」（個人蔵・長谷川家文書I―E―一四）。

（8）寛政十一年「預申金子證文之事」（長谷川家文書I―G―八）。

（9）大分県立大分図書館蔵「府内藩日記」（弘化二年日記、諸御用向従江戸大坂申来留記、御勝手方〈甲三三三〉）。生形源蔵は江戸藩邸の御番所の見積書を提出している。小野正雄・宮地正人・塚田孝・横山伊徳「大分県下幕末維新期史料調査」（『東京大学史料編纂所報』第一七号、一九八二年）。

（10）文化八年「預り申金子證文之事（江原平吉勝手向入用に差出）」（長谷川家文書I―E―五二）。

（11）大坂屋半次郎は、長谷川家文書のうち用人上田八郎兵衛との関わりのなかでのみ散見されるため、特に上田個人と縁故のある江戸商人であると推定した。また、生形源蔵が居を構える江戸神田には、隆慶橋に江原家地頭所が所在していた。

(12) 文政十三年「丑御物成皆済目録」(個人蔵・大和市つる舞の里歴史資料館寄託　古木家文書〈目録　一〉貢租―二四)。

(13) 文化十一年「御用金下目録」(長谷川家文書Ⅰ―E―五三)、文化十三年「御用金勘定御目録下帳」(長谷川家文書Ⅰ―E―五五)、文化十五年「御用金勘定御目録」(長谷川家文書Ⅰ―E―五七)、文政元年「御用金勘定下目録」(長谷川家文書Ⅰ―E―五八)。

(14) 文化十四年「借用申金子證文之事(勝手向要用に付)」(長谷川家文書Ⅰ―E―五四)。

(15) 文政十三年「丑御物成皆済目録」古木家文書〈目録　一〉貢租―二四)。

(16) 「鶴間村名主」とは、前述の集落における宿(南部)の名主で、「字公所名主」とは、公所(北部)の名主をさす。近世期、宿(南部)を鶴間村と称し、「字公所」は鶴間村と併記されることもあり、下鶴間村という行政村に二つの生活村が存在した。

(17) 当村江原家知行所では、天保六年に南北集落ごとに年貢が分納される。年貢皆済目録を含む古木家文書は北部集落に伝来した文書群であるため、天保六年以後、宿に居住する長谷川家に関する「被下米」、および年貢控除の記載を確認することができない。

(18) 安政四年「差上申御請書之事」(長谷川家文書Ⅰ―B―六八)。

(19) 天保六年「覚(金四五〇両差出の上年貢免除等申渡　写)」(長谷川家文書Ⅲ―B―キ―七一)。

(20) 天保十三年七月「御仕法替ニ付三知行一統御用金割合元帳」(古木家文書〈目録　一〉村政―四五)。

(21) 大嶋学助は同時期に江原家知行所村々から、「商人体」と批判される家政運営姿勢を理由に忌避運動が展開されており、当然彦八も相給知行の情報を把握していた。同一件については、本書第二編第五章で詳述。

(22) 安政四年「差上申一札之事（御屋敷様玄関修復入用金五〇両調達方仰付に付承知）」（長谷川家文書I―E―一四〇）。

(23) 江原家知行分の名主ではなく相給知行に属する権平に調達を請け負わせた背景は、定かではないが、江原家知行分には負担が難しく、かつ長谷川権平には負担するに足る理由が存在したはずで、新規召抱え用人大嶋学助の忌避運動の動向がその有力な要素とみられる。

(24) 天保十四年「頼母子講仕法議定帳」（大和市深見小林博昭氏所蔵文書、『大和市史4 資料編近世』二〇六～二一一頁）。講の参加者は、相模国愛甲郡厚木村の斎藤鐘輔、高座郡深見村の小林源内、同郡下鶴間村の長谷川彦八、大住郡平塚宿の島屋惣左衛門、武蔵国橘樹郡芝生村の木久屋六兵衛など、広範囲かつ、それぞれ地域の顔役ともいえる名望家たち二六人が名を連ねている。

(25) 長谷川家は近代において、地方自治に携わる傍ら、自由民権運動の担い手としても活動した地域リーダーとなっていく。その背景の一つに、幕末期の相武地域における活動の実績が想起される。

第三章　旗本相給村落の運営と知行・集落
―相模国高座郡下鶴間村を事例として―

はじめに

相給村落とは、近世において複数の領主が支配した形態の村落をいう。村が相給となる背景には、江戸幕府による知行割や分郷等があり、その時期や頻度、領主の人数が、村の様相を大きく左右した。このような村々は関東や畿内に多く存在したことが知られている。

江戸幕府や個別領主によって設定された村や給分に対し、村のなかには当時の人びとの生活圏に基づく集落が存在していた。加えて、本来の一村としてのまとまりも当然存在した。相給村落はこれら相互による重層的な構造を有しており、よって複雑な村政運営がなされていたのである。それでは村、知行(給分)、集落は、相互にいかなる影響を及ぼしていたのであろうか。

相給村落研究のなかで、旗本知行とのかかわりから言及した成果は豊富な蓄積をもつ。まず代表的なものとしては、旗本知行の特質を相給分郷形態の精緻な分析から論じた白川部達夫氏の成果が挙げられよう。氏はそのなかで、相給知行のもとで百姓結合が各知行を媒介項として村共同体と結びつけられる一方で、百姓の知行内結合の形成が他知行や村共同体に対して開かれた性格をもっていたと指摘する。(1)また、村政運営における相給という状況を克服する動向の把握を試みた西脇康氏は、分郷にともなう村側の対応を捉え、「相給村は基本的に所領ごとの完結性を保持しつつ独自な展開を示したが、その個別性ゆえにまた「村」対「村」の対立が激化しやすく、一村の統一性に欠けるものであった」と述べる。(2)こうしたなか土井浩氏は、給分ごとの支配が貫徹されるにつれ、各知行を越えた村共同体規制が意識的に追求され、両者が必ずしも矛盾しないと指摘し、両者を統一的に捉える視点を提起している。(3)

一方、村内集落に着目した研究は水本邦彦氏の先駆的な成果がある。(4)氏は、領主の村と農民の〈村〉のズレ、農民の〈村〉の自立化、村の〈村〉連合化の過程を明らかにし、村内集落研究を深化させた。これを受けて、まず小高昭一氏は、集落ごとが平等に役人を輩出し村運営を行っていくありようを明らかにした。(5)さらに関口博巨氏は、村を〈村〉の連合体として捉え返す背景を明らかにし、(6)福重旨乃氏は、村内集落である農民の〈村〉は大枠である領主の村に包摂されながらも、内部では村組による村運営が続いていくとする。(7)

さて、村内集落を孕む旗本相給村落の村落構造を捉える際、これらの成果を架橋する考察が求められることになろう。ところが、村・知行・集落が相互に及ぼした影響について言及している成果はわずかにすぎない。(8)そこで本章では、相給村落において給分と居住する集落がともに異なる家に伝来した文書群から、村内集落を孕む旗本相給村落の構造の一端を知りうる史料を紹介していくことで、当該地域における事例蓄積に資することを目的の一つとしたい。

事例として扱う相模国高座郡下鶴間村は、天正十九年（一五九一）に旗本江原家と都筑家の知行地となり、寛永二年（一六二五）にはそれまで幕府直轄領であった九石余が旗本松平家の知行地となる。以後、慶応二年（一八六六）に至るまでこの三家の旗本家が下鶴間村の領主である。村高およそ四三〇石のうち、二一〇石を江原家、二〇〇石を都筑家、九石余を松平家がそれぞれの知行地とした。(9)また、下鶴間村には宿と公所という南北に二つの集落があったことが知られる。近世後期には両集落に知行ごとに村役人が置かれ、鎮守も異なっていた。

第一節　下鶴間村の村政運営

ここでは複数の領主をもつ下鶴間村の村政運営について整理してみたい。とりわけ、少高の松平家知行所における年貢米納入の仕組み、村に達せられた廻状や触書の留められた御用留の分析から、当村の村政についてみていこう。

1　松平家知行所の年貢納入

先に述べたとおり、下鶴間村は三家の旗本家によって近世を通じて統治がなされた。領主はそれぞれの知行地にたいして年貢を課し、知行地に属する百姓(知行付百姓)は各名主を中心に年貢米を納めた。そのなかで百姓が自らの属する知行所(給分)を越えて土地を所持(越石)していた場合、複数の領主に対する年貢米の納入が求められた。[10]

下鶴間村のうち江原・都筑両知行所においても通常の手順で年貢の賦課がされたが、当村は畑がちの村落であるため、近世後期には金銭による代納が主であった。[11]また江原家知行所における皆済目録に関しては、年貢勘定を執り行う際にあらかじめ村役人が作成したうえで、領主に年貢金とともに差し出す、いわゆる差出目録の形式をとった。

ところが、もう一家の領主である松平家の知行所はわずか九石余であり、実際には知行付百姓が一人もいない時期があった。つまり江原・都筑両家の知行付百姓が松平家の知行地をも所持(越石)し、年貢納入の義務を負っていたのである。

松平家知行所は、表1にみられるように下鶴間村のほか五か村に及んだ。このうち下鶴間村に比較的近接する相模国鎌倉郡和泉村の年貢皆済目録をみると、年貢の内訳に「金弐両弐分者　鶴間村」と記されている。[12]すなわち下鶴間村分の年貢金は一度和泉村に渡り、まとめて和泉村から松平家に年貢として上納されていたことになる(13)。このような仕組みは、時として年貢納入において問題を招くこともあった。次の史料をみよう。

〔史料1〕(14)

「(表紙)
和泉分名寄
安政七庚申年
三月吉日写　本の心覚迄
取急印置」

指上一札之事

一、相州鶴間村野地之義、享保三戌年前名主七郎右衛門・藤左衛門高割仕候而当御屋敷様御分江割渡候町歩不足之御吟味、前慶安三寅年より享保戌年迄野年貢不納金御詮義被為遊候段御尤ニ奉存候、先名主不納金高三拾壱弐両之所、此度御詮義之上　御公儀江被仰上御請取可被遊旨御尤ニ奉存候、右不納金之儀七十ヶ年以来之儀も御座候得者、大分之金高名主始小百姓迄及難儀迷惑仕ニ付、和泉村名主中相頼御内談ニ而御済被下候様ニ御訴訟申上候得者、御承引被為遊被下難有仕合奉存候、然ル上ハ古割不足分寺山並ニ而三町歩戌年割渡申上候大野之場所も同所江引替御用地共ニ相添、都合町歩七町四反九畝七分・御高九石五升江割渡申上候、野地御年貢金之儀支配被仰付候百姓方より来ル寅暮より金三分ツヽ、御納所可被仰付候、右野地之義畑々為御開被遊候共野地ニ而被差置候得共、御様子ニ可被遊候此後野地ニ付如何様成儀出来仕候共、其引置

表1　近世後期の松平家知行所

知行所		知行高（石.斗升合勺才）
国郡	村名	
相模国鎌倉郡	和泉村	1242.16798
相模国高座郡	下鶴間村	9.50000
相模国大住郡	石田村	293.81400
	見附島村	6.18600
武蔵国賀美郡	植竹村	76.55270
下総国印旛郡	所沢村	133.96967
上総国武射郡	五木田村	138.61363
松平家知行高　総計		1900.36055

〔典拠〕天保14年「総知行地郷村高帳」（千葉県文書館所蔵村井家文書、『神奈川県史』資料編8近世5上に所収）より作成。

仕間敷候、為後證名主年寄惣百姓代以割替、如件

享保十八年

癸丑十二月廿一日

江原与右衛門知行所

名主

年寄

都筑又兵衛知行所

名主　甚　蔵

年寄

惣百姓代

松平庄右衛門御内

菊池吉左衛門殿

土屋仁左衛門殿

（後略）

当史料は、安政七年（一八六〇）に作成された下鶴間村内の松平家知行所名寄帳である。表紙に「和泉分名寄」とあるのは鎌倉郡和泉村に納める分を意味している。

さて、掲出した冒頭部には、享保十二年（一七二七）に下鶴間村江原家と都筑家の知行付百姓が松平家中に宛てた文書が写されている。これによると、慶安三年（一六五〇）から享保三年まで、およそ七十か年分の下鶴間村松平家知行地の野地にかかる年貢金総額三一～三二両が不足していたことが判明したという。松平家の下鶴間村内知行高は九石五升であり、田畑分の年貢は滞りなく納入する一方で、野地分の年貢が洩れてしまっていたのである。不足額が嵩んでしまい多額であることから、下鶴間村は、年貢金を取りまとめている和泉村名主中に内談で済ませてくれるよう頼み聞き入れられたこと、そして来年の暮れより「支配被仰付候百姓方」から金三分ずつ上納する旨を述べている。こ

ここでいう「支配被仰付候百姓方」とは、下鶴間村松平家知行所の年貢を取り集めている同村の他知行村役人のことをさしていようか。

ところで、松平家が下鶴間村の領主となるのは寛永二年（一六二五）であり、その二十五年後の慶安三年から七十年もの間、年貢金に不足が生じていたことになる。このようなありようは、当時の下鶴間村における村政運営の未成熟さと引継事項の未確定な状況を物語っているとみなすことができるのではないだろうか。自らの知行における年貢諸役の取りまとめに加えて、他知行の田畑・野地の年貢金を越石百姓らから集め、さらに和泉村に渡す勤めが村役人に集中していたのである。

なお、この和泉分名寄帳の末尾には、宝暦十二年（一七六二）三月付と天保十四年（一八四三）六月付で、それぞれ野地の反別と年貢高を記したうえ、名主らが連名している。これは両年において野地反別と年貢高の確認がなされたことを意味しており、享保十八年の不足分判明を契機として、年貢収納に関わる村政が改められたことがうかがえよう。

2　御用留にみる村内運営

元禄期頃から、村落には領主からの下知や周辺の村々から伝達される廻状など、さまざまな文書が到来するようになる。これらの到来した文書を村で写し取った帳簿が、御用留と呼ばれる文書記録である(15)。御用留は、一般に村役人たちが村政を運営していくうえで参照する文書としての機能を果たした。それゆえ、御用留の記載内容をみることでその村政のありようを捉えることができる。

そこで当村に伝わる御用留の内容について確認してみよう。なお下鶴間村で現在確認できる御用留としての性格をもつ文書記録については、表2に示した。

①公所（№1〜9）

公所における御用留の伝来状況をみると、古木家文書内の九冊が確認される。[16]すでに旧稿において、幕末期に文書量の増加から御用留が同時期に二種類作成される点を述べたが、[17]ここではさらに詳細な検討を試みたい。まず、御用留の作成主体として「東役所古木藤吉」と「両給役所」の両者が確認される。記載内容の相違をみるため両者の作成年代が重複する№8と№9を比較すると、前者は地頭所（旗本屋敷）への出府や知行所上知等の領主に関わる文書、後者は関東取締出役への願書や見張番屋、道普請人足等の村（集落）単位で関わる文書がそれぞれ記されている。すなわち、№8は東役所（領主江原家知行所名主）が作成した御用留であり、№9は「両給役所」とあるように、公所における江原家と都筑家両給の役所が作成した文書記録と考えることができよう。

このほか、№1〜3の内容はいずれも、村入用を中心に地頭所出府、御鷹御用等がみられ、三冊とも東役所作成の御用留と考えられる。続いて№4・6・7は「両給役所」が作成した御用留であり、その内容をみると加助郷免除、当分助郷免除等の広域の役負担に関わる記載がみられる。そのなかで留意すべきは、堀浚人足、道普請人足の記事も同様に含まれる点であろう。天保〜弘化期には東役所の御用留に留められていた内容が、嘉永期には両給役所の御用留に含まれているのである。№5は前後欠であるが、先触廻状や道普請の内容が含まれることから、両給役所作成の文書の一部とみてよいだろう。

このように必ずしも欠本なく御用留が伝来しているわけではないが、公所においては嘉永期から、東役所（江原家知行所）と両給役所との二者によって御用留が作成されたことが明らかである。ところがその際、村（集落）単位で負担する人夫の記事が、従来の東役所から両給役所の御用留に記載されるようになる。これは村（集落）単位での諸役負担

表2　下鶴間村御用留記録一覧

№.	表題（仮題）	記載期間	作成者	内容	形態	備考
1	役用日記	天保12年7月～弘化2年	—	村入用、地頭所出府、堀浚人足、御伝馬人足、御鷹御用	横帳	前欠
2	（御用留ヵ）	弘化3年正月～嘉永2年7月	—	村入用、地頭所出府、伊勢神宮勧化、御鷹御用、触書写	横帳	前欠
3	（御用留）	嘉永2年～安政3年	—	村入用、地頭所出府、御鷹御用	横帳	前欠
4	役用日記帳	嘉永5年7月～嘉永7年	両給役所	加助郷免除願一件、関東取締出役関係、異国船触書写、道普請人足	横帳	
5	（役用日記断簡）	嘉永5年10月	—	道普請、先触廻状	横帳	前後欠
6	役用日記帳	嘉永7年3月～安政4年2月	両給役所	当分助郷免除願、外塚宿無尽一件、大山不動尊焼失見舞割合、梵鐘廻状、堀浚人足、大風損害、野火除人足、猛風による物価高騰ニ付難渋廻状	横帳	
7	役用日記帳	安政4年3月～	両給役所	検使につき用人蜂須賀恵輔入来、惣代役交代、外塚宿急廻状、道普請人足、触書写、支那人相書	横帳	
8	諸役用日記	万延元年4月～慶応2年12月	東役所古木藤吉	地頭所出府、御鷹御用、堰普請人足、目黒分継立人足、知行所上知	横帳	
9	役用日記帳	万延元年7月～文久3年	両給役所	見張番所帳面ニ付、外塚宿廻状、物価高騰ニ付関東取締出役宛願書、触書写、堀浚人足、道荷人足、見張所廻文、道普請人足、御證文御用書物長持人足	横帳	
10	諸用留	嘉永2年5月～	—	武州鶴間村・相州鶴間村飛地所持ニ付江戸出府日記	横半帳	
11	諸用留	安政5年9月～	—	地頭所用人中村東一郎御用筋ニ付申渡・請書、用人取計らい難渋ニ付願書	竪帳	
12	日記諸用留	安政5年10月	鶴間村西分役所	地頭所用人中村東一郎忌避ニ付江戸出府日記	竪帳	
13	諸用留	安政7年2月	下鶴間村西分	天保上知令の節年貢高書上、村内野地開発方関係文書	竪帳	
14	諸用留	安政7年3月～万延元年11月	—	【虫損のため開封不可】	竪帳	

〔典拠〕古木家文書（村政−42・50・54・63・64・71・80・98・99）、長谷川家文書（Ⅰ－B−52・91・122・136）より作成。

を両給役所という枠組みでもって新たに管理するようになったことをしめしている。よって公所における嘉永期の村政運営の変容を指摘できよう。

②宿（No.10〜14）

宿において現段階で確認できる御用留は、長谷川家文書内の五冊がある。近世後期、長谷川家は宿の名主を勤める家柄の一つであったが、幕末期に名主を勤めた九代当主権平が早世した後、文久二年（一八六二）に文書をほかの村役人に引き継いだ。ところがこの際に作成された文書目録には、御用留らしき文書記録を見出すことができない(18)。一方、長谷川家には豊富な情報を含む日記が伝来していることから、村政運営には御用留と日記の双方を用いていたことが想定される。

さて、これら五冊の御用留について考察を加えていこう。まず、No.10には相模国高座郡下鶴間村の飛地（境川を挟んで対岸に位置する武蔵国多摩郡鶴間村にあるとされる）に関わる訴訟の出府日記と入用書上が記されている。長谷川家文書の御用留のうち当帳簿のみ横半帳の形態をとっており、実際に出府時に携え当日記を書き記したものと考えられる。No.11・12は、安政五年（一八五八）都筑家の「雇」用人中村東一郎の当村出役に関わる文書で、うちNo.12は、彼に対する忌避運動がなされた際、主に江戸における領主や親類家等とのやりとりを記した日次形式の文書である。No.13には安政期に幕府代官江川太郎左衛門が開発推進を前提とした村況取調を実施した際に差し出した文書類が留められている（No.14は簿冊の状態が悪いため、開いて閲覧することができず、内容不明）。

これらのうち、No.12・13の表紙には、それぞれ「鶴間村西分役所」「下鶴間村西分」と明記されており、内容は当村宿の都筑家知行付百姓に関わる。したがって宿の都筑家知行所の村政は「西分役所」においてなされたことが確認できる。

宿と公所の御用留と比較すると、宿においては№10を除き、日次形式ではなく案件ごとに御用留が作成される傾向がみえる。この要因には、公所では近世後期に古木家が世襲で名主役を担ったのに対し、宿では年番や月番で名主役を担ったことによる文書管理の問題も影響していよう(19)。到来する文書をいかに情報資源として村政運営のために蓄積していくのか、集落間において認識に相違があったことも考えられる。

以上、三給支配を受けた当村は、近世後期において給分とは別に集落ごとの村政区分が存在しており、嘉永期以降そのありようは、A公所の江原家知行を管轄した東分役所、B宿の都筑家知行を管轄した西分役所、C公所の江原・都筑両家の両給を管轄した両給役所、というように役負担に応じて村政が分掌され運営されていたといえよう。ただし、ここで注意を要するのが、東分役所と両給役所が全くの別組織であるか否かという点である。両者で作成された御用留はともに古木家文書に伝来することをふまえると、役所や担い手が重複していたことも看過してはならない。したがって、村政を司る役所や担い手は明確に分掌されるまでには至らないものの、情報資源を分けて蓄積することで、村政運営の合理化を図ったものと理解するのが適当であろう。

そして役所名等は史料上で散見できなかったが、後述するように、同村江原家知行所において公所分の年貢を宿の知行所村役人が取りまとめ江原家に納めていたことから、宿にも江原家知行を管轄する役所があり、同様に都筑家知行を管轄する役所が公所にもあったと想定される。一方、史料の制約上、宿における両給知行の役負担を扱う役割が分掌されていたか否かは現状では判然としないため、ここでは留保しておきたい。

第二節　村内集落「公所」と「宿」

ここまでみてきたように下鶴間村は、公所と宿それぞれの集落が別村のように村政運営を行っていた。こうした村あるいは集落のありようを、当時の村民たちはいかように捉えていたのであろうか。そこでここでは、年貢納入方法をめぐる動向と集落の鎮守に関わる一件をそれぞれ取り上げ、当村の行政単位と生活圏について考えてみたい。

1　年貢直納願いと入会地利用

下鶴間村では史料の伝来状況から考えると、少なくとも十九世紀以降、江原・都筑両知行所ともに公所名主が北部集落の年貢を集め、皆済目録とあわせて宿名主に渡し、そこから領主に納入していた。ところが、天保六年(一八三五)正月、公所の江原家知行が宿の同知行にたいして皆済目録を提出せず、難渋した宿分村役人がこれを訴えている。公所の主張は、これまで宿とは別村の取扱いをされており、年貢も公所で一度取りまとめたものを宿に渡してきた。また、宿の枝郷のように公所を扱うのは心外であるとして、領主への年貢の別納を求めている[20]。翌二月にも公所は、宿分と二組で当村が成り立っていることを述べたうえで、公所名主が単に年貢収納にのみ従事しているように聞こえる「取立名主」などと称することを忌避している。

このように公所がしきりに年貢の別納を求めるのは、いかなる背景によるものであろうか。

公所名主をつとめた古木家文書をみると、この年貢直納の訴えが起こる二年前の天保四年に、村内入会地の浅間腰堰山をめぐって公所と宿とが争っていたことが判明する。その内容は、村内の用水堰の普請のために堰山を伐採しようとする宿と、浅間腰堰山は堰山ではなく道橋屏普請に使う橋木山だと主張する公所とで対立したものである。結果、名寄帳に堰普請杭木山に下し置くとあることを根拠に、今後売木は双方立合のもと代金の四分の一を公所分とし、普請においては人足賃金などを公所から四分の一を差し出すことが取り決められる[21]。賃金負担が軽減された一方で、公所に所在する入会地利用の権益が四分の一と規定された点をふまえると、公所としてみれば不満の残る取り決めであったろう。こうした争いが年貢直納を願う温床の一つとして存在していたことがうかがえよう。

さて、対する宿側の論理はいかなるものであろうか。争論の経緯の一端をうかがうことができる宿村役人が記した願書をみよう[22]。

〔史料2〕

乍恐以書付奉願上候

江原隼人正様御知行所相州高座郡下鶴間村名主豊八代都筑又兵衛知行所同州同郡同村名主代治兵衛奉申上候、当村之義者右両給入会弐給ニ而高四百石之村方ニ而、同州矢倉沢往来其外所々江之継場ニ而、私共方幷ニ百姓住居罷在字公所と唱候場所本村より五六町相隔百姓住居罷在、諸人馬触当者勿論都而私共差配致、公所分年貢諸役銭之儀も私共江請取候上地頭所江相納皆済目録私共江御下ヶ有之、公所分より勘定書私共江差出シ来り同所江之地頭申渡其外諸用向被申付候節も私共江御達シ有之、其時々公所分役人江私共より申達御用幷ニ相成候趣者、先達而中より江原隼人正様御分名主豊八・組頭利右衛門・百姓代利兵衛右三人之者共より再応御願奉申上候通り近年公所藤吉と申者名主役ニ相成、都而両給共私共之差配相拒時々差縺出来及迷惑ニ、尤年貢諸役銭之義者私共江相納来候処、近年江原隼人正様御分字公所分皆済等閑ニ致置、一昨巳年ハ堰山之儀ニ付及出入、其節御両給御立会御吟味有之候処、公所分之者共申立不筋ニ付御取用ニ不相成、前々裁許之形ヲ以堰普請等之儀者正人足公所分より差出シ相勤、古例可相守旨両地頭所より被申渡候得共、年貢皆済勘定書矢張相給公所分不差出無拠当春中右三人之者より申立追々御吟味有之候処、公所分新規之儀而已取扱申立候故御取用ニ不相成、年貢之儀者公所分名主藤吉より豊八方江相納皆済之節ハ勘定書相仕立豊八方江差越候ハヽ、豊八方より請取書相渡為取替ニ致候筈被仰渡候ニ付、一村安隠ニ相治り可申と存罷在候処、右藤吉義当七月中死去致、其後同人倅良助義元来公所分本村ニ候処、私共より先規ニ無之儀を度々申出入を仕掛及難義ニ候等箇条を以願出候段地頭所より被申聞、則願書写御下ヶ有之驚入見届ヶ候処、全良助義程々取扱相違之儀申立候願ニ付是又驚入罷在、然ル処当十月中右三人之者共被召出公所分より金子差上候ニ付、同所年貢直納申渡候間其旨相心得請書可差出旨被申渡、当惑仕御請相成兼金子上納致候迚前々仕来ニ相振候而者私共給分迄相治不申、殊ニ隣村江も相響、一村両給混乱之基難儀仕、御勝手向御差支有之、右之通被申付候義ニ御座候ハヽ、金子之儀者相働差上候間先前仕来ニ不相振様仕度旨私共一同願書再三差上候処、其時々御取上ニ者相成候得共只今以相手良助義御呼出シも無之、殊ニ月廻ニ相成御免状御渡ニも無御座、御年貢取立ニ差支別而難渋仕候、畢竟字公所分良助親藤吉之存意を継、別村之様相心得、都而等閑ニ致丈と申ハ私共差配を不請全別村ニ可相成行故先前仕来相守候筈度々被仰渡御座候義ニも不差構取纏候願書等差上候様之儀ニ御座候得者、年貢直納ニ相成候上ハ猶又別村と相心得差配を相拒候ハ暦然、元来当村之義ハ御鷹御用親村ニ而組合五拾五ヶ村有之、水夫人足御継立人馬高割ヲ以相勤来候処、公所分引分レ候而者親村より差支を仕出候故、組合江相響一同之差支ニ相成、矢倉沢往来人馬継立　御朱印御證文御用御通行其外御普請役様方幷御巡見之節ハ当村御宿ニ而、組合村々御呼上・御取調有之御止宿・諸用人馬継立・鎌倉大筒御鉄炮人足高百石ニ付凡拾弐三人宛触当・八州御取締様方御休泊・囚人御預ヶ番人足・鎌倉より八王子往来其余諸家様方御通行人馬勤方公所分引分候得者差支ニ相成、右之外ニも堰普請村用万端差支者勿論当時者公所分年貢而已直納ニ而外諸役者可相勤等可申候得共、索々別村ニ可相成との巧ニ而程々相違之願書差上仕来を相破候様之者共ニ候得者、追々差支之廉々出来候ハ暦然、前書之始末ニ御座候間豊八方ハ勿論私方共両給村内相治り不申金子御用ニ候ハ、相働可申段者前文ニも申上候義ニ御座候間、都而先前仕来不相崩平和ニ相治り候様仕度何卒以　御慈悲ヲ相手良助被召出同人取扱之願書等差上年貢直納ニ相成始末御吟味之上、先規之通被仰付被下置候様江原隼人正様江御聲掛被成下置候様奉願上候、以上

天保六未年十二月

江原隼人正御知行所
相州高座郡鶴間村
名主　豊八代
都筑又兵衛知行所
同州同郡同村
名主代　治兵衛 ㊞

大御目附
初鹿野河内守様

当史料は、宿名主代である治兵衛が幕府大目付に対して差し出した願書である。彼らがなぜ大目付に対して願書を差し出したのかについては後述する。

このなかで宿は「本村」と称され、そこから五～六町離れた公所には、諸々の用向きをすべて宿から差配してきたとする。ところが公所名主が藤吉となってから、江原・都筑両知行ともに宿分からの差配を拒むようになり、迷惑していると述べる。前述の村内入会地をめぐった争論も一連の争いとしている。

当年七月、宿分の差配を拒み続けた藤吉が死去してもなお公所の領主への訴えが続き、ついには領主江原家が、公所百姓からの献金と引き替えに年貢直納を許可する。これまでの村内の先例を百姓からの献金によって江原家が覆してしまったことに、宿分村方は「殊ニ隣村江も相響、一村両給混乱之基難儀仕、御勝手向御差支有之」というように当惑するも、もはや江原家も取り合わず、公所良助は藤吉の存意を継ぎ公所が別村であるとたびたび強調している。

宿が公所と別村となると難渋する理由として挙げるのは、当村に次の諸役が賦課されていることに依っている。

①五五か村からなる鷹場御用組合の水夫人足継立人馬の負担。
②矢倉沢往還人馬継立にあたる公儀役人の通行・休泊御用ほか囚人御預ヶ番人足の負担。
③村内堰普請入用の負担。

以上の年貢以外の諸役を、下鶴間村という一つの行政単位でもってこれまで請け負ってきたが、「年貢直納ニ相成候上ハ猶又別村と相心得差配を相拒候ハ暦然」すなわち、年貢直納が認められれば公所は別村であるとして宿の差配を拒むことは明白である。そうなると、これらの諸役を公所以外の百姓たちで負担せねばならず、組合村々や隣村にも迷惑が及ぶと述べている。宿としては公所の年貢直納を許容することが、そのほかの諸役負担をも揺るがし兼ねない事態に陥るのではないかと懸念したのである。それゆえ献金によって公所と結びついている江原家を避け、江戸幕府の大目付にたいし、江原家に「御聲掛」下さるよう宿の名主らは願い出たのであろう。

この願書が実際に大目付に取り上げられ裁許されたか否かは、現存する史料からは定かではない。そこで、江原家知行所公所分の年貢皆済目録をみると、争論が起こるまでは宿と公所で一冊の帳簿であったものが、天保六年以降の当文書群に伝来する皆済目録すべてが、当村全域から公所分のみを記載した様式に変容している様子がうかがえる。つまり、天保六年の争論を経て、宿と公所でそれぞれ別々の皆済目録が作成され、それとともにおのおのが江原家に年貢を上納する仕組みが定着したのである。

一方、都筑家知行所における年貢納入の仕組みについては、同時期に記載が変わった形跡はみられない。したがって、天保六年の争論においては江原家知行所内における対立が色濃く、結果として、同知行についてのみ年貢納入方法が宿と公所それぞれの集落ごとで上納する仕組みとなったといえよう。

なお、万延二年（一八六一）正月に公所名主の古木藤吉が村内で殺害されている。[23]実際に犯行に及んだ人物は当時宿に居住した人物であったようだが、[24]動機が明確ではなかった。しかしながら、公所に所在する入会地の利用が規定されたことにより、公所の宿に対する対立姿勢は強固なものとなっていたことが想定される。こうして公所の年貢直納が実現し、いよいよ集落間の対立構造が深刻化するなかで起こった事件と考えるならば、村社会において両集落が独立した性格を有するがゆえに生じた事態として位置づけられよう。

2　集落の鎮守と地域結合

下鶴間村にはいくつかの社殿が所在するが、なかでも公所の浅間社と宿の諏訪社が双璧をなし、両社はそれぞれ公所の鎮守と宿の鎮守になっている。[25]このようなありようも、両集落それぞれが別村のように認識された所以である。

さて、両社のうち公所の鎮守である浅間社の御神体の扱いをめぐって、嘉永三年（一八五〇）以降、またもや公所と宿が争っている。さらに今回の一件では、百姓のみならず、観音寺の僧侶覚燈も訴えに及んでいる。観音寺は宿に所在する古義真言宗の寺院であり、近世後期には諏訪・浅間両社の別当をつとめていた。

それでは一件の経緯について触れていこう。ここでは一件の済まし方を記した済口證文を確認したい。やや長文であるが全文を掲げる。

〔史料3〕[26]

差上申済口證文之事

江原出羽守知行所相州高座郡下鶴間村字公所名主藤吉外廿六人・都筑幾太郎知行分同村同所月番名主啓次郎外廿三人共五拾壱人惣代右藤吉・啓次郎より出羽守知行所分同村字目黒百姓小左衛門外八人江相掛理不尽出入申立、去戌九月中　池田播磨守様江奉出訴、同十月十一日御差日之　御尊判頂戴相附、相手方より者返答書奉差上、追々御吟味中引合人をも被　召出猶御吟味中之処、双方篤と掛合之上熟談内済仕候趣意左ニ奉申上候、
右出入訴訟方申立候者当村鎮守之儀、私共古屋敷続ニ社地有之、神体富士浅間宮ニ而目黒迄之惣氏神ニ御座候而、至而旧社之処寛政度焼失之砌、宮元氏子ニ而神体其外持出、其上目黒江致沙汰下火共消止、其後神体幷棟札等観音寺江預ヶ置、年々祭礼之砌者社江持参致、参詣来候処、又候一昨申年焼失之砌も宮元ニ而消止目黒江も致沙汰、其後氏子一同相談之上漸当年普請出来先月七日遷宮仕候処、同日夕刻ニ至目黒之者共俄ニ右神体可持帰旨申出候間、普請出来遷宮も相済候上、神体観音寺江差置度段申之、社内神体無御座候而者不都合ニ而、年中致参詣候者も無之、旁以其儀相成兼候旨宮元氏子共一同より申談候得共、更ニ不聞入彼是差縺候ニ付、扱人立入、為相任貰度目黒村役人共江及掛合候処、可任其意挨拶有之候得共、相手之者共不承知申之、村役人共者承知挨拶乍致支配小前之者共ニ我意被申限候而ハ扱人江対し面目ニも拘候旨を以精々申諭候得共、相手之者共承引無之面体不存者壱両人先立ニいたし、銘々本社江押入手込ニ神体持帰、一体右浅間宮者古来古木宮内と申神主有之、今以社地続地名も御座候而、神主及潰ニ候より今般之仕合相手俗人共手儘ニ取計候様成行、神体さへ右様手儘ニ取扱候者共、往々社地立木等私欲可致存意と相見江何様之儀仕出可申も難計旨、其外品々訴上、且相手方ニ而者村方之儀相州矢倉沢幷東海道筋より甲州道中八王子江之脇往還継場村ニ而当所を宿分と唱、御用御継立人馬相勤、訴

訟方居村者往来より余程隔居、急御用人足等不相勤字公所と唱、万事宿分之もの共重立取計、村惣鎮守浅間社地者人家離レ山中ニ而、野火有之場所数度社焼失仕候得共、神体観音寺江安置守護罷在候故、無難ニ而公所分子ノ権現其外小社ニ至迄却而観音寺別当ニ有之、鎮守浅間祭礼之儀者年々六月朔日・十五日ニ而同寺安置之、浅間同日朝社内江持出、夕刻持帰、来戌年再建宮普請出来遷宮式執行観音寺奉弊いたし、同寺ニ有之候処浅間木体も持出、先規通夕刻可持帰と存候処、訴訟人藤吉儀、右木体宮内江差置度様、新規之儀申募俗家之非分神仏守護方江可差障訳無之、其段藤吉江精々申諭候得共、不聞入往古柴宮内と申神主有之趣申伝迄之処、古来宮内と申神主無之其外宿分氏子共より手差難為致抔申募無法之儀ニ付、両地頭所江申立出訴可仕と無余儀、観音寺儀本山添翰を以寺社　御奉行　脇坂淡路守様江奉出訴処、右始末者　右播磨守様江御達被成下候段被　仰渡罷在候旨、其外所々言上将又引合人組頭小左衛門・観音寺檀中物代兼宿分名主倉右衛門より申立候者、鎮守神体と申者無之、文政度地誌御調之節書上候通弊を神体と致尊信、都而先規仕来相守候様いたし度旨申立、御吟味中篤と及掛合候処、浅間宮神体観音寺江差置度旨申立候ハ相手方心得違之段相弁、本社江相納候処是迄□神体と心得居候者仏像ニ付、右者観音寺江其儘差置、以来地誌御調之節書上候通り神鏡神幣を以神体と可致処、当時神鏡無之候間神幣を以神体といたし、追而神鏡出来候ハ、両様を以神体と可致、且前々より之棟札本社江相納、其余之義者都而是迄之通相心得、一同睦敷相談之上万事差支無之様取計候筈取究双方無申分熟談内済仕、偏　御威光と難有仕合奉存候、然ル上者右一体ニ付重而双方より御願筋毛頭無御座候、依之為後證連印済口證文差上申処、如件

江原出羽守知行所
相州高座郡鶴間村
字公所名主藤吉外弐拾六人

嘉永四亥年

都筑幾太郎知行分
同州同郡同村
同所月番名主啓次郎外弐拾三人
右五拾壱人惣代
訴訟人　右名主　藤　吉
同　月番名主　啓　次　郎
右出羽守知行所
同州同郡同村
字目黒百姓小左衛門外六人代兼
相手　百姓　卯　五　郎
古義真言宗
同　観音寺　覚　燈
右観音寺檀中惣代兼
名主倉右衛門煩ニ付代兼
鎮守富士浅間宮氏子九拾三人惣代
引合人　組頭　利右衛門
右幾太郎知行分
同州同郡同村

同所組頭小左衛門煩ニ付代兼
右浅間氏子九拾三人惣代
同　名主　治兵衛
右　藤吉
啓次郎
卯五郎㊞
覚燈㊞
利右衛門㊞
次兵衛㊞

御評定所

前書之通済口證文奉差上於　御評定所御掛　池田播磨守様より御聞済之旨被　仰渡候間、為後證写を以為取替申処、如件

一件は浅間社本殿が寛政年間に焼失したことに端を発す。まず、公所側が述べるには、本殿が焼失したため、浅間宮の普請が済むまで神体と棟札は別当である観音寺に預け置かれることとなったが、例年祭祀の折には観音寺から神体を持参していた。そして嘉永元年に浅間宮は再び焼失し、その普請が当年ようやく成就し神体を遷宮した。その矢先、宿（史料上では目黒）の者たちが、無事普請が済んだので神体を観音寺に戻したいと口にして持ち帰ってしまったという。

対する宿側の主張は、御用継立を負う矢倉沢往還に面した宿から公所は離れた位置にあるため、諸役は主に宿が

担っているとする。次のように主張した。そして村惣鎮守の浅間社は人家から離れた山中にあり、野火のある場所でもあるためこれまで数度焼失しており、神体も別当である観音寺で預かっている。浅間社祭礼の折はその都度遷宮しており、昨年の浅間宮普請出来の節もその通りにし、観音寺にある浅間木体もその際持参した。ところが公所の者はその木体を神体であるとして浅間社に差し置きたい。もはや宿側としては両地頭所に訴えるよりほかなく、別当観音寺は本寺より添簡を得て評定所に出訴したのである。

結果として得られた裁きは、まず鎮守浅間社の神体というものはそもそも存在せず、これは文政年間に行われた幕府による村々の地誌取調の際に書き上げられた通弊によって神体と信じ込んでしまったものであるとした。現に公所が神体であると述べる木体は仏像であり、これまで通り観音寺に差し置くべきものとされた。さらに神鏡と神幣をもって神体とし、観音寺が預かっていた棟札のみ浅間社に納めるべきとされている。

先にみた宿と公所の対立は、江原家知行所における年貢諸役や入会地利用をめぐり生じたものであったが、当一件においては、江原・都筑両知行が公所と宿同士に分かれて争っている。つまり村の鎮守という信仰や慣習に基づく集落の結合が一層色濃くみられた争いといえよう。とりわけ論点となっているのは、鎮守の神体という信仰対象の有無に関わる問題であり、裁許は旗本領主ではなく評定所においてなされている。

このように領主支配のうえでも別村のように機能していた公所と宿であったが、実際に相互間の距離が離れていることも影響して、役負担や入会地利用においても認識の異なる部分が存在していた。また村の鎮守をめぐった争いにおいては、知行よりも鎮守の所在する集落としての結合が強くみられ、集落と知行の相互が重なり合った村落構造の一端を確認することができた。そして、こうしたなかでも公所と引き分かれることを宿が拒んだ論理は、下鶴間村がこれまで負担してきた御鷹御用や矢倉沢往還人馬継立等の公儀諸役の差し支えとなる、というものであった。つまり、行政村として負担する公儀諸役が集落間対立を内済させる要素の一つとなりえたのである。

第三節　相給争論

相給村落内において生じる越石は近世において一般的であり、年貢収納において越石を管理する帳簿は必須であった[27]。ただし他領の知行地に賦課される年貢諸役等は、必ずしも自らの属する知行地と同様ではなく、それゆえ相給間における負担の相違を要因とする争論は広くみられる。

当村の領主都筑家は安政三年(一八五六)、知行所村役人に対し「御下ヶ代金」を下付し、流地となった知行地の請け戻しを指示している[28]。当該地がもともと都筑家の「御薪林」であったことも影響していようが、越石の増加が領主にとっても憂慮すべきものとして認識されていたのであった[29]。

さて、万延元年(一八六〇)十二月、下鶴間村において江原家知行と都筑家知行とが越石をめぐった争論を起こしている。一件の経緯については表3に掲げる。

争論の発端は、村内都筑家の知行地およそ二〇石余の田畑が質流となったのち、江原家知行付百姓によって所持されるようになったが、都筑家知行所村役人から年貢のほかに「高掛」として高額な取立がなされたことによる。都筑家知行所村役人によると、この「高掛」は「去午年(安政五年)別段臨時相懸り候分」であり「仕来之通高割」にしたという。すなわち高額な高掛の賦課の内訳は、安政五年に臨時入用金が掛かった分であり、よって先例に従って高割にて賦課を行ったとされる。

安政五年には都筑家の「雇」用人中村東一郎が、下鶴間村に取締を名目として出役している。中村はその際、知行

表 3　下鶴間村相給争論経緯

年月	内容	差出人→請取人
万延元年12月	江原家知行付百姓は質地となった都筑家知行地の田畑20石余を所持している。この田畑に掛かる年貢諸役以外の法外な金額を高掛と称して取り立てられ困惑している。村役人に「御作法之取計」を致すよう仰せ聞かせて欲しい	江原家知行付百姓 →都筑幾太郎役人中
万延 2 年正月	法外な高掛と称するものは、安政 5 年より別段臨時に掛かった分を高割にし賦課した諸役であり不正の割合ではない。藤吉ほか 3 名は皆済済みだが他の百姓らは年々納入がなく際限がないため納入を願ったものである。	都筑家知行所役人惣代 →都筑家役人中
文久元年 4 月	安政 5 年諸夫銭滞る者が多く、地頭より相手の者に「地所可差戻旨」を申し渡したが難渋の趣を申すのみで、夫銭も皆済していない。一方皆済の者共も等閑の心底が生じ、都筑家知行所村役人のみ難義している。何卒召出の上吟味を願う。	都筑家知行所役人惣代 →勘定奉行所(酒井隠岐守)
文久元年 5 月	相給14人に掛かる難渋出入の件、酒井隠岐守に差し出し、訴状が受理された。追って沙汰がある。	都筑家知行所役人惣代 →都筑家役人中
文久元年 7 月	諸夫銭滞りの件は御差日以前に扱人の立ち入りによって、年貢諸役ほか高掛末々まで割付通りこのたび残らず皆済し、臨時金についても出金すべきとして示談が行き届き、熟談内済となった。	都筑家知行所役人惣代 →江原家知行付百姓 →評定所

〔典拠〕「万延元申年十二月より文久元酉年迄相給十四人江相掛難渋出入願書之写其外一件中請書物類」（長谷川家文書Ⅰ－B－137）より作成。

所に対し諸取締とともに多額の御用金を賦課し、知行付百姓らを困惑させている。(30) 結果、中村の所業を領主である都筑家に訴えるべく知行付百姓らは江戸に出府し、二か月近く滞在している。よってこの時に要した御用金と江戸滞在費を含めた諸入用が「別段臨時相懸り候分」に該当すると考えられる。

次に高掛の納入状況はというと、古木藤吉をはじめとする数名の村役人層は納入を済ませているが、ほかの江原家知行付百姓は、たびたびの延納が続いているという。当該期の下鶴間村百姓の持高を確認する(31)と、当村は数家の豪農と持高の低い小百姓とで構成されていたことがわかる。このことから、有力農民を除く百姓らは、高額な臨時入用の納入を容易にできなかった状況が想定され、よって彼らが意識的に納入を拒んでいたとは一概に言えないだろう。このような状況から、当一件は勘定奉行による吟味を経て熟談内済となる。

さて、当一件において着目すべき点は、都筑家「雇」用人にかかわる旗本知行所支配の影響が、臨時入用金の賦課という形で江原家知行に属する越石百姓らにも直ちに及んでいるという点である。江原家知行付百姓にしてみれば、相給領主の都筑家との関係性は、越石分の年貢諸役を納めるだけではなく、都筑家の家政状況や知行所支配による影響も多分に受けるということになる。たとえば、「雇」用人一件のさなか、江原家知行所名主藤吉と倉右衛門が都筑家知行付百姓に対する処遇について、都筑家に対し用捨を求めている。(32) このようなありようは、相給百姓らの処遇を案じたのみならず、のちに越石百姓らにも影響が及ぶことを危惧した、危機回避をはかった対応とみなすことができよう。(33) このように、相給知行に属する土地所持は相給領主による支配が及ぶことをも意味していたのである。

結び

以上、下鶴間村を事例として、村内集落を孕む旗本相給村落の特質について考察した。本章において明らかにした点をまとめたい。

まず、御用留の分析から村政運営上、同知行所においても集落ごと（東西役所）に業務が遂行され、集落単位の業務は、嘉永期の両給役所設置によって分掌して行われるようになった。松平家知行所における年貢収納については、享保十二年（一七二七）に不足分が判明したことを受け、以後反別と年貢高を確認のうえ、和泉村に納入するようになった。両者とも相給村落における村運営の展開がみられた画期として捉えられよう。

続いて、別村のように機能していた公所と宿の両集落についてみると、以前から相互に争ってきた公所と宿の関係性においては、地理的な立地、負担する諸役、入会地の利用等といった多様な地域的論点が介在していた。それゆえ公所と宿が関わる諸争論は、個別的ではなく一連の争論として理解することが当村の様相を把握するうえで重要な点であろう。

ところが、このような集落間の争いは当村に限らず多くの場合内済となる。それには村共同体の維持に抵触するおそれが生じ、結果内済を選択する村内集落のありようが一因している。さらに当村においては、一村で請け負っている諸役の遂行の問題が内済の要因として作用していた。よって集落間の争いが行政単位としての村によって規定されていた一面をうかがい知ることができよう。これは土井浩氏の述べる知行と村共同体が矛盾しない関係性にあることを裏付ける動向として捉えられる。

相給間における争論においては、知行所村落における越石の増加・促進という状態を憂慮する領主層の認識が存在していた。その一方で、越石という状態に起因して、知行所支配の影響が越石百姓らに直ちに及んでいる様子がみられた。したがって相給領主と越石百姓の関係性は、単なる年貢諸役の賦課—遂行といった年貢収納にとどまらず、同村で経済的な関係を構築した旗本江原家と長谷川家のように、双方が人的結合を取り結ぶ契機ともなりえたと考えることができよう。

このように、下鶴間村においては、集落間と相給間ともに、相互の有する特質に起因して争論に至ることも少なくなかった。ところが、組合村などを基準とした村単位で課された公儀諸役を遂げるという論理によって、一村という枠組みは健在であり、村内集落、知行、そして村が相互に矛盾せずに成り立っていた様子がみられた。さらに給分を越えた土地所持が顕著にあらわれる近世後期において、旗本領主と知行所村落の関係性は、相給知行をも含み込んだ社会構造へと展開していた。越石の促進と常態化は、村の領主と百姓の間で多様な人的結合が取り結ばれる一つの契機となったのである。

註

（1）白川部達夫「旗本相給知行論―石高知行制と村共同体の一視点―」（関東近世史研究会編『旗本知行と村落』文献出版、一九八六年、後に同『旗本知行と石高制』岩田書院、二〇一三年に所収）。
（2）西脇康「旗本相給村落の性格」（前掲註（1）関東近世史研究会編『旗本知行と村落』）。
（3）土井浩「相給村落における知行付百姓」（前掲註（1）関東近世史研究会編『旗本知行と村落』）。
（4）水本邦彦『近世の村社会と国家』（東京大学出版会、一九八七年）。
（5）小高昭一「近世村落と組―三州設楽郡奈根村を事例として―」（駒澤大学大学院『史学論集』第一四号、一九八四年）。
（6）関口博巨「近世関東の「村」と村運営」（『地方史研究』第二四一号、一九九三年）。
（7）福重旨乃「村組と村請制」（『法政史学』第五四号、二〇〇〇年）。
（8）白川部氏が前掲論文において示唆的な展望を述べたほかには、井上攻「相給村落の村組と知行所―下野国芳賀郡七井村の事例―」（『湘南史学』第七・八合併号、一九八六年）などがみられる。
（9）同様の地域をさして「目黒（めぐろ）」とも称することがある。本章では煩雑さを避けるため便宜的に「宿」に統一して記した。
（10）『地方凡例録』（大石久敬、寛政六年）で述べられる「越石之事」とは分郷によって不可避的に生じた「継合越石」をさすが、一般的に百姓が使用しているのは分郷以降の給域を越えた百姓の土地移動によって生じたものをさしている。
（11）明治三年「村差出明細書上帳控」（長谷川家文書I―B―二一二三）。

(12) 元治二年「御年貢皆済目録」(千葉県文書館収蔵村井家文書、『大和市史』4資料編近世、一九七八年)。同文書群中の「安政四年分和泉村年貢勘定帳」(『神奈川県史』資料編8近世5上、一九七六年)においても同様の記載が確認できる。

(13) 和泉村を介した年貢納入方法については『大和市史』2通史編近世(一九八三年)においてすでに言及されている。

(14) 安政七年「和泉分名寄」(古木家文書〈目録　一〉土地‐四)。

(15) 関東農村において比較的作成年代の古い御用留としては、武蔵国足立郡南村(埼玉県上尾市)の元禄六年のほか、近年新たに忍藩城付地にあたる武蔵国埼玉郡樋上村(埼玉県行田市)の元禄四年の御用留が確認されている。森安彦「「御用留」の性格と内容(一)」(『史料館研究紀要』第一九号、一九八八年)、『行田市史』資料編近世1(二〇一〇年)。

(16) 『古木家文書目録Ⅱ』(株式会社永屋、二〇一三年)において、内藤敏男氏は、古木家に伝来する役用日記帳を一般にみられる御用留よりも豊富な情報を有した記録として捉えている。

(17) 拙稿「近世後期、旗本知行所における文書管理認識の変容―相模国高座郡下鶴間村を事例として―」(『大和市史研究』第三七号、二〇一二年)。

(18) 文久二年「諸帳面其外請取帳」(長谷川家文書Ⅰ‐B‐一四二)。

(19) 拙稿前掲註(17)「近世後期、旗本知行所における文書管理認識の変容」。

(20) 天保六年「(訴状)」(古木家文書〈目録　一〉村況‐一二)。

(21) 天保四年「(請書)」(古木家文書〈目録　一〉村況‐一九)。

(22) 天保六年「乍恐以書付奉願上候(公所分年貢直納、諸用向を先規通り一給で行う旨願書)」(長谷川家文書Ⅰ‐E‐八六)。

(23) 一件については、内藤敏男「相州高座郡字下鶴間村公所名主藤吉横死一件」(『大和市史研究』第二三号、一九九七年)

に詳しい。

(24)　当人物はかつて江原家知行所の地代官を勤めたとみられ、享和二年に村内入会地の起返しを行い相給知行間における争論の発端を作った人物である。

(25)　両社以外にも「子権現社」「住吉社」が「村の鎮守」として『新編相模国風土記稿』第三巻(三五〇頁)に記される。「子権現社」と「住吉社」は現在浅間神社境内に合祀されている。

(26)　「(済口證文)」(古木家文書〈目録　一〉寺社—二九)。

(27)　古木家文書においても、享和二年「越石田畑新畑帳」(古木家文書〈目録　一〉土地—一〇)が確認される。

(28)　嘉永六年「公私加印帳」(長谷川家文書I—B—六四)。

(29)　西脇氏も領主が流地を請け戻させる動向を見出している。

(30)　拙稿「近世後期旗本領支配と知行付百姓の「譜代意識」」(『地方史研究』第三六七号、二〇一四年、本書第二編第五章)。

(31)　本書第二編第二章の表11。

(32)　前掲註(28)嘉永六年「公私加印帳」。

(33)　また、近世後期に江原家が都筑家知行付百姓にあたる長谷川彦八と経済的な関係を取り結んだ背景としても、同様の論理がはたらいたものと捉えることができよう(本書第二編第二章)。

第四章　「雇」用人の登用・罷免と旗本親類家の役割

──都筑家を事例として(二)──

はじめに

本章では、江戸の旗本社会において親類家がいかなる役割を果たし得ていたのか、旗本家における「雇」用人の登用・罷免の過程から検討する。

武家にとっての親類家の位置づけに言及する研究としては、武家の相続をめぐる研究視角(1)から多くの蓄積が得られている。なかでも、笠谷和比古氏は「御家」の維持・存続にかかわる主君「押込」や隠居の問題について、幕府は「大名家内部の問題に対して直接的介入を避け、当該大名の親類大名(旗本)による親族団内部での協議に問題の処理を委ねる傾向にあったと解される」と述べ、親類家の果たす役割の重要性を指摘する(2)。

旗本の親類家については、伊藤孝幸氏が、交代寄合美濃衆高木家の親類縁戚関係の構築を明らかにし(3)、高橋実氏が、旗本北条氏和の家政改革にあたり江戸幕府からの「厳重之沙汰」によって氏和の妹の嫁ぎ先である旗本勝田家に家政運営全般を委任する動向を明らかにした(4)成果などがある。

また、旗本用人のあり方のなかで親類家に触れた研究としては次のようなものがある。石山秀和氏は、旗本筒井政憲に奉公した賄用人青砥秀次郎の事例から主君の親類家においても幅広く入用金の融通を行っていた動向を指摘し(5)、芦田伸一氏は、交代寄合山名家の分家旗本山名家の事例から、知行所村役人の要請を受けて本家より分家に派遣された家臣「附人」の家政改革を明らかにした[6]。野本禎司氏は、旗本三嶋政養を事例に、同家の人員削減にともない政養の実家旗本夏目家から臨時的に用人職を担う「介勤」が行われたことや、同家を暇となった後の跡役の世話まで行われたことを指摘した[7]。これらの研究では、専門的な技量を有した「渡り者」の家臣や用人[8]が主家の役職就退任等に応じて本家・分家・親類家を行き来する事例が多く取り上げられている傾向がある。

一方、近世後期にはいわゆる「悪」用人とも称される人びとも存在していた。関東近県の自治体史においてもしばしば彼らが知行所から忌避される動向が取り上げられるものの、その多くが近世後期における社会の動揺と関連したものとして説明されており、必ずしも積極的な位置づけは行われてこなかった。しかし「悪」用人の登場は、たとえば武陽隠士著『世事見聞録[9]』においても克明に叙述される社会現象であるし、十九世紀以降に頻発した「悪」用人の忌避運動もまた単なる偶発的な民衆運動の発露とは捉えにくい。むしろ、近世後期の旗本家をめぐる社会構造のなかで彼らがどのように位置づいていた存在であったのか、旗本知行所支配の特質と関連させて捉え直す必要があろう。

そうしたなかで、芦田伸一氏が用人忌避運動の分析を通じて「知行所の村役人は領主である旗本において解決できない場合、もしくは要求が入れられない場合には、その本家筋、親類筋、上役筋へと上訴し、問題の解決をはかることができた。これは一領主の不正・不当な取り扱いを許さず、領主集団としての責任ある対応を要求する動きとみることができるのである[10]」と述べているのは示唆的である。つまり、知行付百姓の立場からすれば、問題解決のためなら旗本領主だけでなく本家・親類家・上役へと上訴する余地を有していたというのである。たしかに、類似する訴願をみても同様の傾向を見出すことができるが、それは民衆側の選択肢の問題というよりも、むしろ江戸の旗本社会における秩序や慣行に起因しているようにも思われる。

そこで本章では、江戸の旗本社会において親類諸家が果たしていた役割について、「雇」用人の登用・罷免の過程から検討を試みる。事例とするのは、相模国高座郡下鶴間村のうち二〇〇石を知行する旗本都筑家における「雇」用人の登用と忌避をめぐる一連の親類家の動向である。知行地が一か村に限られるという意味では、他の知行所村々が存在しない分、家の維持・存続にあたって関与が想定される江戸の旗本社会との関わり方がより如実にたちあらわれる事例として有効性をもつといえる。

なお、事例とする都筑家は大番筋の旗本家である。大番筋の旗本家に関する先行研究から得られる特異性は本書第二編第一章のとおりであり、本章においてもそうした特徴をふまえて検討を行う。

第一節　旗本都筑家の系譜と親類縁戚

旗本都筑家は初代勝吉が松平広忠、そして家康に仕えた臣下で、三河国山奴田の地に一〇〇貫の知行を与えられていた。二代勝時は天正十二年(一五八四)の小牧長久手合戦において家康の馬前で敵方の首級をあげている。徳川家康の関東移封にともない、天正十九年の知行宛行状で相模国高座郡下鶴間村(村高四二〇石)の内に二〇〇石の知行地を拝領する。近世をとおして主に大番組に属した番方の家柄であり、知行地は慶応二年(一八六六)の上知にともなう代知割まで当村のみであった。

当主の血筋に着目すると、五代正容(甲府の家臣平田勝右衛門某の二男)以降、六代正峯(旗本小笠原主馬満孝の三男)、七代正良(旗本小笠原主馬満孝の四男)、八代正房(旗本小笠原主馬満忠の二男)というように、たびたび当主を他家から迎えた養子に相続させており、近世中期においてすでに家の血筋の存続が危ういものとなっていた様子がうかがえる。

この頃、とりわけ都筑家に対して養子を出している旗本小笠原家は、三代満孝の時に都筑家から四代正能の娘を妻に迎えることで、同家と親類関係を結んだようである。小笠原家は元和五年（一六一九）から徳川家光に仕え、相模国愛甲・大住両郡に三五〇石の知行地を拝領し、以来小姓組や小納戸といった将軍に近侍する役職を担っている[11]（表1）。

表1　都筑家歴代当主

歴代	元号年月日	役職・経歴など
①勝吉（又兵衛）	慶長6・	豊臣家との合戦で忠孝を尽くし、三河国山奴田に一〇〇貫の地を加増される。
		死去（84歳）。
②勝時（六郎右衛門）	天正12・	小牧長久手の戦いで御前で首級を得て、御感あり。
	天正18・	関東入国ののち、大番を勤める。
		相模国高座郡に采地二〇〇石を拝領する。
	慶長5・	死去（42歳）。
③勝次（又兵衛）		遺跡を継ぎ、御殿守番を勤め、のち大番を勤める。番を辞すると小普請となった。
	万治2・5・14	死去し、浅草本願寺の満照寺に葬る。のち代々葬地とする。
④正能（又兵衛）	万治2・12・25	遺跡を継ぎ、相模国高座郡に二〇〇石を知行する。
	万治3・2・16	大番に列する。のち大番を辞す。
	宝永4・4・	知行所下鶴間村浅間社の社殿造立にあたり寄進。
	正徳2・6・	知行所下鶴間村子ノ社の社殿造立にあたり寄進。
	正徳2・6・12	死去。
⑤正容（勝左衛門）		甲府藩士平田勝右衛門某の次男で、母は都筑勝次の娘。正能の養子となり、彼の娘を妻とした。
	貞享元・3・朔	はじめて徳川綱吉に拝謁。
	元禄6・12・9	大番となる。
	元禄10・5・21	御納戸番となる。
	正徳2・8・27	遺跡を継ぐ。
	正徳4・5・16	番を辞す。
	享保元・5・15	死去（61歳）。

⑥正峯（左門）		小笠原主馬満孝の三男で、母は正能の娘。正容の養子となる。
	享保元・10・20	遺跡を継ぐ。
	享保5・9・28	死去（21歳）。
⑦正良（伝八郎）		小笠原主馬満孝の四男で、母は正能の娘。正峯が終に望みて養子となる。
	享保5・12・4	遺跡を継ぐ。
	享保9・10・9	大番に列す。
	享保14・7・22	死去（26歳）。
⑧正房（又兵衛）		小笠原主馬満忠の次男で、母は中川新左衛門信秀の娘。正良が終に望みて養子となる。
	享保14・閏9・16	遺跡を継ぐ。
	元文2・5・9	大番に列す。
	元文2・10・	二条城在番。
	宝暦7・10・7	死去。
⑨晴本（又十郎）		遺跡を継ぐ。
		大番に列す。
	寛政4・	屋敷類焼。
	寛政9・7・	大坂城勤番。
	寛政12・4・	二条城勤番。
	享和	
	文化元・	在番不在。
⑩又兵衛	文政	
	天保	
⑪又次郎	天保	天保9年に遺跡を継ぐ。
	弘化	
⑫正庸（幾太郎）	嘉永7・8・	小普請大久保筑前守支配に列す。
	安政3・	小普請戸川主水支配に列す［諸］。
	万延元・	知行所下鶴間村の住吉社半鐘鋳造にあたり寄進。

〔典拠〕8代正房までは『寛政重修諸家譜』、以後は、『大日本近世史料　柳営補任』、『江戸幕臣人名事典』、「嘉永七年八月改　大奥女中分限帳幷剃髪女中名前」（埼玉県立文書館収蔵稲生家文書81）」より作成。

本章で主に取り上げる幕末期の十二代当主都筑幾太郎正庸は、嘉永七年（一八五四）八月に小普請組大久保筑前守支配[12]、安政三年（一八五六）頃に小普請戸川主水支配[13]にそれぞれ属した人物である。また、嘉永七年八月時点において、幾太郎の妹「とは」が十三代将軍徳川家定付の奥女中のうち御中﨟に所属していた[14]。知行所支配にあたっては、少なくとも寛政十年（一七九八）頃から譜代用人の新井新兵衛家が代々年貢割付状をはじめとする文書発給を行っているが、天保十年（一八三九）代に青沼忠助、安政五年に中村東一郎というように、目的を限定した短期間の「雇」用人の登用も確認される[15]。

第二節　「雇」用人の知行所出役の背景

1　都筑家知行所の「不取締」状況

「雇」用人中村東一郎は、安政五年（一八五八）九月二十四日に「御地頭所御親類五人様御立会ニ而、達而御頼ヲ受候趣ニ而中川大八郎様御家来分中村東一郎と申者五味録蔵外ニ鑓持草履取共四人」という出で立ちで下鶴間村に出役してきた。つまり、都筑家の親類五人が立ち会ったうえで、「達而御頼」をもって中川大八郎の家来分が下鶴間村へ差し遣わされることが取り決められ、東一郎は五味録蔵以下、槍持・草履取をともなう総勢四人で出役してきたという。後掲するように、出役の目的は都筑家知行所の政事向取締であり、取調のため都筑家「眼代」としてやってきた。知行所に対する都筑家の下知書を確認しよう。

〔史料1〕[16]
（端裏書）
「御鉄炮
」

下知

一、知行所政事向万端取締り方数年之間打捨置候処、追々不取締之趣、依之為取調今般東一郎江眼代申付差向候間、無礼返答等之義村役人共者不及申一同相心得急度相守可申事、心得違之者有之候者可為曲事者也、

安政五午年九月

都　幾

村役人中

幷ニ小前百姓一同江

当史料は、中村東一郎が知行所に出役するにあたって持参した下知書と考えられる(17)。これによると、数年来都筑家知行所における政事向きの取締方が疎かになっており、「追々不取締」のため取調が必要となったので、眼代を東一郎へ命じて差し向けると述べられている。ここで都筑家がいう「不取締」は、同時期に起こっている在村鉄砲の管理にともなう一件のことと考えられる。端裏書に「御鉄炮」と認められていることもその傍証となろうか。そこで、鉄炮一件について触れておきたい。

〔史料2(18)〕

奉差上申一札之事

一、先年より猪鹿防方為要用御鉄鉋弐挺御地頭所様より当村江御預ヶ有之候処、預主小左衛門・要八幷ニ村役人江今般御出役様ゟ御改之趣被仰付、奉畏入、即刻持参仕候処、右御鉄鉋弐挺者存外之破方実以驚入御利解之趣承奉恐入候、右吟味中明廿六日迄当人共私共両人江御預ヶ被成下候様、達而奉歎願候処格別之以　御慈悲御聞済被下難有仕合ニ奉存候、然ル上者御用之筋者何時ニ而も召連可罷出候、万一当人共欠落等為致候ハヽ、何様之御咎私

共江被仰聞候共聊申分無御座候、依之奉差上一札、仍而如件

名主
桂治郎㊞
安政五午年
九月廿五日
当分名主
権平㊞
御地頭所
御出役人様

当史料は、中村東一郎が下鶴間村に出役してきた翌二十五日に作成されたものである。当村は猪鹿威のため鉄砲を二挺都筑家から「御預ヶ」という形で所持・管理していた。しかし預主の吟味期間中に、鉄砲二挺ともに破損していることが判明してしまう。ついては預主である小左衛門・要八を、吟味期間である二十六日まで桂治郎と権平に預けてほしい旨が記されている。鉄砲破損については都筑家知行付百姓のみならず、相給江原家知行所の名主である倉右衛門と藤吉も都筑家の対応にたいして「一言之申訳も無之、一同奉恐入当惑罷在候」[19]というように、許しを請うとともに困惑の意思をあらわしている。それでは当該期における都筑家の鉄砲改め実施には、いかなる意図があったのであろうか。

同時期の大番組に属した旗本小笠原久左衛門の日記をみると、安政五年五月二十五日「今後御頭替ニ付、相組中拾人分諸書物差出候」[20]とある。大番頭は同年五月六日に遠山景高から土岐頼旨へと頭替えが行われており、これをうけ大番組の古参である小笠原氏は、新任の大番頭に対して大番九番組に所属する一一人分の親遠類書・印鑑・宗門改證文・芸術書付・心当養子書付・郷村高帳・鉄炮改帳・知行所人数帳を取りまとめて提出したことが同日記に記されて

いる。つまり、旗本家は所属する番や組の頭が交代するたびに、親類書・印鑑・芸術書付といった直接自家に関するものだけではなく、知行地がある者は村々に関する書類を提出する必要があったことになる。

都筑幾太郎の場合も、安政初年段階に自らが所属する小普請支配の頭も変更されており[21]、書類提出を準備する機会が生じたことが想定される。その際、知行地下鶴間村の鉄砲改めを実施し、存外の鉄砲の破損が発覚したということになろうか。

2 「雇」用人の出役と旗本諸家の立場

続いて、都筑家の親類が家来の出役を依頼した中川大八郎について確認したい。中川家は二代某の頃に徳川秀忠に仕え、納戸番・新番などを勤める番方の旗本であった。なかでも六代清治は甲府藩主時代から桜田の館において徳川家宣に右筆として仕え、家宣の六代将軍就任にともない、西丸奥右筆、御用方右筆、新番、家宣正室天英院殿御広敷番、御広敷用人を歴任し布衣を許された。その後は、番方の役職に列するとともに八代清方の弟清門が一橋治済に仕えるとともに、九代清逸として一橋家家臣の中川進之丞二男が婿入りするなど、御三卿一橋家やその家臣との接近を試みていたようである[22]。

中川大八郎自身は、三〇〇俵の旗本として天保十年（一八三九）十一月に家督相続とともに小普請入り、同十一年十月に御三卿田安家の奥詰、翌年十二月十七日に田安家一位近習番助、嘉永元年（一八四八）七月二十九日には田安家近習番助次席奥詰、翌月二十日に近習番助に次々に就任している。しかし、嘉永五年九月四日に病気により小普請に入り、のち万延元年（一八六〇）三月二十六日に再び田安家奥詰に復すとされている[23]。このように、大八郎は御三卿田安家に出入りが許された人物であった。そして、都筑家の親類家が家来分中村東一郎の都筑家知行所への出役を依頼したのは、ちょうど大八郎が田安家に勤めていなかった時期ということになる。

　次に、都筑家の親類として散見される家として赤井甚左衛門家と山口家がある。赤井甚左衛門家は上野国に二〇〇石の知行をもつ番方の旗本である。『寛政重修諸家譜』では都筑家との縁戚関係は見受けられないものの、後掲の史料では都筑家の親類として頻出しており、また安政期にはともに江戸四谷表番町の八軒隣の対面の近所に屋敷を構えていたことがわかる。なお、寛政三年（一七九一）四月二十六日に家督相続し、同九年から大番に列した八代赤井甚左衛門時幾は、田安家家臣の小幡主計正の娘を正室に迎えている。一方、後述史料において赤井家と同じく都筑家の親類として頻出する山口小膳家は、詳細が不明である。

　さて、具体的な「雇」用人の出役依頼の主体や手続きについては、史料的制約のため定かではないが、以上の中川大八郎と赤井甚左衛門の経歴から想定されうるのは、甚左衛門正室の実家である田安家家臣小幡家を介した情報交換から「雇」用人出役の検討に発展した場合であろうか。以下、行論上この見通しを念頭に置いて考察を進めたい。

第三節　「雇」用人の行動と知行付百姓の眼差し

　ここでは、「雇」用人中村東一郎が知行所下鶴間村へ出役し、いかなる行動をとっていたのか、知行付百姓が作成した訴状から概観しよう。(24)

〔史料3〕
　　乍恐書付奉申上候
都筑幾太郎知行所相州高座郡鶴間村一同奉申上候、私共地頭所幾太郎是迄知行所取計向万事穏順之仕成ニ付、百

姓一同精勤仕御年貢之外年々過金も上納いたし、天保十三寅年ゟ只今迄ニ凡四拾両余之先納ニ相成、其上当年春中ゟ只今迄ニ金百廿九両余相納、弐百石之高ニ而最早年中之御年貢ゟ余程過金ニ相成、其上御次男御縁談之由ニ而当夏中権平・弥市と申者両人ゟ金七拾両御用金御受も致有之候所江、去九月廿四日御地頭所御親類五人様御立会ニ而、達而御頼ヲ受候趣ニ而中川大八郎様御家来分中村東一郎と申者五味録蔵外ニ鑓持草履取共四人出役いたし、御用金四百三拾九両申付、其外品々権威ヲ以無慈悲之取計百姓共退転ニも可及奉存候ニ付、無拠乍恐御赦助之御歎願左ニ奉申上候、

一①、九月廿四日先触も無之上下四人出役いたし、村方浄土宗鶴林寺本堂江逗留いたし、廿五日ゟ者酒食ニ肴を申付、毎日四五度宛差身費肴其外好々物を申付、酌取ニ者女子ニ申付置、夫役昼夜請合只今麦作前付之最中長逗留被致有付之時復も速く相成、来年之麦作半毛無覚来、何共難渋至極仕候事、

一②、数年来当村方江猪鹿威鉄炮二挺御預ヶ有之候所、此度東一郎殿御取上候右之内壱挺之火口少々疵有之候迚、両人共縄付ニ而江戸表江差送り罪科申付候旨申渡、亦旁付術手捕縄被扱出候付驚入、外村役人一同ニ而達而歎願猶預願いたし置、金八両内證ニ而御出役江差出、殿様江者銭八貫文小左衛門・要八両人之名寄ニ而過料として奉差上、右鉄炮一件相済候得共、百年来打候鉄炮ニ而少々痛候共敢而私共不届共不奉存候得共、手荒之御取計ニ付無拠表向者纔銭八貫文内證金八両被掠取候段、殿様御為ニも不相成難渋至極奉存候事、

一③、名主平八と申者出役中用向聞違致候趣申訇即座ニ役目取放され候ニ付同役□内證ニ而金壱両弐分差出シ表向者相請村役人歎願いたし帰役ニ相成候所、直ニ其方義年来村役も実躰ニ相勤用弁も宜敷付為御褒美苗字御免之御由下ヶ相渡礼金ヲ遣し可申旨被取詰被申談、難渋仕候事、

一④、地頭所惣高弐百石之場ニ而金三百四拾両余之先納ニ相成候所ニ而、当年ニ成候而も正月ゟ九月迄ニ金百廿九両余

差出し、極月迄ニ者此上余程之御入用可有之、外ニ夏中当人ニ而七拾両之御請もいたし居候処、又々金四百三拾九両被　仰付如何ニも高不相当之義被　仰渡、一村被取潰候ゟ外無御座、難渋仕候事、

一⑤、組頭権平親彦八江苗字帯刀御免、其外四人江苗字御免、或者名主格且組頭共一同江も実躰精勤之褒美として、前書鉄炮一件過料ニ差上候銭江足銭いたし、壱人ニ付壱貫文ツヽ褒美被下、其礼可致旨聢と不被申候へ共大金ヲ届候趣、訳も不分何分御出役之手元江も不寄付、誠ニ悪法と奉存候、右□□苗字帯刀苗字御免、或者格式御褒美銭等被下御請も未タ申上兼居候、何卒御沙汰止ニ相成候様、奉願上候、無左候而者礼金之催促頻ニ被取詰、多分金子才覚も出来兼殿様之為ニも不相成義ニ而、難渋仕候事、

一⑥、村方定方寺境内寺中御除地ニ而、御公儀様江も御調之度毎書上ヶ寺ゟも役寺江書上ヶ相済来り候処、文政八酉年新規名寄帳ニ境内寺中畑八反歩余差置と記有之、右者過分之差置ニ付以来年貢地ニ可被成旨被申渡、寺内為見分九月廿八日定方寺江相請江原武之助様御家来并村役人一同立会見分有之候所、一方者往還ニ而二方者御相給御百姓源左衛門・小左衛門・万右衛門屋敷ニ而、境内者百年余成来之大杉植廻し有之、境堺明国ニ相分居候所、右反歩不束ニ付村役人共不埒ニ付東一郎江金七両、録蔵江金三両、殿様江御菓子代金三百疋、御支配様江御使者之傭賃凡金壱両弐分、都合金拾弐両壱分差出可申旨被申聞、日々之催促ニ而難渋仕候、如何之訳ニ而八反歩余と記候哉、其節者村役人唯今壱人も無之相尋候手懸りも無之、殊ニ弐百石外之御除地故御年貢者不出候ニ付、村役人之懸り共不□罷在候処、右様之義被申懸難渋仕候事、

一⑦、田畑反別名寄帳二冊共取上ヶ被成、村方地面之事ニ付而者闇ニ相成当惑仕候事、

一⑧、百姓長左衛門と申者、老年之夫婦男子弐人家内四人共縄手鎖之上村役人江被相預候得共、何も右様之厳重御取計を可請悪事も無之、何共歎ヶ敷奉存候へ共、四人之者相助候程之勘弁金調達も出来兼、何共歎ヶ敷当惑仕候事

右書面之外ニも品々奉申上度義も御座候得共、差当り難渋至極仕、此儘地頭所御手切之御取扱受候而者、村中一同皆潰之外無御座哉と奉存候間、高御相当之御主法ヲ以御暮被成、御政事向ハ御公辺之御法ニ泥無間御大法之御取計被成下置候様仕度、何共当惑之余り一村御赦助と被為思召　幾太郎方江御聲懸り被成下置候ハヽ、莫太之厚情と一同挙而難有仕合ニ奉存候、以上

都筑幾太郎知行所
相州高座郡鶴間村

安政五午年十月日　一同

赤井様
津田美濃守

当史料は、都筑家親類の赤井甚左衛門と大番頭の津田美濃守宛に出された知行付百姓による訴状の写である。同様の訴状が同じく親類赤井甚左衛門と大番組頭の石川市左衛門宛で作成され差し出された。以下、知行所における東一郎の行動についてまとめると以下のようになる。

①東一郎は、五味録蔵と鑓持・草履取の供連れとあわせて四人で、先触れもなく出役してきた。
②都筑家から拝借の猪鹿威鉄砲二挺の破損が発覚し、預主小左衛門・要八に咎を仰せ付ける。(25)
③東一郎からの用向きを聞き違えたため、平八が名主役御免となる。(26)
④二〇〇石の知行地に対して高不相当な御用金四三九両の差出を仰せ付ける。(27)
⑤村役人たちにたいする苗字帯刀、格の免許を次々に許し、それに応じた礼金の差出をもとめる。(28)
⑥村方定法寺における除地の差し置きが過分であったため村方の不埒とされ、金銭の差出をもとめる。(29)

⑦下鶴間村の田畑反別名寄帳二冊を取り上げた。
⑧長左衛門一家が農業不精のため縄手錠封印のまま村役人宅に預け置き、勘弁金の差出をもとめる。(30)
これらの東一郎の出役中の行動をみると、下鶴間村の都筑家知行付百姓たちから先納金以外の臨時御用金や過料を、さまざまな口実をつけて差し出させようとする傾向がうかがえる。

続いて先の東一郎の行動に対応する知行付百姓たちの訴願内容も確認しよう。
❶四人は村内鶴林寺本堂に逗留し、翌日から酒食・肴を毎月四、五度所望し、酌は女子に申し付けるので、来年の麦作は半毛も覚束なく難渋至極である。
❷威鉄砲は百年来打ち続けているものであるので、少々の痛みがあろうとも敢えて届けることはしなかったところ、今回のような手荒な取り計らいであったので、表向きは過料を納め(掠め取られ)たが、これでは殿様の御為にはならず難渋至極である。
❸平八が名主役御免となったため、表向きは内証で過料を差し出したうえで村役人が歎願し帰役が叶うも、今度は年来村役人の勤め向きに対する褒美として苗字御免を仰せ付けるとともに礼金の差出を求められ、難渋至極である。
❹これまでも金三四〇両余の先納金を上納しており、今年も正月から九月までですでに金一二九両を差し出しており、これ以上の額が十二月までかかるはずで、このうえ臨時御用金四三九両を仰せ付けられては、知行高二〇〇石に不相当であり一村を取り潰すよりほかなく難渋至極である。
❺苗字御免などの付与の礼金として大金を届けよという趣はわけもわからず、しかも東一郎の近くへも寄せ付けず、これでは悪法である。沙汰止みにしてもらわねば礼金の催促が頻りにあり、また金子調達も出来かね、殿様

の御為にならず難渋至極である。

❻定方寺御除地を相給領主江原家の家臣と村役人とが立ち会い見分を行い、当初の八反歩とは異なり不束であるため、東一郎は科料を申し付けた。しかし、いかなる根拠から八反歩と記したのか、当時の村役人は一人もおらず尋ねる手がかりもなく、また年貢の生じない二〇〇石の知行外の除地であるゆえ村役人が把握していないことでもあり、このような下知があるのは至極難渋である。

❼村方の地面について逐一参照することができなくなり当惑している。

❽長左衛門一家を助けるための勘弁金調達も出来かね当惑している。

末尾では、このまま「地頭所御手切之御取扱」、つまり中村東一郎を出役させた都筑家固有の知行地支配を受けた場合、村中一同は皆潰れてしまう。知行高相当の御主法による暮らし向きをし、政事向は幕府の民政に倣って取り計らっていただきたいと述べ、これを領主である都筑幾太郎方へお声掛けしてほしいと結んでいる。

訴願書の宛名に赤井家とともに含まれる津田美濃守は、美濃・丹波両国に三〇一一石の知行をもつ旗本で大番頭、もう一部の願書の宛名に含まれる石川市左衛門は、三〇〇俵の旗本で当時大番組頭に就いていた。すなわち両者はいずれも大番組に列する赤井甚左衛門の役職上の上役に相当することになる。都筑家知行付百姓が訴願書の提出先として、都筑家親類の赤井甚左衛門だけではなく、赤井氏の上役にあたる津田氏と石川氏に対してまでもアプローチを行っていたのである。

ここで、近世後期の旗本社会における知行地支配に関する訴願の仕組みについて、武陽隠士の『世事見聞録』(31)を参照しておきたい。

〔史料4〕(32)

一体小身の地頭は、百姓を仕置する道たえてなき故なり。小身の地頭は、村払ひにするか、奉行所差出しにするか、これが重畳の仕置なれども、村払ひなどは一向におそれず、また大勢の村払ひも出来ず、また地頭と百姓との間柄の事は、差し出すべき趣意にも当たらず。また差し出したるとても、奉行所において、あへてはかばかしき裁断もなく、とかく穏やかに治むるを専要とする故、地頭に不善を勧めて事を治むる故、地頭の趣意をば立てずして、百姓は地頭に逆らひたるが勝ちになりてしまふなり。もつとも多分は頭支配にて押し留むる事にて、まず奉行所差出しなどの事は絶えて出来ぬ振合ひなり。

武陽隠士は『世事見聞録』のなかで、あらゆる身分の人びとや当時の現象について近世社会の秩序を重んじる視点から批判を加えた。掲出部分は「地頭と百姓の間柄」つまり旗本知行所支配そのものに関する叙述箇所にあたる。隠士は、掲出部分の前段において武家の権威喪失を通底した問題点として挙げたうえで、ことさら下級旗本による知行所支配に関しては「百姓を仕置きする道たえてなき故なり」という点に問題があると指摘する。それは奉行所に訴願を差し出したところで、旗本家が望むような裁定が下ることもなければ、大方の場合、彼らが位置づいている「頭支配」において出訴行為は押し留められるという。つまり、旗本家は所属する組の「頭支配」をあおぐことで知行所支配上の問題を処理することが原則とされていたのである。

したがって、前述の津田氏と石川氏に対する訴願書の差出は、都筑家の親類赤井家が自らの立場から「頭支配」を仰いだことにほかならない。こうした側面からも、赤井家が今回の一件収束に向けて主体的に行動している様子がうかがえよう。

第四節　知行付百姓による「雇」用人忌避運動の展開

前節でみたように、都筑家「雇」用人中村東一郎は、知行所に出役したのち知行付百姓の困惑を招く取締や御用金賦課などを実施した。これを受けて知行付百姓らは、東一郎の手荒な取り計らいについて、東一郎の主であり知行付百姓の領主である都筑家に訴えるべく江戸へ出府する。忌避運動の経緯や相関図については表2・3および図をあわせて参照されたい。

それでは出府の様子をみてみよう。

表2　安政五年、「雇」用人中村東一郎忌避運動の経緯

月日	経緯内容	典拠史料
(9月中旬)	都筑家と親類の願によって中川大八郎の家来分中村東一郎の下鶴間村への出役が決定。後に中村東一郎が都筑家の家臣となる。	B-121、169等
～9月24日	東一郎派遣と鶴林寺に逗留の旨、知行所下鶴間村へ下知書が渡る。	B-80、81、88、89
24日	中村東一郎が鎗持・草履取共三人を連れ下鶴間村に出役、鶴林寺に逗留。	B-121、169等
25日	名主平八が不束につき咎を受け権平宅に預けられる。都筑家より拝借の猪鹿威鉄砲二挺破損につき預主小左衛門・要八が吟味にかけられる。のちに両人は26日まで名主啓次郎・権平宅へ預けられる。	B-82、83
29日	相給江原氏知行所名主の倉右衛門・藤吉が都筑家にたいし、鉄砲破損について御免願を提出。	B-84
10月1日	御用筋のため村方二八名が時間差で中村東一郎のもとに呼び出される。 農業不精として、長左衛門一家縄手錠封印のまま権平・啓次郎・平八・弥市・要八方に預けられる。御用金四三九両を要求。 農業精勤につき織右衛門外二人に褒美。 家事取締宜しく助八外一人に褒美。 名主平八・啓次郎に苗字御免、組頭弥市に名主格苗字御免、組頭次郎兵衛外三人に褒美。	B-93～105

2日	出役中の中村東一郎を村に残し、惣百姓一同にて出府。	B-122
3日	村方が都筑家に対し中村東一郎の出役中の行動について訴え。	B-122
4日	取調の筋があるため、訴えに及んだ平八・啓次郎・権平・要八が上野屋に宿預けとなる。	B-122
5日	組頭の次郎兵衛が自身の申し諭し不行届として、長左衛門の宥免を願う。	B-122
7日	身元御用金の返答猶予を願う。 田畑絵図面・名寄帳差し上げ日延べを願う。	B-122
11日	東一郎についての訴えは取り上げられず、平八・啓次郎・権平は手錠をかけられ、権平・次郎兵衛は下野屋預け、啓次郎・平八はそのまま上野屋預けとなる。	B-122
12日	大番頭の津田美濃守と大番組頭の石川市左衛門に村方が訴状を持参したところ、津田は石川のところに行くように指示。石川からは16日に再度伺うよう仰せがある。 上野屋、未決着のため14日まで返答の日延べを願う。	B-122
13日	封印改のため、鈴木四郎左衛門屋敷に東一郎自身が来る。 藤吉が千代松を連れて山口家に行くが、留守のため存意書を残し帰る。	B-122
14日	下野屋に内済の掛合を依頼し引受。再度藤吉・千代松が山口家に訴状を持参すると、役宅でしか取り扱えないとして断られる。 本日は都筑が登城する日なので、明日あたり赤井甚左衛門が来たら、用人の借用金について願う。藤吉が飯田町に引き移る。	B-122
15日	御用金25日まで再日延べを都筑家に願う。 赤井家用人が来て、いずれにしても大番組頭(石川家)用人が立ち会いの上、始末方を相談せねばならないとして、今晩赤井・山口両人が来ることとなる。親類・大奥様・中川家から、以後、都筑家に関する取りはからいをやめ、御用金日延べの仰せが東一郎に下る。	B-122
16日	東一郎に暇を遣わすのが妥当であると地頭所に達したことを、大番組頭(石川家)用人が下鶴間村村方に伝達。	B-122
17日	上野屋宇兵衛、東一郎宅に行き、村方の御用金調達が難しい旨を伝える。 飯田町崎玉屋に藤吉帰る。	B-122
19日	宿引き替え難儀につき猶予を願う。 東一郎が大番組頭(石川家)に、山口の故障のため御用金が役人共から出金できないとする旨を断る。これについて取調のため、要八・弥市・勘蔵が召出される。	B-122

20日	山口が出張のため、彦八・要八が赤井家に行ったところ、都筑と御三方（赤井・石川・石川家用人ヵ）立ち会いで、東一郎取斗向について相談。大番組頭石川の用人の取扱をもってすれば、東一郎に暇手当として金五〇両差し出す方法があり、これについては赤井も承伏しており、一同に申し渡したところ仕方ないという結論。	B-122
21日	帰村願を提出。石川家に千代松・勘蔵・要八が行く。	B-122
22日	赤井家に千代松・勘蔵・要八が行ったところ、中川がおり、帰ったのちに存意を申し上げたところ、いずれにしても明後24日に咎を申しつけるとする。	B-122
24日	赤井家から使が来て彦八が出府したところ、赤井が言うには示談が行き届かず、25日に山口家・赤井家の両家に訴状を差し出すよう申しつけた。	B-122
25日	村方が石川家用人星野源蔵宿に呼出され、東一郎が留守のため明朝星野宅に来るよう申しつけられる。	B-122
26日	石川家用人（星野）宅に千代松・大次郎が咎伺いに行くが、東一郎不在。加えて星野も留守で咎の内容わからず。祝儀として肴代金一〇〇疋、彦八金一〇〇疋、役人共金一〇〇疋。	B-122
27日	千代松・大次郎が石川家用人（星野）宅に行くが、26日同様に東一郎は来なかった。28日には掛合のうえ挨拶に来るとのこと。	B-122
29日	平八・啓次郎・要八が下野屋に預替を仰せつけられたが、変わらず上野屋での預を要望。	B-118
11月1日	下野屋、談判中にて5日まで咎申付け猶予を願う。	B-79
2日	平八・啓次郎・要八、呼び寄せの者たちが出府するまで返答の猶予を願う。	B-123
3日	権平・次郎兵衛、呼び寄せの者たちが出府してから一同で談判示談するため、6日まで猶予を願う。	B-124
9日	上野屋、預かり中の平八・啓次郎病気につき一時手鎖御免、要八は一時預け御免となる。しかし一件の儀もあるため、当人共は後日改めて宿預けの身となる。	B-125
10日	平八・啓次郎・権平・要八・次郎兵衛・千代松・勘蔵が都筑家にたいし、親類家立会のうえ、親類家の内で用人を用いて東一郎と突き合わせ吟味を願う。	B-167
11日	上野屋と下野屋それぞれに宿預けにされては、一件の示談も円滑にすすまないため、都筑家の御用向を数度つとめたこともある上野屋に一同宿預けを希望。	B-126

〔典拠〕長谷川家文書より作成。

居屋敷	拝領屋敷	備考
小川町雉子橋通　775坪	四谷内藤新宿屋敷　1,024坪	
北本所二目橋際　1,500坪	渋谷　834坪余	
	裏五番町　1,195坪	
—	小石川菊坂	
—	四谷大番町　415坪	
—	四谷表大番町　350坪	
		家譜未特定。
本郷御弓町	四谷内籐宿千駄谷　275坪	居屋敷は飛騨郡代・福王三郎兵衛地面借地住宅。
三番町　315坪	四谷表大番町　206坪	田安近習番を勤めるが、嘉永5～万延元年は病気につき小普請。
深川高橋　334坪	小日向服部坂上　140坪	
—	四谷大番町横町　600坪	拝領屋敷と同地に預地59坪あり。
四谷右馬町　500坪	渋谷　75坪	

図　安政5年、旗本都筑家「雇」用人の登用と忌避に関する相関図

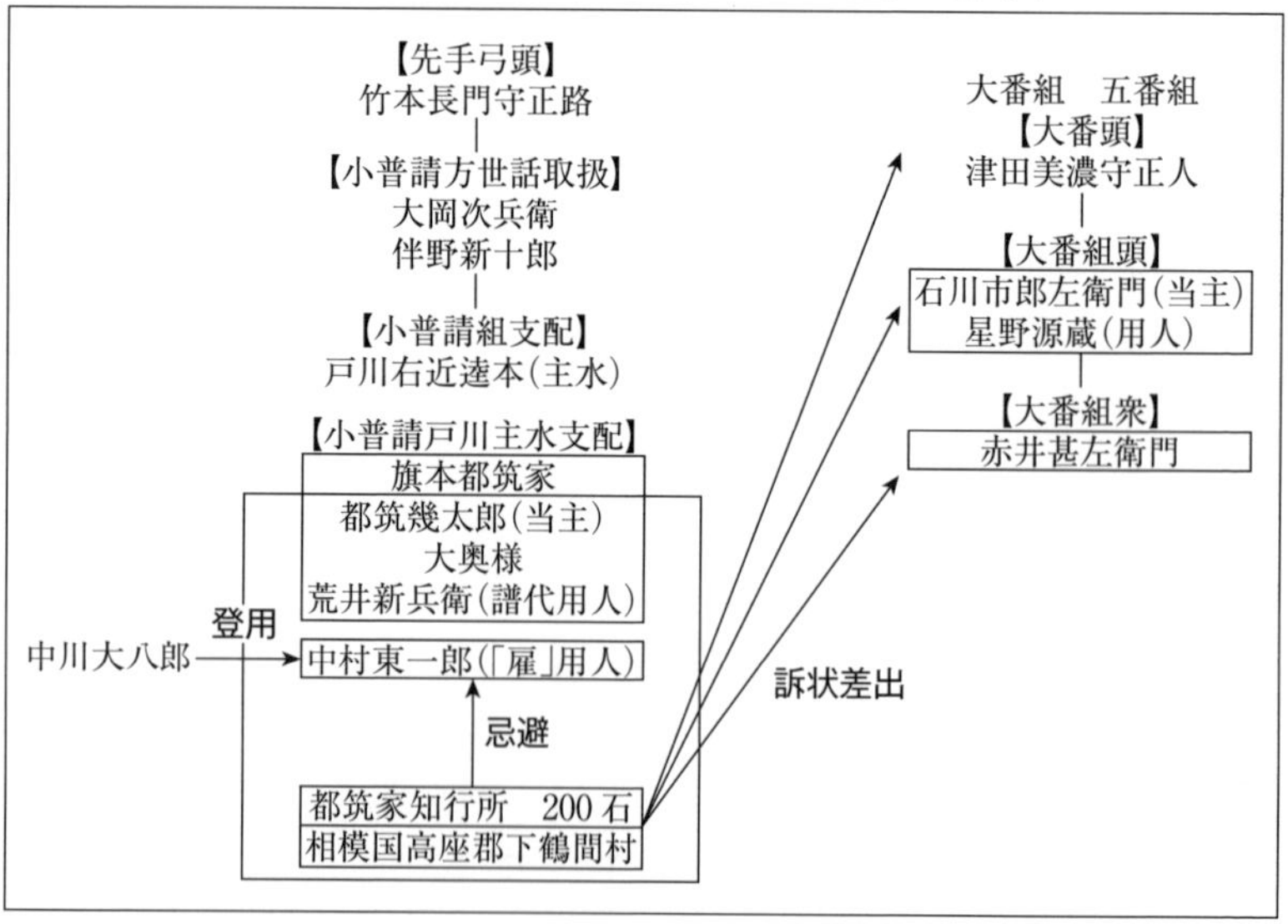

表3　「雇」用人中村東一郎忌避運動の関連諸家

旗本家	知行高(知行所)	役職(当時)	都筑家との関係
津田美濃守	3,011石(美濃・丹波)	大番頭	赤井家(親類)の上役
鈴木四郎左衛門	2,400石(相模・上総)	新番頭	
戸川右近逵本(主水)	1,500石(備中)	小普請組支配	都筑家所属組支配
小堀権十郎	1,000石(近江)	小普請	親類ヵ
都筑幾太郎	210石(相模)	小普請	当家
赤井甚左衛門	200石(上野)	大番	親類家
山口			親類家ヵ
石川市左衛門	300俵	大番組頭	赤井(親類)の上役
中川大八郎	300俵	近習(新番)	中村東一郎の元主、親類家ヵ
竹本長門守	300俵	先手弓頭	小普請世話取扱の上役
大岡次兵衛	150俵	小普請世話取扱	都筑家の上役
伴野新十郎	100俵10人扶持	小普請世話取扱	都筑家の上役

〔典拠〕『寛政重修諸家譜』『江戸幕臣人名事典』『大日本近世史料　柳営補任』より作成。

〔史料5〕(33)

「(表紙)
九月廿四日　御屋敷ゟ出役被参　十月二日夕方
出役ヲキザリ申候
午十月朔日前後書五ヶ之写
日記諸用留
鶴間村
西分役所
」

（中略）

十月二日夕方ゟ御屋敷出役一件ニ付惣百姓一同出府仕、追々仕より役人罷出道玄坂ニて夜明ニ相成、尤百姓方ハ目黒公所啓次郎殿親類へ留置百姓公所大次郎・宿分宇兵衛・弥市・二ツや吉右衛門右五人役人一同、恩田村半兵衛殿同々相願上惣へ、三日朝五ツニ付宿惣兵衛・半兵衛殿両人相願ニて、先へ御屋敷へ窺出役ゟ役人不残百姓代百三人四ツ谷通新宿□前迄出掛候処、半兵衛殿・上惣主人帰り窺申候処、との様様子栖宜敷上惣下書差上候へ印形被下御親類の印形も被下□御借り可申、

当史料は、中村東一郎一件中の日記と関係する書類が控えられ

た諸用留である。これによると、十月二日に知行所惣百姓一同が武蔵国都筑郡恩田村の半兵衛をともない出府し、翌日三日には四谷表番町の都筑家屋敷へ訴えに及ぼうとしていたことがわかる。その数日後に、村役人が次の文書を都筑家に対して差し上げている。

〔史料6〕[34]

乍恐以書付奉申上候

御知行所相州鶴間村役人共奉申上候、今般御出役被　仰付候新規御召抱中村東一郎殿儀　殿様御為筋者扨置御私欲之御談し又者御無慈悲之御取扱向も有之、小前共御直御歎願申上度趣を以追々村方立出候様子村役人共後追掛私共より願意申立候儀ニ而、昨夜も申上候通門訴等者不仕候得共、村役人共教諭方不行届ゟ右様之次第蒙御察当奉恐入候、以来精之心附可申就而者此上右様之義無之様可仕、万々一以来再差縺等も御座候ハヽ、何様御咎被仰付候共一言之申訳無御座候、然ル上者何様之儀出来候共小前百姓ども騒立ヶ間敷義等一切為致間敷候、万々一右様之儀以来有之候節者何様曲事被仰付候共聊申分無御座候、何卒以御慈悲村役人共不行届之段御宛免奉願上候、以上

安政五午年十月

御知行所
相州高座郡鶴間村
名主　平　八㊞
同　慶次郎㊞
組頭　要　八
同　弥　一㊞

同　権　平㊞
同　次郎兵衛㊞
同　源佐衛門
同　喜 兵 衛
同　彦右衛門

御地頭所様
御役人中様

当史料によると、惣百姓一同の出府直後の行動について、村役人の教諭が行き届いていないとして都筑家から咎めを受けている。惣百姓たちは都筑家にたいして、村役人を通して申し出る正式な手続きを取らず、都筑家の屋敷の門前において直接訴えに及ぼうとしたのであった。以後の経過を「日記諸用留」の記事にしたがって追っていきたい。

〔史料7〕[35]

十月十一日、東一郎対談之御呼出しニ而罷出候処、中川様・山口様御連座ニ而東一郎しらへに被成、平八・啓二郎・権平手鎖被仰付候引取、尤明十二日ハ東一郎宅江罷出候由［　］権平・次郎兵衛ハ四ツ谷竹町下野屋江預ケニ被成候、啓二郎・要八・弥市之四人者上野屋江預ケニ被成候、賄〆山口様自身上野屋被出張平八・啓二郎御目通之上［　］一応御突合之御吟味願ニ赤井様・山口様江罷出候様役人共□人参上致候間、兎角御□公之御取計ヲ以、明日再席之段奉願上度候、呉々申上候而御頼申上候、早々御引取罷成へく候、

この前後の史料の虫損が甚大のため、知行付百姓らの出府日にもっとも近い十月十一日の記事を掲げる。この日、東一郎は対談のため都筑家屋敷に呼び出され、中川大八郎・山口小膳の両人により東一郎の取調がなされた。平八・啓次郎・権平は手錠を仰せ付けられ、それぞれの預け宿に引き取っている。惣百姓の訴えののち、東一郎の件につい

て都筑家では対談の場が設定され、東一郎の主君である中川氏と都筑家親類の山口氏とで対談と取調が実施された。対談の内容は定かではないが、結局、平八・啓次郎・権平の手錠は許されなかった。そのため、知行付百姓側は都筑家親類の赤井氏と山口氏に掛け合い、対談の場を再び設けて欲しい旨を願った。

この知行付百姓の赤井氏・山口氏への掛合の様子は、下鶴間村相給の江原家知行所名主古木藤吉(屋号：永屋)の手による日記にも書き留められている。前掲の記事にない情報がみられるので掲出したい。

〔史料8(36)〕

一、十一日、一同御呼出候、初而突合セ之所中川様・山口様御立会、中村藤一郎出席同人吟味いたし、権平・啓次郎・平八三人手鎖被仰付、弥市・要八・次郎兵衛三人宿預ケ、此内権平・次郎兵衛両人者四ツや竹町下野屋ニ御預ケニ相成外四人者上惣江御預ケニ相成申候、山口様・赤井様江今晩弥市・要八・千代松三人罷出候所、明日大番頭津田様と御組頭様と二家江小前之名前ニて願出可申旨御内意ニ御座候、

傍線部によると、同日、山口氏と赤井氏のもとへ、都筑家知行所村役人の弥一・要八・千代松が赴いたところ、明日十二日に大番頭津田氏と組頭石川氏の二家にたいして「小前之名前ニて」願書を提出するよう、親類の山口氏・赤井氏が具体的な指示を与えていたことが判明する。そして翌十二日に、村役人は親類家の指示に基づいて行動している。

〔史料9(37)〕

十二日天気、早朝津田様・石川様江訴状持参致候所、津田様御差図ニ付石川様江罷出候、津田様江ハ千代松・小左衛門罷越、石川様江ハ要八・弥市罷越候、石川様ニ而ハ御取上ヶ名前御尋ニ付、忠治・勘蔵江名前答之上、已来石川様十六日伺之段被仰付候、

当記事によると、十二日早朝に千代松・小左衛門が津田美濃守(三〇一一石)の屋敷へ、そして要八・弥市が石川市左衛門(三〇〇俵)の屋敷へ、訴状を持参している。訴状の持参にたいして津田氏は、石川氏へ訴状を持参するよう指示しており、石川氏は、この件を取り上げ、十六日に伺いに再び訪問するよう忠治・勘蔵に申し付けている。なお、十二日に津田氏と石川氏に持参した訴状とは、史料3の訴願書のことである。

次に十三日の様子について、再び相給知行の古木藤吉による日記記事からみてみよう。

〔史料10[38]〕

一、十三日、今日飯田町御屋敷へ可罷出候所、御合給一件ニ付山口様江参り候ニ付、合給役人衆ゟ上サ十兵衛殿・忠兵衛殿江御頼自分方代兼も御頼被成候所、上サ之衆承知いたし下総上サニて出候所、殿様御書付御渡しニ付明十四日不□揃可罷出由被仰渡候趣ニて今日は下り候由也、

「御合給一件」とは、東一郎一件のことをさしている。古木藤吉は下鶴間村の江原家知行所名主であるものの、今回の都筑家知行付百姓の抱える一件にあたり、十月初旬からともに出府して都筑家・中川家、そして親類家を訪問していた。傍線部によると「合給役人衆」すなわち都筑家知行付百姓から「上サ十兵衛・忠兵衛」に自分たちの代理をお頼みしたいと話があり、「上サ之衆」はこれを了承して、彼らの代理として親類山口家に赴いたようである。「上サ十兵衛・忠兵衛」とは、江原家知行所のうち上総国武射郡求名村の組頭十兵衛らのことで、彼らも地頭所の用向きで江戸に滞在していたところであった。このように、一か村限りの知行所村である都筑家知行所村の下鶴間村は、訴願運動を有利に進めることを企図してか、相給知行を介して人的結合関係や情報を得ていた様子が垣間みられる。

次に十五日に設定された対談の様子を確認したい。

〔史料11[39]〕

十月十五日

一、次郎兵衛殿見舞ニ罷参昼食差出候、赤井様御用役罷参何れニも御組頭様御用役立会之上取放方可然義者相談有之候、右ニ付而者ヶ様之始末方可然之段一同之者共江相談御座候、今晩赤井様・山口様両人程々参候可然取極置、

一、十五日夕　忠治　勘蔵　着罷成

一、十五日夜　千代松　弥市　赤井様

十五日

御親類様と大奥様、中川様江是迄御屋敷様御取計向ニ付、已来御取計向御ことわり之件、御用金御日延来廿五日迄御聞済之義地頭所より中村江被仰候、

傍線部によれば、親類家と大奥様は、中川氏によるこれまでの「御屋敷様御取計向」について以後はこれを断る旨などが、中村東一郎に仰せ渡されたとのことである。「御屋敷様御取計向」は、主に中川大八郎家来分である中村東一郎の都筑家知行所への出役と捉えられ、以後はこれについて都筑家側としては断るという。また、この対談の場に「大奥様」が出席していることから、当主である都筑幾太郎が、病気などによって家政に主体的に関与することができていなかった背景が考えられる。さらに翌日の記事をみてみよう。

〔史料12〕(40)

一、十六日、千代松　勘蔵、本郷御組頭石川様御用人ゟ知行所不取計ニ付、長之御暇被遣而可然趣地頭所江御達し被成候義、吉凶共書面ヲ以可申上候旨被仰聞候、

大番組頭の石川氏を訪ねた千代松・勘蔵によれば、石川氏の用人が東一郎の処遇について、知行所不取計のため長期の暇に遣わされてしかるべきとの趣を都筑家へ達している。また同時に石川氏用人は、以後都筑家の対処について

吉凶を問わず書面にて報告するようにと、都筑家知行付百姓に対して命じている。一方、石川氏による東一郎への暇仰せ付けの達しを受けた都筑家の反応はどうであろうか。

〔史料13[41]〕

一、同廿日、彦八・要八、赤井様江参候処、山口様御出張ニ付御同家江参候様御達ニ付、御同家様江参候処、御地頭所様と御三方御立会ニ而東一郎取計向□、尤御組頭石川市左衛門様御用役様御取扱以東一郎御暇為手当金五拾両差出間敷候哉、右ニ而皆済之積之段□心得ニ付而ハ、赤井様ゟ御状出候間□一同江申渡及相談候所、無詮方次第□右之段石川様御用役様御談皆済候、

十月二十日、赤井氏の屋敷にて都筑氏・赤井氏ともう一人の人物（中川氏カ）で、東一郎の取り計らい方について親類同士による内談の場が設けられている。そこでは石川氏用人による東一郎に対して、暇手当金五〇両を差し出す提案について合議され、一同（示談のためには）致し方ないとの結論に達したとみえる。しかし、示談内済に向けて合意が得られつつあった矢先の二十四日、「赤井様ゟ使参り候ニ付、彦八参上致候所、赤井様仰ニ者示談行届兼候趣被仰聞、明廿五日山口様・赤井様御両家様江訴状可差出候様ニ被申付候[42]」とあり、示談が不成立となってしまう。

そこで赤井氏は知行付百姓に対し、明日都筑家の親類である赤井家と山口家へ再び訴願書を差し出すよう指示している。翌二十五日に知行付百姓は石川氏用人に呼び出されるが、東一郎が留守のため対談は日延べされる。これ以後「日記諸用留」の記載から一件の進捗はうかがうことはできない。当一件の内済を示す史料として次の文書がある。

〔史料14[43]〕

乍恐以書付奉申上候

都筑幾太郎知行所相州高座郡鶴間村小前村役人惣代左之者共奉申上候、私共地頭幾太郎儀、知行所取調之義有之

候迚、中村東一郎と申者被相雇、先般出役致候得共、無慈悲私欲之取計而已有之、何分地頭所為筋可相成人ニ無之、其段地頭所同人取扱方御断被遊候旨御下知書も御渡相成候得共、東一郎と申もの強勢不法ニ而地頭所ニおいても無趣意断着、旁日数も相立一同難渋ニ付不歒恐をも先達而再応御歎願奉申上候処、右願書御取上ケ地頭所へ御沙汰被成下候故、早速御親類御立会小堀権十郎様御用役枚村新左衛門様を以厳重御取調ニ相成、東一郎義非曲を夜来御呼出し有之候而も不束夫々利非相分り、私共ハ勿論地頭所慈悲心も相別れ万事上下之無悉事熟和仕候も偏御威光と難有仕合奉存候、仍而ハ已来右様ニ付私共より御願筋毛頭無御座候間、何卒以　御慈悲先般願之趣と者是迄ニ而御聞済被成下置義、奉願上候、

当史料は下書という性格上、日付・差出人・受取人の記述を欠くが、少なくとも内済の状況をうかがい知ることはできよう。先述のとおり都筑家と親類家、そして中川家との対談の場によって、東一郎に暇を出す下知書が一旦は知行所へも遣わされたと思われる。しかしながら東一郎は、下知の趣に反し下鶴間村にとどまったままであった。そのため再三の知行所の願いが採用されたこととなる。取調は親類家が立会のもと小堀権十郎用人の枚村新左衛門によって厳重に実施されることで、熟和内済が成立したと捉えられる。

さらに、東一郎罷免後に大番組頭の石川市左衛門の指図によって、都筑家の家政と知行所支配について親類が立ち会い取調のうえ、知行所下鶴間村へ次の下知書が申し渡されている。

〔史料15〕(44)

下知

一、①検地帳之儀ハ御年貢筋勘定向ニ拘り候儀ニ付認可差出、絵図面も可為同様事、

一、②去巳年皆済目録其外地頭ニ拘り候書付類可差出事、

一、③村役人共是迄取計向不正無之段、相分候事、
一、④中川家口入出役為致候中村東一郎不正之取計手荒之取扱有之趣、歎願いたし候とて、小前之者共騒立、村方立出候不埒ニ候得共、途中ニおゐて村役人利解聞請罷帰候ニ付、咎之不及沙汰ニ、村役人骨折之段誉置候事、
一、⑤苗字帯刀御免上下着用等東一郎ゟ差遣候分返上候趣聞届候、
一、⑥中村東一郎義、此度暇申渡候条、其旨相心得、此上諸用向直段申談、他向抱入用役等差遣し申間敷候、
右ハ今般御組頭石川市左衛門殿御差図親類中立会取調之上申渡候条、得其意小前末々迄申聞村役人共一同精勤可致候、依而下知如件

□月日　地頭

鶴間村

下知の内容は、①検地帳と村絵図の差出指示、②去巳年（安政四年）の年貢皆済目録ほか、地頭所から発給された書付類の差出指示、③村役人のこれまでの知行所運営に不正がないことの承知の旨、④東一郎一件の歎願のため小前百姓出府の件は不埒であるが、途中で村役人が利解させ帰村させており咎には及ばず、むしろ村役人の骨折りを誉め置く旨、⑤東一郎から許された苗字帯刀御免・上下着用等の返上について承知の旨、⑥東一郎には暇を申し渡したこと、そして今後知行所への諸用向きは直接申し談じ、他家から抱え入れた用人等を差し遣わすことはしない旨、以上の六か条である。

東一郎一件の直後であるため、彼の手荒な取り計らいを経て生じたであろう知行付百姓たちの抱く領主都筑家への不信感を緩和させる箇条もみえる（③④⑤⑥）。一方、①②は知行所下鶴間村の年貢勘定や田畑の把握、そして証拠書類の確認を意図したものである。本来、都筑家親類が依頼して「雇」用人を抱え入れた目的は、知行所下鶴間村に委

任していた年貢勘定等の再把握と改革にあった可能性を示唆していよう。

結び

以上、「雇」用人中村東一郎の登用から罷免に至る流れを都筑家の親類諸家の動向に留意して検討した。忌避運動の展開過程をみてみると、まず知行付百姓たちが親類の赤井氏・山口氏であり、それに対して親類家は訴願先の具体的な指示を出していたことが明らかとなった。実際に訴願書が大番組に属する赤井家の上役にあたる大番頭・大番組頭の二家に提出されており、かつ以後内済の調整を進めていたのは、大番組頭石川市左衛門家の用人星野源蔵であったことから、赤井家の役職関係に起因して、石川家が大番組所属の赤井家および親類（都筑家）の「雇」用人罷免に向けて動いていたと理解される。

それでは、都筑家知行所に出役した「雇」用人に関する一件に、なぜ親類家、とりわけ赤井家が主体的に調整を進めたのであろうか。

一点目としては、中村東一郎の登用にあたって「御地頭所御親類五人様御立会ニ而、達而御頼」をもって主体的に「雇」用人登用に関与したという点が考えられよう。中川大八郎との親類縁者を通じた関係にも一定度起因していた余地も考えられる。

二点目として、旗本家の家政運営、家臣の登用・罷免、そして知行所支配に介入することが許されたのが親類家であったという点が考えられる。旗本家は「地頭所御手切之御取扱」の行使を認められている個別領主であるが、それに対して「御聲懸」することができた存在が親類家と番・組の頭であったのである。だからこそ、高橋実氏が明らかにしたように、旗本家の家政改革にあたり、江戸幕府は「厳重之沙汰」を出すものの実際には親類家が家政運営全般を委任されることも起こり得たのである。[45]江戸幕府や諸家による旗本家の家政や知行所支配への介入は、個別領主としての性格の否定・侵害に相当し、それが行使される時は個別領主としての存続危機であったといえよう。

註

（1）たとえば、福田千鶴「近世前期大名相続に関する基礎的研究」（『史料館研究紀要』第二九号、一九九八年）、同「大名の相続と御家騒動」（『幕藩制的秩序と御家騒動』校倉書房、一九九九年）、大森映子『お家相続―大名家の苦闘―』（角川書店、二〇〇四年、補訂版、吉川弘文館、二〇一八年）など。

（2）笠谷和比古「「押込」慣行の構造」（『主君「押込」の構造―近世大名と家臣団―』平凡社、一九八八年）。

（3）伊藤孝幸「近世後期における交代寄合高木家の婚姻について」（『愛知学院大学人間文化研究所紀要人間文化』第一六号、二〇〇一年、後に同『交代寄合高木家の研究―近世領主権力と支配の特質―』清文堂出版、二〇〇四年に所収）。

（4）高橋実「幕末・維新期における旗本北条氏支配と農民闘争」（『茨城県立歴史館報』第一一号、一九八四年、後に同『幕末維新期の政治社会構造』岩田書院、一九九五年に所収）。

（5）石山秀和「旗本賄用人について―岩井村青砥（原）秀次郎を事例として―」（『袖ケ浦市史研究』第六号、一九九八年）、同「幕末期における旗本用人の情報入手とその伝達」（津山洋学資料館洋学研究誌『一滴』第一〇号、二〇〇二年）。

（6）芦田伸一「旗本の知行所支配と用人―旗本山名氏の事例を中心に―」（『千葉県史研究』第九号別冊〈房総の身分的周縁〉、二〇〇一年）。

（7）野本禎司「近世後期旗本家家臣団の再生産構造」（『関東近世史研究』第七〇号、二〇一一年）。

(8) 宮地正人「幕末旗本用人論―江戸都市論に旗本社会をどう組み込むか―」(『明治日本の政治家群像』吉川弘文館、一九九三年)、田中正弘「「旗本家臣中村(鹿島)喜平治日記」の翻刻と解題」(『栃木史学』第六号、一九九二年)、同「史料紹介　徳川幕府大番組衆　小笠原久左右衛門の幕末日記」(『栃木史学』第二三号、二〇〇九年)、松本良太「近世後期の武士身分と都市社会―「下級武士」の問題を中心に―」(『歴史学研究』第七一六号、一九九八年、後に同『近世武家奉公人と都市社会』校倉書房、二〇一七年に所収)。

(9) 「世事見聞録」(武陽隠士、文化十三年序)。武陽隠士著・本庄栄治郎校訂・奈良本辰也補訂『世事見聞録』(岩波書店、一九九四年)を参照した。

(10) 芦田伸一「旗本知行所における用人忌避闘争の展開」(『歴史科学と教育』第一三号、一九九四年)、同前掲註(6)「旗本の知行所支配と用人―旗本山名氏の事例を中心に―」。

(11) 『寛政重修諸家譜』巻第一九三(続群書類従完成会版、第四巻、一三～一四頁)。

(12) 嘉永七年八月改「大奥女中分限帳幷剃髪女中名前」(埼玉県立文書館収蔵　稲生家文書八一)。当史料については、松尾美恵子「江戸幕府女中分限帳について」(『学習院女子短大紀要』第三〇号、一九九二年)に詳しい。

(13) 「諸向地面取調書」(国立公文書館蔵)。

(14) 前掲註(12)嘉永七年八月改「大奥女中分限帳幷剃髪女中名前」。松尾前掲註(12)「江戸幕府女中分限帳について」に掲出の別表1「将軍家定付き女中一覧表」を参照した。

(15) 大和市下鶴間長谷川賢太郎氏蔵　長谷川家文書。なお、同文書については、大和市文化・スポーツ部文化振興課が所管するマイクロフィルムCH本を利用し閲覧した。文書群の概要は『下鶴間の長谷川家文書総合調査報告書　目録2・3・5(大和市文化財調査報告書　第七五・七九・八八集)』(大和市教育委員会、二〇〇〇・二〇〇一・二〇〇四年)にて公開されている。以下、整理番号は同目録に依った。

(16) 安政五年「下知書」(長谷川家文書I-B-八八)。

(17) 下知書にたいする村方の請書が下鶴間村に逗留中の中村東一郎に宛てて出されていることから、当下知書は出役以前に地頭所から発給されたものではなく、出役にあたって中村東一郎が持参した下知書であると判断した。

(18) 安政五年「奉差上申一札之事」(長谷川家文書I-B-八三)。

(19) 相給名主が都筑家にたいして鉄砲破損について許しを請うている。「大切之御品と乍弁右損シ之始末、届ヶも不致等閑置候段御差当奉請一言之申訳も無之、一同奉恐入当惑罷在候」とあるように、都筑家の対応が厳しいものであったことをうかがうことができる(長谷川家文書I-B-八四)。

乍恐以書付奉願上候

江原武之助知行所相州高座郡下鶴間村名主両人奉申上候、古来より当村御知行所江猪鹿威鉄砲弐挺拝借罷有候処、此度御出役様方御改御座候所、右鉄砲火口等損シ有之御屋敷様御用立不申候様相成居候段、村役人共幷預り人小左衛門・要八等大切之御品と乍弁右損シ之始末、届ヶも不致等閑置候段御差当奉請一言之申訳も無之、一同奉恐入当惑罷在候旨、私共江取繕り相頼候ニ付乍恐御歎願奉申上候、何卒格別之以　御慈悲御憐愍之御沙汰被成下置候様偏ニ奉願上候、以上

安政五午年九月廿九日

江原武之助知行所
相州高座郡下鶴間村
名主　倉右衛門㊞
同　　藤　　吉㊞

都築幾太郎様
御役人中様

(20)「安政五戊午年小笠原氏日記」個人蔵。田中前掲註(8)「史料紹介　徳川幕府大番組衆 小笠原久左右衛門の幕末日記」を参照した。
(21)前掲註(12)嘉永七年八月改「大奥女中分限帳幷剃髪女中名前」、前掲註(13)「諸向地面取調書」。
(22)『寛政重修諸家譜』巻第二六二(続群書類従完成会版、第五巻、四〇～四一頁)。
(23)小川恭一編『寛政譜以降旗本百科事典』(東洋書林、一九九七年)。
(24)安政五年「乍恐書付奉申上候」(長谷川家文書I-B-一二一)。
(25)安政五年「奉差上申一札之事(預り鉄砲破方吟味中の小左衛門・要八身柄引受)」(長谷川家文書I-B-八三)。
(26)安政五年「奉差上申一札之事(名主平八不束の義により退役)」(長谷川家文書I-B-八二)。
(27)安政五年「乍恐以書付奉願上候(金四百三十九両御用金仰付)」(長谷川家文書I-B-九六)。
(28)安政五年「(名主平八・啓次郎苗字御免、組頭弥市名主格苗字御免、組頭治郎兵衛他三名褒美下置カレ候ニ付請書写)」(長谷川家文書I-B-一〇五)。
(29)安政五年「申渡(寛保十三年四月中差置の地所は勝手向不如意に付年貢差出申渡)」(長谷川家文書I-A-九)。
(30)安政五年「差上申預り書一札之事(長左衛門他三人縄手錠にて預り)」(長谷川家文書I-B-九四)。
(31)「世事見聞録」から浮かび上がる旗本知行所支配の特質については、横浜文孝氏の論考に詳しい。横浜文孝「『世事見聞録』に描かれた旗本の姿と知行所支配―時代を危惧した批判の目をとおして―」(J・F・モリス・白川部達夫・高野信治編『近世社会と知行制』思文閣出版、一九九九年)。

(32) 前掲註(9)『世事見聞録』。
(33) 安政五年「日記諸用留」(長谷川家文書I‐B‐一二二)。
(34) 安政五年「乍恐以書付奉申上候」(長谷川家文書I‐B‐一一九)。
(35) 前掲註(33)「日記諸用留」。
(36) 安政五年十月「福壽海無量」(個人蔵、大和市つる舞の里歴史資料館寄託〈目録　一〉古木家文書　支配二‐五二)安政五年十月十一日条。なお、整理番号は『相州高座郡下鶴間村公所　古木家文書　目録一・二』(株式会社永屋、二〇〇四・二〇一三年)に依った。
(37) 前掲註(33)「日記諸用留」。
(38) 前掲註(36)「福壽海無量」。
(39) 前掲註(33)「日記諸用留」。
(40) 前掲註(33)「日記諸用留」。
(41) 前掲註(33)「日記諸用留」。
(42) 前掲註(33)「日記諸用留」。
(43) 年未詳「乍恐以書付奉申上候」(長谷川家文書I‐B‐一七七)。
(44) 年未詳「下知状」(長谷川家文書I‐A‐一三)。
(45) 高橋前掲註(4)「幕末・維新期における旗本北条氏支配と農民闘争」。

第五章　旗本用人社会と知行所村役人の「譜代意識」
―江原家を事例として㈡―

はじめに

本章は、近世後期関東の旗本知行所支配における特質について、旗本用人と知行所村役人の動向に着目して検討するものである。

ここまで第二編第一章から第四章にかけてみてきたように、旗本家政の運営や知行所支配の実現にあたって、知行所村役人層の存在は重要な位置を占めていた。こうした視座は、旗本知行所の支配構造をめぐる先行研究においてもすでに共通の認識と捉えられる(1)。一方、野本禎司氏の研究によれば、一〇〇〇石台以下の旗本家であれば、公用向と家政向に職務分化した用人数名で職務をこなす必要があったという(2)。

つまり、旗本家政や知行所支配の取り回しの良し悪しは、少数の旗本用人と、知行所村ごとにさまざまな思惑を持ち合わせた村役人層の資質に左右されるところが大きかったのである。この柔軟さと危うさを表裏であわせもった支配構造こそが、旗本知行所支配の特徴を現出している要因のひとつではなかろうか。このように捉えた場合、江戸の武家社会における旗本用人や知行所村役人層が、いかなる社会秩序や行動論理に規定されながら、家政運営や知行所支配に従事していたのか、検討する必要があろう。また、彼らが何らかの意識を抱いていたのであれば、いかなる影響が及んでそれらが醸成されたのか、考察を加えたい。

そこで、本章で検討対象とするのが、江戸の旗本用人社会と知行所村役人層の関係である。旗本用人が忌避される要因の多くは、旗本家政の立て直しを図る新規召し抱え用人らによる家政改革や、知行所に対する過剰な諸役賦課であると評価されてきた。なかでも「改革請負人」(3)や「悪用人」(4)と呼ばれる層が忌避されることが知られるが、そこにおいて、知行所村役人が批判する対象が、旗本家ではなく用人個人である点に留意する必要があろう。用人を登用するのは旗本家である一方、知行所村役人からはその任命の責は表だっては問われず、あくまで用人個人に対する批判と地頭所への罷免要求がなされるのである。ここに旗本家、そして旗本用人と知行所村役人の関係を、あらためて検討する余地がある。

第一節　旗本用人社会の展開

1　旗本江原家用人と大嶋学助

旗本江原家の概要については第二編第二章に譲り、ここでは同家用人の概要と新たに召し抱えられる大嶋学助の出自等を確認したい。

近世後期における江原家用人は常時二人おり、文化年間末から譜代者と一代限りの新規召し抱え用人の各一人が勤仕した。彼らが普段地頭所から知行所へ宛てて触書や御用状を発給していた知行所支配を担った用人とみてよいだろう。天保年間に上田家と中尾家の人物は文書上にみられなくなり、時期により新たに召し抱えられてゆく青木・大島・辻屋・青船などが、譜代筋とみられる蜂須賀家とともに知行所支配を担当した。

なお、旗本家の役職就任にともなって専門的な職能を有する家臣が召し抱えられる場合がある。前述の用人たちは、知行所に到達した文書で確認されるに過ぎないものの、現段階では役職就任に関連した家臣の新規召し抱えの動向は確認できない。こうした旗本用人と知行所村役人との間では、江原家の家政運営や支配の協議、命令から私事にわたる内容まで多くの御用状や書状が交わされている。

さて、旗本江原家に天保十一年（一八四〇）に登用される大嶋学助は武家の出身ではない。いかなる経緯で同家の用人となったのか、次の史料から確認したい。

〔史料1〕[5]

江原武之助様御家来大嶋学助身分者

下総国香取郡大原村縫右衛門次男ニ而甚平弟常蔵事、当時大嶋学助、右之者同国同郡川嶋村と申所へ入父ニ縁付、身上向不勝手ニ相成、頼母子講金拾五両ト家財取片付、女房并先父之娘と三人一所ニ家出いたし、夫ゟ岩部村金右衛門と申者世話を以同村兵左衛門方江親子三人共ニ養子ニ相成候処、翌年之穀物取上ヶ、又養父母置去ニいたし、夫より御当地へ罷出、大番町江原勇三郎様方へ仲間躰奉公住仕、其後江原隼人正様・当武之助様方へ侍奉公ニ住込、間もなく女房・女子共引取、女子者御同家様奥江奉公ニ差上、其後用役と相成、出入者十八年程奉公仕居候、

一、十ヶ年前辻屋又四郎方江賄方同人之手続を以相頼、又四郎召仕江之給金年々拾両ツ、遣し候由、同人支配人御請負定七と申者と学助と馴合、万端取計候処、年貢米仕切九ヶ年ニ国相場と八百九拾両余安直ニ仕切、右売値如何之割合ニ仕候哉、学助馴合取計候事ニ御座候、

一、旧冬迄又四郎方之借財者千両少し余之旨、屋敷内者勿論知行所役人共江も申聞置、既ニ惣借財書抜帳江も金千

と記置、端金者帳面調上ヶ之上書付可申趣ニ候所、当正月俄ニ九ヶ年之賄不足三千五百両余又四郎方ニ引負出来候由申之、如何ニも不正と奉存候、

一、平日家内之衣類絹布揃ニ而夜具等も唐さらさ（更紗）めいせん等ニ有之、娘ニ者白らふく帯□□□□、壱年中之御給金ニ而も調兼候品等も相見へ、其外右ニ準候暮方ニ御座候、

一、常々酒食之入用等学助殿扶持給金之通りニ而者一ヶ月歟二ヶ月之外賄足り申間敷分奉存候、殿様方ゟ余程美食仕居、勿論去月中旬頃ゟ者質素之躰ニ相見申候へ共、御高ニ不似合之家内暮方ニ而疑心仕候、

一、碁を打候由申成、常々出歩行、酒狂ニ而深夜ニ帰候事間々有之、築ち之方江能度々参り候処、当時者参り不申候様子ニ御座候、

一、辻屋又四郎方ニ而臨時借用致候而も其時々礼金遣し候由、賄方一式引受人之義ニ而聊之臨時金借用仕候迚其時々礼金遣し候ニ者及間敷哉と奉存候事、

直ニ二番へ移ル

一、湯島天神前質屋ニ而伊世や宗兵衛と申者并東屋本蔵と申者両人共右学助縁者之由、右之者方へ不断出入仕、江原桂助様方之御賄も学助内実者出金仕居由御座候、

当史料は、大嶋学助が知行所から罷免要求される折に作成された文書と考えられ、大嶋の出自や江戸暮らしの様子が叙述されたものである。冒頭の記載によると、大嶋は下総国香取郡大原村の縫右衛門の次男常蔵といったという。大原村には、元禄十年（一六九七）から安永四年（一七七五）に同村名主、文化十三年（一八一六）から天保八年に同村組頭と百姓代を勤めた大矢縫左衛門家の存在が確認され、(6) 史料1の記述は書き誤りで、おそらく縫左衛門家が常蔵の出身家とみられる。(7)

次男であった常蔵は同じく香取郡内の川島村（百姓家カ）に養子に入り妻子をもった。しかしゆえあって妻子と連れ立って川島村の家を出て、同郡岩部村の金右衛門の世話で同村の兵右衛門方に親子とも養子に入ったという。ところが翌年分の穀物を取り上げ、養父母を置き去りにして江戸に出てきた。大原村と川島村から離れ大嶋姓を名乗ったのはこの頃からであろうか。それから大番町江原勇三郎方で中間体奉公として同家の屋敷に住み込み、後に江原隼人正と武之助の元で侍奉公として住み込む。さらにその傍ら自分の娘を同家に奥奉公させ、自らは後に用人として登用されるに至り、大嶋の江原家への奉公は天保十一年から安政五年の十八年間に及んだ。

後半の箇条は、この文書作成の経緯から考えて、知行所村々が忌避運動を展開するにあたり問題とした大嶋学助の行動や交際関係が列挙されたものとみてよいだろう。この点は次項で詳しく検討したい。

さて、常蔵が江戸に出る前に居住した岩部村は、下鶴間村を領する旗本江原孫三郎家の知行地でもある。また、江戸に出て大嶋学助として最初の奉公先は、江原孫三郎家の傍系で、知行所を常陸・下野に計五か村・六〇〇石を領する江原勇三郎（九郎右衛門家）(8)のもとであった。これは単なる偶然ではなく、岩部村に暮らすなかで領主やその親類家における家臣や奉公人の欠員や補充に関する情報に接し、村から江戸へ行く決心をしたのであろう。

この頃、江原孫三郎家の当主親長は家定付小納戸頭取の立場にあったが、第二編第二章でみたように、知行所下鶴間村の相給村役人の長谷川彦八家との勝手賄い関係が解消され、知行所村々からの恒常的な金子融通を受けることが難しくなっていたことが想定される。また、家臣団の状況としては、十八世紀末頃から江原家用人として確認できる上田八郎兵衛家・中尾五郎兵衛家が、いずれも天保期に発給文書などにその名が見えず、後掲の史料3などから上田家と中尾家はともに江原家から暇を出され、家自体も断絶の危機に直面していたことがわかる。

このように、数代仕えていた用人が退き家政内に欠員が生じたことも新規登用の契機であった。さらに後述するように、大嶋学助は十代江原親長の信頼のもと用人を勤めていたようであり、安政三年に親長が死去したことにより、大嶋の家中における境遇も変容し、知行所村々から罷免要求願書が出されることになるのである。

2　新規召抱え用人忌避運動の展開と旗本社会

江原家に用人として仕えた大嶋学助であったが、知行所村々からのたび重なる罷免を求める願書提出によって、最終的に暇を出されるに至る。ここでは、大嶋学助が身を置いた旗本社会の一端を捉えるとともに、知行所村役人たちの眼には、近世後期における江戸の旗本社会はどう映っていたのか考えてみることにしよう。

検討に用いる史料は、安政五年（一八五八）五月付で江原家知行所村々の連名で江原孫三郎家親類の土岐摂津守と堀伊豆守に宛てられた願書である。長文であるが史料の性格に留意しながら検討したい。

〔史料2〕(9)

乍恐以書付奉願上候

江原武之助様御知行所四ヶ村役人共一同奉申上候、一体右武之助様御儀御幼少ゟ御両親様ニ御別レ被為遊深く御心配ニ而御成長之処、御祖父様も御逝去之跡格別之大借財ニ而御物成者皆利分ニ被引、追々借財嵩候ゟ外無之、是亦御心苦可被為遊と乍恐百姓方ニ而も不容易奉歎息、尤差掛り御知行所江強而之難渋被　仰付候義ニ者無之候得共、追々大借仕詰、若哉御勤向等御差支相成可申哉と心痛之余り、御知行中一統之心得方先般再応書面を以奉申上候処、御屋敷内之始末万端御探索之上無御拠次第も有之、就而者両人一所ニ御暇御遣し被遊候ゟ外無御座旨、其外厚御教諭御仁恵御慈愛被　仰聞、　御両家様御厚精之御儀と難有奉承伏、依而者　御両家様御思召を以往々御勤続相成候様奉願上度、将亦大嶋学助殿義ニ付再応願書奉差上候処、　御両家様ニ而も敢而御不審

不被思召と申ニも無之、御暇被遣候も惜ミ不被遊候得共、其方共願筋疑念迄ニ而聢と證拠も無之候得者、願之趣御沙汰不被及旨被　仰聞恐入承伏仕、銘々国元江も相談およひ候処、御尤至極之御利害ニ付、①此度聢と證拠を以奉申上候儀者、大嶋学助殿諸所②之御屋鋪様方江仕送いたし、既御小姓組高木兵部少輔様御組小菅一学様、当時麹町三丁目谷湯屋之向御借地、右一学様去ル寅年中且亦旧左衛門殿と申仁御用役御拘入相成、其仁之聟ニ而湯島三組町質屋渡世家主伊勢屋宗兵衛と申もの有之、然ル処学助殿儀も旧左衛門殿之姪聟ニ而学助殿・宗兵衛三人申合金主いたし、一学様江仕送いたし、右金相滞宗兵衛ゟ出訴之処学助殿出金分も宗兵衛一手ニいたし願出候間、右不束之始末小菅様之御家来黒岩嘉平太殿ゟ南　御奉行所様御掛御吟味役仁杦五郎八郎様江申立候ニ付、右且又旧左衛門殿・学助殿・宗兵衛一同被召出突合御吟味可相成候処、宗兵衛殿義学助殿方出金分も引受対談いたし度被歎願書差出候間、返答方江者宗兵衛ゟ何れニも引受懸合仕候旨書面相渡、弐百九両余之内百弐拾両程学助殿出金者皆無損金ニいたし、残九拾両運ひ金ニ而皆済之筈対談行届未タ運ひ中ニ而、右出入中ニ御座候、学助殿御呼出者御免相成候得共、右廉を以小菅様御家来右嘉平太殿并升蔵と申侍御知行所村役人同道度々学助殿宅江懸合ニ罷越候義ニ而右仕送り之儀ニ付而者私共慥成證拠有之承知仕居、其外数ヶ所へ出金之趣金主家江大借出来家来之身分右体之儀者有之間鋪筈、殊ニ年分金八両三人扶持之取高ニ而纔之間ニ大金相貯、一口ニ多分之損毛いたし候而も敢而心配も不致美服花美之普請平日料理之出這入、旁取箇不相応之普請并暮方、其余夫婦之在所江両方共近頃田地買取中ニも学助殿実家大原村縫左衛門義ハ少々之頼母子講いたし貫なから田地買取、身分柄不相当之義ニ付隣村専学助殿ゟ手当之旨申之、いつれも疑念之仕来方御知行村々於百姓共ニ者御若年之武之助様追々御役筋御勤仕御昇進之儀を挙而奉訴（祈）念候折柄御家来中之取計方ゟ事起り、若御名前ニ拘自然御役付之時節ニ相響候様之義有之、　御両家様御引立之甲斐無之様成行候ハヽ、御知行百姓共後悔非（悲）歎之節全部ニ後レ何様之思も詮無之、重

キ　御役柄之　御両家様御用多之中格別之御思召を以御内蜜御調も被下置、蜂須賀治輔殿義も御暇ニ可相成程之始末有之候者以之外之義、依而両人共御暇被遣候様之次第ニ相成候上者、又四郎方始御借財方私共精々相懸合御仕法付いたし御勝手向御立直り候様仕度、素ゟ馴合候筋之義ニ付、所詮学助殿取計ニ而又四郎方借財相減候様ニ者相成間鋪、然ル上者御用筋之儀者此上共奉請　御差図、月々賄方之儀者村々役人共引受御差支無之様仕候ハ、往々御為筋と乍恐奉存、縦令　御慈悲之御取計を以両人身分此儘御差置被遊候而者人気立候惣百姓江私共ゟ可申論手段無之、少しニ而も上下隔意之義有之候而者可治とも存不申、旁此上何卒以　御憐愍前書之次第逸々被為訳　聴召、両人義者早々退キ当時少々不都合之所者御勘弁被成下、往々御案泰御為筋相成候様之御沙汰挙而御愁訴奉申上候、以上

安政五午年五月朔日

（差出人・請取人略）

前書之通奉願上候処、同八日御呼出ニ而右者百姓共心得方深切之事ニ而忝被為思召候旨難有　御利害一同奉恐縮候、乍去家来暇を遣し候義者不相成、一体家政之義を彼是申上候者不敬之義ニ而御威光ニも拘り、上を蔑ニいたし候様ニも相響哉ニ而、強而願候者不宜候ニ付小前共江も能々可申論、且亦御暮向御仕法之事者何れニも其方共存知込通仕法相立、③是迄之賄金相断知行所ゟ勤番詰合、日々賄方成丈之省略致候共、又者是迄通賄方立置候ハ、月々　御両家様ゟ御手入御改も可被下、左候ハ、聊疑心も有之間鋪、何れニ而も此儘ニ而者金主方ニおゐて出金致間敷候間、精々談之上御暮向御仕法等可申上旨被　仰渡候ニ付、銘々国許一同江及相談候得共、右学助殿永々御暇被　仰付度段、最初奉願上候節百姓共願之趣末々為筋之儀を相心得心配いたし候段尤之義ニ付、中々以家来壱人位御惜者不被遊候得共、　御両家様共御役柄之義ニ付唯威光を以押付候様御取計被遊候而者不相成候ニ付、

精々御取調之上御沙汰可被成下旨、厚　御仁恵被　仰聞、其外御呼出し都度〳〵国許之者共江も明細ニ申聞置候処、④先般奉申上候学助殿義外屋鋪江仕送り金等差出、既　御奉行所様江も可被　召出候処、百両余之出金皆無之損ニいたし先者名前ニ疵も不付居候得共、右出金未タ　御奉行所様御懸りニ而済切も不仕、若済兼御呼出しニも相成候ハ、　御殿様御名前ニも拘り可申、⑤殊ニ者他家へ仕送御用達町人体之所業、小菅様御出入之町人麹町四丁目裏通米渡世高嶋屋方江者学助殿自身ニ米代金持参被致候事等も有之由、　金百両余損金いたし候而も内談ニ而済方被致候も尤之儀ニ而、⑥表向之御沙汰ニも相成候ハ、、武家奉公御構も可相成と御知行所一同之者共者愚察仕、殊ニ者辻屋又四郎方ニ而米仕切相場年々凡百両平均九ヵ年ニ九百両程之安直ニ仕切候も、学助殿ゟ取持を以相勤候用達し之事故、両人馴合私欲いたし候儀と何分疑念相晴不申、⑦且亦下総国香取郡沢村・岩部村両村名主組頭百姓代上役之謀書いたし御郡代御貸附御役所之金子御拝借候哉之処、御返納滞当月七日右御役所ゟ右両村江御差紙を以被　召出、知行所引受印形ニ而拝借金有之旨、厳重被　仰聞当惑至極仕、直ニ学助殿方江及懸合候処早速出金被成、私共江迷惑不被成御懸御引受被成候旨被申聞候得共、表向者私共引受ニ相成、右様不容易事等被取計候而者末々何分安心不相成、勿論壱人之取計ニも無之御先代様御代之義ニ者候得共、此度迚も私共ゟ強而謀判之旨申立候得者、御殿様御名前ニ拘り候義ニ付無拠引受之旨申上候、右様品々小前気受騒立候様之事共相重り候処、当八日被　仰渡候通暇御遣被成候事者不相成、御暮向御仕法相立、辻屋又四郎方引負御仕法等心得方可申立旨被　仰付候而も、此姿ニ而者中々外相談等およふ所ニ無御座、⑧乍恐先前願上候次第是非　御聞済不被成下候ハ、、此末者無余義重キ　御役人様方江も奉愁訴候ゟ外無之旨、小前之もの殊之外騒立候得共、学助殿取計品々後闇キ事共有之上者、私共何分制諭之手段無之、左候迚右体ニ成行候ハ、、重々奉恐入候得共、御家政之義申上候而者下々之身分ニ而不敬とも相当り可申哉之旨被　仰聞、旁進退途無御座深当惑罷在、全御地頭所様不為ニ而往々御勤続も難計見受候ニ付而者世間ニ儘有之儀ニ而、敢而不敬と計も不奉存、私共一同何様　御咎奉請候而も不苦奉存候間、是非御上向も御安泰ニ御暮も出来、御借財之返済方も仕法相立、上下永続相成候様之御沙汰被成下置候ニ付而者、私共ゟ別段奉願上度存意毛頭無御座候得共、一体品々不都合之取計等皆御先代様幷恵輔殿等三人取計候事ニ而学助殿壱人之不調法と申ニも無之様御利解も承知仕候得共、乍去只今存命者学助殿壱人ニ而、九ヶ年之間之帳面江手入いたし候者勝手次第之義ニ而、昨年迄者又四郎方借財凡千両位之旨申聞置、俄ニ三千五百両余之旨被申聞、右様格外之相違ニ而多人数之小前江申論方も無之、縦令正路之借ニもいたせ、壱人ニ而御用役相勤乍居千両余之借り歟三千両余之借りか不弁居候抔余り不心得之申分と奉存候、右様不心得之勤方仕候御家来御暇被遣候而も乍恐御両家様御非分之御取計とも被申間鋪奉存候間、何卒以　　御慈悲願之趣　御聞済被成下置度奉願上候、以上

（安政五年）
午五月廿五日

右
鶴間村
百姓代　利兵衛㊞
名主　藤吉㊞
岩部村
同　部右衛門㊞
組頭　吉右衛門㊞
伝右衛門㊞
沢村

名主　佐兵衛㊞
組頭　甚兵衛㊞
百姓代　又兵衛㊞
求名村
組頭　治左衛門㊞

土岐摂津守様
堀　伊豆守様
御役人中様

この願書作成の前提ともいえる知行所村役人の目に映った江戸の旗本社会と江原家用人大嶋学助の行動について、史料1・2から得られる情報を中心に整理しよう。

まず、大嶋は江原家用人という立場にありながら、所々の旗本家に対しても「仕送り（＝金子融通）」を実施しており、具体的には旗本小菅一学（知行高七〇〇石）[10]をはじめとする諸家に金子融通を行っていたという（傍線部①⑤）。つまり、大嶋は自らの資金を江原家以外の旗本家へも金子融通することによって、不特定多数の武家に出入りしていたことになる。この大嶋の活動について知行所村役人たちは「御用達町人体之所業」と評している。

一方、旗本小菅家は旧左衛門を用人として新規に召し抱えると、旧左衛門に加えて彼の親類である伊勢屋宗兵衛・大嶋学助両名からの金子融通も受けていた（傍線部②）。また、小菅家出入りの米穀商高嶋屋への米代金の支払いには大嶋が赴いていた。伊勢屋宗兵衛は湯島天神前で質屋も商う札差であり、旧左衛門と大嶋は、伊勢屋とコネクションをもつ人材であったことになる。小菅家からすると、旧左衛門の登用自体が新たな金主の獲得を意味したとみられるが、同時に計画的な運用が必要とされたことは言うまでもない。

さて、大嶋の周囲の動向に話題を戻そう。弘化四年（一八四七）～五年頃、江原家知行所の年貢米売却に携わっていた江戸商人辻屋又四郎が、賄用人として同家に登用されている。史料1によると、辻屋に賄用人を依頼したのは大嶋で、大嶋は辻屋の支配人を請け負う辻屋定七と馴れ合い、年貢米を九年間、知行所の相場よりも安値で売却していたとされており、知行所から売値の決定について疑いをもたれていた。このほか、江戸商人東屋本蔵とも大嶋は縁者で、江原家のほかの用人や知行所村役人に断らずに、伊勢屋宗兵衛・東屋本蔵の元に出入りし、江原家親類の旗本江原桂助（前掲の江原勇三郎養子）への勝手賄いも実際には大嶋が行っていたという。

また、馬喰町の郡代貸付役所からの金子借用証文の作成にあたって、大嶋は知行所沢村・岩部村の村役人の署名印形を偽造した嫌疑もかけられている（傍線部⑦）。この件は、返済が滞ったことにより郡代役所から知行所の沢村と岩部村に召し出しの差紙が到来し発覚したもので、知行所村役人たちが大嶋の家政運営の実務に対して直接的に疑念を抱く契機となったとみられる。

このように江戸における大嶋の行動は、A旗本江原家の用人としての金策、B主家以外の諸家に対する仕送りの実施に大別され、いずれも領主財政に深く関与する行動である。これらの活動において大嶋が活用していたものが親類縁者の関係にあった江戸商人や武家奉公人との人的結合であり、いかなる目算の上での運用であったかは定かではないものの、複数の金主から借用した資金を主家以外の諸家にも貸し付けていたことになろう。

それでは、次に知行所村役人が罷免要求に際して問題視した大嶋の行動を整理しよう。

大嶋と辻屋又四郎による財政運営は、前述の年貢米売却金額の問題等によって多額の借財を抱える結果を生じさせていたという。加えて、旗本小菅家への仕送り金滞りをめぐって、小菅家家来の黒岩嘉平太が江戸南町奉行所に訴え、旧左衛門・伊勢屋宗兵衛・大嶋学助が召し出された（傍線部④）。大嶋の主家である江原家にも調べが及ぶと、幼少の当主武之助の昇進にも支障が出ると指摘する。さらに、こうした実害の温床となったともいえる主家以外の諸家に出入りしていた大嶋の「御用達町人体之所業」と評される行動も、批判の的になっている。この知行所村役人の批判は、武士身分であるにもかかわらず複数の主家(武家)に出入りする行動は用人として相応しいものではない、という認識のもとに語られているといえよう。この点は後述の本節第3項とも関連する。

一方、「是迄之賄金(＝大嶋や辻屋による江原家への金子融通)」を断った末の家政運営の見通しとしては、知行所村役人が地頭所に勤番し詰め合う賄方運営の方法を具体的に提案しており、公的な沙汰があるならば「武家奉公御構も可相成」、つまり知行所村役人たち自らが家中に加わり家政運営に携わることも辞さない姿勢を示している(傍線部③⑥)。また、大嶋罷免の願意が聞き入れられなかった場合には、小前百姓たちが「御役人様方江も奉愁訴候る外無之」と殊のほか騒ぎ立っており、村役人たちも彼らを制止して諭す手段もないと述べている(傍線部⑧)。

本書第二編第四章で検討したように、旗本用人の任免など家政の維持存続にかかわる案件において、親類家もその権限を有していた。大嶋学助の罷免願書の提出先が江原家の親類である点も、親類家の役割や権限を傍証していよう。さらに、大嶋の罷免が叶わない場合、小前百姓が江戸幕府の奉行衆や評定所へ愁訴も行う可能性を示唆することで、あくまで親類家内での穏便な解決をめざしたい土岐摂津守家と堀伊豆守家に対して、知行所村役人は揺さぶりをかけている。結果、大嶋学助は江原家から暇を出され、留任した蜂須賀治輔と新たに召し抱えた真船慎平の二人の用人が家政運営に携わることになった。

3　旗本用人家の相続・再勤・断絶

さて、前項までみた大嶋学助は村役人の家に生まれた百姓出身者であったが、ここでは旗本江原家に数代仕えた家である中尾五郎兵衛家をとりあげ、前項に引き続き彼らの生きた江戸の旗本社会の一端をみてみよう。

ここで掲出する史料は、江原家用人をかつて勤めた中尾七右衛門が、江原家知行所の下鶴間村名主古木藤吉へ宛てた書状である。[11] 七右衛門自身は書状を書いた当時、戸田淡路守（美濃国大垣新田藩主）に仕えたばかりの時期であったが、[12] 中尾菊（五郎兵衛の正室ヵ）が死去した現在、中尾五郎兵衛家を継ぐ者がいないことを古木藤吉に相談する趣旨となっている。なお、七右衛門と五郎兵衛の関係は親類である以外は現段階では不明であるが、名主である古木藤吉を「古木先生」と称している点などから、七右衛門は五郎兵衛の子息と考えるのが自然であろうか。

〔史料3〕[13]

（端裏書）「古木先生　」

添書呈上仕候、甚寒之節御座候得共、御家内様御揃愈御安全被成御起居珍重之御儀奉賀候、猶又去ル丑二月後打絶御状通をも不能其儀御無音罷還不本意至極汗顔之仕合御下墨覚悟罷在申候、猶又音信不通ニ御座候間、乍恥辱左ニ申上候、御腹立ニも御推読可被下候、扨者　龍慶橋様勤役中、別段之訳柄を以厚御懇精被成下千万忝仕合ニ御座候、然ル処平山勇蔵一件ニ付不存寄永御暇被仰付、言語道断何共申上候様無御座次第、兼而御承知ニ御座候、丑二月十八日中尾氏菊女病死後、従其御地両度以書状得御意候処、当座御返翰等無之不得止御無沙汰罷還居候所、去ル卯十月二日江戸表大地震之節拙子義外桜田辺或屋敷奉公随身罷在候処、右大変ニ付二本松表へ御呼下ニ相成、当時者不存寄再勤被仰付、国勝手相勤罷在申候、此段御承知可被下候、夫ニ付中尾性数代　江原公へ畳年御奉公申上、蒙御高君御家筋之処此節破滅ニ相成、三田寺町南台寺菩提所無縁ニ相成候儀、何分歎ヶ敷残念至極ニ奉存候、依而拙者儀江戸表ニ生涯罷在中尾氏相守り永久供養等をも可致筈勿論之処、江原公之御始末、随而者中尾諸親類一切無御座、蜂須賀恵輔殿を始、大嶋其外何れも見継呉候衆無之、夫迚主替小屋敷抔ニ永住候得

ハ外見も相立不申浪人同様之姿ニ而ハ私義家慕へ対シ外聞実議相隔不申候故不得止事、再勤を幸ニ帰藩相勤居申候、於テ中尾家ニハ甚以不本意ニ奉存候、此次第不便と思召貴君様又ハ飯嶋才兵衛殿成り盆暮斗りも右墓所へ香花御備被下候ハ、嘸々亡魂歓ひの儀と察入申候、万一御知行之内相応之者御見計名跡御立被下候ハ、猶無此上事と奉存候、今便青木重太夫方へも一対差出申候間御出府之節篤と御咄合可被成下候、名跡相続之御左右無御座候内者拙子是迄之通中尾性を相名乗り、菊女・両親・晴雲院・縁樹院・洞雲院・観明院精進日等ハ未相守居申候、上田八郎兵衛・中尾五郎兵衛断絶、蜂須賀老翁当時丈夫ニ御座候哉、龍慶橋之儀未朝暮胸中ニ煙り絶不申仕合、万々篤と能々御推察御熟覧奉希上候、御返書者麹町湯屋弥助方迄御指出被下候様願上置候、豈丹羽左京大夫様内岡蔵之丞迄御届被下候得ハ相届申候事、

中尾五郎兵衛は「平山勇蔵一件」(14)によって思いがけず江原家から永暇を出された。その後、七右衛門の息子は二本松藩主丹羽左京大夫家に奉公し、現在は国元の勝手を勤めているという(15)。父子ともに「再勤」を果たしたことは有難く感じながら、それは中尾家にとっては甚だ不本意なことだという。すなわち、旗本江原家への奉公と異なり、大名家に仕えることで江戸を父子とも離れる機会が生じるため、「三田寺町南台寺菩提所」が無縁となってしまい、諸親類がいない中尾家の菩提を守ることができないと歎く。それゆえ、せめて下鶴間村名主の古木藤吉らには、盆や暮れに中尾家の菩提を弔っていただけたなら「嘸々亡魂歓ひの儀」と綴る。また、万一江原家の知行所から中尾家の名跡を相続する人物を立ててくれるならば、この上ないことであるとも申し添える。

末筆には、江原家にかつて仕えた上田八郎兵衛・中尾五郎兵衛は断絶し、蜂須賀老翁は当時丈夫であったが、龍慶橋(江原家の屋敷が所在する隆慶橋のこと、転じて地頭所の意)のことが未だに朝暮気がかりであると述べ、突然暇を出されて以降の江原家家政について憂慮する心情を表現している。

それでは、中尾家が江原家への再勤を望んだ理由は何であろうか。数代にわたる奉公の末に中尾五郎兵衛が突然罷免を申し渡されたことが影響しているとみられるが、前述の江戸の菩提寺との関連も留意が必要だと考える。旗本家や御家人家の陪臣は基本的に江戸に常住し地頭所に仕えたが、大名家家臣および陪臣の場合、江戸詰めだけでなく、国元詰めの者も存在した。中尾家のように数代江戸の武家に仕える者は当然ながら菩提寺が江戸に所在するであろうし、何より生活環境の変化を忌避した者も少なくなかったのであろう。中尾家の場合、ついに江原家への再勤は叶わず、新たに大名家での奉公で家を相続する道を選ばざるをえなかったのである。

先行研究で述べられてきたように、江戸という都市社会において大名家家臣や旗本・御家人家臣は流動性を有しており、「渡り」の者もたしかに多く存在していた(16)。しかし、だからといって彼らが自ら望んで「渡り」行為に及んでいたかといえば必ずしもそうではない。むしろ同一の主君に仕え、従前の生活環境を維持することを望むことこそ、自然な行動論理であった。本史料は、そうした江戸の武家社会の新たな側面を示すものでもある。

第二節　知行所村役人の「譜代意識」

1 「雇」用人と知行所村役人

知行所支配において直接やりとりを交わす譜代用人と「雇」用人を、知行所村役人はいかに認識していたのであろうか。第二編第四章において詳述した旗本都筑家の「雇」用人中村東一郎の忌避運動のなかで、知行所村役人が地頭所へ差し出した願書からみてみよう。

〔史料4〕(17)

乍恐以書付奉願上候

御知行所相州高座郡鶴間村左之もの共一同奉申上候、私共儀新規御雇御用役中村東一郎殿義御取計向難得其意、御同人御取調御免、御親類様方御立会外、御用役を以東一郎殿と御突合御吟味奉願上置、然ル処今日も右東一郎殿宅へ可罷出旨呼出し状至来驚入、同人者雇用役之儀、私共儀ハ永久御地頭所と難離百姓ニ而、右様如何之取計致東一郎殿宅等江罷出調受候義ハ、誠以心外難渋至極仕候間、右之段ハ同人方江も申断候間、何卒格別之以御慈悲格別之始末被為聞召訳　御親類様方御立会之上、御親類様之内いづれ成共御用役を以東一郎と為突合御吟味被成下置旨御聞済之程、奉願上候、以上

御知行所
相州高座郡鶴間村
連名
名主　平　八
同　啓次郎
組頭　権　平
同　要　八
同　次郎兵衛
百姓惣代　千代松
同　勘　蔵

（安政五年）十一月十日

御地頭所様
御役人中様

当史料は、知行付百姓が雇用人中村に関する突合せ吟味をもとめるなかで作成された願書である。傍線部によると、「同人者雇用役之儀、私共儀ハ永久御地頭所と難離百姓ニ而」とあり、東一郎は「雇」用人であるが、対して自分たちは旗本家(都筑家)とは離れがたい百姓であると述べる。すなわち、知行所村役人は旗本家と自分たちの関係性をして「永久」に離れがたい結びつきにあり、俄に旗本家へ流入してきた「雇」用人と異なり、自分たち知行所村役人は地頭所と不可分な関係にあることを論拠として、東一郎による呼び出しを拒み、都筑家親類の用人による突合せ吟味を願ったのである。

ところで、東一郎と同じく近世後期の都筑家に代々仕えていたことが確認できる譜代用人荒井新兵衛家の場合は、維新後に地域に拒まれることなく知行所下鶴間村へ土着を果たしている。荒井新兵衛の次男は荒川諭と改姓して同村高下倉右衛門(旧江原家知行所名主)方に寄留し、村の有志とともに夜学会を興し、撃剣道場貫徹館を設立したという。そして、明治十五年(一八八二)十二月から一年余り鶴鳴学舎(後の下鶴間学校)に教師として勤務している(18)。また、相給領主の江原家譜代用人の蜂須賀家の末裔とみられる蜂須賀又次郎もまた、荒井新兵衛家と同様に下鶴間村へ土着を果たしたようで、彼は初代大和村長を勤めている。

このように、同じ旗本用人という立場にある者であっても、「雇」と「譜代」では知行所村役人の姿勢が全く異なる様子がみてとれる。とりわけ、武士と百姓という近世の身分制における明白な差異が存在することを前提としながらも、譜代用人と知行所村役人は、いずれも旗本家家政や知行所支配を実現するためには協同する存在であり、旗本家に尽くす「御為筋」という論理においては、共通する認識や行動論理を持ち合わせていたと考えるのが自然であろう。そうした旗本家内の社会秩序にあって、「雇」用人という存在は異端であったのである。

2 「譜代意識」の淵源

近世村落における村役人は、村請制のもと年貢の小割・徴収をはじめ村政運営を担い、所領の支配行政機構の末端としても位置づけられている(19)。また、旗本知行所の村役人層は、旗本家の勝手賄い等における力量を評価されるなかで、旗本家臣化していく動向もみられ、旗本家臣の供給源としても捉えられてきた(20)。

たしかに、旗本家と知行所村役人の関係は、領主と領民の関係性にあることに疑いない。そうしたなかで、全国の旗本知行所に多数伝来する村役人の任免状の存在から、旗本家が知行所村役人の任免にあたり書付を発給することが知られる(21)。この村役人の任免状の発給に、旗本家の村役人層に対する家中としての認識が立ち現れていると捉えたい。

それでは、知行所村役人は自らの位置をどのように理解していたのであろうか。旗本江原家知行所下鶴間村の名主古木家に伝来する次の史料からみてみよう。

〔史料5〕(22)

（知行付百姓一〇人名寄、略）

右田畑
　惣合拾弐町弐反四畝七分五厘
右同断
　惣合高五拾石
　　本石分
外ニ三石八升五合八勺五才

御宥免

　　　野地高分

　　下々畑五町七反分

　　　川橋普請瞽女扶持

御林

　　松杉弐町歩余

同

　　雑木壱町歩余

同

　　岨通り壱町八反歩余

秣野

　　芝原拾六町四反分

道正庵地中

　　壱反七畝分

浅間神領

　　麦三畝分

右七ヶ所

　　合弐拾七町二反分

高壱石九斗壱升四合壱勺五才
惣合　三拾九町四反四畝七歩五厘
高五拾五石
浅間社地
一、壱町八反歩
子権現社地
一、麦四畝歩
住吉社地
一、麦七畝歩
右者当領主様去卯年当所御拝領被成候ニ付、地所改帳差上申所、如件
天正廿年　　相州東郡下鶴間村
辰十一月　　名主　太郎左衛門
惣代　小兵衛
江原孫太夫様

右帳面差出候段大慶存候、依之申渡堅相心得へく候、
一、先知行三ヶ所之内三河国坂崎村例式申付、左之通り
一、年貢者夏秋冬三度ニ可納事

一、十一月上旬免状下書差出可申事
一、十一月十五日限り皆済滞無可事
一、年貢皆済印形為取替置へき事
一、夫役三人者何時ニ而罷出へき事
一、年始之礼者名主幷百姓惣代両人ツヽ、可罷出事
一、暑寒之礼同様之事
一、忠孝を専一、武家江慮外致へからす候事
右ヶ条之通り可被得其意者也、
　文禄二巳年正月
　　　　利全
　　　金全

まず、冒頭の天正二十年(一五九二)十一月付の地所改帳は、記載されている反別、除地対象の社地・百姓数からみて、下鶴間村内の江原家知行所を網羅するものではなく、公所分に限ったものと考えられる。「御宥免」として列記された除地には、地頭林の所在を確認することができる。江原家は、菩提寺と陣屋を同村に持ったといわれるが、菩提寺は同村に近接する武蔵国多摩郡鶴間村の圓成寺であり、陣屋の位置はこの史料から知ることはできない。

さて、史料後半の文禄二年(一五九三)正月付の条目内容は、①②年貢の納入回数と時期、③免状下書の差出時期、④年貢皆済印形の取極め、⑤夫役三人の徴発、⑥⑦年始暑寒の礼における人数、⑧「忠孝」を専一とし、武家に対して無礼な振る舞いをしないこと、以上の八か条を申し渡したものである。

しかしながら、当史料には以下の二点において疑問が残る。第一に、地所改帳の差出人である。相州東郡は、戦国

から近世初期に同国の後の高座・鎌倉両郡域を示して用いられたもので、齟齬はないが、天正十九年五月に徳川家康が江原金全に発給した知行宛行状には「下鶴間郷之内弐百石」とあり、下鶴間「村」の名称は用いていない。第二に、第八条⑧の文言である。冒頭に「忠孝を専一」とあるが、本来忠孝とは臣下が主君に尽くすものであり、たとえ近世初期であっても、知行地の領民に対して申し渡す文言としてはいささか不自然であろう。以上の点をふまえると、当史料は、近世中後期に知行所村役人の元で作成された偽文書である可能性が極めて高い。

それでは、こうした文書をなぜ作成する必要があったのであろうか。当史料が伝来した古木家は、かつて鎌倉幕府第十四代執権北条高時の遺臣小木氏（古木氏）の末裔であり、北条氏の滅亡後に小木宮内が従者を引き連れ鶴間郷の地に土着したという(23)。おそらく戦国期以来も土豪的な性格を有した家として当該地に存立してきたとみられ、自らの家と村内の寺社の由緒を結びつけて、訴訟の論拠とする動向も近世後期にみられている（本書第二編第三章）。おそらく、家の系譜自体に虚偽があるということではなく、それらを語る明確な根拠が手元に希薄であったことから、わずかな古記録や口伝・伝聞を頼りに作成されたことが想定されるが、ここでは特に第八条⑧に注目したい。

前述のとおり「忠孝を専一」とすべき存在は、臣下、つまり武家奉公人であり、近世の身分制社会において知行地に暮らす百姓はこれに含まれないはずである。しかしながら、古木家があえてこのような文言を用いたのは、自分たち村役人を旗本領主の臣下の一員として自覚していたからにほかならない。こうした認識の背景に、古木家自身が北条氏の遺臣であったことが多分に影響している点にも留意する必要があるが、領主江原家もまた、古木藤吉永屋に対して天保八年（一八三七）八月に「永代普代」として家来に準じた立場を命じており、古木家自身も「在住家来」といった肩書きを用いる動向が確認される(24)。たとえ「永代普代」の肩書きが単なる格式に過ぎなかったとしても、旗本領主が知行所村役人を家中とみなしていなければ、このような呼称にならないはずであり、知行所村役人の「譜代意識」は、領主江原家の保障のもと古木藤吉が自覚したものであったといえよう。

3　旗本知行の由緒と地域社会

知行所村役人は村請制のもと、彼らの管理する旗本知行に対していかなる意識を有していたのだろうか。ここでは知行所の野地権益をめぐる一件から、その一端をみていこう。

〔史料6〕(25)

乍恐以書付奉願上候

江原孫三郎知行所相州高座郡下鶴間村之内字公所分名主藤吉外村役人一同奉申上候、此度相模原一円為御見分被
遊御越、去ル廿日村方野地御見分御縄張候上地頭之割付古き物を差上候様被　仰渡候ニ付、廿六ヶ年前之割付免
状奉差上、其上其外諸書物等奉入御披見、同給目黒分名主倉右衛門ゟも昨末之割付奉差上、両通合而野地高弐拾
石者、地頭所先祖天正十九年五月三日乍恐従　権現様本石高弐百石　御朱印江原孫三郎とのへ、と申　御
書付奉頂戴、其後弐百三拾六年以前寛永二年十二月十一日乍恐従　台徳院様当村ニ而野地高弐拾石加増、本石
共改而高弐百廿石、下総上総両国之内ニ而千八百石都合弐千弐拾石令扶助之訖全可知行者也、江原与右衛門と
の、と申難有御墨書奉頂戴、只今以所持仕、昼夜奉　拝礼居候由、私共江申聞被置候、其以来本石弐百石外ニ野
地高弐拾石此野地年貢壱ヶ年ニ永拾貫文、右之内私支配高五石此年貢永弐貫五百文宛、倉右衛門支配高拾五石此
年貢永七貫五百文宛旧来年々御国役金共ニ奉上納来、聊後暗義等無之地所と奉存居候所、此度御改奉請候得者相
給都筑幾太郎様御知行分ニも本石弐百石之外野地高者壱升も無之素ゟ御国役も不相納候由、尤も年貢者相対を以
地頭江納候由ニ者承り候得共、右地所地頭拝領地ニも無之所御見分被遊候野地一円ニ而両給之百姓ニ而勝手次第ニ秣

其外刈取入会ニ支配仕来候得共、私共給分と者抜群之相違ニ而無高無勤之場所相対ニ而地頭江年貢者納候迄ニ者、右野地拝領之他者更ニ無之隠地を支配仕居候廉ニも相当り可申哉共奉存候様ニ而、私共地頭所ニおいて者無此上難有御文言之　御書付奉頂戴居、相給者隠地同様之所を私共給分ニ準、高弐拾石有之候様と取拵申上候段乍恐不容易義と奉存候間、相給と同意仕不都合之義奉申上候而者如何ニも奉恐入、殊更無此上大切之重キ御墨付を軽率ニ心得居候道理ニも可申相当哉、取分難有御文面之御墨付地頭所拝領仕居候詮も無之廉ニも相成り、不都合之取計仕候而者私共天罰ヲ可奉蒙候程も難計奉恐入候事と奉存候間、右御見分被為遊候野地之内ニ而高弐拾石分私共地頭江納来候年貢御国役等之相当ニ御割渡被下置、御朱印之高地ニ無之様被成下置、残地之余歩御座候ハヽ、何町ニ而も被　仰付次第百姓中ニ而御請奉申上、急速開発仕り御相当之御高請御年貢奉上納村方ニ而承り支配仕、大小之百姓御国恩を相弁、農業出精仕無難ニ永続仕候様御仁恵之御沙汰被成下置候ハヽ、村方之者共挙而難有仕合奉存候間、何卒以　御慈悲御聞済被成下置候様偏ニ奉願上候、以上

安政七申年三月

江原孫三郎知行所
相州高座郡下鶴間村
字公所分
小前村役人惣代
名主　藤　吉　印
組頭　万右衛門　代印 伝五兵衛　印
同　伝五兵衛　印

百姓代　　　利　　助印
五人組頭　太郎右衛門印
同　　　　惣　　七印
同　　　　伝　　八印
同　　　　長左衛門印

江川太郎左衛門様御手代
　御普請役御格
　　中村清八様
御同人様御手附
　　村越永太郎様

安政七年(一八六〇)、幕府代官江川太郎左衛門により計画された入会地相模原の新田開発にあたり、同人手代が入会地に接する村方の調査を実施した。(26) その内容は、野地の検分と検地、古い時期の年貢割付状の把握であった。江原家知行所下鶴間村の検分も実施されるが、その折に相給の都筑家知行所村役人は、江川氏手代に根拠を示さずに野地高を報告したという。一方、江原家知行所村役人は、彼らの野地高二〇石は寛永二年(一六二五)に徳川秀忠からの知行宛行状によって認められた正当なものであり、都筑家知行所と「私共給分と者抜群之相違ニ而」と主張している。(27)

さてここでは、江原家知行所村役人が相給知行との差別化を図ろうとするなかで、当村江原家知行の由緒を述べている点に留意したい。まず傍線部において「地頭所先祖天正十九年五月三日」拝領の知行であることを述べ、知行宛行状の御墨付を「只今以所持仕、昼夜奉　拝礼居候由」と、江原家より申し聞かされたとしている。旗本江原家が地頭所において執行している儀礼行為について、知行所村役人層に対して教え諭した動向がみてとれる。

さらに、知行所村役人層は、自分たちと江原家との関係が、天正十九年以来絶えず継続する領主領民関係にあり、それを示す根拠が、徳川家康から拝領した知行宛行状であるということを理解していた。つまり、旗本領主家の由緒を知行所村役人層が認識していたのである。

そして、近世後期に至るまで野地年貢ならびに国役金を納め続けていることで、「本石弐百石外ニ野地（中略）右之内私支配高五石此年貢永弐貫五百文宛、倉右衛門支配高拾五石此年貢永七貫五百文宛旧来年々御国役金共ニ奉上納来」というように、名主倉右衛門・藤吉は自らのことを、天正十九年以来の江原家知行所を「支配」する存在であるとも述べている(28)。このように、旗本家の知行をめぐる由緒が地域社会における権益を主張する論理となり得たことに加えて、近世後期に至ると旗本知行との結びつきから、知行所村役人が自らさえも由緒づけていくようになるのである。

結　び

近世後期、江戸の旗本社会では家臣団の流動化がすすみ、数代仕えると「譜代」の呼称も用いられた。「譜代」と呼ばれながらも暇を出される場合もあり、用人家の相続は不安定なものであった。一方、彼らと知行所支配の実現において共同する場面の多かった知行所村役人たちは、村替がない限り、地頭所との領主領民関係は普遍的なものとして捉えていた。とりわけ、天正十九年（一五九一）付の知行宛行状で徳川家康から拝領して以来の知行所においては、二百数十年余の支配関係を背景に、幕末期にかけて自分たちの属性を領主家の「譜代」として自覚する者も出てきた。

一方、旗本用人のなかには複数の武家に出入りする者も珍しくなく、そこから江原家における大嶋学助のように経済的な関係を取り結ぶ者もいた。しかし、大嶋のような姿勢は、領主に仕える用人(武家奉公人)として相応しくないと知行所村役人たちは批判し、家政における実質的な借財の増加という問題点とあわせて彼を忌避するに至る。また、都筑家に「雇」用人として登用された中村東一郎は知行所に直接出役し、唐突で強硬な取締や支配を行い、すぐさま知行所が忌避運動を展開する。内済協議が進められるなか、東一郎宅への呼出しを拒否する知行所村役人は、自分たちのことを地頭所と永久に離れがたき百姓であると述べ、「雇」用人の東一郎の要求の正当性を否定した。

このように、知行所村役人は、おもに旗本用人の忌避に代表される旗本家政への新参者の流入を契機として、自らの属性を領主家との関係において、いわば譜代者であると主張していく。しかし、彼らは単なる領主領民関係の継続性のみを根拠にして「譜代意識」を醸成させたわけではない。古木藤吉が野地権益を主張する願書で述べたように、江原家が徳川家康と秀忠から拝領したそれぞれの知行宛行状を昼夜拝礼するという、地頭所において執行される武家儀礼の意義を、古木たち知行所村役人は理解していた。こうした近世旗本領主支配の論理の受容や村役人家の出自・由緒が結びついた時、「譜代意識」が顕在化しえたのである。

註

(1) 熊谷光子「畿内・近国の旗本知行所と在地代官」(『日本史研究』第四二八号、一九九八年)、同「畿内近国旗本知行所の在地代官と「村」・地域―摂津国川辺郡下坂部村沢田家を素材に―」(『歴史学研究』第七五五号、二〇〇一年)、川村優「郷代役所多田家の活動」(同『旗本知行所の支配構造』吉川弘文館、一九九一年)、遠藤真由美「旗本阿部氏知行所

における在地の役人の動向について」（『千葉県史研究』第一一号別冊、二〇〇三年）、野本禎司「旗本家の知行所支配行政の実現と「在役」―一五〇〇石牧野家を事例に―」（大石学編『近世公文書論』岩田書院、二〇〇八年）。

（2）野本禎司「近世後期旗本家家臣団の再生産構造」（『関東近世史研究』第七〇号、二〇一一年）。

（3）林基「松波勘十郎探索」（『茨城県史研究』第二九～六〇号、一九七四～八八年、後に同『松波勘十郎探索』上下、平凡社、二〇〇七年に所収）。

（4）川村優「幕末期における旗本阿部氏知行村の一動静―主として地頭所用人追放運動について―」（同前掲註（1）『旗本知行所の支配構造』）など。

（5）（安政五年）「（覚）」（個人蔵・大和市つる舞の里歴史資料館寄託　古木家文書　支配二―一五五）。

（6）『多古町史』上下巻（一九八五年）。大原大矢忠爾家文書、大原大矢哲夫家文書。

（7）後掲の史料2では「縫左衛門」と表記されていることからも、史料1の「縫右衛門」は誤字の可能性が高い。

（8）江原勇三郎は、江原孫三郎家の二代江原利全の次男信次が家祖の旗本家で代々九郎右衛門を名乗った。知行地は常陸国新治郡篠崎村（一五八石余）、同国河内郡半田村（一三一石余）・同郡塗戸村（一九三石余）、下野国芳賀郡道祖土村（二一七石余）・同郡須釜村（三五石余）で構成される。『寛政重修諸家譜』巻第九七六（続群書類従完成会版、第十五巻、二九二～二九七頁）、小川恭一編『寛政譜以降旗本百科事典』第一巻（東洋書林、一九九七年）、木村礎校訂『旧高旧領取調帳〈関東編〉』（近藤出版、一九六九年）。

（9）安政五年「乍恐以書付奉願上候」（古木家文書〈目録　一〉支配二―一四七）。

（10）『寛政重修諸家譜』巻第二九一（続群書類従完成会版、第四巻、二四一頁）、『大日本近世史料　柳営補任』。

（11）この書状自体に包紙や差出人・受取人・年月日の記述はみられないが、古木家文書のなかに、中尾菊の病状を報せる書状（年未詳二月十五日付）と訃報（年未詳二月十七日付）が伝来するため、内容から、この二通の後の安政二年以降に、中尾七右衛門が古木藤吉へ宛てた書状と比定した。

(12)「（書状）」（古木家文書〈目録　二〉私信―一四）。

(13)「（書状）」（古木家文書〈目録　二〉私信―五六）。

(14) 当一件の内容は現段階では定かでない。

(15) 返書の送り先を「麹町湯屋弥助方」か「丹羽左京大夫様内岡蔵之丞」としていることから、丹羽左京大夫の家臣岡蔵之丞の臣下、つまり陪臣として仕えていると考えられる。

(16) 大名家については、根岸茂夫『近世武家社会の形成と構造』（吉川弘文館、二〇〇〇年）、同「赤穂浪士の親類書をめぐって」（『学習院大学史料館紀要』第一一号、二〇〇一年）、中野達哉「弘前藩抱屋敷の屋敷守について―江戸抱え家臣の機能と性格の検討―」（『江東区文化財研究紀要』第一〇号、一九九九年）、同「元禄～享保期における大名家の江戸抱え家臣について」（『駒沢史学』第七二号、二〇〇九年）（後に両論考は同『江戸の武家社会と百姓・町人』岩田書院、二〇一四年に所収）。旗本家については宮地正人「幕末旗本用人論」（同『幕末維新期の社会的政治史研究』岩波書店、一九九九年）、田中正弘「「旗本家臣中村（鹿島）喜平治日記」の翻刻と解題」（『栃木史学』第六号、一九九二年）、松本良太「近世後期の武士身分と都市社会―「下級武士」の問題を中心に―」（『歴史学研究』第七一六号、一九九八年、のち同『近世武家奉公人と都市社会』校倉書房、二〇一七年に所収）、前掲註（2）野本論文を参照。

(17)「乍恐以書付奉願上候（用役東一郎と突合せの上吟味願下書）」（個人蔵・長谷川家文書Ⅰ―B―一六七）。

(18) 萩原清高「明治初期の市域の教育者について―特に人物関係を中心として―」（『大和市史研究』第一九号、一九九三年）、大畑哲「相州自由民権運動ノート―大和市域とその周辺―」（『大和市史研究』第四号、一九七八年）、『大和市史

3　通史編　近現代』（二〇〇二年）。
(19)　水本邦彦『近世の村社会と国家』（東京大学出版会、一九八七年）、同『近世の郷村自治と行政』（東京大学出版会、一九九三年）など。
(20)　専門的な能力・技能をもつ町人や百姓出身者の武士化（朝尾直弘「十八世紀の社会変動と身分的中間層」『日本の近世一〇　近代への胎動』中央公論社、一九九三年）や、領地内外を問わず江戸周辺地域の上層農民の子弟を吸収・再生産する下級武士社会（松本良太「近世後期の武士身分と都市社会――「下級武士」の問題を中心に――」『歴史学研究』第七一六号、一九九八年）などの指摘がある。
(21)　藩領のなかでも譜代藩領において多く確認でき、たとえば彦根藩領武蔵国多摩郡和泉村名主への任命状や忍藩城附領における例がみられる。
(22)　「地所改帳・申付」（古木家文書〈目録　一〉五土地一）。
(23)　相模原市南区上鶴間竜泉寺の本尊胎内銘文より。
(24)　安政三年「（覚）」（古木家文書〈目録　二〉支配二―四）。
(25)　安政七年「（願書・届書）」（古木家文書〈目録　一〉土地―三四）。
(26)　慶応二年、相模原新開のため上知が仰せ付けられる。その際、旗本江原家は、下鶴間村が先祖代々の菩提寺と陣屋敷のある本領の地であることをもって、上知免除を幕府に願い出る。結果、幕府から本来の知行二二〇石のうち三〇石が猶予されることから、旗本家の本貫地を蔑ろにすることができない幕府の認識をうかがい知ることができる。旗本家本貫地については、本書第一編第二章で詳述。
(27)　都筑家は江原家と同様に天正十九年に下鶴間村を拝領するが、後年の野地高の有無は定かではない。

(28)　ここではあくまで知行所村役人は野地を管理することを「支配」と述べているとみられるが、その文言には、旗本家に仕える者としての自覚が表出しているようにもみえようか。

第三編　旗本家の菩提寺と家意識

第一章　旗本家の菩提寺の成立と展開

―高木家を事例として―

はじめに

本章は、旗本家の菩提寺、なかでも葬地・回向寺の成立過程と、近世を通じての旗本家との関係性の展開について検討するものである。

武家の菩提寺研究については、江戸と関東近郊における大名と旗本の墓所を網羅した河原芳嗣氏の労作(1)のほか、旗本墓石の考古学的な類型化研究から近世墓石論を展開した池上悟氏の研究(2)が代表的である。近年、早島大祐氏らの共同研究の成果『中近世武家菩提寺の研究』が刊行されるなど、ふたたび注目されている分野といえる(3)。

江戸の武家菩提寺から着想し、国元の大名家菩提寺についても検討している岩淵令治氏は、葬地・位牌所・祈願所などの機能面に注意しつつ、武家当主だけではなく一族と菩提寺の関係性を検証する必要性を提起している(4)。この岩淵氏の提起を受けて旗本家の菩提寺を検討した中村陽平氏は、武蔵国比企郡赤浜村昌国寺と旗本水野家を事例として、旗本家菩提寺は、旗本当主のみならず奥方を含めた一族の帰依によって成立展開することがある点を明らかにしている(5)。

さて、旗本知行研究における菩提寺の取り扱いに目を向けると、幕藩制構造論において旗本知行の位置づけを試みた森安彦氏は、当該期における旗本陣屋支配と人夫役徴発の終焉によって陣屋を拠点とした知行地支配が転換したことを明らかにし、恣意的な旗本支配が解消されたと位置づけている(6)。このように、菩提寺が所在する村落が直接支配を行う知行地でなくなった場合、森氏の指摘のとおり支配拠点は消滅するものの、菩提寺は寺院として存続した。

その後、旗本知行論段階においては、神崎彰利氏と小暮正利氏が、菩提寺の所在する本貫地に対して旗本家が特別な意識を有したことを指摘するも、菩提寺への意識の発露は一過性の事例のみしか検出されておらず、それらがいかなる事由によりいつ頃形成され、かつ顕在化していったのか、明示されていない(7)。しかし、旗本家が菩提寺に何がしかの意識を抱いているならば、それは自らの家意識や由緒と関連している可能性が高く、本書の問題関心とも深くかかわることから、検討を行う必要があろう。

なお、近世由緒論の立場において、山本英二氏は、幕藩領主層における由緒の形成は十七世紀半ばに成立し、十八世紀から十九世紀にかけて民衆レベルに浸透していくと見通している(8)。氏が検討対象としたのは、甲斐武田氏の旧臣で徳川家家臣となった大名・旗本層であったため、十七世紀に形成されると想定される由緒化は戦国期以前の記憶を根源としているものとみられる。本書で検討対象としている旗本家の場合もそれに当てはまるのか、留意したい。

そこで、本章では四〇〇〇石高木家を事例として菩提寺の成立過程と関係変容の様子を明らかにし、その意義を読み取ることをめざす。

第一節　高木家の系譜と知行地・菩提寺

1 高木家の概要と知行地（表1・2）

『寛政重修諸家譜』によると、高木広正は徳川家康に仕え、永禄元年（一五五八）の織田信長による三河国品野城攻め、同三年の尾張国丸根城攻め、同年の石瀬合戦、同四年の三河国長沢城攻めに供奉し、戦功をあげている。永禄六年の一向門徒の乱において逆徒に与し勘気に触れるも赦免され、三河国上野にて再び召される。元亀元年（一五七〇）の姉川合戦では数多の敵兵を討ち取る。同三年の三方ヶ原合戦では退陣時に家康の馬が銃弾に当たり、広正が自らの馬を差し出し無事に家康は浜松城へ入ったという。その後も、天正三年（一五七五）五月の長篠設楽原合戦、同年六月の遠江国諏訪原合戦、同年八月の遠江国小山合戦、同十二年の小牧長久手合戦で戦功をあげ、徳川氏家臣団の中核を担った。

また、広正はこの頃から使番の役割を果たした。織田信雄は小牧長久手合戦での広正の勤労を賞し、尾張国知多郡常滑郷のうちに五〇〇貫文の知行を宛行うとされ、家康もこれを了承し、同年十一月十六日に信雄より采地の判物を拝領し、六年間知行した。

天正十八年に遠江・駿河両国において采地六〇〇石の加増を受ける。文禄元年（一五九二）にさきの采地を移され、加増があり武蔵国比企郡越畑村・廣野村・中爪村・和泉村、下総国葛飾郡において二〇〇〇石を拝領し、二月朔日、御朱印を拝領した。

〔史料1〕[9]

武蔵国比企郡之内、千六百弐拾八石七斗、下総国葛飾郡松戸村之内四百石、合弐千石幷野山等之事、右出置畢、
永可令知行者也、仍如件
天正廿年
二月朔日　御朱印
高木九助とのへ

役職
使番、忍城代
忍城代
寄合(忍城番)、書院番組頭
小普請
小姓組、寄合、使番、御持筒頭
火事場見廻、使番
寄合、中奥小姓、小普請支配、小姓組番頭、大番頭
寄合、火事場見廻、寄合肝煎
寄合
寄合

家康は、菅沼小大膳定利が就くはずであった武蔵国忍城の守衛を、定利の死去にともない広正に対して再三命じた。広正は老年により歩行が困難で眼疾も患い恩免を願ったものの、慶長六年頃に忍城代に就任した。城代職の遂行にあたって、菅沼定利の与力二〇騎と同心三〇人を預けられ、養老の地として武蔵国埼玉郡野村・利田村・広田村・馬見塚村にそれぞれ知行地を拝領した。知行地の加増は慶長六～七年頃と推定される。[10]

表1　廣正寺墓碑にみる高木家一族

No.	歴代	名前	法名・号	歿年	墓石形状
1	初代	広正	大翁秀椿大居士	慶長11年(1606) 7月26日	
2	2代	正綱	広正寺殿性空道把大居士	寛永9年(1632)11月10日	宝篋印塔
3	3代	正則	峰松院殿虚斎玄太大居士	元禄5年(1692) 9月22日	宝篋印塔
4	4代	正長	無臨院殿・了清	元文元年(1736) 4月23日	
5	5代	正栄	得性院殿□□□無大居士	享保20年(1735) 4月7日	宝篋印塔
6	6代	正信	永壽院殿□応浄感大居士	寛延3年(1750) 6月18日	宝篋印塔
7	7代	正鼎	天相院殿□□□□大居士	享和元年(1801)	宝篋印塔
8	8代	正衡	霊性院殿義山良忠大居士	寛政9年(1797)	笠付方柱墓石
9	9代	正言	天得院殿郭性自□大居士	文政13年(1830)	宝篋印塔
10	10代	正照	玄象院殿山梟鶴山大居士	嘉永3年(1850) 9月14日	宝篋印塔
11	11代	正明	謙流院殿仁山昴節大居士	文久2年(1862) 9月6日	宝篋印塔
12	12代	正義		明治15年(1882)	
13	—	正武(正則嫡子)	宝応院殿空蝉道虚大居士	元禄7年(1694)11月16日	五輪塔
14	—	正敬(正長次男)	千峰院殿月照智湛大居士	宝永6年(1709) 4月28日	
15	—	未詳	宝光院殿[　　]	寛永4年(1627) 8月8日	宝篋印塔
16	—	未詳	□糧禱養院殿□□輪大姉	延宝3年(1675) 3月27日	
17	—	未詳	自性院殿真光明大姉	享保5年(1720) 7月23日	平頂方柱墓石
18	—	未詳	桂光院殿妙月日精大姉	寛保2年(1742) 7月20日	笠付方柱墓石
19	—	未詳	永心院殿松岳妙吟大姉	寛政元年(1789)	笠付方柱墓石
20	—	未詳	直心院殿寛光珠鱗大姉	天保5年(1834)10月4日	宝篋印塔
21	—	未詳	木心院殿操屋浄英大姉	天保6年(1835) 5月15日	宝篋印塔

表2　高木家の知行地

国	郡	天正20年～		慶長6・7年～		慶安2・3年頃～元禄11年	
		村	知行高	村	知行高	村	知行高
武蔵	比企	広野	1,628.700	広野	1,628.700	広野	467.455
		越畑		越畑		越畑	468.380
		中爪		中爪		中爪	425.380
		和泉		和泉		和泉	443.950
	埼玉			広田	545.000	広田	750.000
				馬見塚	657.000		
				利田	358.000	利田	360.300
						野	709.720
下総	葛飾	松戸	400.000	松戸	400.000		
計			2,020.700		3,580.700		3,625.185

〔典拠〕「古文書　五」(国立公文書館内閣文庫)、『寛政重修諸家譜』巻第319(国立公文書館内閣文庫)、北島正元校訂『武蔵田園簿』(近藤出版社、1977年)より作成。

〔史料2〕(11)

高木九助広正拝領、同筑後守広鼎書上、東照宮御朱印

覚

一、三百五拾八石　かゝ田
一、五百四拾五石　ひろ田
一、六百五拾七石　馬見塚
以《ママ》　九介
一、やしろ　三千石　小大せん物

備前

開基	年代	性格
中興　高木正綱（広正嫡男）	慶長11年	葬地
	元和年間	（回向寺）
	元和年間	（回向寺）
村民武兵衛先祖弥左衛門	寛永４年	回向寺
高木正則		祈願所
高木正次（広正次男）	慶長18年	

忍城代に就任した広正は、死去するまで忍城内の対面所（後の二ノ丸）にあった屋敷に住居していたとみられる。しかし、知行地の廣野村に陣屋を置いていたことが諸史料から判明する。こうした側面から、高木家が複数ある知行地のなかで廣野村を関東移封後の中心拠点として捉えられていたことがうかがえる。

寛永十年（一六三三）二月四日、高木正則は家督相続とともに父正綱が支配する同心五〇人を預けられ、寄合に列した。同年五月九日、忍城は松平信綱に与えられたため、高木家が二代にわたり務めた忍城代の職務はここに終焉を迎えたのであるが、「亡父正縄病死以後、忍之御城寛永十年酉五月九日松平伊豆守殿江被下置候内、甚左衛門正則暫御城番被　仰付候」(12)とあるように、信綱が忍城主であった期間、つまり同十六年まで城番として忍城に詰めてい

表3　高木家の菩提寺

山号	院号	寺名	宗派	本寺	所在地	現市町村
高木山		廣正寺	禅宗曹洞派	永福寺末	武蔵国比企郡廣野村	嵐山町
大龍山		金泉寺	禅宗曹洞派	廣正寺末	武蔵国比企郡越畑村	嵐山町
医徳山		宝薬寺	禅宗曹洞派	廣正寺末	武蔵国比企郡越畑村	嵐山町
青龍山		廣徳院	禅宗曹洞派	廣正寺末	武蔵国埼玉郡廣田村	鴻巣市
薬王山	瑠璃光院	普光寺	天台宗		武蔵国比企郡中爪村	小川町
広大山	高樹院	松龍寺	浄土宗		下総国葛飾郡松戸村	松戸市

たことがわかる。それゆえ、与力二〇騎と同心二〇人は正則とともに忍城に残っていたのである。

寛永十年十二月二十八日、高木正則は甲斐国のうちに七〇〇石の加増を受け、知行高は四七〇〇石に至る。天和三年（一六八三）十二月二十一日、四代正則は祖父正則の家督を相続すると、自らは四〇〇〇石を知行し小普請となった。七〇〇石は叔父にあたる高木正明（正則三男）に分け与え分家を創出している。元禄十一年（一六九八）三月七日、正長は従来の知行地すべてについて、遠江国豊田・周智・城東三郡への村替を命じられた。

2　高木家の菩提寺（表3）

廣野村には、葬地の禅宗曹洞派永福寺末の廣正寺が所在する。『新編武蔵風土記』によれば、「元ハ萬福寺ト号セリヲ。当所ノ地頭高木甚左衛門正綱。其父筑後守広正ノ追福ノタメ。永福寺ノ僧起山ヲ請テ中興シ。父ノ実名ヲモテ寺号トシ。中興開基トセリ」(13)とあり、広正の死去が契機となって、城代を受け継いだ高木正綱が本寺永福寺の僧侶に請い、寺名を萬福寺から廣正寺に改めて中興した由緒が知られる。現在も残される墓域には歴代当主を中心とした宝篋印塔をはじめとする墓石や墓碑（嵐山町指定文化財）が伝えられている。

また、同郡越畑村に所在する宝薬寺と金泉寺はいずれも廣正寺の末寺である。『新編武蔵風土記』をみると、前者は「元和年中ノ僧南叟壽玄ノ草建ト云。壽玄ハ本寺二世ノ住僧ニテ。寛永十九年二月三日寂ス」、後者は「開山ハ南叟壽玄ニテ。元和年中ノ起立ト云」とある。すなわち、宝薬寺と金泉寺の両寺は、廣正寺住持二世である南叟壽玄によって開かれており、廣正寺の中興後に、高木家知行所内において領主の庇護を受ける僧侶のもとで創建された寺院と捉えられる。

宝薬寺・金泉寺と同様の論理で寛永四年（一六二七）に創建されたと考えられるのが、埼玉郡広田村の廣徳院である。広田村は比企郡の村々に遅れて高木家の知行地となったが、後述のとおり、旗本領主高木家の意思で開かれた寺院とみなすことができる。(14)

比企郡中爪村の普光寺も高木家とのゆかりが深い。『新編武蔵風土記』に「寛永ノ頃。地頭高木九助ノ奉納」と記される東照宮御画像は、現存する小川町指定文化財の「絹本着色徳川家康画像」にあたる。寺伝によれば、正保二年（一六四五）、高木正則が三代将軍徳川家光に懇願して拝領した作品が、同寺蔵の「絹本着色徳川家康画像」であるという。本作品を安置するために、高木正則は中爪村の鎮守である八宮明神付近に普光寺を中興開基した。開山には、同村の毘沙門堂に隠居していた男衾郡赤浜村普光寺の僧尊栄を迎え、普光寺の寺号を襲用した。軸木の銘から慶安四年（一六五一）に製作、奉納された作品であることが判明している。

さらに、高木広正の次男正次は、父広正を弔うため、自らの知行地である下総国葛飾郡松戸村に、慶長十八年（一六一三）に松龍寺を創建している。一族の神格化というよりも、追善供養に近しい回向寺の創出事例と捉えられよう。

以上、これらの高木家の菩提寺群を検討する際、留意せねばならないのが、同家が元禄十一年に知行地の村替を命じられている点である。当然ながら各寺院の所在する村落との直接的な支配関係は解消されたわけである。以後、高木家と各寺院との関係がどのように展開していったのか。寺院に伝来した史料から高木家との関係を紐解いていこう。

第二節　葬地廣正寺の成立

1　中興と離末

廣野村にあった萬福寺は、禅宗曹洞派の寺院として入間郡龍ヶ谷村龍穏寺の第四世住職天庵玄彭によって開山された。同寺は、慶長十一年（一六〇六）七月二十六日に歿した高木広正の追福のため、同十四年に二代正綱が永福寺起山洞虎を招き廣正寺と改めて中興され、高木家歴代当主の葬地とされたことが、同家歴代の墓石群の存在からうかがえる。[15]

まずは、高木正綱による同寺の中興時における宗門上の経緯を示す史料を掲げよう。

〔史料3〕[16]

尚々、委細者大中寺申達候間、不能一二候、以上、

雖未申通候、一筆令啓候、仍廣野之万福寺、当寺之依為末寺、市河江申断、雖然貴殿御佗言之由、従旧冬精々大中寺被仰付候間、任其意置候、拙僧幷陰居師共ニ、別心無之候条、永福寺へ成共、又ハ誰人ニ成共、彼寺可被為進候、向後菟角是非申間敷候、為其書状申入候、恐々謹言

龍穏寺

聚孫（花押）

二月廿日

（ウワ書）
「高木九助殿　越生

御宿所」

当史料は、龍穏寺の鶴峰聚孫が高木九助(正綱)に宛てた書状である。龍穏寺は、武蔵国入間郡龍ヶ谷村に所在した禅宗曹洞派の関三刹筆頭を命じられた寺院であり、聚孫(寛永三年〈一六二六〉寂)は龍穏寺の十六世住職に就いた僧侶にあたる。

内容をみると、このたび「廣野之万福寺」について当寺の末寺であるため、「市河」へは断った、しかし、貴殿の御詫言があり、(当方は)旧冬より大中寺の住職を命じられたため、貴殿の意思に任せ置く、拙僧ならびに隠居師ともに別心はなく、永福寺へなりとも他へなりとも「廣野之万福寺」を進らせるといい、向後、是非を申し上げることはない、というものである。

本来、萬福寺は龍穏寺住職を経た天庵玄彭の開山であり、龍穏寺の末寺に位置づいていたとみられる。しかし、高木正綱は知行地に近接していることが背景にあるとみられるが、比企郡市ノ川村永福寺の起山洞虎を招き萬福寺の中興を試みた。永福寺は慶長元年に開山の比較的新しい寺院であるとともに、伊豆国加茂郡宮上村最勝寺の末寺にあたる小本寺であり、同じ禅宗曹洞派の寺院といえども本末・法系法類の関係からみれば、本山や本寺の許可を得る必要があった。それゆえ、高木正綱は龍穏寺の住職であった鶴峰聚孫に対して、永福寺の起山洞虎を招き萬福寺を中興する許可を願ったとみられる。

それに対して、聚孫は「仍廣野之万福寺、当寺之依為末寺、市河江申断」とあるように、萬福寺は龍穏寺の末寺であり、使者とみられる「市河」なる人物へ申し断っている。これを受けて、正綱は聚孫に対して「御侘言之由」とあり、直接言葉を伝えたのであろうか、本末・法類の異動は承知していないながらも中興の許しを再び願ったとみられる。結果、聚孫は正綱の意思に任せ、事実上、中興を許可した。

このように、武家による菩提寺の中興開山には、宗門における本末法類関係の異動を迫ることもあり、知行地内における単純な菩提寺の創設という動向ではない、重い行為でもあったことが知られる。それは、当事者であった廣正寺も同様であり、同寺の「御寄附物品々覚」に書き上げられた史料3にあたる「従龍穏寺離末書状」の脇書には、「右ハ当寺往古ハ萬福寺与号シ龍穏寺末ニ御座候処、寛永年中之頃正縄公様御願ニ而致離末、其後為永福寺末寺ト」(17)と記される。つまり、正綱の願意によって龍穏寺の末寺から「離末」したと認識していたといえる。

2　葬地への寄進

武家領主は、領主あるいは檀家として寺院に対してさまざまな寄進を行っていたことが知られるが、武家と寺院との関係性に迫る際、いかなる契機でもって寄進行為がなされたのか、目配りをする必要があると考える。高木家と廣正寺の場合はいかがであろうか。

〔史料4〕(18)

武州比企郡松山庄於廣野村、田畑合壱町弐反九畝十九歩、
右者宝応院殿宥蝉道処大居士為菩提、寺修復料、令寄附処也、年貢諸役等免除之畢、仍如件
元禄八乙亥歳　㊞
正月十六日　高木九助(花押)
廣正寺碧重和尚代

当史料は、高木九助(四代正長)が宝応院(正長の父正武)の菩提を弔うため、寺の修復料を寄進し、年貢諸役を免除した文書である。高木正武は三代正則の嫡男であったが病のため家督は継いでいない。彼は元禄七年(一六九四)十一月十六日に歿しており、翌年の修復料の寄進にあたる。正武は病のため家督は継がず、嫡子正長が四代当主となっ

た。旗本親族の死去と供養が葬地である寺院へ寄進を行う契機であった点が確認できよう。

このように、葬地への寄進がどの程度行われていたのか知る手がかりとなるのが、廣正寺の「御寄附物品々覚」である。当史料の成立年代は未詳であるが、記載内容から近世後期頃と推定される。寄進品や寄進者などの情報を整理したものが、表4である。

表4　廣正寺寄附物品々覚

本堂分

	名称	数量	為書	寄付者	廣正寺歴住	高木家当主
1	本尊阿弥陀如来	1尊	—	—		
2	小鐘	1口		無臨院御代		
3	太鼓	1箇		無臨院御代		
4	木魚	1口		無臨院御代		
5	幡	2流		浄池院	梵光代	
6	幡	1流		永心院	梅印代	
7	幡	1流		宝樹院	梅印代	
8	幡	1流		法雲院	梅印代	
9	幡	1流		蓮芳幼華禅童女	梅印代	
10	打鋪	1尻		授徳院	大豊代	
11	打鋪	1尻		浄池院	梵光代	
12	打鋪	1尻		浮玉秋槿禅童子	梵光代	
13	打鋪	1尻		永心院	梅印代	
14	打鋪	1尻		慧性院	梅印代	
15	打鋪	1尻	天徳院	陸心院	再住忍徳代	
16	小複子	1尻		天功院	梅印代	
17	天蓋(従古来)	1蓋	性光院	宝樹院再興	梅印代	

18	広正寺殿様道号記 (古代二幅之処御修復之節筑後守御代一幅ニ被仰付候)	1幅			梵光代	
19	雲鈑	1面		広正寺殿	大淵代	
20	三具足(金蓮華大破)	1対				
21	華曼	1掛				
22	金灯籠	1箇				
23	燭台	1対				
24	大鐘(指渡シ2尺3寸)	1口			達円代	
25	法華経(巻本之処為折本)	2部		無臨院書写		
26	法華経	1部		永壽院	寛鏡代	
27	本尊前唐金籠(木骨黒塗、台共)	1箇	周了院	大破ニ付村方ヨリ施主有之新造	暁山代	

位牌堂分

	名称	数量	為書	寄付者	廣正寺歴住	高木家当主
1	本尊正観世音	1尊				
2	大樹大君公御先祖様御位牌	1本				
3	御先祖様御代々之御位牌(御茶碗台共)					
4	灯明暗呑(鉄骨)	1箇				
5	常香盤(小道具共)	1箇				
6	香爐(大小)	11箇				
7	華立	10箇				

小方丈分

	名称	数量	為書	寄付者	廣正寺歴住	高木家当主
1	御朱印(箱溜塗・紫複子共)	6通			光春代 寛鏡代 全鏡代 梵光代 達円代 梅印代	

2	従龍穏寺離末書状	1通				
3	従無臨院様御年貢諸役免除御黒印	1通	宝応院	無臨院		
4	従無臨院様御黒印	1通	桂光院 千峰院	無臨院		
5	新金1両		蓮光院	自性院		
6	新金10両(御茶湯御点供料)		浮玉秋槿禅童女 雪山幻空禅童女 桃顔智柳禅童女	雲光院	廓堂代	
7	金15両(御茶湯御点供料)		授徳院		大豊代	筑後守御代
8	金20両(御茶湯御点供料)		真相院 華光院 玄霜院		梵光代	筑後守御代
9	金2分(月牌料)		実翁良参居士	施主小林直右衛門殿		
10	金1分(月牌料)		華山柳翠大姉	小林直右衛門殿御老母		
11	金1分(月牌料)		翻誉妙現信女	飯田牛右衛門殿		

その他

	名称	数量	為書	寄付者	廣正寺歴住	高木家当主
1	御陣屋地新古證文	3通				
2	上田1反8畝4歩9両にて買取證文	1通				
3	上田1反5畝9歩6両にて買取證文	1通				
4	山畑6畝12歩15両にて買取證文	1通				
5	寺領分地帳	1通				
6	末寺證文(広田村広徳院従永福寺之印證)	1通				
7	菓子沙鉢(唐金)	1枚				
8	煙草盆(唐金小道具)	1箇				
9	煙草盆(真鍮小道具)	1箇				
10	乗物煙草盆(真鍮小道具)	1箇		天功院		

11	三重煙草盆(唐金小道具)	1箇		永心院		
12	提煙草盆(煙草入火入焼物)	1箇		天徳院		
13	食籠(金御紋付杓子共ニ地黒塗)	1箇				
14	御膳椀二共ニ	3膳		無臨院・得性院・自性院		
15	御膳椀(向ニ御吸物椀共、食籠湯次杓子共ニ)	1膳		永壽院		
16	御膳椀(向ニ御吸物椀共、食籠湯次杓子共ニ)	1膳		永心院		
17	御膳椀(向ニ御吸物椀共、食籠湯次杓子共ニ)	2膳		天功院・霊性院		
18	御膳	1膳		天得院		
19	濃茶之椀(高麗焼箱入)	1箇				
20	福禄壽絵(狩野周信筆)	1福				
21	屛風(玄龍筆12枚)	1隻				
22	野風呂茶瓶	1箇				
23	銅盥(水サシ共)	1箇				
24	大銅盥(水サシ共)	1箇		永心院		
25	夜着(綸子)	1ツ				
26	夜着(縮錦)	1ツ		永心院		
27	大蒲団(鈍子)	1ツ		永心院寄附		
28	敷蒲団(鈍子大蒲団之処梅印代致再興二ツニ仕置候)	2ツ		永心院寄附		
29	褥(縁鈍子中銚縮錦破レ候ニ付中葉縮錦ニテ再興			永心院寄附	暁山代	
30	紺地金襴袈裟(自古代)	1衣				
31	長持(四ツ目銛御紋付)					
32	校箱(金御紋付)			自性院		

〔典拠〕埼玉県立文書館収蔵廣正寺文書29より作成。

寄進品はそれぞれ本堂・位牌堂・小方丈といった保管場所にしたがって列記されており、時系列は順不同である。このうち、高木家の関係者による寄進が特に目立つのは、本堂と小方丈である。本堂には、小鐘・太鼓・木魚・幟・打鋪といった日常的な仏事で使用する仏具に加え、写経した法華経などが納められている。対して小方丈には、史料3と史料4にそれぞれ相当する「従龍穏寺離末書状」「従無臨院様御年貢諸役免除御黒印」など、寺院の由緒にかかわる古文書類に加え、その都度寄進のあった回向料が納められている。そのほか、寺領や末寺にかかわる證文類や都度寄進を受けた器物類なども書き上げられており、これらも小方丈に納められていたのであろう。

さて、歴代当主のなかでは、四代正長をあらわす無臨院の寄進品が多い印象を受ける。その所以を明示することは史料的制約から難しいが、正長が当主であった時代に葬地廣正寺のある廣野村が知行替となり、村との直接の支配関係を解消された点にもっとも影響を受けていようか。また、前述のとおり正長の父正武は病により家督を相続することなく死去した。正武への追善の念が葬地への寄進行為に表出したとも考えうる。一方、当主の奥方にあたる人物のなかでは、永心院〔該当人物未詳、寛政元年歿〈一七八九〉〕による寄進品も多数見受けられる。

寄進という視点からは若干それるが、葬地に所在した旗本家ゆかりの器物の移動を示す動向についても、残された史料からみておきたい。

〔史料5〕(19)

「(包紙)
證文　　村井半兵衛　」

覚

一、具足　　紺糸綴　壱領

但、甲箱共ニ弐箱

一、鑓　　　　　　　　　　　　　　　　　壱筋
　但、大釛片刃鞘栗色控六角
右者得性院着領持鑓、此度私義江戸屋敷江持参仕候処、実正明白ニ御座候、為後日如件
　　　　　　　　　　　　　　　　　　　　高木九介内
元文二丁巳年四月八日　　　　　　　　　　　村井半兵衛㊞
　廣正寺御内
　　貫道長老

当史料は、元文二年(一七三七)四月八日に高木家の家臣村井半兵衛が旧知行地の廣野村廣正寺へ宛てた文書で、得性院(五代高木正栄)着用の具足一領と持鑓一筋を江戸屋敷へ持参する旨が書かれている。

高木正栄は享保二十年(一七三五)四月七日に死去しており、当史料はその二年後に廣正寺へ宛てた文書である。時系列をふまえると、この文書は、家中の村井半兵衛が廣正寺における正栄の葬送儀礼にあたって使用された具足と持鑓を受け取り、江戸屋敷へ運ぶ際に残されたものとみられる。死者の所持した具足と持鑓が、数年におよぶ供養の間、寺院で保管・管理された後、家臣によって江戸屋敷へ引き取られたプロセスを垣間見ることができる史料である。

第三節　葬地廣正寺の支配と護持

高木家は前述のとおり、元禄十一年(一六九八)に廣正寺の所在する廣野村との支配関係は解消された。しかし、寄進行為をはじめとする葬地との関係は、むしろ継続されていた様子がみえる。ここでは、廣正寺後住の任免過程から

高木家の立場について確認していこう。

〔史料6〕[20]

差上申寺例證文之事

一、先住梵光長老後席之儀、奉願候通拙僧江被仰付難有奉存候、入院無滞相済申候、然上者向後住職之内諸事先格之通相守可申候事、

一、寺領田畑者不及申上其外当時所持仕来候名田畑、当時御茶湯料御寄附之田畑山林他江売渡申間敷候事、

一、境内山林竹木者諸堂造営之節伐取之外猥売払申間敷候、縦修造ニ伐取候とも境内見苦敷無之様ニ取計可申候、年々薪ニ者枯木悪木之類伐取候様ニ可申付候、万一当寺ニ付無拠訳有之売払申度節ハ、其旨相窺可蒙御指揮候事、

右之条々住持人交代之節被仰付候趣御座候間、請印差上申候、以上

天明六丙午年三月日　廣正寺

梅印

筑後守様

御役人中

当史料は、天明六年(一七八六)、廣正寺住職梵光の後住に梅印が任じられ、高木家から順守すべき条々を命じられた後に、梅印が高木筑後守(七代正鼎)へ差し出した請書である。住職の交代や人選にあたっては本寺や檀家惣代などが立ち会う場合が多いが、当時廣野村の領主でもなかった高木家が、交代した住職にいかなる事項を命じたのであろうか。

条々の内容をみると、第一条では、寺領田畑をもちろん、これまで所持してきた名田畑や、高木家が御茶湯料として寄附した田畑山林を、他者へ売り渡さないこと、第二条では、境内の山林竹木を諸堂造営の折みだりに売り払わな

いこと、第三条では、諸堂の修造を用途に伐り取る場合であっても境内が見苦しくならないように取り計らうこと、薪には枯木・悪木等を伐り取ること、万一、廣正寺の致し方ない事情で売り払いを望む際はその旨を高木家に伺い、指揮を蒙ること、以上を定めている。

これまで廣正寺が所持してきた寺領のなかには、単なる田畑ではなく、高木家の当主や奥方が追善供養のために徐々に寄進してきた御茶湯料としての地所が含まれており、高木家は、それらを寄附品として継承することを廣正寺に求めていたと考えられる。境内に所在する山林竹木の取り扱いについても、自家の葬地である寺院の景観が著しく損なわれることを忌避した条文と捉えられる。

次に、廣正寺が高木家に表御門の修復金助成をはたらきかけた事例をみていきたい。

〔史料7〕[21]

尊書拝見仕候如仰甚寒之砌り御座候得者益御機嫌能被成候、寺勢奉恐賀候、然者当八月中以飛脚被仰聞御座候表御門再興之義、尚又去九月御法事之砌り村井金八郎江委細ニ御談候仰立、猶又今般之仰立も御座候義ニ而何分御捨置ニも見苦敷一刻も早く出来方相成候様被成度、今般金子之義も御渡申候得者、来春ニも普請取掛被成度候、逸々具承知仕候、右者私共聊捨置候義ニ者無御座候得とも、当年之義者別而此度之仰出御承知も被為在可申候得者、御軍役入用之義当七月ゟ十一月迄之入用ニ而も払込五月〆金三千弐百両之義ニ而如何ニも莫大之入用旁何分恐縮之次第、右故広書状を以御相談旁可申上筈之処、何分寸進延引之処、此度御書被下候付、申上候得者、御当家ニ而御一手万事御引請候何故御捨置ニも難相成成共、如何ニも御門斗者是迄之御有形ニ御出来ニ相成候得者大金相掛、当節柄御知行所へ請遣而者迚も差決候儀可申越旁私共何分心配仕候間、如何ニも成丈下置候処、夫々職方江被仰付茅ふきニも御出来ニ相成候類又大金相掛り候て当節柄縦令先規之有形御略し如何様ニも御建替相成候共

致方も無御座義ニ而、右等御差含ニ而過日取計可下候、乍併壱両年ニも御下渡申上候得者、又如何様之行届可申、いよ〳〵、只今昨日迚も一時御渡方行届不申、乍併捨置申義ニも無御座候旨、凡金五十両之処者如何様ニも助成取計候砌可申義ニ付、兎ニ角も今度為半金弐拾五両源次郎へ御渡申候旨御落手可被下候、且委細之儀者同人ゟ可申上候間、御聞取御勘考可被下候、先者右貴殿方得貴意度如此御座候、恐惶謹言

十二月五日　　村井金八郎
　　　　　　　村里駒之進
　　　　　　　堀内喜三郎

方丈様
　御請

当史料は、高木家家臣の村井金八郎らが廣正寺住職に宛てた書状である。

以下、内容をみていこう。「幾度も相談をもちかけている表御門再興について、何分（高木家が）御捨て置くにも見苦しく、一刻も早く出来方がなるよう手配なされたく、金子もお渡し下されば来春にも普請に取り掛かりたい」とする廣正寺の主旨は承知した。私どもは聊かも捨て置いているのではなく、当年は別段「御軍役入用」が賦課され莫大の入用となっている。（廣正寺の護持について）高木家がすべてを一手に引き受けており、捨て置くことは難しいけれども、御門ばかりはこれまでの仕様に仕上げようとすると費用が嵩み、知行所への賦課も気にかかる。なるべく助成はするつもりだが、職人へ命じて茅葺にも仕上げるようではまた費用が嵩み、時節柄、たとえ先規の仕様を省略し、どのようであっても建て替えすることは致し方もないことであり、これらを理解し取り計らうように。といった趣旨である。

廣正寺は、表門の再興費用を大檀家である高木家に再三願い、同家がそれに対する見通しを述べた返書である。軍役入用の具体的な内実は未詳だが、知行地を遠江国にもった高木家は寛政期以降、幕府から海に面した知行地の自領海防を命じられているはずであり、海防もしくは、幕末期の軍役賦課が想定されようか。

さらに、高木家が万事を一手に引き受けているというのは、少なくとも資金を投じて堂舎の修復等を主体的に行うことであろうか。それを高木家の認可制で実施しているというのは、いくら高木家が大檀家であろうとも一寺院のあり方としては特殊にも感じられる。

このように、廣野村との支配関係が解消された後も、高木家は、葬地である廣正寺と、中興の家あるいは大檀家としての性格によるものも相俟って、特に住職の交代にともなう条々の確認、さらには堂舎修復に直接的に関与していた様子が明らかとなった。

第四節　祈願所回向寺と高木家

高木家は、葬地の廣正寺だけではなく、複数ある自らの知行地内において寺院を開いていった。ここでは、中爪村の普光寺と広田村の廣徳院を事例として、旗本家にとっての回向寺の位置づけを考えてみたい。

1　比企郡中爪村普光寺

中爪村も高木家の知行地であるが、天台宗普光寺の成立経緯は、禅宗曹洞派の廣正寺住持二世が開山した越畑村の宝薬寺と金泉寺とは異なる。同家が当初中爪村に置いていたのは毘沙門堂で、そこへ隠居していた赤浜村普光寺の僧侶尊栄を招き中爪村で普光寺を開いたのは、十七世紀半ば頃のことであり、同寺の成立背景には祈願所としての意味合いが想定される。

〔史料8〕(22)

武州比企之郡中爪村普光寺領　御朱印拾石之地、去午之年荒捨候付、替地之儀上野　御門主御所望之旨、従役者中被申聞、寺之格式金谷成就院並ニ被成下、依之於同所持来候以年貢地之内令寄附候、此外年貢地田畑八反五畝余、永附置候、自今以後不可有相違者也、

元禄四未歳十月廿四日　　高木長太夫（花押）

中爪村

普光寺

当史料は、高木正長が普光寺に宛てて、朱印地一〇石の地所の替地を年貢地の内より寄進した文書である。前年の元禄三年（一六九〇）に本来の朱印地に該当する地所が荒捨となってしまい、寛永寺御門主（後西天皇第六皇子・公弁法親王）が朱印地の替地を所望したという旨を、寛永寺の役者中より高木家は申し聞かされたため、寺の格式を「金谷成就院並」とし、朱印地一〇石は年貢地の内をもって寄附する、という内容をもつ。

〔史料9〕(23)

中爪村普光寺領之事

一、元寺中　　四反弐畝三歩

一、中寺中　　弐反壱畝拾歩

一、当寺中　　六畝拾六歩

一、大師越　　三反歩
合田畑壱町歩
右　御朱印地拾石之為替地寄附畢、
外
田畑八反五畝余
右是者為年貢地永附置者也、
元禄四未歳
十月廿四日　　高木長太夫（花押）
中爪村
普光寺

当史料は、史料8と同日付で発給された寺領目録であり、あわせて普光寺へ手渡されたものと考えられる。史料8で述べられていた替地が反映された寺領目録とみられる。

〔史料10〕[24]

一筆啓候、然者其寺知行永荒地ニ成候付、高木長太夫殿ゟ其替地可被遣之由、　御門主被聞召、御奇特之事と思召候、依之普光寺格式、自今以後金谷成就院並ニ被　仰付候間、此旨可有承知候、恐々謹言
覚王院
最純（花押）
四月十一日　　戒善院

玄海（花押）

中爪村
　普光寺

当史料は、史料8・9からうかがえる高木家の普光寺に対する行為を受けて、寛永寺の執当にあたる覚王院最純・戒善院玄海が普光寺に宛てた文書である。高木正鼎が取り計らった普光寺朱印地の替地は寛永寺御門主の耳に達し、「御奇特之事」と受け止められた。これによって普光寺の格式を「金谷成就院並」とすることを命じている。

それでは、これまでみてきた普光寺朱印地の替地をめぐる一連の流れが、高木家の立場においていかように取り扱われたのか、端的に示している史料11をみよう。

〔史料11〕(25)

覚

一、武州比企郡中爪村者高木九助知行所ニ御座候所、此度御用地ニ被　召上候、然所先年右村之内普光寺御朱印高拾石之所、九年以前大風雨ニ而山崩永荒ニ罷成、依之従　日光御門主様、普光寺及大破候を、御残多被　思召、九助方江知行之内寄附仕候様ニ御断ニ付、右村本高之内拾石分寄附仕候ニ紛無御座候、為念如此御座候、以上

高木九助内

元禄十一年寅正月十九日　　大岩仲右衛門印

　高谷太兵衛様御手代

　　中村直右衛門殿

右之通　御公儀御代官所迄、覚書差上候、為後日写進申候、

当史料は、中爪村が高木家知行地から村替となる際、高木家家臣の大岩仲右衛門が幕府代官高谷太兵衛手代の中村直右衛門に宛てた文書である。朱印地は本来徳川将軍家が寺社に対して与えるものであるが、高木家は個別領主という立場からその替地を許可した。その行為について、九年前の大風雨による山崩れで土地が荒れてしまったとし、それゆえ寛永寺御門主が高木家へ知行地の内から寄附するよう申し入れがあり、中爪村の本高から一〇石分を寄附したことを報告している。

自然災害を受けて、寛永寺御門主からの口添えという手続きを経たものの、祈願所の朱印地替地のため、自らの知行地を朱印地として寄進することで、荒捨分を相殺させようとしたのであった。寺院の運営を直接的に支える護持の形のひとつであろう。

2　埼玉郡廣田村廣徳院

埼玉郡廣田村には寛永四年(一六二七)に廣徳院が開かれた。その由来と後年の本末関係を示している文書が、本寺である廣正寺文書に含まれている。

〔史料12〕[26]

書付を以奉願候

一、拙院村方往古高木様御知行之節、御当山之為末寺因由を以拙院方御位牌所ニ被　仰付、既ニ慶安二丑年四月中
高木様御光君　峰松院様ゟ別紙写之通御在判御差置地拝領仕、依之朝暮無怠慢茶湯御回向申上来候処、如何之事
ニ候哉御屋鋪表江者一円書信も不仕、定而中絶之義与奉懸察候、就而者向後御出入願上之処、御機嫌伺之書状等茂
贈献いたし、荷恩酬答申上度候間、何卒御本末之間柄を以前条其御筋江御添願奉願上度候、右願之通被　仰付被

下置候ハヽ、難有仕合ニ奉存候、以上

松平下総守領分

嘉永五壬子年七月　　武州埼玉郡廣田村

廣徳院

黄　龍㊞

御本山

廣正寺

御役寮中

当史料は、廣徳院従持の黄龍が本山廣正寺役寮へ差し上げた願書である。以下、内容をみると、まず、廣徳院が廣正寺末寺という理由から高木家の位牌所として成立してから、峰松院（三代高木正則）より御差置地を拝領し、以後位牌所として高木家の霊前に湯茶回向を続けてきた由緒が述べられる。しかし、理由は定かではないが、嘉永五年（一八五二）時点において高木家へ書信を送ることはしておらず、関係は中絶しているという。今後、廣徳院は高木家への御出入を望むため、まずは御機嫌伺いの書面と贈物を献上したい、そこで、本寺である廣正寺からも高木家に対して添願書をしたためてもらいたい、と記す。以上が本史料で述べられる廣徳院の願意である。

本史料とほぼ同時に廣徳院から廣正寺へ書き上げられたとみられる（嘉永五年）壬子七月「高木公先考御位牌安置有之分写帳冊」には、廣徳院が当時実際に安置していた高木家の位牌を列記している[27]。ここには、初代広正（慶長十一年〈一六〇六〉七月二十六日歿）、二代正綱（寛永九年〈一六三二〉十一月十日歿）、三代正則（元禄五年〈一六九二〉九月二十二日歿）、正武（正則嫡男、元禄七年十一月十六日歿）、正敬（四代正長次男、宝永六年〈一七〇九〉四月二十六日歿）の五人分の位牌が書き上げられており、いずれも廣正寺に眠る人物である。

以上のように、廣徳院が位牌所(回向寺)として成立したのは高木家の意思によるものであった。しかし、宝永六年に歿した高木正敬より後の位牌は安置されておらず、嘉永五年時点において同家と廣徳院の関係は、湯茶回向を実施しているものの書信往来も行われていない、極めて希薄な檀家と寺院の関係に至っている。こうした状況をふまえて廣徳院は、御出入関係の再構築にあたって本寺で高木家の葬地でもある廣正寺に対して介入を望んだ。同時代における廣徳院の寺院経営状況は定かではないが、近世の地域寺院の経営は大檀家の有無に左右された部分も大きい。廣徳院が高木家との御出入関係を再構築しようとした背景には、経営状況を鑑みて大檀家の獲得を企図した寺院側の目論見の存在が想定される。

結　び

以上、旗本家菩提寺の成立と展開過程について、高木家を事例に検討した。本章で明らかになった点をまとめたい。

まず、菩提寺の成立経緯を整理する。葬地の廣正寺は、初代広正の死去を契機として、二代正綱が萬福寺を本来の本寺龍穏寺から離末させ、廣正寺として中興した。回向寺の廣徳院は、高木家知行地という関係から回向寺を命じられた。越畑村の宝薬寺と金泉寺も、知行地内に廣正寺の二世住職が開いた寺院であり、回向寺としての開基であったと捉えられる。

次に、村との支配関係解消後の寺檀関係を整理する。関東に所在した高木家知行地が一斉に村替の対象となった元禄十一年(一六九八)当時、四代当主正長は廣正寺への寄進を膨大に行っていた。葬地が所在する村落との支配関係の解消は、葬地寺院に対して先祖供養を託す意識の顕れともいえる寄進行為に結実していた可能性が高い。以後、葬地の場合、高木家一族の葬儀・法事のたび寄進が行われた形跡がみてとれ、従前同様に至らないものの、寺檀関係は継続される余地があった。一方、回向寺の場合、村替を契機として御出入関係が断絶することもあり、書信往来も途絶えていたことが確認された。

祈願所の普光寺の場合、寛永寺の権威による朱印地の替地指示について、中爪村が知行地であったがゆえに高木家は知行主として荒捨分を年貢地から補塡する権限を有した。しかし、村替に際してこの措置は年貢地の減少を意味し、幕府代官への報告義務が発生するとともに、以後は同様の措置を行うことができなくなった。

さらに、菩提寺の経営戦略という観点から旗本家との関係をみるならば、廣正寺と廣徳院はいずれも高木家に対して、表御門の修復助成、もしくは御出入関係の再構築を望んだ。このように武家の大檀家に接近する動向は、同時代の困難な寺院経営状況と深く関連して広く行われていた。それゆえ、寺院側は、寺院が保持する旗本家の由緒における根拠(先祖代々の葬地・回向寺)という特性を自覚しながら、あくまで大檀家による経済的援助を獲得する寺院経営戦略として、旗本家への接近を試みたと捉えられる。旗本家からすれば、自家の由緒を物語る直接的な先祖の菩提を弔う地を蔑ろにすることは当然できない。むしろ、菩提寺側からのはたらきかけを契機として、自家の由緒を再認識する場合もあったであろう。

註

(1)　河原芳嗣『探訪・江戸大名旗本の墓』(毎日新聞社、一九九三年)。

（2）池上悟『近世墓石論』（ＫＡＤＯＫＡＷＡ、二〇二一年）。
（3）早島大祐編『中近世武家菩提寺の研究』（小さ子社、二〇一九年）。
（4）岩淵令治「大名家の江戸の菩提寺成立と当主の「葬地」」（同『江戸武家地の研究』塙書房、二〇〇四年）、同「文献史料から見た大名家菩提所の確立」（大名墓研究会編『近世大名墓の成立―信長・秀吉・家康の墓と各地の大名墓を探る―』雄山閣、二〇一四年）。
（5）中村陽平「旗本菩提所の「成立」と護持―旗本水野家菩提寺昌国寺を事例に―」（『埼玉地方史』第八三号、二〇二一年）。
（6）森安彦「近世前期旗本知行の動向（上）（下）」（初出『史潮』第九八号・九九号、一九六七年、後に同『幕藩制国家の基礎構造』吉川弘文館、一九八一年に所収）。
（7）神崎彰利「相模国の旗本領」（『神奈川県史研究』第三三号、一九七七年）、小暮正利「近世初期旗本領形成に関する一考察―武蔵国を事例として―」（村上直編『論集関東近世史の研究』名著出版、一九八四年）。
（8）山本英二「風林火山の記憶と由緒―近世前期甲斐国雲峰寺・恵林寺の勧化を事例に―」（青柳周一・高埜利彦・西田かほる編『近世の宗教と社会1　地域のひろがりと宗教』吉川弘文館、二〇〇八年）。
（9）「古文書五　第四巻」（国立公文書館内閣文庫）。
（10）拙稿「近世忍城における番城制の成立と展開―城番与力・御鷹匠の知行地と葬地の検討から―」（『行田市郷土博物館研究報告』第一一集、二〇二三年）。
（11）「古文書五　第四巻」（国立公文書館内閣文庫）。
（12）個人蔵、豊橋市美術博物館寄託大河内家文書。本書では『新編埼玉県史　資料編17　近世8　領主』（埼玉県、一九八五

年)、および埼玉県立文書館収集のマイクロフィルムＣＨ版『川越藩大河内家文書』を利用した。

(13)『新編武蔵風土記』(国立公文書館内閣文庫)。

(14)「広田村開発記」(『埼玉県の歴史』山川出版社、一九七一年)。

(15)高木家の墓碑は、「廣正寺文書及び高木家墓碑」として、嵐山町指定有形文化財に指定されている。

(16)埼玉県立文書館編『埼玉県寺院聖教文書遺品調査報告書Ⅱ　解説・史料編』(一九八四年)収録五五五号文書・廣正寺文書四。以下、本書を『聖教報告書Ⅱ』と略記する。

(17)埼玉県立文書館収蔵　武蔵国比企郡廣野村廣正寺文書二九。

(18)『聖教報告書Ⅱ』収録五五七号文書・廣正寺文書一〇。

(19)埼玉県立文書館収蔵　武蔵国比企郡廣野村廣正寺文書四六六。文書番号は『埼玉県立文書館収蔵目録　第二七集　諸家文書目録Ⅳ』(一九八八年)に依る。

(20)埼玉県立文書館収蔵　武蔵国比企郡廣野村廣正寺文書二四九。

(21)埼玉県立文書館収蔵　武蔵国比企郡廣野村廣正寺文書四四七。

(22)『聖教報告書Ⅱ』収録一〇九号文書・普光寺文書三。

(23)『聖教報告書Ⅱ』収録一一〇号文書・普光寺文書四。

(24)『聖教報告書Ⅱ』収録一一一号文書・普光寺文書五。

(25)『聖教報告書Ⅱ』収録一一二号文書・普光寺文書六。

(26)埼玉県立文書館収蔵　武蔵国比企郡廣野村廣正寺文書四〇五。

(27)埼玉県立文書館収蔵　武蔵国比企郡廣野村廣正寺文書三八。

第二章　旗本家の由緒と家職ゆかりの知行地
―天野家を事例として―

はじめに

近世初期拝領の旗本知行地（後の本貫地）には、陣屋や菩提寺などが設けられていたことが知られる。この陣屋や菩提寺がいわば旗本家の在地性の象徴と捉えられ、それらが失われる契機となる寛永期の江戸屋敷割による住居の促進(1)、あるいは元禄期の知行割替にともなう旧領の村替(2)が、旗本家の在地性の払拭と評価されてきた。本章では、従来、幕藩制構造論や旗本知行形骸化論をめぐって問われてきた旗本家の在地性の有無を論じることはせず、旗本家が在地から離れる以前と以後において、旗本家と知行地もしくは在地社会との相互認識に、いかなる変容がもたらされたのか、その特質を明らかにしたい。

その際、留意すべき事柄のひとつが、当時旗本家の担っていた公儀の役儀である。幕府職制が一定度整備される寛永期以前において、徳川氏は、「人」に対して一定の職務内容を有する「職」を補任した。たとえば、伊奈忠次・忠治のように、将軍家から個別に役割を付与された役割が積み重なって「職」を形成する場合もあった(3)。そうした「人」に付けられていた役割が「家」の役割へと変質し、やがて「職」として確立し、江戸幕府の職制のなかへ組み込まれていくことになる。近世初期に拝領する知行地とのかかわりを論じる上においても、旗本家がいかなる役儀を帯び、それらが知行地や地域社会とのかかわり方においていかなる影響を及ぼし得たのか、考察することは有用であろう。

そこで本章では、忍城番、忍近郷代官、そして幕府鳥見役を勤めた天野彦右衛門家を事例として、検討を試みることとしたい。

近世初期の関東代官については、代官頭と配下の代官で構成された支配体制の研究(4)のほか、関東代官伊奈氏の職制と歴史的性格を検討した太田尚宏氏(5)、「浦和筋一万石」を支配した中村弥右衛門吉照(吉繁)を検討した重田正夫氏(6)、多摩川下流両岸地域を支配し稲毛用水と六郷用水の開削者といわれる小泉次大夫家を検討した斉藤司氏(7)、「江戸廻り」の代官として板倉勝重を検討した中野達哉氏(8)などの研究がある。これらの研究は、各代官の性格や実際の役割を史料に基づき徹底的に把握する研究視角が基本的な姿勢としてとられている。なかでも斉藤氏は、家の系譜や知行地の分割動向など、旗本家としての近世前期の代官像を含めて素描している点で示唆に富む。

本章で分析する天野家については、城番や代官に在任したことが指摘される程度であり(9)、忍近郷代官として鷹場支配に携わる動向についても、根崎光男氏が御鷹場支配に関する編纂物の叙述を整理している成果が僅かにあるに過ぎない(10)。それゆえ、天野家が徳川氏から付与されていく役割の把握と特質について、旗本家としての性格に留意しながら明らかにしていきたい。

第一節　忍城番・代官と知行地

1　城代と城番

本書第一編第一章で述べたとおり、慶長五年（一六〇〇）、松平忠吉が尾張国清洲へ移封され、徳川氏直轄の城郭となった忍城は、城代と城番によって守衛されることになる。忍城を拠点として職務にあたる城代と城番、そして鷹匠たちには、城郭の外縁部に知行地が与えられた。

〔史料1〕[11]

一、高木筑後守広正儀最前九助与申候、　権現様御代菅沼小大膳跡、忍之御城代被　仰付、小大膳者与力二十騎
幷三河ゟ召連候同心七拾人被遊　御預相勤申候、

一、広正倅甚左衛門正縄最前九助与申候、筑後守病死以後家督、一同ニ跡御役御城代被　仰付候、

一、正縄倅甚左衛門正則最前九助与申候、亡父正縄病死以後、忍之御城寛永十年酉五月九日松平伊豆守殿江被下置
候内、甚左衛門正則暫御城番被　仰付候、

右之通三代相勤申候、年号月日相知不申候、

一、与力弐拾騎・同心弐拾人者御城ニ残置勤番致させ、相残五十人者江戸江召連引越、割組ニ罷成候由及承候、

一、右御城ニ残置候同心弐拾人者古来ゟ地方知行ニ而被下置、唯今御宝蔵番相勤罷在候、

一、与力之姓名別紙ニ認候、

右之儀共年久敷事ニ而其上諸書物等焼失、委儀相知不申候、承伝之趣相記候、以上

寛永十年（一六三三）に松平信綱が忍城主となると、忍城代高木正則は「忍之御城寛永十年酉五月九日松平伊豆守殿江被下置候内、甚左衛門正則暫御城番被　仰付候」とあるように、信綱の命により寛永十六年までの間、つまり信綱の川越移封まで忍城番を勤めていた。

また、元来、城番を勤めていた者のうち、与力二〇騎と同心二〇人は高木とともに城郭に残った。彼らは前述した城郭外縁部などに知行地を拝領した者たちであり、のち忍城を離れてからは、江戸四ツ谷の塩町通に屋敷を拝領し、江戸城の宝蔵番に就いたという(12)。

一方、信綱の忍城主就任と同時に忍城を離れた他方の五〇人は、江戸へ引っ越すことになった。たとえば、「新編武蔵風土記」の武蔵国多摩郡無礼村（現、三鷹市）の項をみると、「忍城番を廃せられて、松平伊豆守信綱に賜はれり、かの御城番酒井紀伊守忠吉・杉浦内蔵允正友の手にありし組同心等江戸に移りし頃、当村に於ても其給地を賜れり、正保の頃に至て野銭を御代官野村彦太夫将重へ納めしよし(13)」とある。すべての城番や与力・同心というわけではないであろうが、なかには江戸近郊農村などに給地が与えられる者がいたようである。

2　忍領代官天野家と小栗家

慶長五年（一六〇〇）に忍城が徳川氏直轄の番城になると同時に、松平忠吉の旧領村々は徳川氏直轄領になり、同年に伊奈忠次配下の深津貞久、翌年に同じく伊奈配下の大河内久綱が、それぞれ忍領代官として立合支配を開始した。しかし、慶長十八年に鷹狩で忍を訪れていた徳川家康に対して、百姓らが深津の私曲を訴える目安を差し出した。家康は御前において深津と百姓らを対決させた結果、深津に私曲があったと裁許がくだり、彼の代官職は召し上げとなった。そこで、大河内久綱とともに立合支配を行う者として、忍城代であった高木正綱(14)、そして忍城番であった天野忠重(15)と小栗正勝(16)が「忍近郷代官」に任命された。高木のみ城代と代官を兼帯し、天野と小栗は城番から代官へ転任を果たす。忍城代・城番からの代官就任ではあるものの、大河内と同様に三人もまた伊奈忠次配下の代官として支配を担った(17)。

なお、城番在勤中の天野と小栗は検地の施行も僅かながら担っている。天野は慶長七年九月六日から十五日まで、小栗は同年九月九日から十五日まで、いずれも開幕以前において、三宅康貞の知行地である武蔵国幡羅郡三ヶ尻村の検地を実施している。また、開幕後の慶長十四年には、幡羅郡折之口村の検地を天野・小栗両氏が担当している。前者の検地は三宅康貞の私領を徳川氏家臣の忍城番という立場から行ったもの、後者は天野家と小栗家の知行地折之口村を個別領主となった立場から行ったものであり、安易に同質の検地と捉えることは避けねばならない(18)。

ただし、天野家と小栗家が携わった検地施行例がほかに確認されていない点、三ヶ尻・折之口両村はいずれも慶長九年に両氏の知行地となる点をふまえると、慶長期に対象範囲ごとの徳川氏検地が施行されるなかで、知行地となる見込みのあった地と知行地として与えられた地の検地を命じられたと理解される。加えて、この時期、城番が城郭の守衛と維持のみならず、城郭周辺の在地把握にも従事することが求められていたことがうかがえよう。そうしたなかで、天野家や小栗家の城番から代官への転任は、城番と代官における役割の分化を意味していたとみられる。

さて、忍領村々へ宛てた年貢割付状によると、以後、元和五年（一六一九）までは、大河内・高木・天野・小栗の四人が確認される。同六年からは高木が退き、新たに服部直次と豊島勝直が加わり、大河内・天野・小栗・服部・豊島の五人がみえる。寛永三年（一六二六）三月に小栗が死去するが、この時には補充は行われず、小栗を除いた四人が確認される。寛永四年に豊島、同六年に服部の名が見えなくなり、代わりに肥田正勝、そして彦坂吉成が加わり、四人の立合支配の体制は寛永十年まで維持された。なお、埼玉郡酒巻村に限り、寛永三年から松平信綱の名で年貢割付状が発給されており、同村が松平信綱領分に村替となったことが判明している。(19)忍領村々は寛永十年の地方直しを待たずして、再編が始まっていたとも捉えられる。

次に、根崎光男氏の研究に学びながら、天野忠重と小栗正勝の鷹場制度にかかわる経歴と性格を確認しておきたい。(20)

天野忠重は、「(慶長)十八年十一月十八日忍近郷の御代官となり、のち同郡のうちにおいて加恩あり、すべて六百石余を知行し、忍・鴻巣の御鷹場を支配し、同心十人をあづけらる」(21)とある。その子忠詣の場合には、「慶長七年より東照宮につかへたてまつる、時に十五歳、のち忍・鴻巣の御鷹場を支配し、現米八十石をたまふ、その、ち大坂両度の御陣に扈従し」(22)とあり、天野父子は大坂の陣以前から同心一〇人とともに、忍・鴻巣の御鷹場支配にあたっていた。

小栗正勝は、徳川家康の五か国領有時代から鷹匠頭的存在として位置づいていた小栗久次の弟であったが、家康の関東入国時には鉄砲同心二〇人を預けられていた。そして、忍城番を勤めたのち代官となったが、その子正信は鷹師を務めたものの、寛永三年には父に先立って死去した。正信の子正重は将軍徳川秀忠の鷂頭となったが、正信の娘が天野忠詣の三男正利と縁組したことで、一部の知行地が割かれて分家し、この両家は天和・貞享期まで鷹師を勤めた。

なお、天野忠重は代官と御鷹場支配とを兼帯し、鳥見同心を付属させていた。おそらく、忠重は「御鷹場御預り役」であったとされる。さらに、「柳営日次記」の寛文三年十二月九日条に「忍領鳥屋飼屋敷幷鳥見屋敷、彼城有之」(23)、「厳有院殿御実紀」の同日条には「忍城狭隘により、鳥見、鳥飼宅地を鴻巣にうつさる」(24)とあって、忍城内に幕府の鳥見と鳥飼(鷹師)の屋敷があり、手狭になったため鴻巣に移転していた。つまり、この時まで、忍城内の鳥見屋敷には小栗正重・天野忠雄が住んでおり、忍・鴻巣の御鷹場を支配していたことが判明している。

ところで、近世前期における忍と鴻巣は、徳川家康・秀忠、そして家光が実際に来訪した徳川将軍家の御鷹場であった。(25)家康の存命中、秀忠は忍での鷹狩を実施せず、忍は家康の御鷹場であったことがうかがえる。秀忠は家康か

表1　忍・鴻巣における徳川将軍家の来訪と鷹狩

年月日	主体	来訪回数回目	行動
慶長 6.(1601)11. 9	家康	1	川越・忍へ鷹狩に赴く。
慶長 9.(1604)10.12	家康	2	忍に来訪、11月21日に江戸着。この間鷹狩を行ったカ。
慶長10.(1605)11. 8	家康	3	忍滞在中のところ、伊達政宗が馬と鷹を献上。
慶長10.(1605)11.17	家康	4	川越・忍へ鷹狩に赴く。
慶長10.(1605)12.10	秀忠	1	鴻巣で鷹狩を行ったのち岩槻へ赴く。
慶長11.(1606)11～12.	家康	5	忍に来訪、12月26日に江戸着。この間鷹狩を行ったカ。
慶長12.(1607)11. 1	家康	6	浦和・川越・忍へ鷹狩に赴く。
慶長15.(1610)10.	家康	7	川越・忍・岩槻・越谷・浦和へ鷹狩に赴く。
慶長16.(1611)11. 5	家康	8	忍へ鷹狩に赴く。
慶長16.(1611)11.	秀忠	2	鴻巣へ鷹狩に赴く。
慶長17.(1612)10.末	家康	9	忍で鷹狩を行い、白鳥を捕える。
慶長17.(1612)11.20	秀忠	3	戸田から鴻巣へ赴き、家康を鴻巣御殿に迎え供応。
慶長18.(1613)11. 4	家康	10	忍御殿で真義真言宗の議論を聴き、忍で鷹狩を行う。
慶長18.(1613)11.20	秀忠	4	鴻巣へ鷹狩に赴く。
元和元.(1615)11. 3	家康	(11)	蕨・川越・忍・岩槻・越谷へ鷹狩に赴く。
元和元.(1615)11.	秀忠	5	鴻巣で鷹狩を行ったのち岩槻へ赴く。
元和 6.(1620)11.	秀忠	6	忍・越谷辺りへ鷹狩に赴く。
寛永 2.(1625)	家光	1	鴻巣へ鷹狩に赴く。
寛永 3.(1626) 2. 6	家光	2	川越・鴻巣へ鷹狩に赴く。
寛永 4.(1627) 2. 3	家光	3	鴻巣へ鷹狩に赴く。
寛永 5.(1628) 2.28	家光	4	鴻巣へ鷹狩に赴く。
寛永 5.(1628)11.26	秀忠	(7)	忍へ鷹狩に赴く。
寛永 7.(1630)	家光	5	鴻巣へ鷹狩に赴く。
寛永 8.(1631) 2.22	家光	(6)	川越・鴻巣で鷹狩を行い、阿部忠秋も供奉。

〔典拠〕『徳川実紀』『駿府記』『当代記』、藤井讓治『徳川家康』(吉川弘文館、2020年)より作成。

「来訪回数」の( )数字は、忍・鴻巣地域への最終来訪を示す。

ら鴻巣御殿を与えられ、鴻巣の御鷹場で鷹狩を行っていた。

たしかに、家康にとって忍の地は、「御当家紀年録」（寛永五年十一月条）[26]に「大権現御秘蔵之御鷹場」と記されるように、特別な御鷹場であったことは確かである。岡崎寛徳氏は、秀忠が家康の十三回忌を済ませた後にようやく忍の御鷹場を訪れたことをふまえて、忍の地を徳川家康のお気に入りの御鷹場であったことを指摘している。しかしながら、結果的に、家康の死後には、秀忠が忍、家光が鴻巣をそれぞれ鷹狩で訪れていることをふまえるならば、忍は大御所の御鷹場、鴻巣は将軍の御鷹場として再編されていったと捉えることができるのではなかろうか（表1）。

忍・鴻巣御鷹場の支配という天野や小栗に命じられた役儀は、それほどの重要性と権威性を帯びていたことになろう。なお、もともと代官が兼務していた鳥見の役割や権威性は、幕末期に至るまで変容を遂げながら継続していたとみられる。

第二節　忍・鴻巣御鷹場村々の比定

「忍鴻巣の御鷹場」という地域の叙述は『寛政重修諸家譜』をはじめ、近世当時の史料や記録類にたびたびあらわれるが、その明確な範囲は比定されたことがない。なお、武蔵国内の「領」名には忍領と鴻巣領がそれぞれ存在するが、はたして、その「領」域と天野らが支配した「忍鴻巣の御鷹場」の範囲は対応するのであろうか。そこで、新出史料である「忍鴻巣村高郷帳」[27]と既出史料の「天野彦八郎様御仕配御鷹場村々地頭姓名村高書控帳」[28]とを比較分析することで、「忍鴻巣の御鷹場」の範囲とその編成のありようを考察してみよう。

1 「忍鴻巣村高郷帳」の分析

当史料は、表紙に同表題と寛文十年(一六七〇)三月十六日の日付を記し、本文の記載内容は、後述の枠組みごとの村高・村名・村役人名(名主カ)である。当史料は文書群に含まれるものではなく、その伝来経緯は明らかではない。ただし、十七世紀における一定範囲の村々の村名・村高・村役人名などが知られる史料は少なく、その記載内容の性格を把握したうえで分析対象とすることは有効であろう。記述の正確性という点からみると、後述の「天野彦八郎様御仕配御鷹場村々地頭姓名村高書控帳」と比較した結果、石高の誤記も若干みられる。ただ、料紙や筆遣いをみると、同時代の史料と考えてよいと思われる。

当史料の特徴は、①表紙に「忍鴻巣」と記してあることから、寛文十年時点における忍・鴻巣と呼称された何らかの性格を帯びた地域に限定した郷帳である点、②「忍鴻巣」地域を「騎西南方」「熊谷通り」「上郷中通り」「須加通り」「利根通り」「吉見通り」「御城廻り南方」「騎西北方」「御城廻北方」「鴻巣領」といった一〇の枠組みごとに惣村高を小計しつつ列記している点にある。

まず、①の点に留意して本文の記載をみると、次のような特徴がみてとれる。

〔史料2〕

騎西南方

一、高千五百九石九斗壱合　埼玉村　小左衛門

一、高百四拾四石弐斗壱升壱合　赤木村　□

一、高六百八拾壱石四斗□　(内田ヶ谷村)　□

一、高千百七拾九石六斗六升□　(上崎村)　□

一、高千弐百五拾五石四斗弐升「（下崎村）」
一、高弐百四拾六石三斗九升「（西ノ谷村）」
一、高七百三拾壱石七斗四升　町場　七「」
一、高弐百八拾七石七斗五升　外川村　弥兵衛
一、高三百弐拾三石弐斗　根古上村　与右衛門
一、高千百四拾三石四斗弐升　牛重村　五兵衛
　内四百三拾壱石九斗八升四合　小野吉兵衛殿御鷹場
治右衛門
一、高千七百四拾四石壱升　鴻茎村　甚右衛門
　内百九十石五斗三升　小野吉兵衛殿御鷹場
一、高千百六拾九石六斗五升「（芋茎村）」
　内五百四拾六石□斗五升「（小野吉兵衛殿御鷹場）」
一、高五百六拾弐石四斗壱升「（中ノ目村）」
一、高九百三拾四石七斗七升「（戸室村）」
一、高七百六拾三石九升「（上会下村）」
一、高七百九拾五石六升　堺村　七左衛門
一、高七百拾七石弐斗三升　荒井村　次五右衛門
一、高四百拾八石三斗五合　関新田　崎左衛門

一、高六百壱石九斗三升五合　北根村　庄右衛門
　　　　　　　　　　　　　　　　　　弥五右衛門
一、高五百四拾五石壱斗壱升　広田村　五郎右衛門
　　　　　　　　　　　　　　　　　　三右衛門
合壱万四千五百八拾弐石三斗九升弐合　村数弐十郷
　右之村々内、牛重・芋茎・鴻茎
　　三ヶ村之内、小野吉兵衛殿御鷹場ノ内、千七百七拾壱石弐斗七升〔　　〕

掲出部分は「騎西南方」の全体部分にあたる。このうち、埼玉郡牛重村・鴻茎村・芋茎村の三か村に限り、村高記載の内訳として「小野吉兵衛殿御鷹場」の石高が記されている。

小野家元祖の吉兵衛吉次は三代前から小田原北条氏に仕え、吉次ははじめ武蔵国多摩郡落合村に住居した人物であり、徳川秀忠の治世において召し出されて稟米を拝領し鷹匠頭となっている[29]。正保三年（一六四六）に一〇〇石の加増を経て、武蔵国多摩・新座・埼玉三郡に四〇〇石を知行した。吉次は慶安三年（一六五〇）正月二十四日に死去し浅草の曹源寺に葬られる。嫡子次隆は慶安三年二月に遺跡を継ぎ、御鷹匠頭を勤めていた。このことから、前述の内訳記載は、寛文十年当時に幕府鷹匠頭の小野次隆が支配した御鷹場がこれらの三か村内に所在したことを意味していよう。

当史料のなかで「小野吉兵衛殿御鷹場」として高の内訳が記される村落は、牛重村・鴻茎村・芋茎村の三か村に限られており、この記載以外に、たとえば社寺の除地などの村高の内訳記載は見受けられない。したがって、当史料は「小野吉兵衛殿御鷹場」が所在することを特に註記しておく必要があった記録、つまり徳川将軍家の御鷹場支配との

関連から作成された郷帳とみなすのが妥当と思われる。

次に②の点を検討したい。一〇の枠組みそれぞれに編成された村は表2のとおりで、「騎西南方」が二〇か村、「熊谷通り」が一八か村、「上郷中通り」が二三か村、「須加通り」が一四か村、「利根通り」が二二か村、「吉見通り」が二七か村、「御城廻り南方」が二四か村、「騎西北方」が二〇か村、「御城廻北方」が二一か村、「鴻巣領」が五八か村、以上の計二四七か村で構成されている。枠組みの呼称は、往還周辺のまとまり、あるいは「騎西」(＝旧騎西城・町場)や「御城」(＝忍城)からみた方角を基準としており、後述の「天野彦八郎様御仕配御鷹場村々地頭姓名村高書控帳」と照合しても、領主の支配領域ごとに編成されているわけでもなく、よって「忍・鴻巣」と呼称される範囲において、隣接する村同士を枠組みごとに二〇数か村前後で編成したものと捉えられる。[30]

このように当史料は、将軍家御鷹場支配との関連から「忍・鴻巣」の範囲において地理的に隣接する村々同士で一〇通りの枠組みで編成された村高郷帳といえよう。

2　忍・鴻巣御鷹場の範囲

前項でみた「忍鴻巣村高郷帳」(以下、「郷帳」と略記)を、天野家の支配した御鷹場村々と照合するため、ここでは延宝三年(一六七五)正月「天野彦八郎様御仕配御鷹場村々地頭姓名村高書控帳」(以下、「書控帳」と略記)との比較を行いたい。

天野彦八郎忠雄は寛文三年(一六六三)に父忠顕の遺跡を継ぎ、延宝二年三月に鴻巣の鳥見役に就任しており、[31]『寛政重修諸家譜』上の表現こそ異なるものの、忠重以来の忍・鴻巣御鷹場の支配を継承したものとみられる。「書控帳」の本文記載内容は、村高・郡名・領名・村名・知行高・領主名・名主名で、天野忠雄が支配した将軍家鷹場として二四九か村が書き上げられている。豊富な情報が得られる一方、村高や知行高、領主名の誤記や脱漏と思しき不自然な空白がみられることもすでに指摘されており、それらの点に留意しつつ検討を試みる。また、延宝期の当該地域における所領構成および「領」名を把握が可能なことも当史料の特筆すべき点である。[32]これらの点を反映させ「郷帳」との照合を行ったものが表2である。

まず、「郷帳」（二四七か村）と「書控帳」（二四九か村）で一致をみた村落は二三五か村で、およそ九五パーセントの一致率が得られた。次に、「郷帳」にあり「書控帳」に記載がなかった村落が一二か村あった。この点は「書控帳」が写本であり、かつ六丁目から七丁目にかけて不自然な空白があることを鑑みると、[33]「書控帳」に記載の脱漏の可能性が高いと考えられる。

一方、「書控帳」にあり「郷帳」に記載がなかった村落は、幡羅郡忍領俵瀬村、埼玉郡忍領下新田、埼玉郡岩槻領井沼村、足立郡鴻巣領別所村・生出塚村・古市場村・花木村・山中村・中丸村、足立郡岩槻領桶川町・井戸木村、足立郡大谷領井戸木村、足立郡鴻巣領本鴻巣村・東間新田・瀧間室村・鴻巣町、埼玉郡忍領箕田村・戸出村・平戸村の計一九か村が確認された。前述のように「郷帳」がたとえ写本であったとしても、一九か村の脱漏は考えがたい。何らかの要因で桶川町・鴻巣町をはじめ、中山道の町場周辺村々のまとまりを含む一九か村が追加されたということになろうか。

次に「郷帳」記載の二四七か村を一〇通りの枠組みに留意して示したものが図である。当該地域は古来より利根川と荒川の河道がめまぐるしく変遷をとげた地帯でもあり、一見平坦にもみえる地であっても、河川が形成した微高地、自然堤防、低地が数多く分布する。そのなかにあって、「郷帳」記載の村々はいずれも、河川の周辺、もしくは沼地のある低地部に特に集中する傾向が見出せる。

表 2　「忍鴻巣御鷹場」の範囲と天野氏支配村々

忍鴻巣村高郷帳（寛文10年〈1670〉）				天野彦八郎様御支配御鷹場村々地頭姓名村高書控帳（延宝3年〈1675〉）						新編武蔵風土記
No.	筋	村高（石）	村	郡	庄	領	村	村高（石）	地頭	領
1	騎西南方（20か村）	1,509.90100	埼玉村	埼玉		忍	埼玉村	1,572.72700	阿部美作守	忍
2		144.21100	赤城村	埼玉		忍	赤城村	144.21100	林弘文学士	忍
3		681.4［ ］	［（内田ヶ谷村）］	埼玉		騎西	内田ヶ谷村	681.42000	松平伊豆守	騎西
4		1,179.66［ ］	［（上崎村）］	埼玉		騎西	上崎村	1,179.60000	松平伊豆守	騎西
5		1,255.42［ ］	［（下崎村）］	埼玉		騎西	下崎村	1,257.41000	松平伊豆守	騎西
6		246.39［ ］	［（西ノ谷村）］	埼玉		騎西	西ノ谷村	246.39000	松平伊豆守	騎西
7		731.74000	町場	埼玉		騎西	町場	731.74000	松平伊豆守	騎西
8		287.75000	外川村	埼玉		騎西	外川村	286.75000	松平伊豆守	騎西
9		323.20000	根古上村	埼玉		騎西	根古屋村	323.02000	松平伊豆守	騎西
10		1,142.42000 （内）431.98400	牛重村 小野吉兵衛殿御鷹場	埼玉		騎西	牛重村	1,143.43000	松平伊豆守	騎西
11		1,714.01000 （内）190.53000	鴻茎村 小野吉兵衛殿御鷹場	埼玉		騎西	鴻茎村	1,774.01000	松平伊豆守	騎西
12		1,169.65000 （内）546.□5000	［（芋茎村）］ ［（小野吉兵衛殿御鷹場）］	埼玉		騎西	芋茎村	1,169.65000	松平伊豆守	騎西
13		562.41［ ］	［（中ノ目村）］	埼玉		騎西	中ノ目村	562.41000	松平伊豆守	騎西
14		934.77000	［（戸室村）］	埼玉		騎西	戸室村	934.77000	松平伊豆守	
15		763.09000	［（上会下村）］	埼玉		騎西	上会下村	763.90000	松平伊豆守	騎西
16		795.06000	堺村	埼玉		騎西	境村	793.60000	松平伊豆守	騎西
17		717.23000	荒井村	埼玉		騎西	新井村	537.90000 179.30000	松平伊豆守 松平因幡守	騎西
18		418.30500	関新田	埼玉		忍	関新田	173.42600 146.29300	夏目杢左衛門 久保六左衛門	忍
19		601.93500	北根村	埼玉		忍	北根村	201.15800 210.04000	夏目杢左衛門 久保六左衛門	忍

								141.74300	人見友雪	
20		545.11000	広田村	埼玉		忍	広田村	545.31000	高木甚左衛門	忍
21	熊谷通り（18か村）	2,024.5［　］	［（熊谷町）］	大里		忍	熊谷町	1,024.54200	阿部美作守	忍
22		1,26〓.［　］	［（石原村）］	大里		忍	石原村	1,261.33300	阿部美作守	忍
23		484.00000	［（小島村）］	大里		忍	小島村	480.58400	水野半左衛門	忍
24		500.00000	［（広瀬村）］	大里		忍	広瀬村	503.13600	水野半左衛門	深谷
25		1,000.00000	久保島村	幡羅		忍	久保島	1,000.00000 287.72000	大久保豊前守 土屋忠左衛門 土屋惣兵衛	—
26		546.98000	大麻生村	大里		—	大麻生村	500.00000 41.18400 5.79600	大久保豊前守 戸田藤兵衛 深谷忠兵衛	忍
27		46.65900	武体村	榛沢		—	武躰村	40.65900	杉浦内蔵丞	忍
28		1,280.00000	三ヶ尻村	幡羅		忍	三ヶ尻村	450.00000 303.60000 200.00000 283.00000 100.00000	天野彦八郎 小栗庄左衛門 小栗忠七郎 鈴木桂兵衛 天野善八郎	深谷
29		248.11900	新堀村	幡羅		忍	新堀新田	248.11900	杉浦内蔵丞	深谷
30		183.00000	十六間村	幡羅		忍	拾六間村	182.50500	杉浦内蔵丞	深谷
31		500.00000	新堀村	幡羅		忍	新堀村	200.00000 200.00000 100.00000	杉浦内蔵丞 桜井庄之助 大草与十郎	深谷
32		77.42100	高柳村	幡羅		忍	高柳村	65.12100 8.80000 3.50000	高室四郎兵衛 深谷忠兵衛 三枝権摂津守	忍
33		1,392.69700	玉井村	幡羅		忍	玉井村	500.00000 500.00000 271.62000 121.07700	長田六左衛門 数原宗信老 安部虎之助 戸田藤兵衛	忍

No.	筋	村高(石)	村	郡	庄	領	村	村高(石)	地頭	領
34		172.00000	京円島村	幡羅		忍	京円島村	122.00000	戸田藤兵衛	(忍)
35		563.82000	原島村	大里		忍	原島村	400.00000 163.80300 18.09900	鳥井三郎右衛門 内藤上野守 阿部長徳院	(忍)
36		600.00000	台村	大里		忍	台村	581.91000	阿部長徳院	(忍)
37		507.00000	柿沼村	幡羅		忍	柿沼村	200.00000 137.79500 179.20500	土屋忠兵衛 大岡佐渡守 林弘文院	
38		892.68500	肥塚村	大里		忍	肥塚村	691.60000 201.08500	阿部美作守 内藤上野	(忍)
39		1,366.11000	上川上村	埼玉		忍	上川上村	350.00000 63.80000 52.10000 301.20000 250.10000 350.00000	伴桂右衛門 高室四郎兵衛 山岡十兵衛 戸田茂兵衛 斎藤久右衛門 深尾五郎右衛門	忍
40		1,631.10000	今井村	埼玉		忍	今井村 天神河原共	200.00000 100.00000 100.00000 72.42100 500.00000 200.00000 59.07900 200.00000	高林与五右衛門 安藤頼母 松平内蔵助 高室四郎兵衛 牛込忠右衛門 戸田茂兵衛 天野三郎兵衛 伊勢平右衛門	忍
41		327.00000	小曽根村	幡羅		忍	小曽根村	62.20500 65.49500 200.00000	大岡佐渡守 永井初三郎 菅沼新三郎	忍
42		1,276.42000	下奈良村	幡羅		忍	下奈良村	1,266.42400	阿部美作守	忍
								400.00000 200.00000	曲淵友右衛門 有田九郎兵衛	

43	上郷中通り(23か村)	1,975.87000	中奈良村	幡羅		忍	中奈良村	400.00000 15.26000 309.50000 490.11000 22.93200 137.18500	山田伊右衛門 林文院学士 大岡忠右衛門 深谷忠兵衛 久保六左衛門 夏目杢左衛門	忍
44		815.08700	上奈良村	幡羅		忍	上奈良村	400.00000 20.79500 25300 400.00000 64.50200	大岡与三右衛門 林弘文院学士 深谷忠兵衛代官所 杉浦武兵衛 前田安芸守	忍
45		504.70000	奈良新田	幡羅		忍	奈良新田	200.00000 4.70000 300.00000	牧野摂津守 阿部美作守 安藤伊勢守	忍
46		1,748.18600	東別府村	幡羅		深谷	東別府村	150.00000 390.50000 307.68600 200.00000 200.00000 200.00000 200.00000 100.00000	深谷忠兵衛 大岡忠右衛門 山田佐兵衛 蜂谷源左衛門 杉浦平右衛門 佐脇伝右衛門 伊達五郎三郎 板橋源次郎	忍
47		1,369.63300	西別府村	幡羅		深谷	西別府村	1,369.63300	兼松弥五左衛門	忍
48		1,724.00000	東方村	幡羅		深谷	東方村	724.86000 150.95400 200.00000 300.00000	深谷忠兵衛 南条金左衛門 江原孫兵衛 長谷川宮三郎	深谷
49		115.00000	宮谷戸村	幡羅		深谷	宮ヶ谷村	115.00000	山本平右衛門	深谷
50		56.40600	藤木村	幡羅		深谷	藤木村	41.50000 14.90600	三枝摂津守 本田清兵衛	深谷
51		415.26500	上増田村	幡羅		深谷	上増田村	175.13500 240.16000	深谷忠兵衛 室賀源七郎	—

No.	筋	村高(石)	村	郡	庄	領	村	村高(石)	地頭	領
52		80.00000	本田貝戸村	幡羅		深谷	本田ヶ谷戸村	80.23000	中山茂兵衛	—
53		646.10000	下増田村	幡羅		忍	下増田村	646.10000	兼松弥五左衛門	忍
54		100.00000	原井村	幡羅		深谷	原井村	112.64900	伴野久左衛門	忍
55		543.67400	江袋村	幡羅		忍	江袋村	543.67400	細井金五郎	
56		335.94800	西ノ村	幡羅		忍	西野村	200.00000 135.00000	酒井河内守 前田安芸守	忍
57		345.00000	田島村	幡羅		忍	田島村	200.00000 145.58000	松平因幡守 天野三郎兵衛	忍
58		610.84700	上根村	幡羅		忍	上根村	610.84700	細井金五郎	忍
59		858.58900	西城村	幡羅		忍	西城村	500.00000 398.50900	吉田喜庵老 土生玄昌老	忍
60		200.00000	水越村							
61		327.00000	四方寺村	幡羅		忍	四方寺村	327.00000	永井勘三郎	忍
62		1,277.10100	下河上村	埼玉		忍	下川上村	1,277.10100	阿部美作守	忍
63		400.00000	中江袋村	埼玉		忍	中江袋村	400.00000	伊奈半十郎	忍
64		689.51700	馬見塚村	埼玉		忍	馬見塚村	271.83800 200.00000 200.00000 17.67900 46.55000	山田長右衛門 酒井市郎右衛門 御手洗伝左衛門 森川吉右衛門 伊奈半十郎代官所	忍
65		901.55400	犬塚村	埼玉		忍	犬塚村	76.83900 300.00000 200.00000 50.00000 50.00000 50.00000 50.00000	阿部美作守 伊藤長十郎 丸山市左衛門 漆戸兵助 矢頭勘兵衛 成瀬十右衛門 高林庄兵衛	忍
								78.16500 249.40000	山田長右衛門 阿部美作守	

66	須加通り（14か村）	1,189.04000	斎条村	埼玉		忍	斎条村	200.00000 500.00000 200.00000 350.00000	須田茂左衛門 大久保次郎兵衛 鵜殿十郎左衛門 深谷忠兵衛代官所	忍
67		2,077.58500	荒木村	埼玉		忍	荒木村	27.56800 300.00000 700.00000 500.00000 200.00000	阿部美作守 新見七右衛門 正木甚五兵衛 大沢五郎右衛門 大沢源五右衛門	忍
68		3,767.71700	上新郷（下新郷共）	埼玉		忍	上新郷	3,200.00000	阿部美作守	忍
				埼玉		忍	下新郷	904.58000	阿部美作守	忍
69		2,045.52700	須加村	埼玉		忍	須賀村	2,045.52700	阿部美作守	忍
70		530.60500	下中条村	埼玉		忍	下中条村	626.54800	阿部美作守	忍
71		668.71700	酒巻村	埼玉		忍	酒巻村	788.91000	阿部美作守	忍
72		978.97000	北川原村（新田共）	埼玉		忍	北川原村	973.75000	南条金左衛門	忍
73		1,673.33300	南河原村	埼玉		忍	南河原村	350.00000 401.30000 500.00000 300.00000 482.32000 482.32000	伊奈半十郎代官所 松平八郎兵衛 日根野桂十郎 松平孫大夫 森川吉右衛門 南条金左衛門	忍
74		3,016.52300	上中条村	埼玉		忍	上中条村	200.00000 500.00000 459.18000 200.00000 500.00000 57.50700 500.00000 400.00000 200.00000	阿部美作守 八木三左衛門 松平八郎兵衛 安藤頼母 神尾下総守 永井勘三郎 日下半之丞 小林佐治兵衛 松平内蔵助	忍
75		582.53400	大塚村	埼玉		忍	大塚村	582.53400	阿部美作守	忍

No.	筋	村高(石)	村	郡	庄	領	村	村高(石)	地頭	領
76		1,372.08400	葛和田村	幡羅		忍	葛和田村	1,372.18400	伊奈半十郎	忍
77		101.17700	弁斎村							忍
78		424.21300	台村	幡羅		忍	台村	431.93600	伊奈半十郎	忍
79		851.15000	善ヶ島村	幡羅		忍	善ヶ島村	140.90500	伊奈半十郎	忍
80		1,603.99900	目沼村	幡羅		忍	妻沼村	1,622.33600	伊奈半十郎	忍
81		320.70600	小島村	幡羅		忍	小島村	338.98800	伊奈半十郎	忍
82		352.24000	出来島村	幡羅		忍	出来島村	352.24000	伊奈半十郎	忍
83		352.42300	男沼村	幡羅		忍	男沼村	383.23100	伊奈半十郎	忍
84		573.82900	間々田村	幡羅	長井	忍	間々田村	576.39300	伊奈半十郎	忍
85		420.78000	江原村	幡羅	長井	忍	江原村上下	149.00000 271.78000 30.00000	伊奈五左衛門 伊奈半十郎 山本平右衛門	忍
86		400.00000	石塚村	幡羅	長井	深谷	石塚村	200.00000 200.00000 9.00000	高室四郎兵衛 伊奈半十郎 中山茂十郎	深谷
87	利根通り(22か村)	293.14300	蓮沼村	幡羅		深谷	蓮沼村	100.00000 100.00000 93.14300	猪飼五郎太夫 筧平十郎 本田清兵衛	深谷
88		382.00000	堀米村	幡羅		深谷	堀米村	200.00000 112.70000 69.30000	石谷市右衛門 戸田七兵衛 戸田三右衛門	深谷
89		118.27000	市ノ坪村	幡羅		深谷	市ノ坪村	400.00000 350.00000 50.00000	深津大膳 深津五郎太夫 山本平右衛門	忍
90		1,412.08700	太田村	幡羅		忍	大田村	500.00000 500.00000 420.08700	松崎宗左衛門 三枝長兵衛 伊奈半十郎	忍
91		755.00000	飯塚村							忍
92		762.64900	道谷戸	幡羅		深谷	道ヶ谷村	450.00000	天野勘左衛門	忍

93		1,421.41300	弥藤吾	幡羅		深谷	弥藤五村	350.00000 150.00000 600.00000 233.50000 87.91300	伊奈半十郎 岡野孫九郎 佐野与右衛門 中根佐兵衛 伊奈五左衛門	忍
94		558.04100	八ツ口村	幡羅		忍	八ツ口村	50.99000 251.35100	伊奈半十郎 伴野久左衛門	忍
95		405.58200	江波村	幡羅		忍	江沼(波)村	405.58200	伊奈半十郎	忍
96		664.45500	上須戸村	幡羅		忍	上須戸村	167.57000 145.47900 350.00000 1.41100	伊奈半十郎 細井金五郎 岡野孫九郎 斎条村土生玄昌老 知行分越石高	忍
97		787.72700	日向村	幡羅		忍	日向村	787.72700	伊奈半十郎	忍
98		503.87200	新田							
99		1,023.11000	津田村	大里		吉見	津田村	509.23800 503.87200		上吉見
100		236.25500	向谷村	大里		吉見	向谷村	236.25500	阿部美作守	上吉見
101		186.55500	吉所屋敷	大里		吉見	吉所敷村	86.55600	阿部美作守	上吉見
102		389.37100	沼黒村	大里		吉見	沼黒村	389.37100	阿部美作守	上吉見
103		327.66700	高本村	大里		吉見	高本村	327.66700	阿部美作守	上吉見
104		290.96600	相上村	大里		吉見	相上村	290.96600	阿部美作守	上吉見
105		684.57300	玉作村	大里		吉見	玉作村	606.32700	阿部美作守	上吉見
106		484.57300	箕輪村	大里		吉見	箕輪村	474.57300	阿部美作守	上吉見
107		350.00000	甲山村	大里		吉見	甲山村	350.00000	阿部美作守	上吉見
108		566.10500	岡村(上下)	比企		吉見	岡郷上下	571.30000	酒井与九郎	
109		676.57000	萬吉村	大里		吉見	万吉村	690.41800	阿部美作守	御正
110		223.00000	成沢村	大里		上吉見	成沢村	162.08900 68.57100	阿部美作守 本多清兵衛	御正
								335.31200	松平紀伊守	御正

No.	筋	村高(石)	村	郡	庄	領	村	村高(石)	地頭	領
111	吉見通り(27か村)	615.10000	押切村	大里		上吉見	押切村	151.31200 47.96000 42.50600 27.23600 68.27900	大道寺孫九郎 横地十兵衛 筒井織部 青山善兵衛 深谷忠兵衛代官所	
112		509.00000	三ツ本村	大里		上吉見	三ツ本村	370.55200 138.53300	安藤太郎兵衛 氷見桂七郎	御正
113		272.57600	御正新田	大里		吉見	御正新田	261.46700 11.10900	氷見権七郎 阿部美作守	御正
114		406.72700	樋ノ口村(春之原共)	大里		上吉見	樋ノ口村 大野原新田共	261.46700 125.00000 20.26400	阿部美作守 折居市左衛門 深谷忠兵衛代官所	御正
115		372.01700	手島村	大里		吉見	手島村	372.13000	阿部美作守	上吉見
116		156.50300	上恩田村	大里		吉見	上恩田村	56.53000	阿部美作守	上吉見
117		559.97000	村岡村	大里		吉見	村岡村	559.97900	阿部美作守	上吉見
118		50.00000	平塚村	大里		上吉見	平塚村	50.00000	阿部美作守	上吉見
119		99.08100	和田村	大里		上吉見	和田村	99.08100	阿部美作守	上吉見
120		352.80000	下恩田村	大里		上吉見	下恩田村	352.80000	阿部美作守	上吉見
121		299.50600	中恩田村	大里		吉見	中恩田村	299.50700	阿部美作守	上吉見
122		709.11600	中曽根村	大里		吉見	中曽根村	709.16600	阿部美作守	上吉見
123		243.40700	屈戸村	大里		吉見	屈戸村	243.40700	阿部美作守	上吉見
124		688.50500	小泉村(新田共)	大里		吉見	小泉村	788.05500	阿部美作守	上吉見
125		572.52700	佐間村	埼玉		忍	佐間村	1,572.52700	阿部美作守	忍
126		305.80000	樋ノ上村	埼玉		忍	樋上村	305.84000	阿部美作守	忍
127		611.61000	堤根村	埼玉		忍	堤根三ヶ村 (樋上村含む)	917.41000	阿部美作守	忍
128		463.83200	渡柳村	埼玉		忍	渡柳村	76.25000 139.40500 100.00000	深谷忠兵衛代官所 阿部美作守 大森信濃守	忍

								123.75000 24.42700	赤井五平治 山岡十兵衛	
129		357.23700	か丶田村	埼玉		忍	利田村	358.12000	高木甚左衛門	忍
130		675.00000	野村	埼玉		忍	野村	75.57300 657.60000 200.00000	高室四郎兵衛 高木甚左衛門 弓削多忠左衛門	忍
131		675.00000	袋村（袋新田共）	埼玉		忍	袋村	205.23800 65.59500 174.76200 200.00000 15.78300	深谷忠兵衛代官所 阿部美作守 鈴木友之助 林弘文院 会田小左衛門	忍
132	御城廻り南方（24か村）	351.88500	河面村	足立		忍	川面村	391.88500	阿部美作守	忍
133		219.10500	三木村	足立		忍	三ツ木村	219.32500	岡三四郎	忍
134		348.62000	前砂村	足立		忍	前砂村	348.62000	山岡十兵衛	忍
135		167.28400	中井村	足立		忍	中井村	167.22000	岡三四郎	忍
136		500.00000	小谷村	足立		忍	小谷村	500.00000 200.00000 160.41100 12.36900	山本伊右衛門 太田林庵 下山十郎右衛門 酒依長兵衛	忍
137		626.73000	明用村	足立		忍	明用村	74.82700 200.00000 387.63800	山岡十兵衛 戸田主水 酒依長兵衛	忍
138		600.00000	大芦村	足立		忍	大芦村	600.00000 495.29800	井上内匠 市岡作太夫	忍
139		1,367.59300	吹上村	足立		忍	吹上村	247.40700 500.00000 104.70200 500.00000 15.48400	小笠原伝左衛門 日下部兵左衛門 市岡作太夫 佐脇伝右衛門 岡三四郎	忍
140		452.59300	榎戸村	足立		忍	榎戸村	452.59300	小笠原伝左衛門	忍

No.	筋	村高(石)	村	郡	庄	領	村	村高(石)	地頭	領
141		124.50000	江川村	大里		忍	江川村	70.54000	阿部美作守	忍
142		124.50000	下久下村	大里		忍	下久下村 (江川村含む)	124.50000	阿部美作守	忍
143		910.91200	久下村	大里		忍	久下村	917.71200	阿部美作守	忍
144		553.83000	新宿							忍
145		400.00000	鎌塚村(新田共)	埼玉		忍	鎌塚村	402.96800 195.26300 208.81100	大岡八郎左衛門 小林佐治兵衛 赤井五平治	忍
146		773.27400	前谷村	埼玉		忍	前谷村	773.27400	阿部美作守	忍
147		1,359.69500	清水村							
148		1,193.85900	下忍村	埼玉		忍	下忍村	1,359.69500	阿部美作守	忍
149	騎西北方(20か村)	1,648.00000	下須戸村	埼玉		忍	下須戸村	1,648.10800	阿部美作守	忍
150		904.58000	下新郷村	埼玉		忍	下新郷	904.58000	阿部美作守	忍
151		715.09000	串作村	埼玉	太田	羽生	串作村	715.09000	松平因幡守	羽生
152		546.98000	真板田村	埼玉		忍	真名板村	546.89800 100.00000 100.00000 200.00000	阿部美作守 内藤甚左衛門 内藤甚左衛門 荒川出羽守	忍
153		858.14000	荒川村	埼玉	太田	羽生	荒川村	858.14000	松平因幡守	羽生
154		1,349.54000	志民村	埼玉	太田	羽生	志田見村	1,349.54000	松平頼母	羽生
155		548.00000	下之村	埼玉	太田	羽生	下ノ村	469.08700 73.68000 50.00000	水野兵部 松平頼母 富永主膳	羽生
156		268.54000	明願寺村	埼玉	太田	羽生	明願寺村	218.54000	松平頼母	羽生
157		660.00000	馬内村	埼玉	太田	羽生	馬内村	855.41200	設楽甚三郎	羽生
158		515.00000	礼羽村	埼玉	太田	羽生	礼羽村	827.70200	設楽甚三郎	羽生
159		240.00000	神曽村	埼玉	太田	羽生	神戸村	448.81500	設楽甚三郎	羽生
160		80.00000	常住村	埼玉		騎西	常泉村	427.35000	松平伊豆守	騎西

161		1,431.79000	上高柳村	埼玉	太田	騎西	上高柳村	1,431.79000	松平伊豆守	騎西
162		855.13000	日（ママ）	埼玉	太田	騎西	日出安村	856.13000	松平伊豆守	騎西
163		553.69000	正能村	埼玉		騎西	正能村	553.69000	松平伊豆守	騎西
164		730.00000	戸谷村	埼玉	太田	騎西	戸崎村	1,105.91300	設楽甚三郎	羽生
165		867.99000	道地村	埼玉	太田	羽生	道地村	867.99000	松平因幡守	騎西
166		720.56000	外田ヶ谷	埼玉		騎西	外田ヶ谷村	720.56000	—	騎西
167		63.14200	関根	埼玉		忍	関根村	63.16400	加藤清兵衛	忍
168		109.00000	藤間	埼玉		忍	藤間村	109.00000	加藤清兵衛	忍
169	御城廻北方（21か村）	1,506.37000	谷之郷	埼玉		忍	谷郷 （行田町分含む）	1,806.37000	阿部美作守	忍
170		300.00000	行田町							
171		2,870.60000	長野村	埼玉		忍	長野村	500.00000 700.00000 400.00000 400.00000 100.00000 200.00000 414.21700 86.38300	山岡十兵衛 有馬治郎兵衛 肥田半兵衛 久世宇右衛門 戸田七之助 石川四郎兵衛 会田小左衛門 内藤筑後守	忍
172		465.33500	小針村	埼玉		忍	小針村	469.32700	阿部美作守	忍
173		983.73700	若子玉村	埼玉		忍	若小玉村	450.00000 533.73700	深谷忠兵衛代官所 加藤清兵衛	忍
174		670.53700	小見村	埼玉		忍	小見村	200.00000 270.53700 100.00000 100.00000	岡部丹後守 内藤筑後守 土生玄昌老 太田林庵	忍
175		550.00000	白川戸村	埼玉		忍	白川戸村	350.00000 200.00000	永井勘九郎 疋田喜右衛門	忍
176		749.33600	和田村	埼玉		忍	和田村	749.30600	阿部美作守	忍
177		301.93000	下池守村	埼玉		忍	下池守村	301.93000	阿部美作守	忍

No.	筋	村高(石)	村	郡	庄	領	村	村高(石)	地頭	領
178		295.47000	中池守村	埼玉		忍	中池守村	295.47000	阿部美作守	忍
179		1,032.84000	上池守村	埼玉		忍	上池守村	1,032.94000	阿部美作守	忍
180		1,038.27100	池上村	埼玉		忍	池上村	1,038.27100	阿部美作守	忍
181		3,786.22500	上之村	埼玉		忍	上之村	430.93200 153.76000 127.98200 92.31400 132.54300 442.20000 200.00000 353.76000 353.76000 353.76000 353.76000 353.76000	深谷忠兵衛代官所 本間忠左衛門 杉浦内蔵丞 山田左兵衛 斎藤九右衛門 大田半九郎 筧六郎右衛門 筧助兵 竹田五郎左衛門 三田治郎左衛門 松平太郎左衛門 前田孫市郎	忍
182		812.848	中里村	埼玉		忍	中里村	812.84800	阿部美作守	忍
183		558.03200	皿尾村	埼玉		忍	皿尾村	558.03200	阿部美作守	忍
184		1,203.97800 586.54300	持田村 同所	埼玉		忍	持田村	1,984.38000	阿部美作守	忍
185		735.03300	小敷田村	埼玉		忍	小敷田村	735.03300	阿部美作守	忍
186		1,955.59200	佐谷田村	大里		忍	佐谷田村	1,955.09200	阿部美作守	忍
187		954.09200	大井村							忍
188		580.99000	棚田村							忍
189		496.98400	門井村							忍
190		313.68500 279.12000	上谷村 同所	足立		鴻巣	上谷村	675.61000	伊奈左門	
191		313.68500	中そね	足立		鴻巣	中曽根村	133.74000	伊奈左門	騎西
192		138.23000 88.23000	下谷村 同所	足立		鴻巣	下谷村	379.89000	伊奈左門	

		147.48000	同所							
193		135.82500 128.45000	上常光 下常光	足立		鴻巣	常光村	454.51000	伊奈左門代官所	鴻巣
194		6.01200	篠津	足立		鴻巣	篠津村	61.11000	伊奈左門代官所	騎西
195		362.13000	上加納							鴻巣
196		119.45000 269.83000	とねり新田 同所							鴻巣
197		240.08500	坂田村	足立		鴻巣	坂田村	547.43100	伊奈左門	鴻巣
198		398.32000	宮内	足立		鴻巣	宮内村	402.96000	伊奈左門	鴻巣
199		324.64000	深井村	足立		鴻巣	深井村	339.30500	伊奈左門	鴻巣
200		408.45700	原馬室	足立		鴻巣	原馬室村	408.40900	牧野長門守	石戸
201		436.12931	高尾	足立		石戸	高尾村	457.33400	牧野半三郎	石戸
202		121.20500	小松原							石戸
203		281.76467	新井	足立		石戸	新井村	281.76400	牧野八太夫	石戸
204		169.16572	石戸町	足立		石戸	石戸村	169.16500	牧野八太夫	石戸
205		689.71500	下石戸	足立		石戸	下石戸村	689.78500	牧野八太夫	石戸
206		600.00000 722.67434	上河田や 下河田や	足立		石戸	川田谷村	58.07600 364.44100 450.08900	牧野八太夫 牧野長門守 牧野半三郎	石戸
207		284.27000	日出や村	足立		石戸	日出谷村	121.01100 163.26400	牧野八太夫 牧野半三郎	石戸
208		556.88000	あせくし 領家 小敷や	足立		石戸	畔吉村	556.68800	—	石戸
209	鴻巣領)58か村)	462.15152	小泉 中□ 上□□	足立		石戸	藤波村	131.68500 146.27000 190.19600	牧野半三郎 牧野長門守 牧野八太夫	石戸
210		2,070.00000	箕田	足立		忍	箕田村	2,070.00000	阿部美作守	忍
211		469.50400	八幡田	足立		忍	八幡田村	469.54000	阿部美作守	忍

No.	筋	村高(石)	村	郡	庄	領	村	村高(石)	地頭	領
212		216.84000	宮前	足立		忍	宮前村	283.44000	下山十郎右衛門	忍
213		909.57600	ぬかた村	足立		忍	糠田村	909.57600	阿部美作守	忍
214		108.32100	登戸村	足立		忍	登戸村	85.57900 22.74200	— 下山十郎右衛門	忍
215		56.55600	大間村	足立		忍	大間村	156.55600	久保吉右衛門	忍
216		57.86500	中野村	足立		忍	中野村	57.86500	久保吉右衛門	忍
217		1,933.39800	屈巣村	埼玉		忍	屈巣村	1,933.39800	阿部美作守	忍
218		447.71000	寺尾村	足立		忍	寺谷村	447.71000	阿部美作守	忍
219		249.53000	市ノ縄村	足立		忍	市縄村	249.53000	阿部美作守	忍
220		520.58000	安養寺村	埼玉		忍	安養寺村	200.00000 300.00000 20.585800	大森信濃守 内藤筑後守 久保六左衛門	忍
221		973.00000	郷地村	埼玉		菖蒲	郷地村上下	700.00000 273.00000	松平五左衛門 戸田佐渡守	菖蒲
222		227.00000	二貫野村	埼玉		菖蒲	二貫野	227.00000	戸田土佐守	菖蒲
223		1,115.70000	笠原村	埼玉		菖蒲	笠原村	300.00000 200.00000 500.00000 115.72000	織田金左衛門 織田八郎右衛門 清水喜庵 天野市郎左衛門	菖蒲
224		1,449.13000	上種足	埼玉		騎西	上種足村	1,449.13000	松平伊豆守	騎西
225		303.29000	中種足	埼玉		騎西	中種足村	157.00000 79.00000 303.29000	京極伊織 京極左門 松平伊豆守	騎西
226		310.03000	下種足	埼玉		騎西	下種足村	310.03000	松平伊豆守	騎西
227		1,025.55000	新堀	埼玉		菖蒲	新堀村	1,025.55000	内藤外記	菖蒲
228		424.09000	上大崎	埼玉		菖蒲	上大崎村	300.00000 124.05000	本田太郎左衛門 南条喜兵衛	菖蒲
229		440.43500	柴山 丸谷	埼玉		菖蒲	柴山村	216.29500 224.14000	南条喜兵衛 天野市郎左衛門	騎西

230		1,378.14500	尾林	埼玉		菖蒲	尾林村	1,018.03000 366.14500	内藤外記 天野市郎左衛門	菖蒲
231		974.55000	栢間	埼玉		菖蒲	栢間村	914.56000	内藤外記	菖蒲
232		82.00000	五丁代	足立		鴻巣	五丁台村	83.52000	伊奈左門代官所	鴻巣
233		200.00000	犬間							
234		334.51000	駒崎	埼玉		岩槻	駒崎村	334.51700	阿部対馬守	岩槻
235		264.65100	羽貫	足立		岩槻	羽貫村	300.00000	阿部対馬守	
236		520.63700	内宿	足立		岩槻	内宿村	520.67600	阿部対馬守	
237		385.91700	領家	足立		岩槻	領家村	385.00000	阿部対馬守	石戸
238		250.00000	高虫村	埼玉		岩槻	高虫村	321.45000	伊奈兵右衛門	岩槻
239		190.00000	平野村	埼玉		岩槻	平野村	282.56000	阿部対馬守	岩槻
240		507.82700	小針	埼玉		岩槻	小針村	507.80000	阿部対馬守	
241		150.00300	蔵田	埼玉		岩槻	倉田村	157.30000	阿部対馬守	
242		67.67700	東谷	足立		岩槻	東谷村	60.00000	阿部対馬守	
243		245.00000	須ヶ谷	足立		上尾	菅谷村	134.94000 105.18000	伊奈佐門 松平豊前守	
244		230.00000	南村	足立		岩槻	南村	238.98900	阿部対馬守	
245		204.00000	門前	足立		岩槻	門前村	160.12300	伊藤三之丞	
246		170.00000	久保村	足立		岩槻	久保村	36.59400	松平豊前守	
247		547.40000	上村	足立		岩槻	上村	547.43100	阿部対馬守	

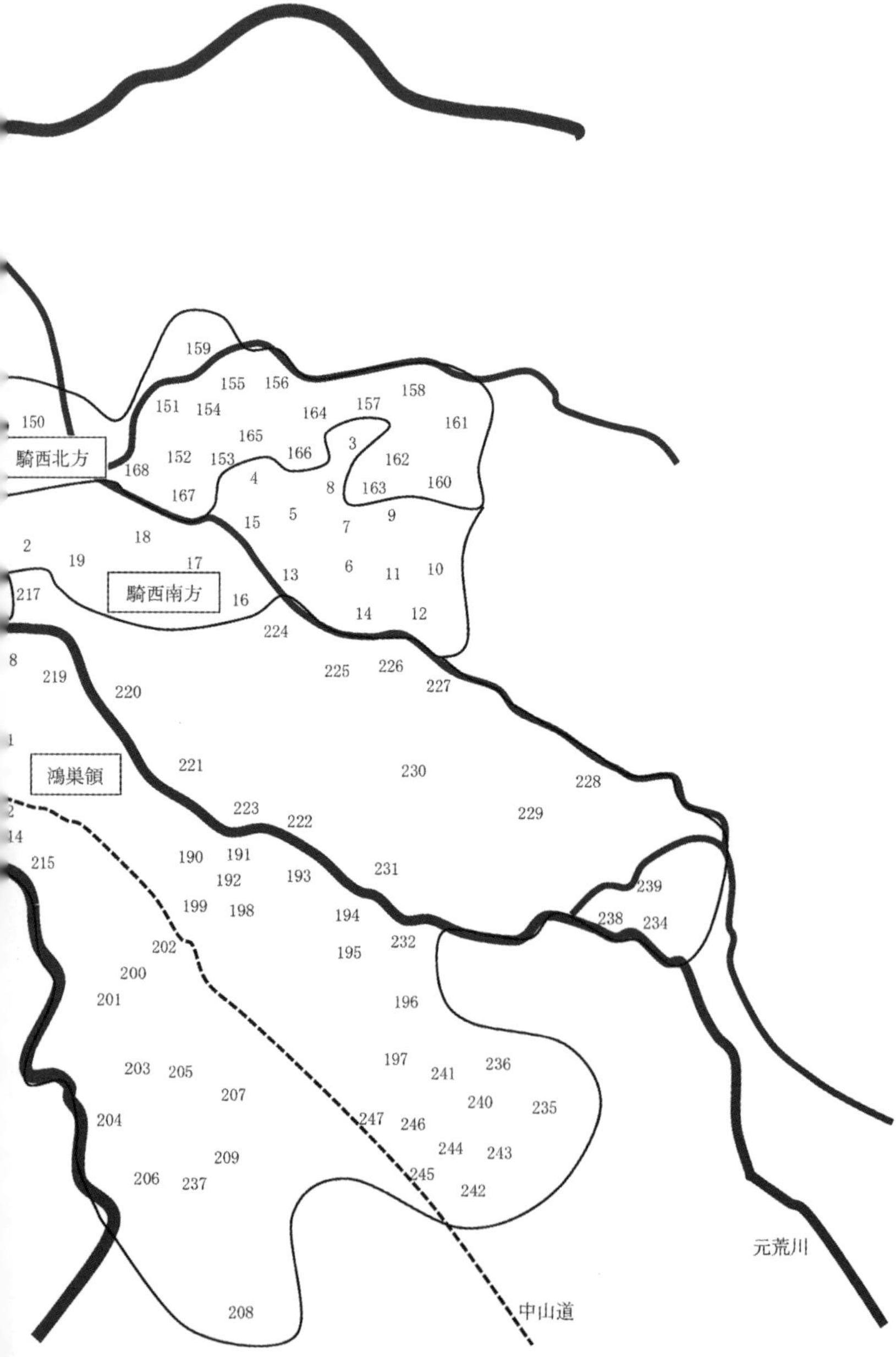
騎西北方
騎西南方
鴻巣領
元荒川
中山道
159
155 156 158
151 154 164 157 161
150 165 3
152 153 166 162
168 4 8 163 160
167
15 5 7 9
2 18
19 17 6 11 10
217 13
16
14 12
224
219 225 226
220 227
221 230
228
223 229
222
215 190 191
192 193 231
239
199 198 194
238 234
202 232
195
200
201 196
203 205 197 241 236
207 240 235
204 247 246
244 243
209
206 237 245 242
208

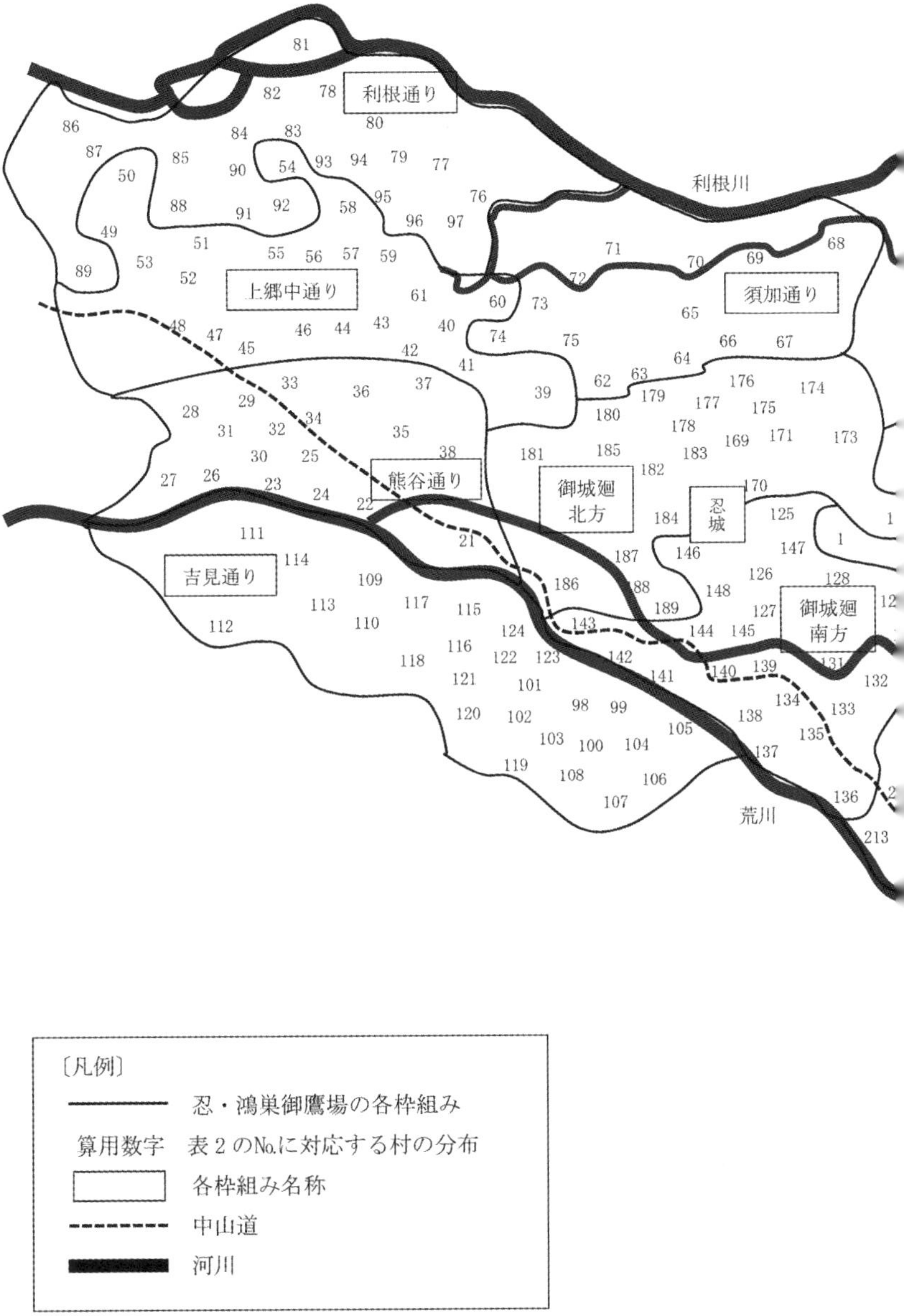

図　「忍鴻巣村高郷帳」記載の忍・鴻巣の村々と枠組み

この特徴は鷹狩を挙行するための水鳥が飛来する自然環境としては必須ともいえる点[34]だが、改めて指摘しておきたい。

以上のように、寛文十年「郷帳」で把握された「忍鴻巣」地域は、延宝三年に天野忠雄が支配した「書控帳」所載の村々にほぼ合致していたといえよう。さらに、徳川将軍家の御鷹場としての「忍」は、「領」名としての忍領に加えて、当時の騎西領・深谷領・吉見領・上吉見領・羽生領を含む極めて広域的な範囲（計一八九か村）であった。「鴻巣」もまた鴻巣領だけではなく、当時の石戸領・忍領・菖蒲領・岩槻領・上尾領を含む範囲（計五八か村）であったことが判明した。これらが近世前期における大御所（忍）、そして将軍（鴻巣）の御鷹場の構成村であり、天野家が忠重以来、広域支配を担ってきた村々なのである。

第三節　忍領代官家の由緒と忍・鴻巣地域

1　知行所三ヶ尻村と菩提寺

天野忠重は、忍城番を命じられた二年後の慶長九年（一六〇四）に小栗正勝とともに、武蔵国幡羅郡三ヶ尻村と榛沢郡折之口村にそれぞれあわせて五五〇石を拝領した。彼らにとり関東において初めて拝領した知行地は、これらの二か村ということになる。なお、三ヶ尻郷（瓺尻・瓶尻）は天正十八年（一五九〇）あるいは同十九年に三宅康貞が五〇〇〇石を拝領した知行地で、慶長九年に三河国挙母へ転封するまで三ヶ尻に居館を構えた地であった[36]。

天野家の葬地は、埼玉郡上中条村の常光院と幡羅郡三ヶ尻村の龍泉寺である。常光院には初代忠重をはじめ、二代忠詣、三代忠顕の宝篋印塔の墓石が並んで建立されている。一方、龍泉寺には三代忠顕の墓石のみ建立される。知行地に居住する領主はその付近、すなわち知行所村内に菩提寺を開基、あるいは中興する場合があったが、天野家の場合は普段城番として忍城に居住しており、勤務・居住地により近接し、かつ由緒ある寺院が葬地として選択されたと捉えられる。一方、三ヶ尻村の龍泉寺にも三代忠顕の墓所が設けられているのは特筆される。つまり、実態としては常光院が当時の天野家の菩提寺でありながらも、知行地である三ヶ尻村内に菩提寺が存在することに意義（知行地への憐愍）が見出されていたと考えられる。

また、小栗正勝の葬地は、忍城の最寄村のひとつ埼玉郡持田村の正覚寺である。正勝の墓石は天野忠重と同様に宝篋印塔で建立されている。正勝以外にも妻子など何基か小栗姓の人物とみられる墓石が確認できるが、それ以上の判別は現状では難しい。ただし、留意すべきは、知行地ではない上中条村の常光院を葬地とした天野忠重、同じく知行地ではない持田村正覚寺を葬地とした小栗正勝が、いずれも忍城番、そして忍近郷代官として忍城を拠点としていた点であろう。こうした点は、城番を勤めた階層の者にとどまらず、配下に附属した御鷹匠たちもまた、同様に忍城周辺の寺院に埋葬されていることが確認できる(37)。このように、慶長期においては自家が徳川家から負う役儀および居住地といった要件に起因して、たとえ自らの知行地に所在する寺院でなくとも、菩提寺として選択できる余地があったのである。

知行地の社寺における領主天野家の動向としては、天野忠詣が寛永六年（一六二九）八月十五日に三ヶ尻村八幡社に対して鷹絵（絵馬）を五枚奉納している。これは現在も熊谷市三ヶ尻の八幡神社に伝来する作品であり、年紀が判明している絵馬としては現在埼玉県内で最古のものである(38)。鷹絵表面には「（梵字）奉納立願之鷹絵　意願成就皆令満足所

寛永六年己巳八月十五日　願主天野彦右衛門」と五枚それぞれに墨書があることから、天野家が何らかの願掛けをする際に奉納された鷹絵であることがわかる。

2　幕府放鷹制度の縮小と知行地の由緒

幕府鳥見役の天野忠雄は、「天和二年九月御鷹の事を廃せらる、により、務をゆるされ、同心二十人は給米をおさめらる。十二月五日大番に列し、元禄元年二月二十三日仰をうけて丹後国にいたり、宮津田辺の論地を検す。その、ち番を辞し、小普請となる」(39)とあるように、歴代で勤めてきた家職ともいえる御鷹場支配の役割を、天和二年(一六八二)九月に五代将軍徳川綱吉によって免じられた(40)。のち番方である大番に属し、小普請となった。以後、五代忠久は大番・二条城守衛、六代忠邦は西の丸納戸・西の丸小姓・西の丸鉄砲頭・新番頭、七代忠永は西の丸小姓・本丸小姓・西の丸小姓というように、将軍家鷹場の役儀に復することなく、将軍や継嗣の守衛や側仕えに就任することによって、昇進する家筋に変化していった(41)。

忍城と同様に川越城周辺においても藩領内に居住していた「川越鳥見」と呼ばれる幕府鳥見がいたが(42)、彼らも貞享三年(一六八六)十二月に制度縮小にともない江戸への引っ越しを命じられている(43)。このように、天和・貞享期の放鷹制度の縮小は、制度そのものにとどまらず、鳥見役就任家と管轄鷹場の支配関係を解消させていくものであった。

天野忠雄は鳥見役の御免にともない、寛文三年(一六六三)に忍城内から鴻巣へ移した鳥見屋敷と鳥飼宅地も廃止となり、以後天野忠雄は江戸居住の生活となった。四代忠雄が祖先の冥福を祈念して、初代から三代にわたる墓所が所在する上中条村常光院に「釈迦涅槃図」を奉納したのも、おそらくはこの頃であろうか。そうであるならば、北武蔵の地を離れ江戸居住となることに際して、歴代の供養を願った天野忠雄の想いが込められた作品ということになる。

3　知行地にまつわる旗本家由緒の言説

天野忠雄が将軍家鷹場の鳥見役を免じられてから百数十年の年月を経た文政五年(一八二二)八月、天野家の知行所三ヶ尻村に所在する田中神社八幡宮の宮司篠田氏が書き上げた当社の由来略記が伝来している。ここから近世後期における旗本天野家と知行地三ヶ尻村田中神社八幡宮の関係をさぐることとしたい。

(1)三ヶ尻村の天神社と八幡社

まず、三ヶ尻村の天神社と八幡社の概要を『新編武蔵風土記』から確認しておこう。(44)

〔史料3〕

天神社　水田ノ中ニ在ルヲモテ田中天神ト云。延喜式神名帳ニ載ル。武蔵国幡羅郡田中神社ハ。則当社ノコトニテ。祭神ハ少彦名命。天穂日命ヲ祭レリト。則当伝ヘリ。外ニ正シキ證拠ヲ知ラス。

（中略）

八幡社　村ノ鎮守ナリ。神職ノ伝ヘニ。当社ヲ延喜式内田中天神ナリトイヘリ。サレト證トスヘキコトモナシ。此地ハ古鶴岡八幡宮ノ社領ニシテ。殊ニ文書ニモ村名ノ条ニ載タル如ク。寿永二年鶴岡八幡社領トナリシ地ナレハ。彼社遙拝ノタメ勧請セシモノニテ。其頃ヨリ鎮座ナルコトハ知ルヘシ。田中天神ノコトハ延命寺ニモ云処ナレハ。何レカ正シキヲ知ラス。

神楽殿

金毘羅社　三子稲荷ヲ合祀セリ。神職篠田播磨　吉田家の配下ナリ。神明社　神職篠田宮人　コレモ吉田家ノ配下ナリ。

すなわち、天神社は、いにしえに水田のなかにあったことから田中天神という。後述の田中神社は天神社をさしている。神職篠田播磨は同地の八幡社の神職で吉田家の配下で、同じく同地にあった神明社の神職篠田宮人も吉田家配下であったことが記されており、当時、神職篠田氏がこれらの社を管理していたことが推察される。

⑵田中神社八幡宮由来略記の検討

それでは、三ヶ尻村田中神社八幡宮の由来略記の内容を確認していこう。本史料は長文であるが、新出史料でもあるため全文を掲出する。

〔史料4〕(45)

□　□幡羅郡三ヶ尻村田中神□　□幡宮由来略記

□　□田中神社八幡宮ハ求内四十四庄之□　□三ヶ尻八幡宮合殿ハ延喜神名帳田心姫命也堀何院御宇永保年中源義家鎮守府将軍任し、奥州に下向す時に清原武則の子武衛弟家衛反逆を起し義家を拒ミ出羽の国へ入れず仙北金沢城に籠りて数年合戦あり、寛治四年春義家の弟新羅三郎義光　禁中宿□たりしとの奥羽の合戦を聞て御いとまを願ふ□いへとも　勅許なきによりひそかに郎等を従□都を忍ひ出奥州江赴かんと此処を通り舎□求たる時に神殿清らかに神燈の光明くかな□たれハ里人に問ふ、里人のいわく是ハ幡羅郡神社とてむかし郷の生神なりと答ふ、□拝して曰祭神ハともあれ北向に宮権を建□我奥州へ下るといへとも　帝の御ゆるしなし八幡宮と勧請して軍の勝利を□奥州ハ是より北に向ふと聞ハ旁吉記□兄義家の元服の御神にて誠に源家の氏神也とて幣をさゝけ、武衛家衛征伐□祈願をこめて彼地へ下り、舎兄義家□まミへ共に謀をめくらし、武衛家衛と戦□度々の勝戦あり、同五年の冬其逆徒□悉く平らけ都に登たるに義光にもさせ□御咎もなし、乱て義家八幡宮の応護を感し、誠にハ源家の氏神なれハ神殿を造営し甲冑神酒銚子玉の盃を□ふ、其旧器今残るものなり、委くハ正長元年石見守康□書たる記に顕然たり、爰に慶長の頃天野□小栗家忍城番士の司として守護たり、此両家□此地を知行せられ、天野家当社乃神慮を仰き鳥居を建らる（高壱丈五尺余　横木壱丈三尺余）二柱の太さ四尺廻り、依而天野家御差置の有ける外ニ上田壱反を寄進借米免除とす、小栗家には上田壱反歩を寄（進）□借米とせられけるなり、慶長のいにしゑより今に□天野家・小栗家両三家へ祓をさゝけ武運長久を祈るものなり、其鳥居百年の久きを積て鑿穴の朽より雨露今二柱の中に小き白蛇の棲処となり、吉祥の日必鳥居の上に出て遊□見るもの神蛇なりとして是を拝す、白蛇もまた敢て人に驚かす、其白蛇今に少しも生立こともなし、農老奇異の礼とす、其鳥居残る寛永六年□此郷に白鶴舞来りて田の中に求食事度々なり、よつて江都に聞へ王命を奉りて天野彦右衛門尉知行所の爰に来り、数日尋るに白鶴曾て其形もみへす、よつて古へより八幡宮を信仰せしかは一七日祈誓せしに、満るの日白鶴飛来りて田中に下るを鷹を放てとらへ、公聴に献じ奉り、同年八月十五日手自ら鷹の画五枚を写して神殿に掲て、其奇瑞を仰くもの也、延宝九年八月十五日天野彦八郎尉願満によつて刀一腰心経三百巻を書写して神前に納む、文廟の御代正徳二年春神殿・幣殿・拝殿及大破江戸町相対勧化蒙　免許、翌巳年勧財を集、本社・幣殿・拝殿八間六間新に造営す、神主篠田民部司之者也、其記する処正徳五年に及ひ篠田信濃友重諸之田中神社ハ三女神之一神□一日穀豊饒の神也、三ヶ尻に三八幡宮を勧請し奉る事実ハ幡羅郡・榛沢郡・大里郡相会して鼎の足のはし此故に宇佐八幡宮相殿神功皇后勇徳神岩清水八幡宮応神天皇智徳神若宮八幡宮仁徳天皇仁徳神の三代の天皇を以智神勇の三徳鼎の足のはし也、鼎の足と書てみかしりと唱へしと云へる里諺あり、詳ならすといへとも凡千有餘年の旧社にして楡の古木四囲に及ひ方拾間を蓋ふ古書ありと云へとも、度々の火災にかゝりて其古説全からす、

前文之通、当社八幡宮由来古記を以相糺、奉書上候通相違無御座候、以上

文政五年　武蔵国幡羅郡三ヶ尻村
午八月　田中神社八幡宮
大宮司
篠田播磨頭

藤原満武

当史料は続紙の形態をとり、天部の冒頭と地部の全体に焼け焦げた欠損がみられるが、ほぼ全容が現存している。作成者は三ヶ尻村田中神社八幡社の宮司篠田播磨頭藤原満武とあり、前述の神職篠田氏と考えられる。宛所は記されていないが、本文末尾に「当社八幡宮由来古記を以相糺、奉書上」るとあることから、宮司よりも上位の領主層へ対して書き上げたものであることが想定されよう。

さて、領主天野家や小栗家にまつわる言説をみると、慶長期に忍城番を勤めた天野家と小栗家が三ヶ尻村に知行地を拝領したこと、この頃に天野家が田中神社の神慮を仰ぎ鳥居を建てたこと、天野家が年貢免除地のほかに上田一反歩を寄進し、借米を免除としたこと、小栗家もまた上田一反歩を寄進したこと、このように領主からの報恩を慶長期から享受してきたことから、文政期に至るまで領主天野家と両小栗家の三家に対して祓を捧げてきたという。

寛永六年(一六二九)には村内の田地に白鶴が飛来していたことが徳川家光の耳に入り、許しを得て天野彦右衛門は白鶴をとらえるために自ら知行地を来訪した(46)。ただ、数日尋ねても白鶴は姿を見せず、天野家はかつてから八幡宮を信仰していたため祈願を行ったところ、白鶴が田地に舞い降り、それを天野家は鷹にてとらえた。この白鶴は将軍家光へ献上された。同年八月十五日、天野家は鷹絵五枚を自ら写して神殿に掲げ、その奇譚を仰いでいる。この鷹絵は前述した現在熊谷市三ヶ尻の八幡神社に伝来する願掛けの鷹絵のことをさしていよう。そして、延宝九年(一六八一)八月十五日、天野彦八郎(忠雄)の願意も成就したため、刀一腰と心経三百巻を書写して神殿に奉納したという。

ここでは、天野家が当時、忍・鴻巣の将軍家御鷹場を支配していたことから、鷹狩によって知行地の農作物を食害する白鶴をとらえた伝承が、当時の天野家による八幡宮信仰と田中神社への祈願という側面が強調されて叙述される。

ところで、この由緒書作成の目的にかかわるのが、「文廟の御代正徳二年春神殿・幣殿・拝殿及大破江戸町相対勧化蒙　免許、翌巳年勧財を集、本社・幣殿・拝殿八間六間新に造営す」とある、正徳二年（一七一二）の江戸相対勧化の御免による社殿の造営実現の叙述である。近世前期以来、領主の庇護を受け、かつ願意成就も果たしてきた八幡宮の存在が、領主と不可分の関係にあることを根拠に叙述することによって、文政期当時における社殿造営の願意を肯定する論理構成になっている。なお、当該期に八幡宮が社殿造営を願い出ていたか否かは定かではなく、かつ由来略記の作成意図を鑑みれば、領主にまつわる言説の信憑性を慎重に考察する必要があるが、ここでは事象の真偽は留保し、なぜこのような叙述が必要であったのかという点に着眼したい。

掲出史料を評価するうえで特に留意したい点が、願意実現の根拠として叙述される三ヶ尻村領主、とりわけ天野家にまつわる伝承である。三ヶ尻村の旗本領主は文政五年（一八二二）当時、天野家と二家の小栗家であったものの、当史料のなかで小栗家に関する叙述は僅かに過ぎず、天野家の事績が顕著に叙述にあらわれていることは明白である。

なかでも、天野家が忍・鴻巣の将軍家御鷹場という権威性を帯びた広範な範囲を支配し、在地と深くかかわりを有していた近世前期の伝承を肯定的に捉えていることをふまえると、この由来略記が領主天野家に対して書き上げられたものであることを示唆していよう。そして、天野家が江戸居住となる以前、徳川将軍家の御鷹場を預かる役儀を果たすなかで、三ヶ尻村の八幡宮とも祈願社としての結びつきを有していた由緒を、丁寧に領主に対して書き上げたものこそがこの田中八幡宮由来略記なのである。

結　び

以上、忍城番、忍近郷代官、そして忍・鴻巣の御鷹場支配を担った天野家を事例として、近世前期における旗本家の由緒と、家職ゆかりの知行地の動向について検討した。

天野家は忠重以来、忍城を拠点として城番・代官・鳥見役としての役儀を遂行するなかで、自らの知行地をはるかに越える範囲の忍・鴻巣地域を、最終的に御鷹場支配という側面で管轄していた。知行地ではない上中条村の常光院を三代にわたり菩提寺にしたことは、そういった性格に起因していよう。元禄十年（一六九七）までは城廻りですら分散した領分しか持ち得なかった忍城主の役割を、(47)いわば「御代官」天野家が補完していたとも見ることができる。

このような近世前期の「家職」の遂行にともない、知行地三ヶ尻村の八幡宮とも祈願などをめぐりさまざまな由緒が形成された。それらは、天野家が鴻巣鷹部屋を引き払ってから百四十年の歳月を経た十九世紀に至り、知行地の八幡宮により、願意の論理として天野家に対して書き上げられたのである。

しかしながら、これほどまでに徳川将軍家との直接のかかわりを示す慶長から寛永期の由緒であるにもかかわらず、役儀の具体相や由来略記にみられるような叙述は、『寛政重修諸家譜』の天野家に関する叙述には伝わっていない。無論、天野家が書き上げたものの、幕府における同書の編纂工程のなかで取捨選択された可能性もあり、断言することはできないが、論理の飛躍を承知で述べるならば、天野家自らが由緒を忘却していた可能性があろう。かつて忍城代や忍城番与力を勤めた者に対して、享保期頃に松平伊豆守家が由緒の照会を行った時でさえ、すでに諸書物等を焼失し詳細が不分明であったり、当時の事柄に関して伝え聞く情報にも不明確な点が多く生じていた。(48)

そうしたなか、自らの願意の論拠と正当性を述べるためとはいえ、知行地三ヶ尻村に所在する八幡宮が、領主天野家にまつわる同村や同社における由緒を書き上げた行為は、旗本天野家において由緒が再構築される契機にもなりえたはずである。とりわけ、天野家のように、十七世紀後半頃、知行地や役儀に深くかかわる地域から離れた旗本家にとって、特段の記録や由緒が手元に残っていない限り、知行地や知行付百姓たちが書き上げた文書によって知る由緒も、間々存在したと考えられよう。由緒の忘却と再構築が、旗本家の家意識、ひいては本貫地や菩提寺に対する姿勢を左右する画期になる余地を有したのである。

註

(1) 小暮正利「近世初期旗本領形成に関する一考察―武蔵国を事例として―」(村上直編『論集関東近世史の研究』名著出版、一九八四年)。

(2) 森安彦「近世前期旗本知行の動向(上)・(下)」(初出『史潮』第九八号・九九号、一九六七年、後に同『幕藩制国家の基礎構造』吉川弘文館、一九八一年に所収)。

(3) 太田尚宏「幕府代官伊奈氏の歴史的性格」(徳川林政史研究所『研究紀要』第三五号、二〇〇一年、後に同『幕府代官伊奈氏と江戸周辺地域』(岩田書院、二〇一〇年に所収)。

(4) 北島正元『江戸幕府の権力構造』(岩波書店、一九六四年)、村上直「近世初期関東の支配体制」(同編『論集関東近世史の研究』名著出版、一九八四年)、和泉清司『徳川幕府成立過程の基礎的研究』(文献出版、一九九五年)など。

(5) 太田尚宏『幕府代官伊奈氏と江戸周辺地域』(岩田書院、二〇一〇年)。

(6) 重田正夫「近世初頭浦和市域の代官と在地支配―「浦和筋一万石」をめぐって―」(『浦和市史研究』第一号、一九八五年）、同「「浦和筋一万石」再考—高野山過去帳および代官中村吉照（吉繁）・熊沢忠勝の安房国支配—（上）」（『さいたま市アーカイブズセンター紀要』第四号、二〇二〇年）。

（7）斉藤司「近世初期、江戸周辺の代官支配について—小泉代官を事例として—」（地方史研究協議会編『地方史の新視点』雄山閣出版、一九八八年）、同『江戸周辺と代官支配—小泉次大夫の事績と顕彰—』（岩田書院、二〇二〇年）。

（8）中野達哉「近世初頭武蔵における板倉勝重の検地と代官支配」（『いたばし区史研究』第六号、一九九七年、後に同『近世の検地と地域社会』吉川弘文館、二〇〇五年に所収）。

（9）概説としては、根岸篤太郎「第二章第四節　藩政の展開　二忍藩」（『新編埼玉県史　通史編三　近世一』一九八八年）、拙稿「元禄期関東における大名家領分と旗本知行所の再編過程—武州忍城周辺の所領再編を中心に—」（『駒沢史学』第八九号、二〇一七年、本書第一編第一章）。代官支配を論じたものとして、栗原健一「近世初期幕領における武州妻沼陣屋と大河内久綱—年貢割付状をもとに支配領域を考える—」（『熊谷市史研究』第一一号、二〇一九年）などがある。

（10）根崎光男「近世前期における幕府鷹場の存在形態」（法政大学人間環境学会『人間環境論集』第三巻一号、二〇〇三年、後に同『江戸幕府放鷹制度の研究』吉川弘文館、二〇〇八年に所収）。

（11）豊橋市美術博物館寄託大河内家文書。『新編埼玉県史　資料編一七　近世8　領主』（一九八五年）。

（12）後の江戸城富士見櫓宝蔵番のこと。富士見宝蔵には徳川将軍家累代の宝物が納められていた。なお、同心が就くことができたのは宝蔵番下番であり、城番時代と同様に与力の配下に附属したとみられる。

（13）『新編武蔵風土記』多摩郡無礼村（現三鷹市）の項。

（14）『寛政重修諸家譜』巻第三一九（続群書類従完成会版、第五巻、三九九～四〇四頁）。

（15）『寛政重修諸家譜』巻第八八三（続群書類従完成会版、第十四巻、一九七～一九八頁）。

(16)『寛政重修諸家譜』巻第五一五(続群書類従完成会版、第八巻、三六六〜三六七頁)。

(17)伊奈忠次配下の代官支配の特色のひとつとして、忍領においては年貢皆済目録が発給されていない点が挙げられるのではなかろうか。太田尚宏氏は、江戸初頭に伊奈支配所に属し、延宝八年から元禄十一年まで古河藩領となったが、その後再び幕領となった埼玉郡西方村の「旧記」に、「全ク伊奈様御家ふうと相見江皆済目録御渡し無之御事ニ相見江候」とあること、また、伊奈支配所で発給されている年貢受取状に着目し、他の代官とは異なる形式によって伊奈氏は年貢の「皆済」を示す証文を発給していたことを指摘している(同「幕府代官伊奈氏の歴史的性格」徳川林政史研究所『研究紀要』第三五号、二〇〇一年、後に同『幕府代官伊奈氏と江戸周辺地域』岩田書院、二〇一〇年に所収)。

忍領代官が支配した村々の多くは寛永十年以降、旗本知行所と忍藩領分が占めることになるが、伊奈忠次配下の代官大河内久綱が忍藩領分(松平信綱領)の支配を代行していたことも影響していたとみられ、結果、忍藩領分においては幕末期に至るまで年貢皆済目録は管見の限り一通も確認されていない。

(18)ただし、開幕以後における慶長期の武蔵国内の検地は、実質的にはそれ以前の検地の継続という側面を強くもっていたことに異論はない(中野達哉「第一章第二節　徳川氏の領国検地」『新編埼玉県史　通史編三　近世一』一九八八年)。

(19)大野瑞男『松平信綱』(吉川弘文館、二〇一〇年)。

(20)根崎光男「近世前期における幕府鷹場の存在形態」(法政大学人間環境学会『人間環境論集』第三巻第一号、二〇〇三年、後に同『江戸幕府放鷹制度の研究』吉川弘文館、二〇〇八年に所収)。

(21)『寛政重修諸家譜』巻第八八三(続群書類従完成会版、第十四巻、一九七〜一九八頁)。

(22)『寛政重修諸家譜』巻第八八三(続群書類従完成会版、第十四巻、一九七〜一九八頁)。

(23)「柳営日次記」寛文三年十二月九日条。

(24)「厳有院殿御実紀」寛文三年十二月九日条。
(25) 記録上、確認できる忍あるいは鴻巣の来訪回数をまとめると、徳川家康が一一回、秀忠が七回、家光が六回である。
(26) 岡崎寛徳『鷹と将軍―徳川社会の贈答システム―』(講談社、二〇〇九年)。
(27) 熊谷市教育委員会蔵　鈴木進氏収集文書一五。史料の存在については栗原健一氏から御教示を得た。行田市郷土博物館第三二回企画展「鷹狩と忍城」においては、当史料を展示し一般に公開するとともに、図版の一部は同展覧会解説図録『鷹狩と忍城』(行田市郷土博物館〔執筆編集：澤村怜薫〕、二〇一八年)に収録した。史料全文については、『熊谷市史　資料編5　近世3(妻沼地域編)』(二〇二二年)四九号文書を参照されたい。なお、本章掲出部分については、後掲の「書控帳」および史料2末尾の小野吉兵衛の御鷹場に関する記載をもとに村名等を補っている。
(28) 明治大学博物館蔵。当史料は同館が古書店から単独で購入したものだが、一丁目の表題の左隅に「袋村　名主次郎左衛門㊞」と墨書と押印がみてとれ、武蔵国埼玉郡袋村(現、埼玉県鴻巣市吹上)の名主次郎左衛門が所持していた記録であることがわかる。なお、本書では『明治大学刑事博物館資料　第一四集』(一九九二年)および白井哲哉氏執筆の「解説」(無記名)を参照した。
(29)『寛政重修諸家譜』巻第一三六九(続群書類従完成会版、第二〇巻、三五五～三五六頁)。
(30) 他の枠組みとくらべて「鴻巣領」のみ五八か村という村数の多さには疑問が残る。後述のように、将軍家鷹場における役負担のために用いられた郷帳であるとすれば、「鴻巣領」はさらに細分化した負担の枠組みが編成されていたことが想定される。このことをふまえると、当史料は「鴻巣領」ではなく、「忍」の役負担の場面において実用的に用いられた可能性が高いだろう。
(31)『寛政重修諸家譜』巻第八八三(続群書類従完成会版、第一四巻、一九七～一九八頁)。

(32) 白井哲哉氏が当史料を用いて、近世前期における「領」の編成原則のひとつとして領主の所領構成があったことを明らかにしている(白井哲哉「「領」編成と地域―近世前期を中心に―」関東近世史研究会編『近世の地域編成と国家―関東と畿内の比較から―』岩田書院、一九九七年)。

(33) 「解説」(『明治大学刑事博物館資料　第一四集』一九九二年)。

(34) 鷹場の環境面については、根崎光男「近世の鷹場規制と環境保全―浦和周辺の鷹場を素材として―」(『浦和市史研究』第一三号、一九九八年)、同「享保期における放鷹制度の復活と鷹場環境保全体制」(『人間環境論集』第七号、二〇〇七年)、榎本博「捉飼場と餌差・鳥猟の展開―関東の鳥をめぐる広域支配と生活をめぐって―」(『関東近世史研究』第七八号、二〇一六年)。

(35) 「訪瓲録」(竜泉寺蔵)。本書では『新編埼玉県史　資料編一〇　近世一　地誌』(一九七九年)を参照した。なお、三ヶ尻村の村高は正保期段階で一四二〇石六斗である(『武蔵田園簿』)。そのため、大舘右喜氏は、三宅康貞と同時期に、一色義直が五五六五石を幸手(領)の内、柴田康忠が五〇〇〇石を羽生領の内として知行割されている(「古文書集・記録御用所本古文書」国立公文書館蔵)ことから、三宅の場合も同様であったと見通している(大舘右喜『幕藩制社会形成過程の研究』校倉書房、一九八七年)。

(36) 拙稿「近世忍城における番城制の成立と展開―城番与力・御鷹匠の知行と葬地の検討から―」(『行田市郷土博物館研究報告』第一一集、二〇二三年)。

(37) 熊谷市三ヶ尻八幡神社蔵。熊谷市指定有形文化財。

(38) 『寛政重修諸家譜』巻第八八三(続群書類従完成会版、第一四巻、一九七頁)。

(39) 徳川綱吉政権における放鷹制度の変容については、根崎光男「第二部第二章　綱吉政権の鷹政策と社会の動向」(『江戸幕府放鷹制度の研究』吉川弘文館、二〇〇八年）に依った。

(40)『寛政重修諸家譜』巻第八八三（続群書類従完成会版、第一四巻、一九七頁）、小川恭一編『寛政譜以降旗本家百科事典　第一巻』（東洋書林、一九九七年）一一八〜一一九頁。

(41)『川越市史　史料編　近世二』（一九七八年）五〜六頁。

(42)『竹橋余筆』一五六頁。

(43)『新編武蔵風土記稿』。

(44) 熊谷市個人蔵。

(45) たとえ自らの支配が及ぶ知行地であっても、近世前期において鷹狩は将軍権力による許可がなければ挙行することはできない儀礼行為であった（根崎光男『江戸幕府放鷹制度の研究』吉川弘文館、二〇〇八年）。

(46) 寛永期以来、忍城主は、その領分範囲を大きく上回る利根川荒川の忍領普請組合と新郷川俣関所の管理を、幕府から委任されている。

(47)「忍城番高木広正由緒書」「忍城番与力覚書」「忍城番与力加藤氏由緒書」。いずれも豊橋市美術博物館寄託大河内家文書で、『新編埼玉県史　資料編17（近世8）領主』（一九八五年）に収録。

第三章　旗本家の菩提寺と葬送儀礼
―酒依家を事例として―

はじめに

天正十八年（一五九〇）、徳川家康の関東移封にともない供奉した家臣団は、臨戦態勢下で知行地を与えられ、彼ら自身は知行地に館や陣屋を構えた。以後、寛永二年（一六二五）に江戸屋敷割が行われるまで、旗本家は自らの知行地村で暮らし、そこに菩提寺をもつ者さえいた。本章では、近世後期において旗本家が菩提寺や知行地といかなる関係を築いていたのか、武蔵国に知行地と菩提寺をもつ旗本酒依家を事例として検討したい。

大名家の菩提寺については、岩淵令治氏が江戸を中心として葬地・位牌所・祈願所などの役割を果たしたことを明らかにしている(1)。一方、旗本家の場合、経済的な負担等を背景として江戸屋敷割から元禄期までの間に菩提寺を知行地から江戸へ移動する傾向を指摘した兼子順氏の研究がある(2)。旗本家の菩提寺において葬地や位牌所（回向寺）・祈願所といった機能面に目配りした研究として、旗本水野家と赤浜村昌国寺を検討した中村陽平氏の研究が発表され、ようやく旗本家における菩提寺研究は端緒についたといえる(3)。このほか、藤井明広氏は旗本仁賀保家当主の葬儀について家政改革と関連して検討し、前述の中村氏もまた旗本水野家の葬送について検討している(4)。

また、大名家給人領主と知行地を事例に検討した高野信治氏は、「死」をむかえた給人領主が何らかの形で知行地へ赴き葬られていることを指摘し、そこには領地・知行地を有する武士が抱く「その所領内で死者さらには先祖と共存する、あるいはそこまでいかなくても知行地の墓所＝祭場を通じて彼ら（死者・先祖）と交流する」死生観が存在していたと見通している。(5)旗本家の場合、菩提寺が本貫地に対して特別な意識を抱く重要な存在として認識されてきたものの、領主家の意識や観念に迫るまでには至らないのが現状である。(6)

そこで、本章では旗本領主家や知行所の相互に対する意識を探ることを目的として、江戸と知行地の菩提寺とのかかわりを知行所社会や地域社会を含めて検討する。

事例として取り上げる旗本酒依家については、清水嘉作氏の先行研究がある。(7)清水氏は、氏が論考を発表した当時に常円寺が所蔵していたという酒依家系図から、歴代本家の略歴を明らかにするとともに、同家の分家を含めて、能仁寺・常円寺・瑞光寺・智相院といった一族の葬地と墓碑銘の調査成果を提示しており、参考になる。また、近年西川武臣氏が「酒依氏日記」が伝来した鈴木家文書を分析して、一般書を刊行している。(8)そこでは、幕末期の知行所村に経済的に依存する旗本像を描いている。本章では、旗本家がもつ自家や菩提寺に対する意識や認識という点に留意して分析を試みたい。

第一節　旗本酒依家の知行所と菩提寺

⑴酒依家の系譜

『寛政重修諸家譜』巻第一七四の記述によれば、旗本酒依家は、甲斐武田家の末葉である板垣越中守某が甲斐国山梨郡酒依郷に住んだことから酒依姓を名乗ったという。初代昌元・二代昌光はいずれも、武田信玄・勝頼に仕え、三代昌吉の時に徳川家康に仕えた。元和三年(一六一七)に武蔵国高麗郡に八〇石余の知行を拝領した。昌吉の長男昌次は、慶長十二年(一六〇七)に駿府で家康に拝謁し大番に召し出され、大坂の陣にも出陣を果たしている。同五年に父昌吉は死去するが、次男吉政が家督を継ぎ、昌次は分家の酒依家の祖となっている。以後、本章では主に昌次を祖とする酒依家の動向を追っていく。なお、酒依家は近世を通じて本家から三家の分家旗本が出ていることから、便宜上、家祖の当主名を冠して、本家酒依家に対し、昌次系酒依家、昌純系酒依家、昌久系酒依家と区別して表記する。

次に就任する幕府役職の傾向について確認しよう。昌次系酒依家の初代昌次は大番、二代昌重は大番を経て御金奉行、三代昌隆は書院番・小納戸、四代昌陽は寄合を経て書院番・小普請、六代信道は小姓組・西丸小姓組・同組頭・西丸目付・寄合、七代昌道は書院番にそれぞれ就任している。当初は大番筋であったが、三代以降は両番筋の役職に就き、勤め向き次第で昇進を遂げた家柄であった。

⑵知行所の構造と支配

ここでは、酒依家知行所の変遷を確認しておこう。昌次系酒依家の初代昌次は元和二年(一六一六)に二〇〇石を拝領し、寛永十年(一六三三)二月七日に二〇〇石の加増を受け、武蔵国足立郡小谷村・三町免村・明用村に計四〇〇石の知行地を拝領していた。ところが、二代昌重の時、元禄十一年(一六九八)六月に明用村は忍藩主阿部正武の領分に知行替となり、代知として埼玉郡笠原村が宛がわれている。

三代昌隆は、家督相続前の寛文九年(一六六九)に三〇〇俵を拝領し、元禄六・七両年にそれぞれ稟米三〇〇俵ずつ加恩があり、計九〇〇俵の蔵米知行は元禄十年に地方知行へ改められ(元禄の地方直し)、橘樹・都筑両郡に九〇〇石の知行地を拝領した。翌十一年には、九〇〇石のうちから足立・埼玉両郡への知行の移動が行われており、これは家督相続にともなう昌重の遺領との知行地の統合・再編と考えられる。このようにして、酒依家の知行所村々が形成された。

一方、本家酒依家は元禄六年（一六九三）七月、六代昌方の時に地方知行四三〇石余を稟米に改められ、蔵米知行の旗本家となっている。

続いて、近世中後期の酒依家が知行所支配をいかに実現していたのか、その仕組みを簡単に確認しておきたい。元禄十年（一六九七）以降の下菅田村や羽根沢村の年貢割付状をみると、旗本家家臣（用人）二〜三人の連名で発給されている。知行所支配にあたっては、これらの用人が、江戸にある地頭所（旗本屋敷）から知行所の各村役人へ御用状や書状などのさまざまな文書を発給して、支配行政の意思伝達をはかっていた(9)。

知行所村役人を家臣として登用する動向もみられ、橘樹郡羽根沢村の村役人層であった平本家は、文化・文政期に旗本酒依家の家政運営に携わっていた。平本家は「文政八酉三月十三日、御一字拝領平本喜兵衛改依本忠左エ門ト成ル」、「文政十亥閏六月朔日、依本忠左エ門改、喜平ト替ル(10)」というように、領主から主君となった酒依氏より一字を拝領し、「依本」姓を名乗っていた時期もあった。

また、同郡下菅田村の鈴木家も、弘化・嘉永期に酒依家家臣として登用されている。同家には酒依家の家財が預けられた時期があるようで、日記の一部が伝来するとともに、明治十三年（一八八〇）六月には具足・刀・長刀を譲渡している(11)。一方で、明治二十四年には鈴木家に預けていた愛染明王御影の返却依頼をしている(12)。「酒依氏日記」をみると、酒依家では例年愛染明王の祭礼を年中行事として欠かさず執行していたことがわかる(13)。

このほか、「酒依氏日記」の記事や平本家文書をみていくと、酒依家の屋敷には「名主部屋」が設けられ、そこには常時各知行所村役人が詰めていた様子がみてとれる(14)。彼らは身分的には領民にほかならなかったものの、旗本家臣の末端として家政を運営する広義の旗本家の構成員でもあったといえよう。

(3)酒依家ゆかりの寺社

昌次系酒依家ゆかりの寺社について、まずは葬送を手がかりにみていこう。表1によると、初代昌次から七代昌道までは高麗郡中山村の禅宗曹洞派寺院である能仁寺が葬地として選択されている。また十代信興は、能仁寺末寺で高麗郡馬引沢村の常円寺が葬地とされている。常円寺について『新編武蔵風土記』の記述を確認したい。

〔史料1〕巻之百八十高麗郡之五　馬引沢村の項[15]

屋敷跡　往古酒依某コノ村ヲ賜ハリテ土着セリ。正保ノ頃ハ酒依権右衛門ト称セリ。何ノ頃ニカ江戸ニ移レルヨシソノ遺蹟ナリ。常円寺開基ハ此家ノ先世ナリト云。

剣明神社　常円寺持。村ノ鎮守ナリ。酒依清左衛門軍功アリシ剣ヲ祭リシト云。例祭九月廿九日。

（中略）

常円寺　長谷山ト号ス。洞家宗。飯能村能仁寺末ナリ。本尊観音ヲ安ス。開山庭庵徹。寛永六年。十月十七日寂ス。開基慶長年中。酒依清左衛門信興。法諡ハ高直院欠叟常円。元和三年正月六日歿ス。コノ法諡ノ字ヲ以テ。寺号トセシナルヘシ。

史料1によると、馬引沢村は本家酒依家がかつて領した地で、「屋敷跡」が残されていた。同村の常円寺は慶長年間に本家酒依家の開基した寺院であり、三代昌吉・八代義武・九代邦昌・十代昌氏の葬地となっている。明和九年（一七七二）の常円寺文書によると、同寺山門をくぐり本堂前左手にある八代義武建立の宝篋印塔には、義武が写経した法華経一巻が納められているという[16]。また、同村には酒依清左衛門が軍功ある剣を奉納したという剣明神社も所在した。

したがって、常円寺は分家前の酒依家が家康の関東移封後に初めて拝領した知行地の馬引沢村において自ら構えた

表１　酒依家歴代葬地一覧

本家酒依家

代数	歴代	幼名・俗名	歿年	地所	宗派	寺院名
初代	昌元	越後				
2代	昌光	清三郎	天正 3. 5.21			
3代	昌吉	長兵衛	元和 5.	高麗郡馬引沢村	禅宗曹洞派	常円寺
4代	吉政	長十郎・権右衛門	延宝 3.11.20	高麗郡中山村	禅宗曹洞派	能仁寺
5代	昌隅	六右衛門	貞享 2. 3.14	高麗郡中山村	禅宗曹洞派	能仁寺
6代	昌方	半蔵・権右衛門	享保元.12.15	(江戸)西久保天徳寺	浄土宗	知相院
7代	昌満	金七郎・半七郎	宝暦元.正. 6	(江戸)西久保天徳寺	浄土宗	知相院
8代	義武	権之丞・主税	安永 4. 9.29	高麗郡馬引沢村	禅宗曹洞派	常円寺
9代	邦昌	帯刀	安永 5. 7.26	高麗郡馬引沢村	禅宗曹洞派	常円寺
10代	昌氏	内蔵助・将監	寛政 7. 2.24	高麗郡馬引沢村	禅宗曹洞派	常円寺
11代	昌職	松之丞	天保 5. 9.20			
12代	昌忠	牧太郎	明治 9. 4.18			

昌次系酒依家

初代	昌次	清三郎・喜右衛門	寛文 5. 2.27	高麗郡中山村	禅宗曹洞派	能仁寺
2代	昌重	喜内・長兵衛	元禄11. 7. 4	高麗郡中山村	禅宗曹洞派	能仁寺
3代	昌隆	清左衛門	宝永元. 7.13	高麗郡中山村	禅宗曹洞派	能仁寺
4代	昌陽	宮内	享保18. 6. 6	高麗郡中山村	禅宗曹洞派	能仁寺
5代	昌許	亀之丞・主殿	元文元. 2.21	高麗郡中山村	禅宗曹洞派	能仁寺
6代	信道	八十郎・清十郎・清左衛門	寛政11.11.21	高麗郡中山村	禅宗曹洞派	能仁寺
7代	昌道	銕之丞・清左衛門		高麗郡中山村	禅宗曹洞派	能仁寺
8代		信道公子	安永 6. 3.14	高麗郡馬引沢村	禅宗曹洞派	常円寺
9代	昌道	清左衛門	文化 3. 2.	高麗郡馬引沢村	禅宗曹洞派	常円寺
10代	信興	半蔵・清十郎	文政 3. 3.	高麗郡馬引沢村	禅宗曹洞派	常円寺
11代	信重	清之丞	文政 3.11.	(江戸)早稲田	禅宗曹洞派	宗参寺
12代	昌緒	清左衛門	嘉永 6. 6. 9	高麗郡馬引沢村	禅宗曹洞派	常円寺
13代		又兵衛				

昌純系酒依家

初代	昌純	半左衛門・喜左衛門	享保18. 4.18	(江戸)早稲田	禅宗曹洞派	宗参寺
2代	昌当	半五郎	明和元.10.28	甲斐国遠光寺村	日蓮宗	仏国寺
3代	昌歳	喜之助	寛政 3. 9.14	甲斐国遠光寺村	日蓮宗	仏国寺
4代	昌言	富五郎		甲斐国遠光寺村	日蓮宗	仏国寺

昌久系酒依家

初代	昌久	利兵衛	元禄 9. 9. 3	(江戸)早稲田	禅宗曹洞派	宗参寺
2代	昌利	七郎兵衛		(江戸)早稲田	禅宗曹洞派	宗参寺
3代	昌孝	加兵衛・七郎兵衛	寛保 3. 9. 2	(江戸)早稲田	禅宗曹洞派	宗参寺
4代	昌表	八十八郎・七郎兵衛	宝暦 6. 2.12	(江戸)早稲田	禅宗曹洞派	宗参寺
5代	昌智	玄蕃・文右衛門	天明 7. 2.10	(江戸)早稲田	禅宗曹洞派	宗参寺
6代	昌旺	幸之助		(江戸)早稲田	禅宗曹洞派	宗参寺

〔典拠〕『寛政重修諸家譜』巻第174（続群書類従完成版、第3巻311〜317頁）、鈴木家文書、平本家文書より作成。

寺院ということになる。なお、昌次系酒依家の墓域と墓石群は現在常円寺の境内に所在するが、『寛政重修諸家譜』によると、初代から七代の当主が常円寺の本寺にあたる能仁寺に葬られていたとみられる。このうち初代昌次・二代昌重・三代昌隆・五代昌許の五輪塔の墓石は、平成初年の段階に能仁寺の墓地整理にともない同寺から移設されたもので、能仁寺と常円寺の両寺こそが近世における昌次系酒依家当主の葬地とみなすことができよう。

また、江戸早稲田の禅宗曹洞派寺院である宗参寺も酒依家ゆかりの寺院である。前述の西川武臣氏の著書では、宗参寺が昌次系酒依家の菩提寺であると断定されている。後述するように、「酒依氏日記」をみる限りでは、昌次系酒依家の場合、江戸の地頭所で没した家族の葬儀や法要を宗参寺で執り行うことが多かったことは頷ける。しかし、葬地としての宗参寺の位置を考えた場合、昌次系よりもむしろ昌純系と昌久系の両家こそが宗参寺を当主の葬地として いた点が顕著にみてとれる。現在も宗参寺には、昌久系酒依家の三代昌孝・四代昌表に比定される墓石が存在し、同家歴代の葬地としての性格が傍証される。

なお、宗参寺の旗本家墓所に関して看過できない点が、甲斐武田家の旧臣にあたる家柄が複数見受けられる点である。具体的な論証は稿を改めたいが、江戸の旗本菩提寺の集約性を考える際の指標のひとつになろうか。

第二節　旗本当主の葬送儀礼と菩提寺

⑴酒依信興の出棺行列

昌次系酒依家の十代信興は、文政三年（一八二〇）三月に死去した。彼は高麗郡馬引沢村の常円寺に埋葬されている(17)が、これにかかる「御俗名酒依清十郎源信興　曹岳院殿隆山信興大居士神義　御出棺御行列諸御入用控帳」という文書が、羽根沢村の名主家を務めた平本家に伝来した文書群に含まれている。ここでは葬列の具体的な様子を文書から復元してみたい。

〔史料2〕「同右葬列控」(18)

三月廿二日、夜八ツ時御出棺四ツ谷大木戸外迄酒依亦兵衛様始御見贈、御中食田無村柳沢御本陣藤屋権左衛門、御休所沢村富士屋与右衛門、御寺入行烈黒須村杢屋甚造ヨリ三月廿三日申中刻常円寺江入、導師供僧トモ拾四人、酉中刻御入廟、

三月廿三日、夜御法事、同廿四日御百ヶ日迄御支払、大塔婆二本御法事、中山能仁寺諷経代僧来、献香之例御名代田口奏介殿用人代臼井半蔵・馬引沢村元御家臣犬竹忠四郎・平本喜兵衛・横田勝右衛門・菅田藤右衛門代佐右衛門・烏山弥左衛門・太田半五郎・笠原助兵衛・馬引沢村役人、

三月廿四日、御廟参　御用人犬竹江行御法事後御膳之事　上席常円寺夫ヨリ寺院方　御相伴殿様代り田口氏台引進ス、次ノ間犬竹上席知行役人平本・横田・菅田・烏山・笠原・太田氏相伴、馬引沢村役人、縁側知行ヨリ相勤

中小姓　御料理上下同断、

三月廿五日、卯上刻御出立、雨天ニ付出水往還トモ渡船、南鐐トモ犬竹江渡、

史料2によると、まず三月二十二日夜に出棺し、江戸四ツ谷の大木戸の外まで酒依又兵衛らが見送りをしたとある。田無村の本陣藤屋権左衛門で昼食をとった後、所沢村の富士屋与右衛門で休息し、三月二十三日申中刻に、御寺入行列は黒須村の杢屋甚造から馬引沢村の常円寺へ入り、酉中刻に入廟した。法事も同日夜に行い、翌二十四日には御百ヶ日迄の供養料の支払いと大塔婆二本の法事があり、中山村能仁寺から諷経代僧が訪れた。献香は、当主名代田口奏助代として酒依家用人臼井半蔵に続き、常円寺のある馬引沢村に住む元家臣の犬竹忠四

郎、酒依家知行所の村役人層にあたる平本喜兵衛以下六人、そして常円寺のある馬引沢村の村役人が列した。法事後は犬竹の居宅で御膳が振る舞われた。

⑵葬列の構造

次に葬列の構造について次頁の図をもとにみていこう。

葬列者の構成を上席順に整理すると、葬送対象（酒依信興）が一人、用人（臼井半蔵）が一人、侍（菅田佐右衛門・鳥山弥左衛門）が二人、徒士（笠原万蔵・羽根沢三左衛門・鳥山彦右衛門）が三人、知行役人（平本喜兵衛・横田勝右衛門）が二人、そして知行付百姓（三町免村四人・小谷村三人・笠原村三人・下菅田村三人・羽根沢村五人・鳥山村七人）が二五人、総勢三四人の構成となる。

史料に記載された肩書をそのまま理解するなら、旗本酒依家家臣が六人と知行所村役人層が二人、そして知行付百姓が二五人という構成になる。しかし、侍・徒士として記載される姓はすべて村名であり、たとえば鳥山弥左衛門は「鳥山村名主弥左衛門」、羽根沢三左衛門は「羽根沢村組頭三左衛門」というように、地方文書から同一人物と比定することができる。つまり、知行所の村役人層を一時的に領主酒依家の士分に位置づけることで、旗本領主家の葬列という空間を成立させていたのである。

⑶常円寺の護持

常円寺は酒依家の知行地外に所在する寺院であったものの、同家の歴代当主の葬地のひとつであり、その護持は自家の由緒を守ることでもあった。

元治二年（一八六五）正月十一日に、常円寺の住職を申し付けていた高閑が年頭挨拶に酒依家の屋敷を訪問した際、「常円寺一条」の相談を行っている。「常円寺一条」とは、後の記事によると住持職の交代を意味しており、高閑は住

図　酒依信興葬列図

御桃燈　三丁免 源蔵
御徒士　羽沢三左衛門
横田勝右衛門

御迎僧
御徒士　笠原万蔵
御道具　鳥山 吉左衛門
御香炉　代 萱田佐右衛門

御桃燈　笠原 茂兵衛
御徒士　鳥山彦右衛門

三丁免 義兵衛　御脇差持兼　鳥山弥左衛門
御桃燈　御侍　羽沢 伊兵衛 直次郎 七之助 彦右衛門
平本喜兵衛
御位牌　御棺乗物　萱田 十蔵 治郎吉
御刀持兼　鳥山 岩五郎 甚五郎 善吉 紋次郎
御桃燈　六左衛門　御侍　萱田佐右衛門
笠原　御寺入ノ時代り太田喜右衛門

御桃燈　トリ山 福松
御箱　トリ山 善太郎
御棺台持　カサ原 鉄五郎
御若党　三町免初五郎　箱

御草履　はね沢 久蔵
御跡乗　御用役　桑原栄蔵殿　代臼井半蔵殿
御賄方　篠原村　臼井半蔵

御桃燈　スケ田 平兵衛
御箱　スケ田 弥八
御棺台持　三町メ 藤次郎　篠
御草履　[　]田 九右衛門
道具持　スケ田 岩次郎　篠

持の交代を申し出たようである。酒依家は嘉右衛門（用人ヵ）を使者として本家酒依家当主の酒依半次郎のもとへ遣わしており、一件を一族で進めようという意図がみえる。さらに嘉右衛門は、常円寺のある馬引沢村へ高閑を伴って向かっている。

この一件の連絡調整にあたり、昌次系酒依家の担当役人は嘉右衛門であった。「酒依氏日記」同年四月九日条に「此度馬引沢村江嘉右衛門代り同人年来懇意之者小松友三郎と申者、当時手明キニ付常円寺江家来分ニ而出役為致候筈、尤妻子有之ニ付壱人扶持ツ、遣候約定致、今日同人江面会致候」とあり、嘉右衛門の人脈を頼りにして、小松友三郎という人物を常円寺へ（酒依家の）家来分として出役させようとしている。要するに酒依家は、常円寺墓域の管理者を現地に置くことを意図したのである。

〔史料3〕「酒依氏日記」元治二年六月十五日条(19)

今日嘉右衛門宅江能仁寺代僧宝蔵寺扱人大袋村東陽寺罷出、兼而此方様ゟ常円寺江高閑住職申付被参候処、何分能仁寺幷法類共ニ而不承知申出候処、此度東陽寺扱ニ立入事済相成、此度中山村玉宝寺常円寺後住被仰付候様能仁寺幷村方檀□（家ヵ）ゟ連印書面差出候間、預り置候趣申渡、一同引取申候、

しかし、一件の取り扱いをめぐり常円寺と本末関係にある中山村能仁寺の代僧として、宝蔵寺扱人の大袋村東陽寺が酒依家屋敷を訪れた。かねて「此方様」つまり酒依家が常円寺住持を高閑に申し付けていたことについて、直接の本寺である能仁寺や、法類を同じくする寺院・僧侶たちは、承知していなかったという。そこで今回は、武蔵国比企郡中山村の玉宝寺（の住持）へ常円寺の後住を仰せ付けてくださるよう、能仁寺と村方檀家から連印書面を差し出してきたのである。酒依家は文書を受け取り、翌日に承諾の旨を申し渡している。先祖が開基した寺院といえども、宗派と法類の秩序のなかで住持の任免はなされるものであり、菩提寺の護持は寺院と同地域にある本末寺や法類の存在が

不可欠であったことを物語っている。

第三節　旗本家族の葬送儀礼・法事と菩提寺

ここでは当主以外の葬送儀礼を確認したい。「酒依氏日記」の記事からは、天保三年(一八三二)四月の鍜五郎、天保九年四月の錦、嘉永四年(一八五一)十月の武之丞、以上三人の葬送が把握できる。いずれも宗参寺を葬地とし、類似性があるため、あわせて特筆すべき項目を整理したい。

(1)旗本家族の葬送

①廟所の確保

旗本家族から死者が出た場合、「仲ヶ間」と表現される近隣の屋敷組合へ連絡するとともに、葬儀の主体となる宗参寺への掛合が行われる。また、武之丞の場合は「宗参寺廟所明キ候地面無之候ニ付三坪買入候、掛合ニ喜平遣役僧江掛合、三坪ニ而三両ニ取極参ル」(嘉永四年十月二十六日条)とあり、墓域が不足したため新たに地所を購入している。同日には「廟所地面買取候ニ付、石碑片付地面試候様石屋江申付、右料弐両弐分ニ而請負申候」とあり、購入地所の既存の墓石等を片付ける必要もあった。

②墓石・位牌の手配

墓石の手配は各家が石屋へ依頼するものであった。酒依家の場合、錦の墓石発注にあたっては、「明日錦初七日ニ付宗参寺江掛合遣ス、栄太郎江石碑之事ヲ相頼置候処、絵図積り書持参致候」(天保九年四月二十五日条)とあるように、具体的な墓石の仕様を記した絵図積り書を持参している。錦の墓石の絵図は、「錦石碑絵図ニ致曹真院方江見セ候処、何茂存寄無御座候由申越候」(同月二十八日条)とあるように、実母である曹真院(十代信興正室)の目通しを経ている。

武之丞の場合、「今日石碑出来ニ而建候悴見届ニ参ル、石屋江払残り弐両弐分弐匁五分持参ニ而相払申候、又兵衛罷帰申聞候ニハ石碑念入宜敷出来致候由申聞候」(嘉永四年十一月二十四日条)とあり、兄の又兵衛が墓石を見届けに赴き、墓石を念入りに製作するよう命じており、死者への想いが込められていたようにみえる。

位牌は、「今日智明院位拝出来ニ而仙太夫持参致候」(同年五月七日条)とあり、できあがった位牌は家臣が受け取りに出向いている。経年で痛みが生じることもあったようで、「昼後吉右衛門参り、兼而相頼置申候位拝修復出来ニ而持参致候」(同年七月十一日条)とあり、修復も適宜施していた。

表2　「酒依氏日記」にみる法事執行

年月日	法事	続柄	場所
天保 2. 5.26	賢良院十三回忌		宗参寺
天保 3. 4.25	鍛五郎初七日		宗参寺
天保 4. 4.19	知光院一回忌		宗参寺
天保 9. 4. 4	慈清院年回		宗参寺
天保 9.閏4.26	智性院初七日	10代信興娘	宗参寺
天保12. 5.26	曹真院三回忌	10代信興正室	宗参寺
天保12. 5.26	賢良院三十三回忌		宗参寺
嘉永 4.11. 4	秀蘭院初七日	12代昌緒次男	宗参寺
元治 2.正.25	高泰院二百回忌		常円寺
元治 2. 2. 6	円光院五十回忌		宗参寺
元治 2. 6. 9	維徳院十三回忌	12代昌緒	宗参寺
元治 2.11.19	曹真院廿四回忌	10代信興正室	宗参寺

(2)法事執行と宗参寺

江戸に所在する宗参寺は、酒依家家族の葬地としてだけではなく、先祖の供養・法事執行の場として機能していたとみられる。表2は「酒依氏日記」から同家の法事記事を抜き出したものである。

このうち元治二年(一八六五)正月二十五日の泰高院二百回忌の法事は、前述の常円寺住持職の一件にともない馬引沢村へ赴くついでに行ったもので副次的な性格が強い。そう考えた場合、歴代当主と家族の別にかかわらず、ほぼすべての法事を宗参寺で執行していたことになる。ここに大名家と共通する江戸の菩提寺の役割が色濃く表出しているとみられる。

結　び

本章で明らかになった点を三点にまとめて結びとしたい。

①旗本酒依家と能仁寺・常円寺

能仁寺と常円寺は、昌次系酒依家に限らず、酒依家一族にとって自家の由緒を物語るうえで重要な寺院であった。それゆえ、歴代当主は両寺を葬地とし、先行研究において指摘されてきた葬送にともなう経済的な負担の節減に直面した際にも、当主だけは両寺に葬ることを継続している。高野信治氏が提示したように、歴代当主が眠る同一地を葬地とすることで、死後に先祖と相まみえることを志向した領主家の死生観と共通する側面が、旗本家においても見出せる点を指摘したい。

②旗本酒依家と宗参寺

昌次系酒依家の歴代当主に対して、家族の葬地は、少なくとも近世後期には江戸の宗参寺が選択されていた。その要因は明確ではないものの、経済的な負担の節減が一因として考えられる。その結果、江戸の旗本屋敷（地頭所）に近接する宗参寺が、歴代当主を除く家族の葬地として成立したのであろう。加えて宗参寺は、歴代当主の回向寺・位牌所としての役割を果たし、先祖の法事執行の場として機能したのである。

③葬列空間と知行所村役人の意識

酒依信興の葬列構造の検討から、葬列の構成員のほとんどが知行所村役人たちで成っており、かつ葬列の場に限り、彼らのうち数名は士分として位置づけられていたことが判明した。近世後期における一〇〇〇石台以下の旗本家家臣団は狭小であり、再生産をはかりながら公用向と家政向の政務が執られていたことが、近年の野本禎司氏の研究によって精緻に明らかにされてきた[20]。一方、狭小な家臣団であるがゆえに現出する、いわば知行所村役人層の「一時的な家臣化」も頻繁に生じていたことも見逃せない。そうした柔軟な村役人層の家臣化をもって、旗本家は軍役遂行を実現させていたのである。

また、知行所社会における村役人の意識に目配りをするならば、地頭所の「名主部屋」に詰め、時に旗本領主家の葬列に士分として主君に供奉した知行所村役人のなかには、旗本領主家の家中に列していると自覚する者も少なくなかったのではなかろうか[21]。こうした心意統治をうける村役人層の存在は、旗本領主支配の実現にも影響を与えていたと捉えられる。近世後期、地域運営のなかで政治的な力量を備えた旗本知行所の村役人層は、このようにして支配の末端にも位置づけられていたのである。

註

（1）岩淵令治「大名家の江戸の菩提寺と成立と当主の「葬地」」（同『江戸武家地の研究』塙書房、二〇〇四年）、同「文献史料から見た大名家菩提所の確立」（大名墓研究会編『近世大名墓の成立―信長・秀吉・家康の墓と各地の大名墓を探る―』雄山閣、二〇一四年）。

（2）兼子順「北武蔵における大名・旗本の菩提寺の成立と移動」（『埼玉県史研究』第二二号、一九八八年）。

（3）中村陽平「旗本菩提所の「成立」と護持―旗本水野家菩提所昌国寺を事例に―」（『埼玉地方史』第八三号、二〇二一年）。

（4）藤井明広「旗本家当主の葬儀と家政改革―旗本仁賀保家の動向を中心として―」（『横須賀市博物館研究報告（人文科

学)』第六四号、二〇二〇年)、中村陽平「旗本水野家の葬送と菩提所・昌国寺」(『埼玉県立歴史と民俗の博物館紀要』第一八号、二〇二四年)。

(5) 高野信治「給人領主家の「死」をめぐる儀礼」(『歴史学研究』第六六九号、一九九五年、後に同『近世大名家臣団と領主制』吉川弘文館、一九九六年に所収)。

(6) 神崎彰利「相模国の旗本領」(『神奈川県史研究』第三三号、一九七七年)、小暮正利「近世初期旗本領形成に関する一考察―武蔵国を事例として―」(村上直編『論集関東近世史の研究』名著出版、一九八四年)、拙稿「近世における旗本家本貫地の形成と特質―相模国を事例として―」(『駒沢史学』第八一号、二〇一三年)など。

(7) 清水嘉作「常円寺と酒依氏」(『埼玉史談』第一巻第四号、一九三二年)。

(8) 西川武臣『幕末明治旗本困窮記―御書院番士酒依氏の日記―』(山川出版社、二〇二一年)。
旗本酒依家の日記は知行地であった橘樹郡下菅田村の鈴木家文書に一部が伝来する。現在鈴木登久治家文書は横浜開港資料館で写真版が閲覧に供されている。なお、同日記は横浜郷土研究会の有志メンバーによって、酒依氏日記を読む会編『酒依氏日記』(一九九三年)が翻刻・刊行されている。

(9) 神崎彰利「地頭法について」(関東近世史研究会編『旗本知行と村落』文献出版、一九八六年)、野本禎司「幕末期の旗本知行所支配における家臣書簡―旗本牧野家の「在役」宛書簡の検討―」(『埼玉地方史』第八三号、二〇二一年)等を参照されたい。

(10) 「御用日記上納金控」平本家文書　村政三八(個人蔵、神奈川県立歴史博物館借用)。目録は『神奈川県立博物館研究報告―人文科学―』一四〈別冊〉平本家文書(一九八八年)を参照した。

(11) 鈴木登久治家文書　追加・状三三五。

(12)　鈴木登久治家文書　追加・状三七八。
(13)　「酒依氏日記」天保九年七月二十六日、天保十二年七月二十五日、嘉永三年七月二十六日条。
(14)　たとえば、安政三年「御屋鋪出府目録帳」平本家文書　村政五六、安政四年「御屋鋪出府目録□」平本家文書　村政五七、慶応三年「御屋鋪出府目録帳」平本家文書　村政六四など。
(15)　「新編武蔵風土記」(国立公文書館内閣文庫蔵浄書本)。
(16)　『日高町史　文化財編』(一九九〇年)二二三頁。
(17)　平本家文書　村政二七。
(18)　平本家文書　村政二八。
(19)　「酒依氏日記」元治二年六月十五日条。
(20)　野本禎司『近世旗本領主支配と家臣団』(吉川弘文館、二〇二一年)。
(21)　拙稿「近世後期旗本領支配と知行付百姓の「譜代意識」」(『地方史研究』第三六七号、二〇一四年、本書第二編第五章)。

結章　本書の総括と展望

第一節　関東における旗本知行所の編成と特質

天正十八年(一五九〇)から慶長期にかけて、後の旗本層となる万石未満の徳川氏家臣団は、関東移封後に初めて拝領した知行地において、江戸住居を命じられる寛永期頃までの間、多くが生活の基盤である陣屋や菩提寺を構え知行地を支配しつつ江戸勤番を果たした。こうした知行地は主に武蔵国と相模国に集中的に配置されており、軍事的意図のもと万石未満の徳川氏家臣団は、より江戸に近接した地域の要衝へ置かれたことになる。

寛永期、番方旗本の再編、新たな旗本家の創出、地方直し等を契機として、関東における旗本知行地は一層増加することになり、加増という形で相給知行形態が促進された。また、元禄・宝永期の地方直しにおいても相給錯綜した知行を現出したが、当時の江戸幕府の関東における大名家領分と旗本知行地の編成原理は、「分散錯綜」させようとしたものではなく、幕府役職就任者を中心として、大名・旗本いずれも「集約」させようとする意図をもった政策であった。もっとも、大名家の関東城付地の最寄替に顕著にみられるような一円的な藩領再編や、相給知行の解消というような「集約」の形態まで(1)、旗本知行は及ばないものの、たとえ郡域は越えようとも、知行所村々は一定の範囲のまとまりを念頭に行われていたとみるべきである。

一見すると幕府役職就任者を恣意的に優遇した政策とも捉えられがちだが、役職就任者でなくとも知行三〇〇〇石未満の者は、ほぼ同様の知行割替が実施されている。それゆえ、三〇〇〇石以上で役職に就いていない大身旗本の知行地を近江国から三河・遠江・駿河国の地帯へ移し、蔵米地方直しに際して必要となる莫大な知行地を確保しようとした政策であったと捉えられよう。元禄期以前から近世後期まで存続した江戸幕府の旗本拝借金制度が、当初から対象者を幕府役職就任者に限定する性格を帯びていたことを鑑みると(2)、知行高だけではなく幕府役職に就任しているか否かという点が、当時から、旗本家の処遇を左右する一つの基準として幕府に認識されていたといえる。そして、関東における旗本家の知行割の側面からいえば、幕府役職就任者か否かという点が基準として先鋭化したのが、元禄地方直しおよび知行割替の時期であったのである。

また、関東の旗本知行所は、その相給錯綜した知行形態から知行替が頻繁に行われたという印象がもたれるが、天正～慶長期の知行割によって配置された知行地の多くが、近世を通じてその領主に変動がみられにくい傾向も明らかとなった。それは、関東移封直後の知行割において、小田原北条氏の旧支城の多くを軍事拠点として継承し、そこへ万石以上の家臣を配置し、さらにそこから一程度距離を置いた軍事的・経済的要衝に万石未満の家臣を配置したがゆえに、後年に幕閣就退任にともなう頻繁な城主の国替によって村替となる城郭周辺地帯から、万石未満の家臣(後の旗本家層)の知行地が必然的に外れていたことが背景にある。言い換えるならば、関東領国において、幕閣が移封する城郭の城付地周辺とその外縁部は頻繁に村替が実施されたが、そうでない地帯(近世初期の万石未満の家臣団知行地が分布する)は、大名家の国替による再編が少なかったことから、村替の頻度において関東地域のなかでも濃淡が生じていたといえる。ただし、元禄期の知行割替政策において三〇〇〇石以上で役職に就いていない大身旗本は関東外への知行替対象となっており、あくまで三〇〇〇石未満の旗本家の知行地が変動しにくい傾向があったことになろう。

一方、旗本領主家の立場からみた関東の知行所村々については、横浜文孝氏が、従来、分散的ななかに知行所間のまとまりと連合的組織づくりが達成されており、常に知行所が一体化できる配置・結合性を有していたこと、そしてそれらが、旗本家が支配を展開するうえで「支障のない支配＝支配の結合性」を実現していたことを、指摘している(3)。その具体的な存立基盤の一つが、野本禎司氏の指摘する、旗本知行所内における中間支配機構の存在と捉えられる(4)。このように、知行所村出身の人物に支配行政の役割が委任されることによって、近世中後期の旗本家は円滑な知行所支配を実現するに至る。

ただし、関東の旗本知行所支配を特徴づけている点は、はたしてそれだけであろうか。たしかに、旗本家政の変質と中間支配機構の展開により、支配行政の仕組みが円滑化してゆく構図が有効性をもつ視点であることは頷ける。しかし、それでは、先行研究において述べられてきた旗本家による「人格的支配」の側面が丁寧に説明されていないと考える。中間支配機構による円滑な支配行政の仕組みの確立と、武家領主固有の心意統治による人格支配が両輪をなした支配、それが近世中後期における旗本知行所支配の特質であると捉えたい。その内実について第二節・第三節を通じて詳述していこう。

第二節　旗本「御家」の観念と社会―「旗本社会」試論―

近世後期関東における旗本家政の運営および知行所支配の展開は、「御為筋」という論理のもと、「御家」を中心として様々な階層や身分の者たちが、各々の有するコネクションも含みつつ、緩やかな一つの社会を形成して、支えていた。この社会構造の構成要素となるおもな階層とその特質について、以下整理しよう。

⑴旗本家

旗本の家は、大名のそれとほぼ同様に、当主とその妻子を中心とする家族で構成される狭義の家と、本分家の関係にある同族集団をも含む形で構成される広義の家が想定される。さらに、非血縁の家臣団を擬制的な家族構成員として取り込みながら連続を指向する政治的・経済的・軍事的・社会的な帰属集団である「御家」[5]が家の上部構造として形成されている。

ここでいう旗本家は狭義の家である。ゆえに、①歴代当主やその奥方たちの個性、②継嗣問題等の家が直面する危機、③家そのものの系譜・由緒と紐づく武家儀礼、以上が家と「御家」を規定する要素として存在する。家が「御家」に与える影響は当然大きなものであるが、家臣団規模が狭小である旗本のそれは、本来絶対的なものであったと考えられる。ただし、「御家」を維持存続するための「御為筋」の論理のもと、家に何らかの支障や問題があれば「御家」の構成員である家臣、あるいは知行所村役人が対処を講じることがあった。

⑵旗本親類家

大名家と同様に旗本家の維持存続をめぐる問題について、江戸幕府はその家の本家―分家だけでなく、縁戚関係にある親類諸家内において解決させる傾向があった。旗本家の場合こうした傾向がより顕著なのが、知行高の少ない大番筋の旗本家であった。

第二編第一・四章でみた旗本都筑家は、一か村限りの知行地の有力百姓に勝手賄いを拒否されたことにより、都筑家からの嫁ぎ先等を含めた親類縁者から経済的な援助を受けることで、はじめて家政運営を遂げていた。また、譜代筋の用人に加え、一時的な「雇」用人の登用にあたっても、主に親類家が協議のうえ依頼して物事が運んでいる。知行付百姓からの「雇」用人の忌避にあたり、一件の処理の道筋を見出す主体となっていたのは、親類家と親類家の所

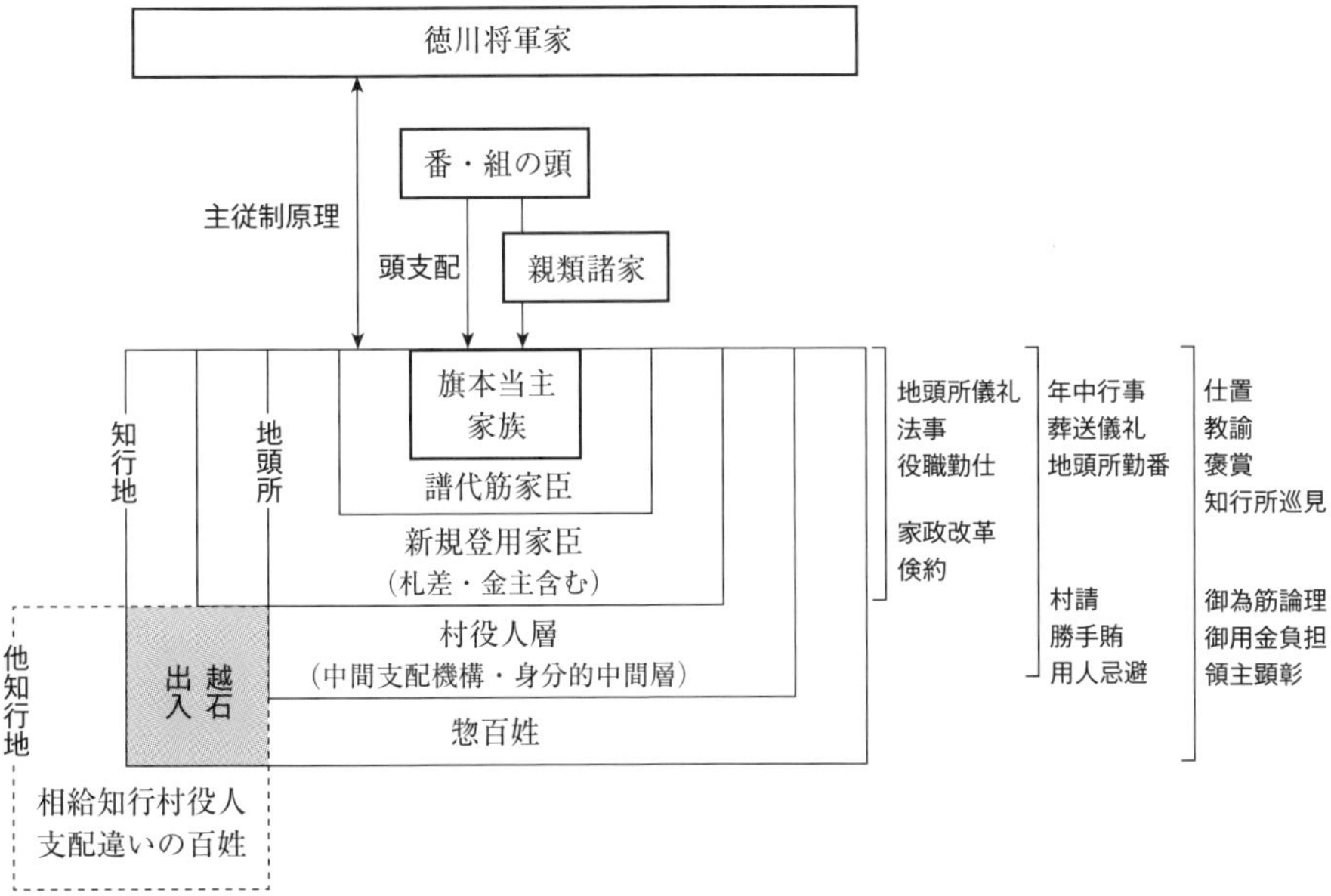

図　旗本「御家」と社会構造の概念図

属する役職の上役であった。旗本の本家—分家の間で家臣を一時的に派遣する事例などは多く報告されてきたが、家政への介入は親類家こそが担わなければならないことであり、それ自体は旗本の家や領主としての立場を否定することにはならなかったのである。

　地方知行の旗本家二三一〇家のうち、知行高一〇〇〇石未満は一四八三家で約六四パーセントを占めており、特に二〇〇〜七〇〇石にその人数が集中している[6]。すなわち、旗本都筑家のような家の維持存続をめぐる親類諸家との共生関係ともいえる社会秩序は、一〇〇〇石未満の大番筋の旗本家と称されてきた階層で恒常的にみられたものと捉えられるのではなかろうか。

(3)番・組の頭

　寛永十二年「諸士法度」より規定された、番・組の頭による旗本集団の頭支配は、近世後期の旗本家政をめぐる訴願運動の事例をみても、引き続き運用されていたことがわかる。さらに、旗本家あるいは「御家」

に何らかの支障がある場合は、その家の本分家や親類家が一時的に家政問題の処理主体となることもあり、その際は本分家や親類家の番・組の頭に対して頭支配をあおぐことが可能であった。このあり方は、旗本家の家政主体を本分家や親類家が代行しうる存在であること前提とした、頭支配制度の運用範囲を示していると考えられる。

⑷旗本家家臣団

十八世紀半ば頃から旗本家家臣団が流動化しはじめることによって[7]、個別の旗本家中においては、譜代筋の者と新参・雇などが混在する状況が生じる。家臣団の流動化は、幕府役職就任にともない旗本家同士で家臣をやりとりすることによって生じることもあったが[8]、同時に、主君以外の武家に金子の仕送りを行うことによって、出入りする賄い用人も登場するようになった。旗本小菅家家臣の黒岩嘉平太は、同家に新たに雇い入れた用人旧左衛門が江戸商人伊勢屋宗兵衛からの仕送金滞りを理由に出訴されたため、江戸南町奉行所掛吟味役の仁杉五郎八郎に対して、同じ小菅家家中であるにもかかわらず、旧左衛門の行動を問題視している(第二編第五章)。黒岩は、他家に出入りする商人や商人体の賄い用人と旧左衛門が結託していたこと自体を問題視しており、武家奉公人たちのなかには、自分たち譜代者と「御用達町人体」は相容れないものとして認識する人びとも一程度存在していた。

また、家政改革等の影響で主家から暇を出される譜代筋の家臣も生じはじめる。彼らは、新たな主家に仕えることができるまでの間、旧主の旗本屋敷に身を寄せることが許されていた[9]。さらに、他の大名家に仕えることが叶ってもなお、旧主の旗本家への再勤を願う中尾家は、知行所名主の古木家に対して、江戸に所在する中尾家の菩提を盆や暮に弔ってもらいたいと依頼しており、生活環境の変化を忌避する姿勢をみせている(第二編第五章)。菩提寺のある江戸にとどまることを望む譜代筋の家臣層としての志向性の存在等が明らかとなったことで、旗本譜代用人の家は、自らの希望如何にかかわらず、江戸の「下級武士社会」に吸収されていった様相が浮かびあがってくる。

⑸江戸商人

旗本知行所から上納された年貢米の売却を請け負い、また蔵米知行に対する俸禄米の受け渡しを代行した御蔵前近辺の米穀商人など、旗本家と江戸商人のかかわりは、その支配構造上の特性に起因して近世前期から形成されてきた。そうした江戸商人に旗本家は札差(勝手賄い)を依頼した。しかし、元利金の返済は困難であり、旗本家と札差の勝手賄い関係は短期的であることが多く、旗本家は次第に知行所の有力百姓や在方金主に対して勝手賄いを求めていった(10)。

ただし、江戸商人への経済的な依存が知行所や在方へすべて転嫁されるわけではなく、近世後期においても江戸商人に勝手賄いを依頼する旗本家は一程度存在する。彼らの多くは、江戸商人とコネクションを有した旗本用人を登用することで、江戸商人からの金子調達を実現していた(11)。つまり、旗本家や親類家は勝手賄いの依頼を前提として、江戸商人からの金子調達を実現する手腕をもつ者を用人として登用していたのである。近世後期における江戸商人たちの旗本家政への介入と旗本用人の新規登用の動向は、密接に連動したものとして捉えるべきであろう。

⑹知行所村役人

旗本知行所の村役人層は、知行所支配の実務を村請制のなかで担った。用人をはじめとする旗本家家臣とは、書状形式の御用状の往来、もしくは村役人を江戸の地頭所へ出府させることによって意思伝達をはかっていた。数代にわたり主君へ仕える譜代筋の家臣とは親密な関係も構築され、知行所村役人と用人との協同関係は、知行所支配を円滑に実現するうえでも不可欠であった。

知行所村に近世初期から居住する村役人のなかには、天正十八年(一五九〇)の徳川家康の関東移封時に供奉してきた旗本家が関東で最初に拝領した知行地である事実を認識し、自分たちは旗本家にとって特別な知行地に居住する者だと自覚する者もいた。さらに、祖先から代々知行付百姓として旗本家との領主領民関係にあることから、自らを旗本家に長年仕える譜代者として認識する「譜代意識」をもつ動向もみられる。もちろん、村役人という領主支配の末端に位置づく存在である点や、往古より当地に居住する旧家者であるという条件下において発露した意識である点に留意する必要があろうが、それでもなお、旗本領主家と自らの関係を積極的に捉えている動向は重要だと考える。

(7) 相給知行(支配違い)の百姓

旗本相給村落における領主領民関係は、知行への所属と土地所持の実態が乖離する事例も報告されてきた。本書でみてきたように、たとえ相給知行への土地所持の拡大によって、相給領主に対する年貢上納義務を負ったとしても、本来所属する知行主こそが旗本領主として認識されている点は、肯定できそうである。その前提のうえに立ち、相給知行(支配違い)の百姓の立場について示してみたい。

本書では、文化・文政期に、旗本江原家が相給村役人の長谷川彦八家に接近し勝手賄いを依頼した動向が明らかとなった。そこでは、長谷川家は御用金目録によって調達した金銭を管理していたものの、江原家用人は根拠となる證文を渡さないこともあり、金銭貸借に対する両者の意識の隔たりが存在していた動向もみられた。その結果、両者の勝手賄い関係は短期的に終焉を迎えたが、一方で長谷川家は、直接の領主にあたる都筑家に対する勝手賄いを開始している。こちらも天保飢饉にともなって長谷川家が地域社会へ経済的資金を投入するために、勝手賄い関係は短期的に終焉することになるが、重要な点は、金子融通にあたる利足の有無である。

江原家に対する金子融通は基本的に利足が付与されていたが、直接の領主である都筑家に対しては、無利足の金子融通が行われたこともあり、直接の旗本領主であるか否かによって、金子融通の形態に影響が及んでいたといえようか。このような意味では、相給知行(支配違い)の百姓は、旗本家に介入する際も、自らを領民ではなく金主として認識し旗本「御家」に出入りしたと考えられよう。

以上のように主家ごとに緩やかな社会が形成されていたとすれば、江戸周辺地域、ひいては関東において、地方知行の旗本家の数だけ存在していたことになる。旗本家と知行所村々の領主領民関係を基軸としながら、そこへ旗本用人や江戸商人、そして支配違いの百姓たちが、旗本家政や知行所支配の展開のなかでかかわっていく、いわば旗本「御家」を中心とする「旗本社会」が旗本家の集住する都市江戸を含み関東一円に広がり、かつ重層的に展開していたと捉えることができよう。本書では、このように旗本知行研究を捉える研究視角として「旗本社会」論を提起したい。

前述のとおり「御家」に出入りする旗本用人や江戸商人たちは、主君との関係性は永続的ではなく、主君の役職就退任や家政事情、知行替などさまざまな要因で、流動的な存在とならざるを得なかった。しかし、それは彼らの存在価値が希薄であったということではない。たとえ短期的なかかわりであっても、旗本家をめぐる経済的・政治的状況の変容のなかで家の維持・存続のためには、彼らのような経済的能力あるいは専門的力量に特化した存在が、近世後期における「旗本社会」に必要とされていたということを意味する。

この「旗本社会」のなかで、永続的な関係とみなされていたのは、旗本家と知行所村々の領主領民関係であった。そこへ、基本的に旗本家や親類諸家のはたらきかけによって、旗本用人や江戸商人といった新参者が現れ、旗本家の「御為筋」という大義名分のもと、知行所村々は彼らと協力・共生する場面が訪れる。ところが、永続的な領主領民関係のなかで構築されていた支配秩序や慣例に逸脱し、時に実害を被る事態に発展した場合、知行所村役人は旗本用人や江戸商人を躊躇なく忌避した。近世後期の関東において知行所村々による旗本用人や賄用人の忌避運動は頻発しており、これらは前述の「旗本社会」の孕む構造と特質が顕在化したものと理解できよう。

旗本家政において新参者と自らを区別して認識し、時には旗本家に対する「譜代意識」を表出させた知行所村役人であったが、その根底には、旗本家と知行付百姓の支配―被支配の関係、つまり武家が統治する近世社会の論理や領主観念を積極的に理解したうえで受容する素養が存在していたことを看過してはならない。知行所村役人が旗本「御家」の一員としての自覚を表出させた「譜代意識」は、新参者による実害を合理的に忌避するためだけのものではなく、近世の身分制社会に身を置く彼ら自身の存在を肯定する論理でもあったのである。

第三節　旗本家の本貫地・菩提寺と由緒

⑴近世前期の旗本知行と関東

天正十八年（一五九〇）から慶長期にかけての間、徳川氏の家臣団は、五か国領有時代に彼らが三河地域において領した知行地の代知として、関東の知行地を拝領した。当時の徳川氏家臣団にとっての本貫地は、紛れもなく三河地域をはじめとする関東移封以前の知行地であった。しかし、彼らは関東の知行地を代々支配するにつれて、関東移封後に先祖が神君より拝領した地と、先祖の墓所や陣屋跡が所在する「旧地」、いわば近世旗本家の本貫地として他の知行地とは、区別して認識するようになる。

関東移封時の知行割によって、徳川氏家臣団は知行地に居館を構え江戸に勤番した。以後、寛永二年（一六二五）に旗本層に対する江戸屋敷割が行われるまでの数十年間は、旗本家族およびその家臣団・奉公人は、基本的に知行地の居館に住居したため、この期間に死去した旗本家関係者を弔う場、すなわち菩提寺が初期拝領の知行地に成立する契機が訪れることになる。もっとも、勤役や役職遂行にともない知行地以外の場所に住居した場合は、勤役地の周辺に菩提所が成立していった。

ところが、江戸屋敷割を経て江戸の地頭所へ徐々に居所を移していった旗本家は、一夜泊まりの地とはいえ、従前にくらべれば知行地や菩提寺との関係性が希薄にならざるをえなかった。最低限、歴代当主の葬地は知行地の菩提寺を選ぶ者もあれば、江戸に新たに菩提寺を設けて葬地とする者もいたのは事実である。ただし、ここで留意が必要な点は、たとえ江戸の寺院を菩提寺とする場合でも、知行地の菩提寺をただちに廃したり、意図して関係を断つわけではなかったという点である。江戸屋敷割以降、旗本家において複数成立した菩提寺は、葬地や回向寺・祈願所などの具体的な役割を付与されることによって、むしろ併存することが可能であった。

同時に、寛永十五年八月十五日以降、少なくとも十七世紀半ば頃までは、小姓組・書院番の旗本は春と秋に知行所へ赴くことを許されていた。それ以外の時期であっても番頭や老中の許可を得られれば知行所への暇を獲得することができた。

旗本家と知行地に所在する菩提寺の関係性における変容契機の一つが、旗本領主と知行地の支配関係の解消(村替)である。関東では元禄の地方直しと知行割替政策によって、菩提寺や陣屋の所在する旗本知行地が村替となる場合もあった。森安彦氏は、当該期における旗本陣屋支配の終焉と人夫役徴発の消滅によって、陣屋を拠点とした知行地支配が転換したことを明らかにし、恣意的な旗本支配が解消されたと位置づけている(12)。このように、菩提寺が所在する村落が直接支配を行う知行地でなくなった場合、森氏の指摘のとおり支配拠点は消滅するものの、菩提寺は寺院として存続した。

しかし、旗本高木家が位牌所の廣徳院との書状往来などの関係が中絶したのも同時期であり、元禄期を中心とする村替によって、旗本家と旧知行地に所在する菩提寺群との関係は、従前と比較して希薄化を避けられなかったのは事実である(第三編第一章)。また、村替がなかった場合でも、天野家のように在方から江戸に居住地が移ることによって、知行地における先祖の家職にまつわる由緒を忘却する契機にもなった(第三編第二章)。

こうしたなかで、在方所在の旗本家菩提所のうち葬地の存在が結果として際立つことになる。村替の有無にかかわらず、近世初期以来の旗本家の多くが在方所在の葬地へ埋葬されており、旗本家が葬地寺院との関係に限っては、緊密に継続を遂げていた様子がうかがえる。(13) 近世において複数創出される菩提所のなかで葬地がとりわけ旗本家に重要視され庇護を享受した所以は、亡骸が葬られることにともなって、歴代当主の奥方や父母による供養料や寄附品が目に見える形で納められる点に求められる。それが高木家のように葬地の所在する村との支配関係が解消された場合においても、継続的に供養や寄附が実施されることで、葬地との檀家関係の断絶を免れることができたのである(第三編第一章)。

また、当主を葬地へ葬るにあたり執行する葬送儀礼は旗本家臣と知行所村役人層で行われた。とりわけ、葬送行列の供連れには、知行所村役人層が一時的に名字帯刀を許された旗本家臣の一員として加わることで、旗本家の軍役規定を満たしていた。村役人層の立場からすれば、役負担とはいえ旗本当主の葬列に加わり、旗本家の家臣の一員として江戸の地頭所から菩提所まで行動を共にすることで、旗本領主の儀礼を目の当たりにし、心意統治を受けたことになろう。さらには、自らを旗本家にとっての譜代者として自覚する契機にもなりえたと捉えられる(第二編第五章)。

(2) 本貫地意識の成立と再生産

幕藩領主層における由緒の成立は、甲斐国武田氏旧臣の大名・旗本を検討した山本英二氏の研究によると、十七世紀半ばに成立し、やがて十八世紀から十九世紀にかけて民衆レベルに浸透したと述べられている。(14) しかし、ここで山本氏が検証した事例はあくまで戦国大名武田氏に仕えた記憶が由緒化する動向であり、関東移封と以後の徳川家に対する奉公という事象が由緒化するのは、さらに時代が下るはずである。

それでは、旗本家が関東移封後に初めて拝領した地を本貫地として認識し始めるのは、いつ頃のことであろうか。画期となるのが、元禄地方直しと知行割替が実施された元禄十一年（一六九八）である。これ以後、先祖の置いた陣屋や菩提寺が所在する旧地との支配関係が解消された場合においても、ほかの旧知行地とは異なり、当該村落とだけは必然的に関係性を維持することになる。領主支配に収斂されない旗本家と旧領との関係継続は、特定の旧領に対する特別な意識、すなわち本貫地意識を生じさせた。なお、これらの旧地を上知されず近世中後期まで支配した旗本家であっても、前述のような動向を旗本諸家から耳にするわけであり、間接的に本貫地意識は芽生えていったと捉えられよう。

さらに、旗本家の本貫地意識が再認識される画期は、十八世紀半ば以降、社会のさまざまな分野において過去への関心が高まりをみせる時代と考えられる。江戸幕府は宝暦十一年（一七六一）五月と天明二年（一七八二）二月の二度にわたり、祖先の墳墓に詣でることを幕臣に教諭する。[15]また、寛政十一年（一七九九）に編纂が始められ文化九年（一八一二）十月に成立した『寛政重修諸家譜』の条例にも、祖先の系譜に加え法名や葬地等まで所載した旨が記される。[16]

旗本・御家人に対して教諭がどれほどの影響を与えたかは判然としないものの、江戸幕府は『寛政重修諸家譜』編纂の前提として、旗本家伝来文書のうち初期の文書を提出させたとみられ、[17]家伝文書を介して旗本家は自らの先祖のあゆみと邂逅を果たしたことは疑いなかろう。[18]さらに、『寛政重修諸家譜』[19]は大名・旗本の家譜集であるが、封建的秩序の基礎となる血統意識の再編、公儀権威の回復、体制の再建・維持を編纂の目的としたと評価され、徳川家と徳川家康への忠節を詳しく記述することに意が注がれた書物であり、そこには「御打入」以来の自家と徳川将軍家のおよそ二百年にわたる事績が、三河時代の記憶をいわば上書きする形で収録されたわけである。

文化初年の遺言書のなかで、本貫地と菩提寺について子孫に対して述べた旗本小河益利は、亡骸は江戸河田町の月桂寺へ葬り、亡骸から切り取った髻を金田村の建徳寺へ納めるよう指示した（第一編第二章）。近世の武家領主として本来的に先祖との共存を志向するなかで、旗本家が関東の本貫地に所在する菩提寺を重視する知行地支配を実践し、江戸幕府もまた家の由緒と深く結びついた地に対する意識を促す教諭を進めたことで、旗本家の本貫地意識は、十八世紀半ば以降の家や知行地支配の維持存続をめぐる正当性とかかわって、変容し再生産されることになったと見通すことができよう。また、複数ある知行地のなかでも金田村にはひときわ憐憫を加えることを付言しており、同村を本貫地として重視する旗本領主家の心性が顕在化するに至っている。

(3) 知行所村役人層の捉え返しと旗本「御家」

このように、旗本家が自家の事績や由緒を物語る根拠として関東の本貫地や菩提寺を再認識するようになると、自らの正当性を証明する論理として利用する地域社会側の動向がみられるようになる。旗本江原家は、天保上知令を命じられた際に知行所に向けて、天正十九年に徳川家康から拝領した知行所を手放すことは自らの手足を失うことに等しいと述べた。また、慶応期に上知を命じられた際には江戸幕府勘定所に対して、上知対象の村落は天正十九年の知行宛行状で徳川家康から拝領した「旧来拝領之知行所」であり、知行地を拝領した当時の先祖を弔う墓所と陣屋跡があると述べ、上知猶予を願った（第一編第二章）。これに対して江戸幕府勘定所も、「出格之訳」をもって墓所最寄の数十石の上知猶予を許可しており、当時の武家社会においても有効性のある論理であったことが判明する。

さて、知行所支配の場面においても、旗本江原家は、天正十九年五月三日付で先祖の拝領した知行宛行状の御墨付を今もなお所持し、自ら昼夜に拝礼奉る様子を知行所村役人に対して申し聞かせたという。旗本領主が江戸の地頭所内において執行する儀礼行為について知行所村役人に教え諭したこの動向は、心意統治の動向とみなせよう。

さらに、知行所村役人は、この江原家から申し聞かされた儀礼行為を、自らが他の給分の百姓に対して権益を主張する論理として願書の叙述に盛り込んでいる（第二編第五章）。近世後期には、旗本家の由緒を知行所村役人が捉え返すにまで到達するのである。もっとも、旗本家の由緒や知行所支配の正当性を理解したうえでの捉え返しの動向であり、知行所村役人は被支配者であるとともに、旗本「御家」観念の理解者であったともいえよう。前述の「旗本社会」において知行所村、とりわけ村役人層は、旗本家の由緒と、自分たちの村や家の正当性を主張するための論理を意識しながら、「御為筋」の秩序に則り行動していたと考えることができる。

近世後期の旗本知行所支配は、たしかに先納金・御用金の賦課、用人忌避運動の展開、そして幕末期における知行所への疎開など、領主領民関係にあるとはいえ、多様な負担が知行所に課せられていた。しかし、旗本家の本貫地意識や知行所村役人の「譜代意識」など、近世社会の領主支配を前提とした意識や観念が芽生え、それらが結果的に支配の正当性を強固なものにすることによって、旗本知行所支配、ひいては「旗本社会」による旗本家政の維持・存続が成り立っていたといえるであろう。

領主と領民の関係性が比較的近く、かつ「弱くて強固な支配」(20)と評価されてきた旗本知行所支配は、このような意識の醸成に裏付けられた領主領民関係と、旗本家を支えうる地域社会における政治的・経済的力量を備えた村役人層の存在によって、実現されていたといえる。このような社会構造―「旗本社会」の構築と旗本領主家における家意識の再生産こそが、近世中後期における旗本知行所支配実現のひとつの到達点と位置づけられるのではなかろうか。

第四節　課題と展望

本書は、本貫地支配という問題から近世中後期の関東における旗本知行所支配の特質に迫ろうとしたがゆえに、積み残した課題も多い。たとえば、旗本家の創出経緯によって自然と生じる旗本家層の多様性の内実を描くことである。大名分知・旗本分家・幕臣編入など、近世を通じて旗本家は創出されており、家としての特質も自ずと多様性があるはずである。その一断面が、十八世紀半ば以降に旗本家が求める自家の菩提寺の選択対象になるわけだが、現時点においては網羅的な分析には至らなかった。

また、旗本家の譜代用人家と村役人家の交流からみえる江戸周辺地域社会の内実も、本書では事例を示すにとどまった。この論点については野本禎司氏が旗本家家臣団の再生産構造の側面から論究しているが、動態的な分析のみならず彼らの陪臣家としての家意識や志向性に寄り添った検討をさらに加えることで、江戸の下級武士社会研究の深化が可能となる。当然、それは大名家における江戸抱え家臣の動向も視野に含めた研究視角となろう(21)。

さらには、大名家と旗本家に共通する視点として、武家の在地居住という問題から関東地域を捉えることも有効性があると考える。本書で検討を加えた旗本家は、寛永二年(一六二五)の江戸屋敷割以前に知行地を拝領した者たちであるため、知行地や赴任地の周辺に居館を設け、そこに数十年以上、長い者は百年近く居住した。江戸に居所を移して以降、旗本家および知行付百姓の相互認識も大きく変化したはずである。しかし、大名家は文久二年(一八六二)九月に参勤交代制を緩和、旗本家は翌文久三年三月に旗本家族らの土着を江戸幕府から許可された。その直後から、大名・旗本は国元への大規模移住と疎開を検討・実施したことが知られるが、その動向に対応する藩領や知行所側の反応は、近世社会における武家権力の在地居住の意味を考えるうえで大いに検討の余地がある。

註

（1）拙稿「近世前期、忍藩領の形成と在地支配」（地方史研究協議会編『北武蔵の地域形成―水と地形が織りなす歴史像―』雄山閣、二〇一五年）など。
（2）野本禎司「江戸時代における国家官僚＝旗本家をめぐる特権構造」（荒武賢一朗編『近世史研究と現代社会―歴史研究から現代社会を考える―』（清文堂出版、二〇一一年）。
（3）横浜文孝「旗本知行所における経済統制について―分散知行と地払い―」（村上直編『幕藩制社会の展開と関東』吉川弘文館、一九八六年）。
（4）野本禎司『近世旗本領主支配と家臣団』（吉川弘文館、二〇二一年）。
（5）「御家」の概念については、朝尾直弘『将軍権力の創出』（岩波書店、一九九四年）、高野信治『近世大名家臣団と領主制』（吉川弘文館、一九九七年）のほか、野口朋隆『近世分家大名論―佐賀藩の政治構造と幕藩関係―』（吉川弘文館、二〇一一年）、根本みなみ『近世大名家における「家」と「御家」―萩毛利家と一門家臣―』（清文堂出版、二〇一八年）を参照した。
（6）鈴木壽校訂『御家人分限帳』（近藤出版社、一九八四年）。
（7）野本禎司「近世後期旗本家家臣団の再生産構造」（『関東近世史研究』第七〇号、二〇一一年）。
（8）野本前掲註（7）「近世後期旗本家家臣団の再生産構造」。
（9）野本前掲註（7）「近世後期旗本家家臣団の再生産構造」。

(10) 末岡照啓「近世における旗本救済策と勝手賄いの特質」(『国史学』第一三九号、一九八九年)。
(11) 本書第二編第五章、および末岡前掲註(10)「近世における旗本救済策と勝手賄いの特質」など。末岡論文においても、「用人は金主の選定や賄い金の調達に辣腕を振るった反面、知行所農民の反発を買って訴訟となり、追放されたり罷免になった場合もあった」と、用人がもつ性格と忌避運動との関連を、勝手賄いの構造の視点から指摘している。
(12) 森安彦「近世前期旗本知行の動向(上)(下)」(『史潮』第九八号・九九号、一九六七年、後に同『幕藩制国家の基礎構造』吉川弘文館、一九八一年に所収)。
(13) ただし、勤役や役職遂行の影響で知行地外に葬地を有していた旗本家の場合、知行地内や江戸の寺院へ葬地を移す傾向がある(拙稿「近世忍城における番城制の成立と展開―城番与力・御鷹匠の知行地と葬地の検討から―」『行田市郷土博物館研究報告』吉川弘文館、一九八一年に所収)。
(14) 山本英二「風林火山の記憶と由緒―近世前期甲斐国雲峰寺・恵林寺の勧化を事例に―」(青柳周一・高埜利彦・西田かほる編『近世の宗教と社会1 地域のひろがりと宗教』吉川弘文館、二〇〇八年)。
(15) 羽賀祥二「二つの史蹟碑―十九世紀前期の地域の歴史―」(『立命館文学』第五二一号、一九九一年、後に「相模における史蹟記念碑」として同『史蹟論―19世紀日本の地域社会と歴史意識―』名古屋大学出版会、一九九八年に所収)。
(16) 平野仁也「『寛政重修諸家譜』の呈譜と幕府の編纂姿勢―島原藩松平家の事例から―」(『日本歴史』第八〇三号、二〇一五年、後に同『江戸幕府の歴史編纂事業と創業史』清文堂出版、二〇二〇年に所収)。
(17) 下山治久「序」(神崎彰利監修・下山治久編『記録御用所本古文書―近世旗本家伝文書集― 上巻』東京堂出版、二〇〇〇年)。
(18) 高橋章則「近世後期の歴史学と林述斎」(『日本思想史研究』第二一号、一九八九年)。

(19) 竹内誠『寛政改革の研究』(吉川弘文館、二〇〇九年)。
(20) 高橋実『幕末維新期の政治社会構造』(岩田書院、一九九五年)。
(21) 中野達哉氏の一連の研究が大名家の江戸抱え家臣の家・一族について論究するものである。中野達哉『江戸の武家社会と百姓・町人』(岩田書院、二〇一四年)、同「野本禎司報告へのコメント」(『関東近世史研究』第七〇号、二〇一一年)。

あとがき

本書は、令和四年（二〇二二）三月に駒澤大学より博士（歴史学）の学位を授与された学位請求論文「関東旗本知行所の編成と旗本社会」の内容をもとにしたものである。

博士論文は、主査を大学入学以来の恩師である中野達哉先生、副査を故林譲先生、菅野洋介先生、野本禎司先生に審査の労をとっていただいた。また、学識認定審査にあたっては、熊本史雄先生、佐々木真先生のお手を煩わせた。口頭試問の場では先生がたより数々の貴重な御指摘や御教示を賜った。本書が、それらにどれほどお応えすることができているか甚だ心許ないが、積み残した問題は、今後の研究課題としたい。

本書のもとになった初出論文は以下のとおりである。本書の課題との整合性をはかるため、収録にあたっては全編にわたり改稿を施している。

序　章　新稿

第一編　関東の所領編成原理と旗本知行

第一章　元禄期関東における大名家領分と旗本知行所の再編過程—武州忍城周辺の所領編成を中心に—
（『駒沢史学』第八九号、二〇一七年）

第二章　近世における旗本家本貫地の形成と特質—相模国を事例として—
（『駒沢史学』第八一号、二〇一三年）

第二編　「旗本社会」の構造と秩序

第一章　近世後期、旗本知行所における文書管理認識の変容―相模国高座郡下鶴間村を事例として―
（『大和市史研究』第三七号、二〇一二年の一部をもとにした新稿）
第二章　近世後期旗本家と知行所相給名主家の関係性―一七〇〇石江原家と下鶴間村長谷川家を事例として―
（『駒澤大学大学院史学論集』第四一号、二〇一一年）
第三章　旗本相給村落における知行と集落について
（『大和市史研究』第三九号、二〇一五年）
第四章　新稿
第五章　近世後期旗本領支配と知行付百姓の「譜代意識」
（『地方史研究』第六四巻第一号、二〇一四年）

第三編　旗本家の菩提寺と家意識

第一章　新稿
第二章　旗本家の由緒と家職ゆかりの知行地―忍鴻巣御鷹場支配天野家を事例に―
（『埼玉地方史』第八三号、二〇二一年をもとにした新稿）
第三章　近世後期、旗本家の菩提寺と葬送儀礼―旗本酒依家を事例として―
（『埼玉の文化財』第六三号、二〇二三年）
結　章　新稿

平成十八年（二〇〇六）四月、私は駒澤大学文学部歴史学科に入学し、同学科の課外ゼミの一つである近世史研究会へ入会以来、中野達哉先生の御指導を仰ぐ機会に恵まれた。先生は学生の主体性を大切にされており、当時人付き合いが苦手で自分中心の思考が強かった私は、中野先生のもとで何よりも人間として成長させていただいた。

また、中野先生には、学生のうちから諸先輩方とともに、市区町村の文化財悉皆調査や寺史編纂などのお手伝いをさせていただく機会もいただいた。歴史学の社会還元のあり方を学ぶとともに、すでに文化財保護行政や博物館等で活躍されていた諸先輩方に接し、その意欲的に職責を果たそうとする背中を眺めるうちに、古文書をはじめとする「地域の文化財」に寄り添う仕事に惹かれていった。

大学院修士課程進学後は湯浅隆先生、故斉藤司先生から御指導を仰ぐ機会に恵まれた。湯浅先生の学問に対する厳格な姿勢、斉藤先生の地域の歴史に真摯に向き合う姿勢に接し、進路への覚悟を固める得難い時間をいただいた。

この間、松戸市立博物館古文書調査団、建長寺史編纂委員会、八街市史編さん委員会、大和市歴史史料調査会、国文学研究資料館などでアルバイトをさせていただき、各所において諸先生、諸先輩方に本当によくしていただいた。当時、高橋実先生(国文学研究資料館)が研究代表者をお務めであった「幕藩政アーカイブズの総合的調査研究」のアルバイトでは、全国の研究者の方々の最新研究に触れ、視野を広げる貴重な機会をいただいた。

また、地方史研究協議会、関東近世史研究会、江戸東京近郊地域史研究会、小田原近世史研究会、埼玉県地方史研究会では、さまざまな方々との出会いに恵まれた。関東近世史研究会では常任委員を務めた八年間、編集局長や大会運営委員長などを経験し、会務や大会運営を行った時間は今も大切な財産となっている。

博士後期課程に進学した翌年四月、私は埼玉県行田市の学芸員として採用され、行田市郷土博物館に配属された。入庁直後は業務に慣れることに必死で、新天地の歴史を学ぶことさえ覚束なかった。それにもかかわらず、同館職員や行田市の皆様には、よそ者である私を受け入れ導びいてくださり感謝の念に堪えない。恵まれた環境で働くことを許された身に恥じぬよう、日々の仕事ひとつひとつを大切に取り組んでいきたい。

今日まで、本当に数えきれない方々との出会いと支えに恵まれてきた。遺漏を恐れ、お一人お一人のお名前を挙げることは差し控えるが、謹んで感謝の意を表する次第である。

なお、本書の出版は、中野達哉先生に岩田書院を御紹介いただいた。岩田書院 岩田博様には、近年の厳しい出版事情のなか、本書の出版をお引き受けくださり、改めて感謝申し上げる。

末筆ながら、一つのことに集中しがちな私を気にかけ見守ってくれている、父徹、母良子、妹育覧、義父恭司、義母育子、義祖父八郎、そして良き仲間である妻有香に、本書を捧げたい。

令和六年六月

澤村　怜薫

索　　引

事項索引

な行

は行

ま行

や行

ら行

人名索引

あ行

か行

さ行

た行

な行

は行

ま行

や行

研究者名索引

あ行

か行

ま行

や行

わ行

著者紹介

澤村 怜薫（さわむら れいか）

1986年　東京都生まれ

駒澤大学大学院人文科学研究科歴史学専攻博士後期課程 退学　　博士（歴史学）

現在　行田市郷土博物館学芸員

　　　駒澤大学非常勤講師

主な論文

「交代寄合 菅沼家の家政と領域支配」（中野達哉監修・駒澤大学近世史研究会編『近世三河と地域社会』岩田書院、2023年）

「近世忍城における番城制の成立と展開—城番与力・御鷹匠の知行地と葬地の検討から—」（『行田市郷土博物館研究報告』第11集、2022年）

「忍藩領分杭の成立・建替の経緯と意義」（『埼玉地方史』第81号、2021年）

近世旗本《きんせいはたもと》知行《ちぎょう》と本貫《ほんがん》地《ち》支配《しはい》　　近世史研究叢書59

2024年（令和６年）９月　第１刷　400部発行　　定価［本体8600円＋税］

著　者　澤村 怜薫

発行所　有限会社岩田書院　代表：岩田　博　　http://www.iwata-shoin.co.jp

〒157-0062 東京都世田谷区南烏山4-25-6-103　電話 03-3326-3757　FAX 03-3326-6788

組版・印刷・製本：ぷりんてぃあ第二

ISBN978-4-86602-172-0　C3321　¥8600E

岩田書院 刊行案内（29）

			本体価	刊行年月
147	櫻井　弘人	遠山霜月祭の研究	17800	2022.10
994	須川　建美	写真で綴る若狭南川流域の民俗行事＜若狭路18＞	2400	2022.10
148	柴辻　俊六	戦国期武田氏領研究の再検討 補遺	2800	2022.10
995	飯澤　文夫	地方史文献年鑑2021	25800	2022.11
149	光田　憲雄	江戸から明治へ	2800	2022.01
151	砂川　　博	天正六年十月 荒木村重「逆心」	4900	2023.01
153	根本・宮城他	奈良平安時代史論纂	6200	2023.02
154	加藤和夫他	福井県の方言＜ブックレットH31＞	1500	2023.03
155	山田・平野	戦国史研究の軌跡【付録CD】	12000	2023.03
156	橋本　萬平	江戸・明治の物理書	9800	2023.03
997	福原　敏男	風流踊	9000	2023.02
998	多久島澄子	峯源次郎日暦	3000	2023.03
999	おおい町教委	土御門家陰陽道の歴史	1000	2023.03
157	萩原　大輔	中近世移行期 越中政治史研究	8200	2023.04
158	青木・ミヒェル	天然痘との闘いⅣ東日本の種痘	8000	2023.03
159	村井　早苗	変容する近世関東の村と社会	5000	2023.05
160	地方史研究会	「非常時」の記録保存と記憶化	3200	2023.05
161	徳永誓子他	論集 修験道の歴史１　修験道とその組織	5800	2023.06
162	渡辺　尚志	藩地域論の可能性＜松代７＞	7800	2023.07
163	浅野・村川	近代中流知識層の住まいと暮らし＜近代史25＞	5900	2023.09
164	川崎・時枝他	論集 修験道の歴史３　修験道の文化史	5600	2023.09
165	松尾　公就	尊徳仕法の展開とネットワーク＜近世史56＞	6600	2023.10
166	山下　真一	鹿児島藩の領主権力と家臣団＜近世史55＞	11000	2023.10
167	中野　達哉	近世三河と地域社会	8800	2023.10
168	厚地　淳司	近世後期宿駅運営と幕府代官＜近世史57＞	9200	2023.10
200	飯澤　文夫	地方史文献年鑑2022	25800	2023.11
169	福井郷土誌懇	越前若狭 武将たちの戦国＜ブックレットH32＞	1500	2023.11
170,	清水紘一他	近世長崎法制史料集４＜史料叢刊16＞	17000	2023.12
201,	杉本　泰俊	若州管内寺社由緒記・什物記＜若狭路18＞	3000	2023.12
171,	見瀬　和雄	中近世日本海沿岸地域の史的	13000	2024.01
172,	斎藤　　一	近世林野所有論＜近世史58＞	6900	2024.01
173,	伊藤新之輔	卯月八日	7400	2024.02
174,	松本　四郎	城下町の民衆史	3800	2024.03
202,	福原　敏男	祭礼と葬送の行列絵巻	12000	2024.03
203,	藤原喜美子	川を守る人びと	6900	2024.03
175,	谷口　耕一	以仁王の乱＜中世史38＞	9800	2024.04
176,	長谷川・時枝他	論集 修験道の歴史２　寺院・地域社会と山伏	5700	2024.07

岩田書院 刊行案内（28）

			本体価	刊行年月
106	入江　英弥	オトタチバナヒメ伝承	8400	2020.06
108	由谷　裕哉	神社合祀再考	2800	2020.07
109	木本　好信	古代史論聚	12500	2020.08
110	久保田昌希	戦国・織豊期と地方史研究	7900	2020.09
111	野村　俊一	空間史学叢書３　まなざしの論理	3900	2020.10
112	西沢　淳男	飛騨郡代豊田友直在勤日記２＜史料叢刊14＞	7500	2020.11
984	飯澤　文夫	地方史文献年鑑2019＜郷土史総覧23＞	25800	2020.11
114	鈴木・渡辺	藩地域の環境と藩政＜松代６＞	7800	2020.12
115	嶺岡　美見	法道仙人飛鉢伝説と海の道＜御影民俗23＞	8000	2020.12
116	岩井　正浩	高知よさこい祭り	5200	2021.01
117	日本の伝統	江戸の庶民文化	3000	2021.02
118	宮間　純一	歴史資源としての城・城下町＜ブックレットH30＞	1600	2021.02
121	川嶋　麗華	ノヤキの伝承と変遷	6900	2021.03
122	渡辺　尚志	相給村落からみた近世社会・続	7000	2021.03
986	若狭路文化研	敦賀湊北前船主 大和田日記　安政・慶応・明治	2400	2021.03
123	山崎　　香	正議隊事件＜近代史24＞	9000	2021.04
124	神崎　直美	幕末大名夫人の寺社参詣	2700	2021.05
125	青木・ミヒェル	天然痘との闘いⅡ　西日本の種痘	8000	2021.05
126	高橋　裕文	中世東国の郷村結合と地域社会＜中世史32＞	6600	2021.06
128	倉石　忠彦	道祖神伝承論・碑石形態論	16000	2021.08
130	柴辻　俊六	戦国期武田氏領研究の再検討	8400	2021.08
131	宮家　　準	備前の児島・五流修験	6400	2021.09
132	野村　俊一	空間史学叢書４　聖と俗の界面	5200	2021.11
990	飯澤　文夫	地方史文献年鑑2020＜郷土史総覧24＞	25800	2021.11
134	小田原近世史	近世地域史研究の模索	7400	2022.01
135	河野昭昌他	南北朝期法隆寺 金堂間私日記・吉祥御願御行記録	4900	2022.01
136	砂川　　博	因幡鹿野城主 亀井茲矩＜地域の中世22＞	3900	2022.01
137	板橋　春夫	産屋の民俗	12000	2022.01
138	外山　　徹	武州高尾山信仰の地域的展開	5000	2022.02
139	野本・藤方	仙台藩の武家屋敷と政治空間	6900	2022.02
140	岸本　三次	西依成齋の人と書／遺墨秀英	14000	2022.03
141	佐藤　厚子	中世の宮廷と故実＜中世史35＞	7200	2022.04
142	笹本　正治	山岳信仰伝承と景観	16800	2022.04
143	加藤　謙吉	古代の地方豪族と王権・両貫制＜古代史14＞	5800	2022.07
993	小堀　光夫	菅江真澄と伝承文学	2000	2022.08
144	青木・ミヒェル	天然痘との闘いⅢ中部日本の種痘	7400	2022.09
145	飯森　康広	戦国期上野の城・紛争と地域変容＜中世史36＞	6800	2022.09
146	清水紘一他	近世長崎法制史料集３＜史料叢刊15＞	16000	2022.10

近世史研究叢書

14	下重　　清	幕閣譜代藩の政治構造	7900円	2006.02
15	落合　　功	地域形成と近世社会	5900円	2006.08
17	村井　早苗	キリシタン禁制の地域的展開	6900円	2007.02
18	黒石　陽子	近松以後の人形浄瑠璃	6900円	2007.02
19	長谷川匡俊	近世の地方寺院と庶民信仰	8200円	2007.05
20	渡辺　尚志	惣百姓と近世村落	6900円	2007.05
21	井上　　攻	近世社会の成熟と宿場世界	7900円	2008.05
22	滝口　正哉	江戸の社会と御免富	9500円	2009.05
23	高牧　　實	文人・勤番藩士の生活と心情	7900円	2009.08
24	大谷　貞夫	江戸幕府の直営牧	7900円	2009.11
25	太田　尚宏	幕府代官伊奈氏と江戸周辺地域	6900円	2010.10
26	尹　　裕淑	近世日朝通交と倭館	7900円	2011.02
27	高橋　伸拓	近世飛騨林業の展開	8400円	2011.09
28	出口　宏幸	江戸内海猟師町と役負担	6400円	2011.10
29	千葉真由美	近世百姓の印と村社会	7900円	2012.05
30	池田　仁子	金沢と加賀藩町場の生活文化	8900円	2012.08
34	B.ｸﾞﾗﾑﾘﾋ=オカ	只野真葛論	7900円	2013.06
35	栗原　　亮	近世村落の成立と検地・入会地	11800円	2013.09
36	伊坂　道子	芝増上寺境内地の歴史的景観	8800円	2013.10
37	別府　信吾	岡山藩の寺社と史料	6900円	2013.12
38	中野　達哉	江戸の武家社会と百姓・町人	7900円	2014.02
41	西島　太郎	松江藩の基礎的研究	8400円	2015.07
42	池田　仁子	近世金沢の医療と医家	6400円	2015.09
43	斉藤　　司	田中休愚「民間省要」の基礎的研究	11800円	2015.10
44	上原　兼善	近世琉球貿易史の研究	12800円	2016.06
45	吉岡　　孝	八王子千人同心における身分越境	7200円	2017.03
46	斉藤　　司	煙管亭喜荘と「神奈川砂子」	6400円	2017.10
48	谷戸　佑紀	近世前期神宮御師の基礎的研究	7400円	2018.02
49	松野　聡子	近世在地修験と地域社会	7900円	2018.02
51	斉藤　　司	福原高峰と「相中留恩記略」	6800円	2018.07
52	丹治　健蔵	東海道箱根関所と箱根宿	7200円	2019.12
53	斉藤　　司	江戸周辺と代官支配	6800円	2020.05
54	外山　　徹	武州高尾山信仰の地域的展開	5000円	2022.02
55	山下　真一	鹿児島藩の領主権力と家臣団	11000円	2023.10
56	松尾　公就	尊徳仕法の展開とネットワーク	6600円	2023.10
57	厚地　淳司	近世後期宿駅運営と幕府代官	9200円	2023.10
58	斎藤　　一	近世林野所有論	6900円	2024.01